国家社科基金重点项目“任继愈哲学文献整理与研究”成果

任继愈哲学文丛

道家与道教哲学编

李 申 主编

REN JIYU ZHEXUE WENCONG
DAOJIA YU DAOJIAO ZHEXUE BIAN

GUANGXI NORMAL UNIVERSITY PRESS
广西师范大学出版社
·桂林·

图书在版编目（CIP）数据

道家与道教哲学编 / 李申主编. --桂林 : 广西师范大学出版社，2021.10
（任继愈哲学文丛）
ISBN 978-7-5598-4076-9

Ⅰ. ①道… Ⅱ. ①李… Ⅲ. ①道家－哲学思想－研究 Ⅳ. ①B223.05

中国版本图书馆 CIP 数据核字（2021）第 150840 号

广西师范大学出版社发行
（广西桂林市五里店路 9 号 邮政编码：541004
网址：http://www.bbtpress.com）
出版人：黄轩庄
全国新华书店经销
三河市三佳印刷装订有限公司印刷
（河北省三河市杨庄镇杨庄村 邮政编码：065200）
开本：880 mm ×1 240 mm 1/32
印张：20 字数：470 千
2021 年 10 月第 1 版 2021 年 10 月第 1 次印刷
定价：98.00 元

《任继愈哲学文丛》出版说明

这套《任继愈哲学文丛》（以下简称“《文丛》”）收集了任继愈先生全部哲学论著。《文丛》编委会诸位编委分工负责，补充了已经出版的文集或单行本未收录的论著，认真校勘了文字，根据其内容编入对应分册。

依据内容，《文丛》分为《中国哲学总论编》、《天人之际编》、《儒家与儒教哲学编》、《道家与道教哲学编》、《诸子哲学编》、《佛教哲学编》（上、下）、《宗教学与无神论编》7种，共8册。

收入《文丛》的著作基本上保留原名，个别著作的名称适当地做了一些调整，其原名在脚注中予以说明。

收入《文丛》的著作一般采用作者亲自校阅订正的最后版本进行校勘工作，对文中出现的错字、别字、漏字，以及引文中的误植、标点符号错误等问题，均按出版规范做了订正。

《文丛》所收著作，编者于每篇篇名后增加一条注释并用“*”注明，在脚注中介绍该篇著作的出版或发表情况。

《文丛》中一些引文的方式和引文出处等与现在都有或多或少

的差异，此次整理和编辑时，参照文物保护“修旧如旧”的原则，一仍其旧，一般不做变动。

限于编者的水平，整理、编辑和校勘过程中可能有一些疏漏和错误的地方，诚望读者批评指正。

《任继愈哲学文丛》编委会

2021年5月6日

目 录

道家篇

道教篇

道家篇

介绍老子的哲学*

从古到今关于老子的著作不下几百种，但是其中绝大多数是从唯心论或宗教徒的观点来解释的，因而可资参考的并不太多。欧美资产阶级学者关于《老子》的译文和论述，仅最近五十年来，先后用英、德、法各种文字发表的共有一百多种。这些译述也都是从资产阶级的观点写的，没有什么参考的价值。

现代的一些先进的科学工作者，像郭沫若、范文澜、侯外庐、吕振羽都对老子的思想做过系统的研究，都是从马克思主义的观点对老子思想进行过分析，他们的见解和结论虽然还不一致，但对于今后研究老子哲学的人有极重要的启发作用。

老子的哲学也引起了国际哲学工作者的注意。苏联的《百科全书》中，苏联的《世界哲学史》的讲授大纲中都对于中国的老子的哲学给以很高的评价，认为老子是中国古代唯物论思想的代表人物。苏联杨兴顺教授的《中国古代哲学家老子及其学说》一书（目前还没有全部的译文出版），也引起中国哲学界的广泛的注意，最近民主德国的学者正打算把它译成德文。保加利亚学者季连绰已把

* 原载《光明日报》1956年1月11日《哲学》第48期。

《老子》一书译成保加利亚文。以上这些研究的成绩和努力都是值得称赞的。

除了我们的朋友所做的工作，我们的敌人、帝国主义的御用学者，像罗素，像蒋介石的走狗胡适，都千方百计故意曲解老子的学说，借此诬蔑中国文化。

以上这些事实表明我们哲学工作者要深入研究老子哲学，做出科学的评价，另外也要随时注意批判帝国主义分子歪曲中国哲学家的语言。目前这两方面的工作做得都还不够。

关于老子这个人和《老子》这部书的时代，从汉代起，就有不同的说法。一派认为老子是孔子的老师，和孔子同时，略早；一派认为老子的时代比孔子迟，书也是战国时期的产物。双方很多重要的理由可参看罗根泽编的《古史辨》第四册。

到目前为止，郭沫若先生的说法是比较稳妥的。他在《青铜时代》书中说：

> 由上三种秦汉以前的典籍（作者按：《庄子》《韩非子》《吕氏春秋》），可知老子即老聃，曾为孔子之师，在秦汉以前人并不曾发生过问题。[①]

又说：

> 我的见解，……老子确是孔子之师老聃，《老子》书也确是老聃的语录，就和《论语》是孔子的语录、《墨子》是墨翟的语录一样。

① 《青铜时代》，第234页。

> 《论语》虽然不是孔子的手笔，《墨子》虽然不是墨翟的手笔，但其中的主要思想我们不能不说是孔子和墨子的东西。同这一样，《老子》虽然不是老聃的手笔，但其中的主要思想，仍然是老聃的创见。秦汉以前的人都是我们的证人。汉人所提出来的老莱子和太史儋，实在是不能冒牌的。[①]

为什么说老子的哲学是唯物论的而不是唯心论的？目前还有不少学者认为老子是唯心论者而不是唯物论者。为了说明这个问题，有回溯一下哲学史的发展的必要。

唯物论从来就是和宗教迷信站在对立的地位的，唯物论从来就是给科学开辟道路的，唯物论经常是反映进步阶级的思想意识的。至于唯心论就刚好和唯物论相反。

春秋末期，世袭贵族的势力已成为社会发展前进道路中的绊脚石。他们拼命维持旧制度、旧礼教和宗教迷信。他们借宗教迷信，借“天”和鬼神的力量从精神上奴役人民。事实上，“天”和鬼神在很长时期内支配着广大人民的生活习惯，麻醉着人民的反抗意志。

正因为“天”和鬼神在当时是一种思想武器，所以春秋战国时代的唯心论和唯物论的哲学家没有一个不对这一问题表明态度的。两派提出了对立看法。唯物论者反对宗教，提出了科学的看法；唯心论者拥护宗教，提出了反科学的看法。反对宗教迷信的哲学家有老子、庄子、荀子、韩非等人；拥护宗教迷信的哲学家有孔子、墨子、孟子等人。古代的哲学思想战线上，就这样展开了宗教与反宗教、科学与反科学的斗争。这就是古代唯物论和唯心论斗争的基本

① 《青铜时代》，第 238 页。

现在也还有人要问：老子的“道”是无限的，是最根本的存在，它比“上帝”更根本，并不以人的意志为转移。“道”是精神性的还是物质性的？如果“道”是精神性的，那么，老子的哲学是客观唯心论而不是唯物论。

为了说明这个问题，且看老子的“道”的含义。

老子的“道”，虽然用眼睛看不见，但是其中“有物”“有精”。它是最具体、最真实的（见二十一章）。“道”在阴阳二气中得到统一（“万物负阴而抱阳，冲气以为和”）。“道”是“先天地生”，它不在万物之外，而在万物之中（“大道泛兮，其可左右”，“譬道之在天下，犹川谷之于江海”），这是和客观唯心论根本不同的。万物生于“道”，又回到“道”（“道常无名朴”，“复归于无极”）。“道”是万物深藏的地方（“道者万物之奥”）。“道”是无限的（“绵绵若存，用之不勤”）。“道”不以别的更高的存在为法则，以它自己本来的样子为法则（“道法自然”）。“道”只是万物自己变化发展的规律，而不是主宰万物，创造万物的超越的力量（“生而不有，为而不恃，长而不宰”），它只是使万物“自正”“自朴”“自宾”，它只是“似万物之宗”。

根据以上的事实，老子的哲学是依靠当时科学的知识和观察的证明，并以自然的原因解释实际的现象，表示了它对宗教的敌视。因此，我们说老子的哲学是唯物论的，不是客观唯心论的。

老子的书是用诗歌的形式写的，文字极简单，因而在注解老子的哲学时，从汉魏以来就发生了分歧。到目前为止，中国学术界对老子的哲学思想是唯物论还是唯心论，还没有取得一致的见解。侯外庐的《中国思想史》、吕振羽的《中国政治思想史》都认为老子是唯心论者；范文澜的《中国通史简编》（修订本）、北京大学哲学系中国哲学史教研室以及苏联的研究中国哲学史的学者都认为老子是唯物论者。就目前的趋势看来，认为老子是唯物的看法，似乎逐渐取得更多的人的相信。至于老子的哲学中有丰富的辩证法，这是古今中外没有人有任何怀疑的。

老子的辩证法反映了中国古代哲学家对于自然现象和社会现象相当深刻的认识。老子指出万物是自己在变化，而不为外力推动的（“有无相生，难易相成”“为无为则无不治”）；若违反了事物自己的规律，必然失败（“为者败之，执者失之”）；事物的变化向着它相对立的方向进行（“反者道之动”）；事物表面相反，实则相成（“曲则全，枉则直，洼则盈，敝则新”“后其身而身先，外其身而身存”“明道若昧，进道若退”）；万物由量的积累可以引起质的变化（“图难于其易，为大于其细”“合抱之木，生于毫末；九层之台，起于累土”）；万物的变化，都不是用人力勉强得到的（“天之道，不争而善胜，不言而善应，不召而自来”）；事物永远有变化，永不停止（“独立而不改，周行而不殆”）。

老子的唯物论和他的自发的辩证的观点，是中国哲学史上一份珍贵的遗产，它是古代中国人民智慧的结晶。虽然它还是依靠着非常有限的科学水平，但是它显明地表现了关于世界对立发展、相反相成这一普遍规律的天才的猜测。

恩格斯在评价赫拉克利图的自发的辩证法时，写道：

> 这个原始的、素朴的但实质上正确的宇宙观是古希腊哲学的宇宙观，而且是由赫拉克利特第一次明白地表述出来的：一

> 切都存在，同时又不存在，因为一切都在流动，都在不断地变化，不断地产生和消失。[①]

恩格斯对于赫拉克利特的评价，对于我们今天认识老子的哲学有着极重要的启发作用和原则性的指导意义。列宁在他的哲学笔记中也曾指出赫拉克利特的哲学具有“生动、新鲜、素朴和历史的严整性”[②]。老子的哲学也同样具有这些特点。

老子的哲学不像赫拉克利特敌视人民群众，而是同情人民群众；老子不是奴隶主的利益的体现者，而是部分地反映了广大小私有者利益的哲学家。他反对剥削，反对人压迫人的制度，反对周代用来统治人民的道德、法律、礼教和社会制度（“失道而后德”“礼者忠信之薄而乱之首”“以智治国，国之贼”“法令滋彰，盗贼多有”）。他控诉剥削制度的社会的不合理（“人之道，损不足以奉有余”“民之饥，以其上食税之多，是以饥”“民不畏死，奈何以死惧之”）。他大力主张对人民不干涉的“无为而治”，使人民“自治”“自富”，过着安乐富足的生活。他为了人民的利益，诅咒战争，向往和平。

由于历史的局限性和阶级的局限性，老子的哲学并不是没有它的严重的弱点的。

老子发现了矛盾对立的法则，但他不是采取迎接矛盾的态度，而是采取消解矛盾、避免斗争的态度（“不敢为天下先”“持而盈之，不如其已”“知足之足，常足矣”）。由于他的小私有者的阶

---

① 《反杜林论》，第 9 页。

② 《哲学笔记》，俄文版，第 327 页。

级性格带来的弱点，使他不敢向前看，只求安于目前现状，因而妨害了他的光辉的辩证法的正常发展。

老子卓越地区别开感觉与思维在认识中的作用不同，但老子有轻视感觉经验的偏向（“不出户，知天下；不窥牖，见天道”“为学日益，为道日损”）。后来许多思想的懒汉、“知识里手”都以“秀才不出门，遍知天下事”自夸，这就脱离了唯物论的认识论的原则，而陷于唯心的错误。

和赫拉克利特一样，老子的辩证观点并没有完全摆脱形而上学的束缚，他的发展观是循环的（“万物并作，吾以观复”），而不是由低级的到高级的。老子无条件地把“柔弱”的作用夸大，他认为“柔弱”在任何时候都能战胜刚强。他把强弱对立互相转化的辩证关系，仅仅看作片面决定的关系，这也使他的辩证法受到形而上学的局限。

总体来看，老子的素朴的唯物论和他的自发的辩证法是中国以至全世界人民的宝贵遗产。老子的哲学今天受到全世界人民的重视不是偶然的。也有个别的学者（杨荣国的《中国古代思想史》）对老子这个人和代表老子思想的这部书根本怀疑，认为《老子》这书是从《庄子》书中摘录、杂凑成的。这种看法证据不足，很难成立。

老子的研究*

本文打算从三个方面对近来关于老子的争论和研究方法，提出一些初步的看法：一是老子这个人和《老子》这部书的关系；二是老子的思想反映哪个阶级的利益和要求；三是老子的世界观是唯物主义还是唯心主义。近年来争论的焦点逐渐集中到老子是唯物主义还是唯心主义，因此，本文对这一问题的阐述也要占较多的篇幅。至于老子的辩证法思想已没有什么争论，本文从略。

一、老子这个人和《老子》这部书

对于老子这个人和《老子》这部书，归纳起来，有以下三派不同的意见。

第一派认为《老子》一书是老聃遗说的发挥。老聃确在孔子之先。主张这种见解的有马叙伦、张煦、唐兰、郭沫若、吕振羽、高亨、苏联学者杨兴顺等。

---

* 原载《光明日报》，1959 年 5 月 24 日。

马叙伦考证："老子生当在定王、简王之世（笔者按：周定王时代是公元前606—前586年，周简王时代是公元前585—前571年)。孔子五十一岁见老子，为敬王十八年（笔者按：公元前502年），盖已八九十岁，其卒年虽不可知，而庄子载秦失吊其死，则非不知所终者也。"[①]

唐兰：在《老子时代新考》（载《古史辨》第六册）中做出如下结论：

第一，《老子》的作者及其时代。唐兰引证《庄子·天下》篇和《韩非子·六反》《内储说下》《亡征》诸篇关于老子言论的记载后说："根据上面的材料，可以知道《天下》篇的作者和韩非子都以为《老子》里的话是老聃所说。《天下》篇的作者，现在很难断定，但总和庄周、惠施都接近，而文章里面又提到公孙龙，可以证明是平原君时代的作品。那么孔子卒后二百年左右，有一本业已流传的著作和今本《老子》差不多，当时人以为是老聃的语录，这大概是很真确的事了。"但这语录的作者老聃是什么时代的人呢？作者分为三个问题来说明。

一是老聃和孔子的关系。根据《曾子问》和《庄子》中对孔老关系的记载及《吕氏春秋·当染》篇，都一致认为老子在孔子前，孔子曾经跟老子学过，所以"至少可以证明老子和孔子同时，见过面，而年辈比孔子长的事实"。

二是根据庄子《应帝王》和《寓言》篇，证明阳子居即杨朱是老子的弟子"是可能的"，而"杨朱、墨翟时代相近"，"杨、墨

① 马叙伦：《老子校诂》，第30页。

和曾子时代相当”，所以“老子和孔子并时是可能的”。

三是《史记》老子传中的恍惚之辞，是根据“假”和“解”的家谱推出来的，其实不可信，“却一则说‘与孔子同时云’，再则说‘自孔子死之后’，表明他是深信老子和孔子是同时的”。

第二，《老子》书撰成时代。作者认为，《老子》书的撰成，应当在《墨子》《孟子》撰成的时期。这因为“仁义”并称，《论语》所无，而《墨》《孟》所有；老子的文体，很像墨子《尚贤》《尚同》等篇。

郭沫若：认为唐兰的说法为近是，并进一步考证：“一、《老子上下篇》乃环渊所录《老子遗训》，唯文经润色，有失真之处。……二、环渊即关尹、它嚣，因音变与字误成为数人。三、环渊生于楚而游于齐，大率与孟子同时，盖老聃之再传或三传弟子。”①

吕振羽：认为《老子》书除一部分后人掺入错乱，是可以信为老子手著的。孔子受老子影响是显著的，如《论语》中有“以德报怨”“仁者必有勇”“无为而治者其舜也与”，老子亦有此说。其次，《老子》书说明的社会情况和代表的阶级，恰合于封建兼并时代的背景和春秋末期没落贵族的身份言论。②

第二派人的意见，认为老子是战国时代人，《老子》书也是战国时代的书。主张这种说法较早的有清代汪中，现代人有梁启超、冯友兰、范文澜、罗根泽、侯外庐、杨荣国等。

梁启超：在他《评胡适之〈中国哲学史大纲〉》中提出六条证据，断定《老子》书的著作时代在战国之末：一是老子的八代孙

① 郭沫若：《老聃、关尹、环渊》，见《青铜时代》。

② 吕振羽：《中国政治思想史》，第52-54页。

与孔子的十三代孙同时；二是孔、墨、孟都没有称及老子；三是《曾子问》所载老子的谈“礼”和《老子》书中的反对“礼”的思想相反；四是《史记·老子传》本于《庄子》，《庄子》是寓言，不能看作历史；五是老子有许多太激烈太自由的话，不像春秋时人说的；六是《老子》书中的“王侯”“侯王”“王公”“万乘之君”“取天下”“仁义”等字样，也不像春秋时所应有。①

冯友兰：“《老子》是战国时之作品。盖一则孔子以前无私人著述之事，故《老子》不能早于《论语》。二则老子之文体，非问答体，故应在《论语》《孟子》后。三则《老子》之文，为简明之‘经’体，可见其为战国时之作品。……其实《老》学首领，战国时之李耳也。传说中之……老聃，……果为历史的人物与否不可知。”②

罗根泽：老子即太史儋。《老子》书即太史儋所著。他的证据如下：一是《史记》载太史儋即老子，决非虚造；二是“儋”和“聃”音同字通，《吕氏春秋·不二》篇作“老耽”；三是聃为周柱下史，儋亦周之史官；四是老子有西出关之故事，太史儋见秦献公，亦必出关。③

范文澜：《道德经》五千言，确是战国时期的著作。据《史记·老子列传》所说，《道德经》的著作者是楚国苦县（河南鹿邑县）厉乡曲仁里人李耳。“《道德经》五千言，确是战国时期的著作。……《史记》叙述李耳乡里世系，如此明确，必有根据，决非

① 见《古史辨》第四册。

② 冯友兰《中国哲学史》第 210 页。

③ 罗根泽：《老子及〈老子〉书的问题》，见《诸子考索》。

虚构。”[①]

侯外庐：“老子思想为孔墨显学的批判发展，其书出于战国之世。”[②]

杨荣国：《老子》不仅成于战国时代，而且成于战国时代的庄子之学大兴之后，理由：一是书中包含有先秦道家各派思想。如杨朱的“贵生”思想，宋钘的“情欲寡浅”，关尹的“清虚”，彭蒙、田骈的“不教”，庄周、慎到的“弃知去己”，等等。二是书中有对各派学说的批判。如对孔子的“仁”，墨子的“贵义”“尚贤”“明鬼”，孟子的“仁义对举”，以至商鞅的变法，一概加以否定。三是充分发挥了庄子“道先天地”的“道”的观念而舍了庄子的“天”的自然观念。把运动静止化，说明道家立场转向反动。[③]

第三派认为《老子》成书更晚，在秦汉之间。主张这一派学说的有顾颉刚、刘节等。

顾颉刚：在他的《从〈吕氏春秋〉推测〈老子〉之成书年代》一文中认为，“其书成于《吕氏春秋》和《淮南子》之间”。他统计了“《吕氏春秋》的作者……简单地把五千言的三分之二都吸收进去了。但始终不曾吐出这是取材于《老子》的”。“在《吕氏春秋》一书中，虽到处碰见和《老子》相类的词句，但寻不出一点它的引用《老子》的痕迹。于是做一个大胆的假设，在《吕氏春秋》著作时代，还没有今本《老子》存在。”至《淮南子》中，则老聃的独尊的地位已确立。《老子》成书必在此二书之间，但“非一人

① 范文澜：《中国史简编》第一编，第197页。

② 侯外庐：《中国思想通史》，第257页。

③ 杨荣国：《中国古代思想史》，第263-275页。

之言，亦非一时之作”。“上自春秋时的‘以德报怨’，下至战国末的‘绝圣弃智’，大约有三百年的历史”，“所包含的学说甚复杂，自杨朱的‘贵生’，宋钘的‘非斗’，老聃的‘柔弱’，关尹的‘清虚’，慎到、庄周的‘弃知去已’，战国末年的重农愚民思想，以及倪良的兵家言，都有”。至于老聃则是“杨朱、宋钘以后的人，已当战国的中叶。他的学徒的宣传，使孔子为其弟子，而他的生年遂移前，又使黄帝与之同道，而他的学术地位遂益高”。

刘节：今本《老子》所讨论的中心思想在孟子和庄子之间，而五千言则在西汉文景之间才出现。老子讲心讲气，并没有以宋钘、孟子思想做根据，那便是无源之水。假定把五千言放在孟、宋诸家之后，便语语有据了，盖《庄子·天下》篇里所说的老子思想是最朴素的隐君子之说。在这一基地上，经过杨朱、孟轲、宋钘、慎到乃至庄周，才孕育成今本《老子》五千言里的思想。在五千言的形式方面，也是经过“丹书”的杂抄先秦诗式格言以后，又经过一番洗练才有今本的《老子》。五千言的撰成是在《易传》和《中庸》之间，这三部书的立足点是相同的，而说法是不相同的。《淮南子·修务训》：“书传之微者，唯圣人能论之。今取新圣人书名之孔、墨，则弟子句指而受者必众矣！”今本《老子》正是作《修务训》的学者所看到的新“圣人”之书。[①]

* * *

关于老子的时代和老子的著作可归纳为三种不同的说法。

第一，一派认为《老子》书即孔子以前的老聃所著，如马叙伦。

① 刘节：《古史考存·老子考》，第 174-175 页。

第二，一派认为《老子》书与老聃毫无关系，出自战国末期，如顾颉刚、杨荣国。

第三，有一派人认为老子其人和老子其书可以区别开来。这一派又有两种说法。一种说法认为《老子》书虽非老子亲手写的，但是《老子》书中的基本思想是老子本人所固有的，这样主张的有唐兰、郭沫若等人；有一种说法认为《老子》书中的基本思想代表战国时期的思想，和老子这个人没有什么关系，如侯外庐。我们认为这一说法的证据主要是从思想上推论得来的，不及前一种（唐、郭等）说法证据充分。从思想方面进行考察是一种方法，但主要证据放在这一方面就不够严格。

我们基本上同意郭沫若等人考证所举的理由（除环渊为《老子》撰者尚可存疑），还有以下几点理由：

第一，在先秦的典籍中，如《老子》《荀子》《韩非子》《吕氏春秋》及《墨子》佚文中都不曾怀疑过老子这个人和他的学说的关系，以上这些不同的学派都从不同角度描绘着一个轮廓大致相同的思想面貌的老子。他们所描绘的老子学说与《老子》书的基本思想是符合的。只是到了汉初，才开始把老聃、李耳、太史儋三人的关系弄混了，以致时代先后相差两百多年，连老子这个人的存在也变得模糊起来。

第二，《老子》的成书是经过一段时间的，先秦的典籍很少由个人执笔写成，而是由各学派的门徒不断地发展、补充，经过若干年代才成为定本。这一补充和发展的时间可以长达一二百年以至几百年以上。像《易经》的形成至少经过五百年甚至更长的时间；墨子的《墨经》与墨翟的时代也有一百多年的间隔；《管子》一书，包含了从春秋到汉初的法家思想；《孙子兵法》也是长期集结成书的。此外，很少值得怀疑的《论语》《荀子》《韩非子》书中也都夹杂着汉儒所增补的材料，但并不能因此否认孔、墨、管、庄、韩、荀诸哲学家是他们的书的基本思想的奠基人。《老子》书也不应例外。我们不能因为其中发现个别地方有战国时代思想的一些迹象，就把全书的时代移到最后。

第三，《老子》书中有些思想在老子以前就已相当流行。如“无为”“贵柔”、不信“天命”的思想，在春秋初期早已具有雏形，只是还没有概括为哲学的普遍原则。

因此我们认为，《老子》书中如反对“仁义”、反对法令的一些思想可能晚出。但《老子》的天道观（也就是老子哲学的基本部分）是老子本人的思想，“贵柔”、反对战争和辩证法思想也是老子本人的思想，“小国寡民”的政治理想也接近老子本人的思想。这个看法是从先秦诸子中从不同的角度所描绘的老子的精神面貌综合概括出来的。

二、老子代表哪个阶级？是进步还是反动？

（一）认为老子代表没落阶级

范文澜：《老子》一书反映了没落领主的思想。老子利用“无为”的学说在阶级矛盾上，对统治阶级主张“无为”。对被统治者主张愚民。事实上愚民是困难的。因此它想倒退到“小国寡民”的远古时代去。老子想分解正在走向统一的社会为定型的和分离的无数小点，人们被拘禁在小点里，永远过着极低水平的生活，彼此孤立，没有接触的机会。社会进步所不可缺少的愿望和努力，老子都看作有害。这种反动思想，正是没落领主的思想。[①]

吕振羽：老子的思想，基本的和新兴地主——商人相反对。因而老子便无疑是属于统治阶层中的一分子，不过他由楚跑到周去做守藏史，必已失去其自有的领地。在春秋二百余年间，由于强大领主的兼并，曾引起若干小领主的没落，这种没落者的呼声和其悲观失望的愤懑情绪，在老聃的全部著作中能充分表现出来。

最后作者把老子的社会思想和政治理想归纳为以下几点：一是老聃之所以提出“小国寡民”的政治思想，正因为其自己所代表的社会阶层存在的依据是封建初期的社会秩序，所以他的要求是永恒不变的西周型社会。二是他之反对大封建主和封建战争，正因为其自身的社会地位是消失在这种封建兼并的战争中。三是他之反对新兴地主——商人，正因为其自己没落的另一面是这些分子之部分的代起，而且商人又是促进封建战争的一个因子。四是他主张调和统治阶级内部的矛盾，取消斗争，也主张愚民政策，正因为他出身于统治阶级，又还在代表统治阶级利益。

最后说到他的政治主张之所以不能实现，一方面因为社会在其本质上便是不能后退的，一方面他的主张和大封建主、新兴地主——商人都有矛盾而立于利益相反的地位。从其主张维持利益关系这一点上又和农民根本对立着。其自身所代表的没落集团，则已失去其政治的经济的依据，特别重要的，是他的“无为”，即取消

① 范文澜：《中国通史简编》第一编，第199-202页。

斗争的主张，是根本违反了客观法则的。[1]

这一派认为老子代表没落贵族或小贵族。它的特点表现为感到自己阶级的没落，又无力挽回，因此表现为复古、消极、倒退。

（二）认为老子代表农民思想

杨兴顺：老子的社会伦理学说有以下中心思想：一是对压迫者深恶痛绝的老子，揭发了中国古代社会的罪恶，对灾难深重的人民表示了真挚的同情。老子认为，社会中的一切不幸与灾害，乃是废弃自然法则“道”与破坏人民原来的生活的后果。他认为这一切都不是合乎规律的现象，并深信以非正义性与压迫人民为基础的社会政治制度必然垮台。二是按照老子的学说，智慧、对精美之物的迷恋、“大伪”是社会罪恶的根源，必须恢复“损有余而补不足”的“天之道”。三是“圣人”为恢复自然法则“道”并使人民“甘其食，美其服”，应和人民紧密地联系，没有个人利益，应以个人的正当行为成为人民的领袖。四是“圣人”的主要品质：对人民的忠诚和热爱，勤劳和谦逊。除了为人民服务，他没有其他的目的。五是 “慈”是“圣人”实际活动的主要基础。六是热爱人民是老子论战争的学说基础。他在原则上反对战争，又认为防御战争是必要的。要想把人民从战争及其严重的后果中拯救出来，唯一的出路是复归于原始社会。

《道德经》所反映的是周代社会的公社农民的思想，这些古代的公社农民由于奴隶制经济发展和不断的战争而日益破产。他们的情况有两方面：一方面，当时社会的现实条件和他们的根本利益

① 吕振羽：《中国政治思想史》，第 64 页。

有极大矛盾，迫使他们激烈地反对现存的社会政治制度，即反抗压迫者对被压迫者的统治；另一方面，反对社会的不公道，力图恢复农村公社的闭塞的农业生活，他们认为这是当时忍无可忍的困境中的唯一出路。正因为古代公社农民带有二重性，《道德经》的社会伦理学说也带有二重性。老子学说揭发了社会的罪恶，这就加深了受压迫人民的大众对统治阶级的仇恨。因此，这种学说在客观上加速了旧的、保守的社会制度的破灭，并为历史的继续发展扫清了道路。同时，老子学说宣传这种思想：恢复过去，恢复原始公社，停止社会的智力与文化的发展。这样，《道德经》的社会伦理学说同时又是反动的乌托邦思想，不论过去和现在，在一定的程度上，它使中国的剥削阶级有可能以此作为一种反对社会前进发展斗争中的精神武器。但要点并不在于此，而在于这一学说的客观意义，在于它对一小撮剥削者当政的中国旧社会不公道和灾害的深刻批判。老子对于社会罪恶的揭发表达了被压迫的人民对奴隶主的抗议。①

侯外庐："现在同意杨兴顺同志在这一点上的意见，即老子代表了没落的公社农民。因为：第一，老子所幻想的'小国寡民'的氏族公社正是公社农民的幻想。第二，在战国时代，公社农民的没落是由阶级分化所形成的，老子以'损'的观点反对'以求生之厚'的国民阶级，这种否定阶级并反对阶级分化的思想，正反映了公社农民的情绪。第三，老子思想中的天真观点是和公社农民的想法一致的；正因为公社农民的没落，才反映出'为者败之，执者失之'的败北主义视点。"

① 杨兴顺：《中国古代哲学家老子及其学说》，第 75-78 页。

“老子站在宗法组织支配的天真的公社农民的观点上，……是他代表公社农民的积极的思想因素；至于他所代表公社农民的消极情绪，就表现在如下几方面：婴儿状态的天真：‘我愚人之心。’（二十章）朴素状态的憧憬：‘绝圣弃智。’（十九章）对政治的疏远：‘其政闷闷，其民淳淳；其政察察，其民缺缺。’（五十八章）神秘主义’的‘道’。‘无名’的离奇古怪的世界观。不抵抗主义的‘无为’和‘不争’。对金钱的咒骂：‘财货有余，是谓盗夸。’（五十三章）黑格尔所说‘非历史的历史’，正是公社农民的天真的幻想的写照。”[①]

我们认为，春秋后半期奴隶主贵族制逐渐破坏，多数小国被大国吞并。这些小国的贵族，一部分降为皂隶，大部分变为大国的庶民，取得自由民的身份。再加上原有的自由民、农民及小生产者，以及从农奴解放出来的一部分自耕农，因此这个阶层逐渐在扩大，成为社会上一个相当巨大的阶级力量。像《老子》这部书就部分地，而不是全部地，反映了农民和小私有者的要求。由于小生产者的经济特点，使他们“不敢为天下先”，他们“贵柔”，不与人争强斗胜，怕冒险、怕冒尖，他们有自给自足的经济，他们希望政府对他们不干涉或少干涉。他们反对工商业者对他们的剥削，所以“不贵难得之货”。因为他们还直接参加了些生产劳动，他们也是被剥削的对象，因此，他们不相信统治阶级对人民进行的欺骗宣传。当时一般农民不可能学到文化知识。像老子这样由贵族下降的隐士，有条件说出自己的要求和希望。在他们的要求和希望中也反

① 侯外庐：《中国思想通史》，第263页。

映了农民的某些要求。

同时，像老子这一阶层的隐士并不是自愿下降为农民身份的，老子以及和老子情况相类似的隐士，与当时真正的农民之间还有一定程度的差别。《老子》书中责骂统治者，表现了反压迫、反剥削、爱自由的进步要求。但这种进步，由于他的阶级局限性，不能不停留在一定的限度内，所以在社会观、历史观方面他又是保守的。历史向着老子所最不愿走的一条道路进行着。

至于老子本人的阶级出身可能是没落贵族，但《老子》书中反映的“损有余以补不足”，对剥削者的憎恨，反对政治压迫，主张让百姓自化、自正、自朴的农村公社的理想，不像是没落贵族。

春秋末期，社会已起了阶级分化。新兴的封建地主阶级刚刚露面，奴隶制已开始崩溃，旧贵族的统治已经动摇，这时，各个阶级、各个阶层都引起了震动。孔子代表从奴隶主阶级向地主阶级转化的势力，一方面要保存旧的制度，一方面又要向新的方向过渡。孟子、荀子这一派的儒家都代表这一倾向。墨子代表新兴自由手工业者、农民、小私有者的利益和要求。法家中商鞅、吴起、韩非等人虽然出身于旧贵族，但他们代表的是不贵富的、在政治上还没有享有特权的新兴地主阶级，所以他们特别强调国君以外，一律受法律的约束。这是从下面涌现出来的地主阶级，和孔子等人代表从旧贵族转化过去的地主阶级不同。所以孔、孟、荀都讲“礼”、讲等级制度；而商鞅、韩非只讲“法”，而与“礼”表示决绝。老子代表的是另一部分群众。他们多半是由贵族下降为农民的，他们当时身份是小生产者、自由农民，同时还带着原来出身的阶级烙印，因而在老子的政治思想、社会思想中不免充满着矛盾，一方面提供了一些统治人民的愚民政策，一方面又对当时的统治者的残酷剥削提出抗议和控诉。如果只看重《老子》书中为统治者献策的一些思想，老子就是反动的；如果只看重《老子》书中反抗压迫、反抗剥削的一些思想，就容易把老子说成农民思想的代言人。现在有些人偏重前一看法，也有些人偏重后一看法。

老子的素朴的唯物主义思想固然和当时的天文学、自然科学有关，也和老子这一派人未曾完全脱离生产劳动的现实生活有关。我们可以看到春秋战国时期无数的隐者，多半是一面劳动、一面发出他们的揭露现实剥削阶级的黑暗诅咒的，长沮、桀溺等人都和老子的阶级地位、政治倾向差不多的；杨朱、於陵陈仲子也差不多是老子类型的人物。

只要生活、社会地位和劳动人民有了某种程度的一致，那么，思想感情必然会反映一些劳动者的呼声，老子是一个例子，后来的陶潜、杜甫、陆游等人也有类似的情况。一定要抹杀《老子》书中愤世嫉俗、反抗压迫、向往自由的一方面，这种看法，恐怕是不全面的。

也正是由于老子的哲学思想带着他的旧贵族的烙印，他的辩证法思想和唯物主义思想不可避免地伴随着严重的弱点。他的辩证法表现为不敢迎接矛盾，片面夸大了柔弱的作用；他的唯物主义也不能彻底。

至于老子在社会观、历史观方面的“倒退”思想，也要做具体分析。中国古代许多农业空想社会主义者，如人所公认的有进步意义的《礼运》“大同”思想、南北朝的鲍敬言的无君论、明末清初黄宗羲的《原君》《原臣》，没有一个是面向前看，把美好的理想放在未来的（从先秦到明末清初，中间许多具有进步思想的学说不必一一列举），它和具有资本主义性质的空想社会主义有所不同。这正是古代和近代的差别，却不能因此而完全抹杀它对现实批判的积极意义。有人叫作“托古改制”，也就是“借古说今”。问题在于老子借的什么“古”，说的什么“今”？如果他所向往的是无压迫、无剥削的理想社会，他的“小国寡民”应当和《礼运》的“大同”社会在性质上不应当有所歧视。正如我们不能以卢梭号召回到自然，而认为他可以招致蒙昧主义一样（这里不是把卢梭和老子相提并论，而在于说明衡量一种学说，要看他从什么立场出发，反对的是什么，在客观上会有什么作用）。马克思指出，在古代一切进步的思想都要披上一件复古外衣，披上复古的外衣，未必就是“倒退”的。

老子的社会、历史观是不现实的，但和教人安于现状，不反抗，在贵族奴隶制下当守法循礼的温顺良民有本质上的不同，在这一点，老子和庄子是有性质上区别的。老子为了反对当时的剥削制度，从而反对一切社会制度；为了反对剥削阶级的文化，才反对一切文化；为了反对欺诈和不信任，才反对知识。这是老子的错误所在。老子提出的解决方案错了，却不能说老子对不合理现象的攻击也错了。有些研究老子的学者，似乎过于看重老子说错了的方案，忽视了老子对不合理社会现象的攻击中的正确部分。

也许有人会想到欧洲19世纪初期，有些封建贵族从右的方面攻击资本主义，他们讲什么“封建的社会主义”，“向资产阶级声罪致讨”，“其中半是挽歌，半是谤文；半是过去的回音，半是未来的恫吓；它有时也能用辛辣、俏皮而尖刻的评论刺中资产阶级的心，但是它由于完全不能理解现代历史的进程而总是令人感到可笑”[①]。

老子以“复古”的口号对当时的剥削制度提出了批判，看来有些和封建社会主义对资本主义的攻击相似，但也有所不同。欧洲19世纪的初期，封建的社会主义思想只能唱出封建残余的挽歌，他们的目的还是剥削，梦想用更落后的封建剥削代替已经开始朽败的资本主义制的剥削，它一点也不反映劳动人民的愿望和要求，所以它是彻底反动的。老子企图用公社制代替剥削制在一定程度上反映了劳动者农民的愿望，所以它和彻底反动的思想应有所区别。

三、老子的哲学是唯物主义还是唯心主义

这个问题有两派意见：一派认为是唯心主义；一派认为是唯物主义，其中不少唯心主义成分。

（一）主张老子是唯心主义者

持这种看法的有吕振羽、侯外庐、杨荣国、杨柳桥等人。

1. 主张老子思想是彻底的唯心主义的

持这种看法的有吕振羽、杨荣国等。

吕振羽：“在他说到物质和精神的依存关系时，虽还承认本体（‘朴’）是先于概念（‘名’）而存在的，但当他进一步去研究本体的究极时，便又绕回去了。”“他所谓‘道’的内容，并不是物质的东西；而是神化的东西；同时，在这个本源的‘道’的地

① 马克思、恩格斯：《共产党宣言》，人民出版社，1949年9月版。

方，一切斗争是完全没有的，它只是一‘虚’而‘静’的‘无为’的本体。”“‘天’和‘道’还是有意识地主宰万物。所以在老聃的思想体系中，‘道’才是第一义的，‘名’和‘朴’不过是第二义的东西。‘道’是创造宇宙，统制宇宙的最高主宰（‘道冲而用之，……渊兮似万物之宗’）。……老聃在这里，不但是一个不可知论者，而且是倾向着有神论了。”[①]

杨荣国：《老子》书的思想中心是帝王术，是汩没人的理性消灭人斗志的柔弱思想，崇尚阴谋。“道”有如下几种含义：（1）帝王术：老子的“道”是先天地生的，是超然独处的，是永恒不变而可以应万变的。“道”为“德”的全体，“德”乃“道”的部分，有“常道”，也有“常德”，帝王把握了“常道”，也就握住了个别性的“常德”，可以为“天下贞”，人民万物自然宾服。（2）柔弱：老子的“道”是指的柔弱；所谓“德”，是为了使“刚强”之趋向“柔弱”。因此，①《老子》书中的中心思想是“柔弱”；②道也就是“柔弱”；③“道”散而为万物，而万物之各自得逐其“柔弱”，便是“德”。（3）阴谋：老子主张上下都浑浑噩噩，都无所作为，才能太太平平。结论：老子以“道”为先验的，又认为这先验的道为柔弱而多归侯王所持守。[②]

2. 认为老子哲学的上半截是唯心主义，下半截是唯物主义，但从根本上说是唯心主义

持这种看法的有侯外庐、杨柳桥。

侯外庐：老子哲学的“道”和“德”的二元论思想，“德”

① 《中国政治思想史》，第 57-59 页。

② 《中国古代思想史》，第 257-270 页。

以下的半截（天地万物）和物质联系着，“德”以上的半截（“道”）脱离了物质实体。同时，就其思想体系而言，基本上是唯心主义。[①]

（1）唯物主义的因素。这是指讲天地万物时所说的“物”，它既指物质的实体，也指物质属性。这里还包含哲学所说的物质的意义。[②]

（2）“道”这个范畴，就其义理性方面而言，是有一定的规律性的，而在反乎自然万物的性质上而言是背叛于规律性的，其中并不包含有物质的实体。[③]

《老子》书中的“道”，除了讲知识论和伦理学的“道”，可以分为三类：

第一，“道”字和万物在一起形容时，“道”并不指的是“道”的本身；第二，“道”字用于和万物的性质相反对时，如“复归于无物，是谓无状之状，无物之象”等等，“道”不仅不是物质实体，而且和物质实体性质相反；第三，“道”用于物质生成之先而和物质背向而行时，如“道……渊兮，似万物之宗。……象帝之先”“有物混成，先天地生”等等，“道”不但是“万物之宗”，而且和万物背向而反动，这显然是“上帝”的别名，也即所谓神秘的力在最初的一击。

（3）老子的“德”是介于“道”和“万物”之间的范畴，是可以当作万物无限的本源来理解的。

① 《中国思想通史》第一卷，第 264 页。

② 《中国思想通史》第一卷，第 266 页。

③ 《中国思想通史》第一卷，第 266 页。

（4）“道”之陷于唯心主义，不但因为“道”的义理性类似泛神论的“神”，而且是超越人类认识的彼岸的东西。我们知道，凡是否定了现实世界的可认识性的，那就不可避免地要走向唯心主义。

老子哲学主要是唯心主义的，他的“道”是超自然的绝对体，在他的学说中占支配地位；然而当他讲到“德”时，就向唯物主义动摇过去，特别是讲到万物生成发展的自然规律时，便富有唯物主义观点了。[①]

杨柳桥：“道之为物”的“物”，应理解为“‘道’这个概念”是天地生成以前存在的，这个“物”不是物质。

老子的“一”和“玄”才是指的物质实体，就原始物质的浑沦之数而言则谓之“一”，就原始物质的浑沦之象而言则谓之“玄”，“玄”和“一”兼“有”与“无”。

老子重视“无”“道”，而轻视“有”“物”，认为“道”是最根本的，“物”是“道”所生。把“道”提升为万物的主宰，带有神秘主义。[②]

认为《老子》书中的思想基本上是唯心主义的看法，归纳起来可以有以下的理由：

1.“道”，宇宙万物的最后的实体是抽象的观念，无形象，不是感觉所能认识。

2.“道”具有超时空、超经验的永恒性。

3.老子的“道”是“无”，从“无”生“有”，不是唯物论。

4.老子的“道”也叫作“一”，“一”是抽象的数的概念。

① 《中国思想通史》第一卷，第263-273页。

② 《老子译话》，第69-83页。

5. 老子以“道”代表自然法则，以“玄”或“一”代表物质整体。“一”和“玄”之上才是“道”，所以说“道生一，一生二……”

6. 古代唯物主义的一般特点是以现实生活中的某一具体元素或几种元素为宇宙的最后根源，不可能拿一个抽象性很高的“道”作为万物的根源。

7. 老子轻视感觉经验，而把“玄览”“静观”的抽象思维活动看作知识来源。他的认识论的道路也不像唯物论。

从以上几个特点来看，说老子是唯心主义的又有两派，一派认为老子是彻底的唯心主义的；一派认为老子的哲学体系基本上是唯心主义的，但其中容纳了一些唯物主义因素。像天道自然观，就有唯物主义因素。

（二）主张老子是唯物主义者

持这种看法的有范文澜和杨兴顺（苏联）等人。

杨兴顺：老子的“道”可以归结为如下基本特点：1. “道”是物的自然法则，它排斥一切神或天志。2. “道”永远存在，它是永恒的物质世界的自然性。“道”在时间和空间上都是无限的。3. “道”是万物的本质，它通过它自己的属性（“德”）而显现。没有万物，“道”就不存在。4. 作为本质来说，“道”是世界的物质基础气及其变化法则的统一。5. “道”是物质世界中不可破灭的必然性，万物都从属于“道”的法则。6. “道”的基本法则是万物与一切现象处于经常的运动和变化之中，万物与一切现象都转化为自身的对立物。7. 万物与一切现象都处在互相联系的状态中，这种联系通过统一的“道”而完成。8. “道”是视之不见、搏之不得的，它是我们感官所不能感知的，但在逻辑思维中它是可以认识的。结论：老子是唯物主义者。[①]

范文澜："老子的唯物论是把天地万物的运行生灭，看作纯循自然规律，并无人格化的神存在。人对自然只能'任'（顺从）和'法'（效法），不能违背它。"[②]

＊＊＊

除了上面列举的一些理由，我们还可以补充以下的一些理由说老子是唯物主义比说它是唯心主义似乎更有道理。

如何解释《老子》原书的基本概念？比如对老子的"道"，应如何理解？

古人和近代人不少把《老子》的第一章看作全书的纲领。我们认为这样做有困难。先秦诸子的书都难说哪一篇、哪一章是它的纲领。《论语》《孟子》固然很难这样做，较晚的荀子、韩非的著作论点已很集中并已有了论文的形式，但也难指出哪一篇可以作为他的学说的纲领。荀子的《天论》固然重要，但有人认为《显学》或《王制》《富国》《礼论》等篇为纲领似乎也说得通。把墨子的中心思想说是"兼爱""非攻"，大概不会错，但把《兼爱》这几篇文章作为墨子思想的纲领，似乎也困难，《天志》《明鬼》《节用》《节葬》实在也很重要。古今人研究庄子的唯心主义思想的，特别喜欢采用《齐物论》作为庄子的代表作；但司马迁向读者介绍庄子的思想时，却特别提到《盗跖》《胠箧》那些篇，讲到庄子的活动时特别介绍了他辞掉楚王的聘礼一段故事。先秦各家中，像邹

① 《中国古代哲学家老子及其学说》，第 53-54 页。

② 《中国通史简编》第一编，第 203 页。

衍可以说比孟子还要神气，所到之处，国君为他“拥篲前驱”，但从保留下来的材料看（如“大九州”之说），实在难以看出它耸动朝野的理由，可能代表邹子的中心思想的著作完全遗失了。

对《老子》一书，也和许多先秦诸子的著作有同样的情形，很难拿出其中的一句或一章概括全书。古今研究老子的人，往往喜欢拿《老子》的第一章作为《老子》全书的纲领。我们想这是不妥当的办法。单就这一章来说，本来可以有唯物主义或唯心主义的解释。这一章的断句方法也有不同，有人以“常无”“常有”断句，有人以“常无欲”“常有欲”断句。也有的同志把《庄子·天下》篇中介绍的老子作为老子本来的思想。《天下》篇说老子的思想是“建之以常无有，主之以太一”。这句话，古人和今人的许多注解中，就有不同的断句方法，一种是“建之以常、无、有，主之以太一”，一种是“建之以常无、（常）有，主之以太一”。这两种断句方法，以前一种断句方法更接近古代的语法。看来，是个字句上的小问题，可是意思有了很大的出入。即使断句上没有争论，用《庄子》解释《老子》，不如用老子自己解释《老子》更妥当。

当我们还不能证明另一种断句是完全错的，就不好不考虑对方的意见，只讲自己的意见，这样，会把问题无休止地争论下去，很难取得共同讨论的基础。如果通观《老子》全书，把《老子》书中提到“道”的七十六处综合考虑，就会使得双方结论有可能趋向于接近。

许多同志指出老子的“道”是看不见、摸不着的东西，有些神秘，难以捉摸，并且引用了恩格斯指出的希腊古代唯物主义的特点时说：“它在自己的萌芽时期就十分自然地把自然现象的无限多样性的统一看作不言而喻的，并且在某种具有固定形体的东西中，在某种特殊的东西中去寻找这个统一，比如泰勒斯就在水里去寻找。”①恩格斯这一段话只是对希腊古代唯物主义的描写，而不是指的古代唯物主义的一般规律。经典作家对古希腊的伊奥尼亚学派早已做出了结论。这一批唯物主义者，有人认为世界的根源是“水”，但也有人认为是“空气”（如阿那克西米尼），有人认为是“无限”（如阿那克西曼德）。“无限”和“空气”在性质上是不同的，虽然都是看不见的，却都可以说是“万物之母”或“天地之始”。后来的原子论者，如德谟克利特，所讲的“原子”也是看不见、摸不着的最原始的物质。即使稍后的赫拉克利特认为万物的本原是“火”，也不就是烧饭、取暖的火，而是说它是“按规律燃烧着，按规律熄灭着的永恒的火”。

其实，老子的“道”虽然看不见，但并不是不可捉摸、不可认识。我们同意郭沫若的看法，他在《先秦天道观之进展》一文说：“道字本来是道路的道，在老子以前的人又多用为法则。”“选用了这个道字的动机，大约就因为有‘天道’的成语在前，而且在这个字中是包含有四通八达的意义的吧。”②“道”不是来自天上，恰恰是来自人间，来自人们日常生活中所接触到的道路，比起希腊古代唯物论者所讲的“无限”来，似乎更实际些，一点也不玄虚，可能人们受后来的神秘化了的“道”的观念的影响，才认为它神秘、玄虚的。

老子对于“道”的理解，绝不及我们今天有了科学的分析方法这样清楚。老子要给天地万物的原始找出唯物主义的说明，所遇

① 《自然辩证法》，人民出版社，1955年2月版。

② 《青铜时代》，第38页。

到的困难远非我们所能想象。他没有一个现成名词可用，但又要打破天、帝的有神论的传统。他对“道”有过种种的描绘：说它是浑然一体的东西（“有物混成”），它是无声无形的（“寂兮、寥兮”），它以自己的样子为法则（“道法自然”），“道”不是脱离了物质而悬空存在的空洞的格式（“其中有精，其精甚真，其中有信”）。宗教迷信的传统说法认为“上帝”是世界的主宰者，老子说“道”出现在“上帝”之先（“象帝之先”）；传统宗教认为世界主宰者是“天”，老子把“天”还原为“天空”，“道”是“先天地生”的。

“道”在老子的书中也有规律的意义，但老子所谓规律，如果不是脱离物质实体的悬空存在的永恒实体（如绝对观念），老子的哲学就不是唯心主义的世界观，而是唯物主义的。

老子是中国古代较早的一位唯物主义思想家，他的思想不像后来的唯物主义者那样明确，他理解的“道”是世界赖以发生的一团混沌的物质，有变化，也包含变化的法则。这种现象并不值得奇怪。老子第一个提出了“道”这一概念，但还没有能够给“道”下一个明确的定义。他对“道”的解释没有讲得十分清楚。这种情况正像孔子第一次采用了“仁”这一概念，没有能给“仁”下一明确的定义一样。老子的“道”没有讲得清楚，倒是符合人类认识自然的过程的法则的。一开始时，总是认识比较粗糙，讲不十分清楚的。恩格斯曾指出古代希腊的哲学的特点是：“在希腊人那里——正因为他们还没有进步到对自然界的解剖、分析——自然界还被当作一个整体而从总的方面来观察。自然现象的总联系还没有在细节方面得到证明，这种联系对希腊人来说是直接的直观的结果。这里就存在着希腊哲学的缺陷，由于这些缺陷，它在以后就必须屈服于另一种观点。”[①]

老子的哲学，无论在世界方面或在辩证法方面都具有这种素朴的、直观的特点。“道”在老子的书中也是用直观来说明自然现象的普遍联系的。老子对世界的本原，说“吾不知其名，强字之曰道，强为之名曰大”，又把“道”叫作“朴”（“道常无名，朴虽小，天下莫能臣也”），有时把“道”叫作“无名”（第一章，“无名，天地之始”；第三十二章，“道常无名”；第三十七章，“镇之以无名之朴”；第四十一章，“道隐无名”）。从这些例子可以证明《老子》书中的“道”，实在是浑然一体“无名”或“朴”。把老子的“道”看作纯精神的客观实在为绝对理念，与老子的原意不合。

也许可以说，老子的“道”不过是物质范畴，范畴并不是物质性的，不能说世界是由个空洞的物质构成的，它是对物质存在的概括，并不是说天地间有这么一个物质。关于物质的说明，列宁早已做出了经典的指示，这里不去重复。我们认为老子的“道”，并不能解释成为一个观念性的其大无外的东西。

也许可以说，老子指出世界有开始，找出它是从哪里产生的，所以是客观唯心主义的。我们认为给宇宙找出开始，和论证这一学派是否是唯物主义，应有所区别。唯物主义者一再说明宇宙开始于混沌一团的“朴”“无名”“道”“气”，最后又回到混沌一团的“气”“朴”“无名”“道”。这正是古代唯物主义的一般答案，

① 《自然辩证法》，人民出版社，1955 年 2 月版。

只要它不主张物质世界之前还有一个非物质的“上帝”或者别的精神性的东西创造物质世界，它就是唯物主义的。古代的哲学家在人类全部认识过程中处在幼稚时期，追问世界是怎样开始的、有没有开始，完全是可以理解的，这种追问不能引导出唯心主义的必然结果。区别老子是不是唯物主义，不能看他提出“天地”有没有开始，而是看他如何说明这个开始。像“无名天地之始，有名万物之母”，正是老子的唯物主义的答案。老子是说“无名”（混沌的、还说不上名字的“朴”或“道”）是天地的开始。有名字的东西产生了万物。鸡产生鸡，树产生树……有名的个别东西都可以找到它的产生者（“母”），至于天地的产生，只能找到“无名”这个总根源。这正如西方古代的哲学家，说“水”是天地之始、“无限”是天地之始一样，它们都是唯物主义地回答了哲学上的根本问题。

也许可以说，既然认为天地开始于“水”“气”“无限”“无名”，那么，在“水”“气”“无限”“无名”之前是什么？这种疑问是不必要的。老子以及古代的素朴唯物主义者都只说到归根到底世界是不同物质构成的已经够了。这样追问，未免近于深文周纳了。

也许可以说，唯物主义认为世界归根到底是物质的，通过感觉可以认识的；但是老子的“道”看不见、摸不到，就无法感知，所以应当是唯心主义的。我们认为，老子的“道”是“无名”、是“朴”、是素材，但不一定凡是物质都是肉眼看得见、身体可感触的。希腊的原子论者所说的“原子”就是看不见，摸不着的。“无限”也难以摸到。“气”也许勉强说可感受（如刮风），但却实在看不见。这些哲学流派都是不折不扣的唯物主义。列宁对这个问题早已有过指示：“因为物质的唯一‘特性’就是：它是客观实在，它存在于我们的意识之外。哲学唯物主义是同承认这个特性分不开的。”[①]

也许可以说，物质的最后实体即使看不见，但唯物主义必须认为世界毕竟是可以通过感觉去认识的，而老子却反对感觉经验对认识的作用。老子说，“不窥牖，见天道”，“不出户，知天下”，认为“其出弥远，其知弥少”（四十七章）。

老子在许多地方提到“观其妙”“观其徼”（第一章），“明白四达，能无为乎”（十章），“能知古始，是谓道纪”（十四章），“不自见，故明。不自是，故彰”（二十二章），“自见者不明，自是者不彰”（二十四章），“知人者智，自知者明”（三十三章），“明道若昧，进道若退”（四十一章），“见小曰明，守柔曰强”（五十二章），“以身观身，以家观家，以乡观乡，以国观国，以天下观天下”（五十四章），“知和曰常，知常曰明”（五十五章），“知者不言，言者不知”（五十六章），“是以圣人……直而不肆，光而不耀”（五十八章），“美言可以市尊，美行可以加人”（六十二章），“图难于其易，为大于其细”（六十三章），“吾言甚易知，甚易行”（七十章），“知不知上，不知知病”（七十一章），“自知不自见，自爱不自贵”（七十二章），“知者不博，博者不知”（八十一章）。

不必多举，老子没有反对一般的认识作用，也没有说世界上的事事物物不能认识。他只说认识“道”，不能用一般认识个别事物的办法，而要用深入的思维。“道”是细微的、无定形的、混沌的东西，当然感觉经验对它用不上，所以老子提出了“静观”“玄

① 《唯物主义和经验批判主义》，人民出版社，1950 年 7 月版。

览”。如果认为老子反对一般认识是招致蒙昧主义、赞扬“无知”是没有根据的。从以上的证据，可以看出老子轻视感官经验，这是老子认识论的唯心主义的弱点。但老子在这里也有他重视理性的一方面。古代希腊的赫拉克利特也说过，“博学并不能使人智慧”，“眼睛和耳朵是很坏的证人，如果他们有着粗鄙的灵魂的话”，“自然界总爱隐蔽起来”，“他们即便听见了它（指逻各斯），也不了解它，就像聋子一样”[①]。老子对于具体的个别的一般事物的知识采取了可知论的态度，并不能是反对外界的事物可以认识，所以他说“为学日益，为道日损”（四十八章）。可见老子承认求学问，天天积累知识，越积累，知识越丰富。至于要认识宇宙变化的总规律或是认识宇宙最后的根源，就不能靠积累知识，而要靠“玄览”“静观”。他注重理性思维这一点是对的，指出认识总规律和认识个别的东西的方法应有所不同也是对的。老子的错误在于把理性思维绝对化，使他倒向了唯心主义，甚至陷于排斥感性知识的错误。

因为老子的时代较早，他企图从宗教神学的束缚中使人们的思想获得解放，即使说得不够圆满，有些漏洞，有些唯心主义的思想残余，未能把唯物主义的观点贯彻到各个方面（如认识论、方法论、人生观、社会观），也不能动摇他在唯物主义阵营中的主要地位。

也许可以说，老子的“道”好像超时空的永恒的存在，有些像黑格尔的“绝对观念”。我们认为后来的唯心主义者（像王弼等人）的《老子》注释，确实把“道”说成绝言、超象的本体，把老

---

① 赫拉克利特著作残篇。

子的“道”歪曲成了理念。老子本来对“道”的意义，只是说明世界的物质性长不变，不随着时间的迁流而消灭。物质永存，正是每一个唯物主义者应当坚持的原则。

也许可以说，老子既然是唯物主义者，为什么后来的唯心主义者都信仰他，被奉为道教的祖师？我们认为老子的著作中的确有说不清楚的地方，唯物主义并不彻底，至于后人对它的歪曲，不能算在老子的账上。只要对反动的剥削阶级有利，唯心主义者什么事也干得出。科学的、彻底的唯物主义的马克思主义哲学是最不容易被歪曲的了，但国际修正主义者为了掩盖他们的反动本质，不惜对马克思主义进行歪曲。何况老子本来就没有能够说清楚，其中也有唯心主义的因素，它的被歪曲乃是意料中的事。这和孔子不能对后来“素王”的头衔负责一样。

也许可以说，老子的认识论是唯心主义的，它的世界观是唯物主义的。是否说得通？世界观和认识论的观点可不可以分裂？我们认为老子的认识论不能说就是唯心主义的。古代哲学家中世界观和认识论不一致的现象倒是有的。像墨子的宗教世界观和他的唯物主义认识论就是分裂的，他甚至用唯物主义的思想方法去论证“上帝”、鬼神的存在。如果当时的主要斗争的问题是世界观方面的，认识论即使是唯物主义的，也不能改变它世界观的唯心主义的性质。墨子的认识论和思想方法是唯物主义的，但他的体系是唯心主义的。

也许可以说，老子所代表的阶级是自由农民（有人认为是公社破产的农民），说农民有唯物主义世界观是难以理解的；相反，农民倒是经常和宗教迷信思想打交道。我们认为，说老子的思想是唯物主义的，不是因为他的社会观点反映了部分的农民的一些要求，而是根据老子的原书的意思。老子的唯物主义思想主要来源是当时的自然科学（如天文学、生物学）和生产知识，我们不是因为老子接近农民而推论出老子是唯物主义者。

也许可以举出，像“道生一，一生二，二生三，三生万物”（四十二章）这些例子证明“道”是在一切之上，是唯心主义的。我们认为“道生一，一生二……”并没有更多的意义，只是说，事物因混沌的“气”（或“朴”，或“一”）分化成为“万物”，由简单到复杂的过程罢了。老子对这一问题并没有一种严格的说法，有时“道”就是“一”，如“天得一以清，地得一以宁”（三十九章）。老子本人没有严格地对“道”下过明确的定义，我们只能照它本来的素朴、简单的样子去说明它，而不宜于替他发挥。还有一种可能，这句话是《周易》的解释。《周易》这部书远在《老子》之前就已存在并已流传了。有些唯心主义者把《易》的“一”神秘化，认为“一”“太极”是世界的根源。老子认为“一”“太极”和“道”比起来也不能认为是最根本的，正如“上帝”“天”不是最根本的东西一样，只有“道”才是世界最后实体，万物之所从出。所以说“道”在“一”之上。

衡量唯物主义和唯心主义的准则，只有看它认为物质存在是第一性，还是思维、精神是第一性，不能有另外的标准。

另外，在哲学史上看唯物主义和唯心主义还要看它在思想战线上起的什么作用。凡是唯物主义哲学，必然是捍卫唯物主义、捍卫科学、反对宗教迷信的。唯物主义必然给科学开辟道路，宣扬无神论；唯心主义起的作用刚刚相反。唯物主义经常反映它当时的科学成就和人类的一般认识进程；唯心主义刚刚相反。

在马克思主义哲学以前，从来没有一个哲学家能够把唯物主义观点贯彻到底的。唯物主义与辩证法还未有机地结合以前，唯物主义思想和辩证法思想都有它的局限性。因此，任何唯物主义哲学家（老子也不例外）都有唯心主义成分，这一点也不奇怪，反倒是正常的现象。

但是，唯物主义毕竟是唯物主义，不能因为它有唯心主义的杂质而说它不是唯物主义。

在思想战线上，比如欧洲中古的唯名论，首先在思维和存在的关系问题上，它坚持了存在第一性、观念第二性的原则。但是它还没有能完全突破中古宗教的框子。较后，有些泛神论者、自然神论者，经典作家都已明确指出他们“实质上是唯物主义的自然观”。唯名论者不但提出了“实先于名”的唯物主义的观点，而且这种学说限制了神干预自然界的范围，缩小了神权的领域。马克思在《神圣家族》中指出唯名论是中世纪“唯物主义最初的表现”。经典作家处理哲学史上的哲学家和流派，不仅看它说了些什么，还要看它在当时的唯物主义与唯心主义的斗争中起了什么作用，它捍卫了什么、反对了什么。像欧洲17世纪的斯宾诺莎的唯物主义和无神论，如果单从某些字面上推求，说他是唯心主义和有神论者，似乎也能“言之成理”。

春秋战国时期，思想战线上斗争得最激烈的是什么问题呢？我们认为天道观是基本的问题。每一个哲学家都对“天道”问题发表了不同的意见，是有神论还是无神论，是唯心主义还是唯物主义，就在这个问题上划分对立的两大阵营。唯心主义者支持宗教，宣传有人格的“上帝”；唯物主义反对宗教，反对有人格的“神”支配世界，推翻了殷周以来的宗教迷信，指出“天地不仁”，认为自然现象是自然界自己造成的，否认有造物主。这一斗争，应当说是春秋战国时期唯物主义与唯心主义的主要内容。

主张“天道无为”，否认有人格的“神”，不是一件普通的小事。在人类认识发展史上应当大书特书。老子的“天道自然”的思想，在当时思想斗争的主要战场上，在主力战斗中起着攻坚战的作用。他打击的是宗教神学、唯心主义，开辟了无神论的道路。老子的“天道自然”的思想，在中国古代哲学中是唯物主义者在人类认识道路上的里程碑。只要回顾一下西周以来，统治阶级怎样利用“上帝”“鬼神”对人民所施加的精神压力，就更加认识到老子的天道自然观、无神论思想的光辉。

也许可以说，老子用唯物主义的“道”代替了“上帝”，把“上帝”哲学化了，结果不过用更精致的宗教代替了粗糙的宗教罢了。这种说法虽然不是没有根据，但结合老子时代的具体情况来看也难于成立。宗教到不能继续骗人的时候，反动的剥削者会利用新的代用品或改造一下。黑格尔的“绝对理念”就是宗教“上帝”的化身。但在老子的时代，旧宗教的势力并没有成为“告朔之饩羊”，“上帝”“鬼神”还能对人起着严重的威胁作用，老子为什么要搞一种不必要的代用品出来呢？况且，我们从老子的原书中只能看见它对宗教迷信的反击，只能看出它充满了无神论的战斗精神，它压缩了宗教迷信的地盘［“其鬼不神”（六十章），“神得一以灵”（三十九章）］，它运用当时可能掌握的科学知识向有人格的“天”“帝”宣战。

根据老子原书的含义和我们对它的理解，我们认为老子的哲学应属于唯物主义阵营；根据先秦时代唯物主义和唯心主义实际的斗争和老子思想的客观效果，我们认为老子的哲学应属于唯物主义阵营；参照经典作家对西方哲学史中唯物主义所做出的分析（划分唯物主义和唯心主义的标准），我们认为老子应属于唯物主义阵营。

论老子哲学的唯物主义本质*

《哲学研究》第六期刊载了关锋、林聿时的《论老子哲学体系的唯心主义本质》一文，意在论证老子哲学是唯心主义体系，文章中主要论点是对我和冯景远在《光明日报》“哲学”副刊登载的《老子的研究》一文而发。最近又读到《人民日报》冯友兰先生和关锋、林聿时的关于老子的文章。对于老子的时代问题上，我和关、林的意见一致；对于老子哲学问题上，我和关、林的意见对立。冯先生的结论虽与我相同，但采用的方法我不完全同意。

到现在为止，关于老子的哲学思想是不是唯物主义的问题，有些分歧意见是由于方法论的不一致所引起的，有些分歧意见是由于对老子的原文的理解不同而引起的。本文打算从这两方面把个人的看法做进一步的说明，《光明日报》上已谈过的，这里不再重复。意见未必正确，谨写出请教。文中引用关、林的文章都是摘自《哲学研究》第六期和《人民日报》发表的《再谈老子哲学》，不再注出处。

为什么说天道观是先秦时代中国哲学史的中心问题？

* 原载《哲学研究》1959 年第 7 期。

关、林二位说："老子哲学就其否定人格的神、主张天道无为说来，具有唯物主义倾向或因素；并且它有内容相当丰富的辩证法。"这是对老子哲学的总估价。现在且从这里说起。问题在于老子的哲学是仅仅有唯物主义因素或倾向，还是老子的哲学基本上是唯物主义，而有唯心主义的倾向或因素？

恩格斯说："凡断定说精神先于自然界存在，因而归根到底这样或那样承认创世说的人（在某些哲学家，比如黑格尔那里，创世说往往采取了比在基督教那里还要混乱而荒唐的形式），便组成唯心主义的营垒。凡认为自然界是基本起源的，则属于唯物主义的各派。"[①]这是我们研究问题的根据和出发点。

我们现在争论老子的哲学是唯心或唯物，用的正是这一共同的尺度。

讲有人格的"上帝""神"有绝对的权力，正是奴隶制社会开始以后，统治阶级御用的"神"的特点。在这以前，神话传说中的神，差不多都是创造物质财富、改进生产、关心人民生活的劳动英雄式的人物，像开天辟地的盘古，炼石补天的女娲，中毒不死、发明医药的神农，为民除害、指天射日的羿，为民兴利的鲧和禹等等。这些"神"是在"不切实际的意识形态的领域"中对社会发展起过积极作用。恩格斯指出："这些关于自然界、关于人本身的本质，关于灵魂、魔力等等的形形色色的虚假观念，大都只有否定性的经济基础；史前时期的低级经济发展有关于自然界的虚假观念作

① 《路德维希·费尔巴哈和德国古典哲学的终结》,《马克思恩格斯文选》第二卷，第367页。

为自己的补充，但是有时也作为条件，甚至作为原因。”[①]我们不是不加区分地说凡是主张“有神”的，不论时代、不论条件都是反动的。墨子也相信“神”，太平天国起义者也相信“上帝”，他们都是进步的。但无论如何，墨子的“上帝”总归是幻想出来的东西，是对现实生活歪曲的反映，是唯心主义的。我们正是这样把墨子划归唯心主义阵营的。在这个问题上，似乎和关、林两位的意见很不一致。比如说墨子的“上帝”、鬼神“听墨子的哲学体系和政治思想差遣”，由于墨子是劳动者的代言人，就把墨子划归唯物主义，这显然和衡量哲学上唯物主义或唯心主义的原则有了出入。反动的统治阶级的“上帝”、鬼神又何尝不听反动的统治阶级的“哲学体系和政治思想差遣”？这是另一个问题，这里不必多说。只是附带提一下，意在说明对划分唯物主义还是唯心主义，我们争论的双方用的标准是一个。只是运用这一标准衡量具体的哲学家时，才发生了分歧。

分歧在哪里？

主张老子是唯心主义的同志们，把当时的宗教迷信思想（用来压迫人民的反抗的思想武器）的威势估计过低了，而且对当时“上帝”、鬼神的“用处”的看法也值得商榷。贵族奴隶主们提倡“上帝”、鬼神为了对付谁？是对付贵族自己，还是对付平民？我认为在主观上、在客观上都是对付平民的。“维系人心，进行统治”正是维系统治者的统治权，维系被统治者的人心。因此，不能不管“当时是否有人、还有多少人信仰有意志有人格的天”，不能说

① 恩格斯：《致康德拉·斯密特（1890年10月27日）》。

“在群众中还有若干人相信那是不重要的”。

列宁曾指出，在西方的哲学发展史上，“神”是否创造世界的问题“是哲学上最重要的也是最困难的问题”，并指出：“全部哲学史就是在这个问题的周围兜圈子——在古代哲学中有斯多葛派和伊壁鸠鲁主义者、柏拉图主义者和亚里士多德主义者、怀疑论者和独断主义者之间的争论；在中世纪有唯名论者和实在论者之间的争论；在近代有唯心主义者和‘实在论者或经验论者’（原文如此！）之间的争论。”[①]当然，西方的哲学史的情况不必和中国情况相比。宗教形式在古代、中古、近代也有所不同。但无论如何，不能说“上帝”和鬼神在春秋战国时期“实际上基本上坍台了”，不起作用了，骗不了人了。如果春秋战国时期的宗教无神论思想已经大大占了上风，宗教迷信思想已经坍台了，那么，秦汉以后，一直到鸦片战争这一长时期的哲学思想为什么还是在神权中兜圈子？神权又能成为束缚人民的“四大绳索”之一？何况事实上还并不如此？战国快要结束的时候，唯物主义者荀子、韩非又何必大力宣扬无神论，反对“上帝”、鬼神呢？岂不是无的放矢吗？

现在再看一看春秋战国时期社会发展的总趋势。春秋是中国奴隶制社会的结束，战国是中国封建制社会的开始，这一点我同意郭沫若同志的历史分期的意见。从春秋到战国，从奴隶制社会到封建制社会的转化，中间没有经过大的革命或外族侵入，它是由于生产力的发展，从社会内部逐渐推动生产关系起了变化的。本来是奴隶主贵族的，在新形势的逼迫下，有些人被迫放弃奴隶制的剥削而代

① 列宁：《哲学笔记》，1956年版，第46页。

之以封建性的剥削。当时东方各国和西方的秦国进度有快有慢，各国之间也有早有迟。奴隶主有些由于兼并战争被消灭了的，但上层统治者从春秋到战国总还是那些人（有家臣、大夫成了国君的，这是奴隶主内部的阶层的升降）。新兴的地主阶级则力图通过官僚政治的形式参加一部分政权。新兴的地主阶级直到汉帝国的建立，才正式登上历史舞台，六国的贵族才被一扫而空。汉初一批屠狗的、贩布的成了王、侯、将、相，得到裂土分封。这种情况在春秋战国是根本无法设想的。

由于生产发展的客观需要，春秋中叶以后直到战国之末，列国的兼并战争一直进行着。国家的数目越来越少，中央集权的趋势越来越显著。以周天子为首的“共主”，在老子、孔子时代逐渐被人忘记了，小国被并入大国，大国被更大的国家所并，兼并的活动一天一天加快。国家的集权力量也逐渐加强，“尚贤”即官僚政治的呼声，如果没有强有力的政府机构，“尚贤”就办不到，新兴的地主阶级不能参加政权。陪臣执国命，篡夺君位，只能说明下层的统治者与旧的最上层统治者有矛盾，国家机构的统治权的逐步加强。这是总趋势，谁也改变不了这一历史的方向。

马克思主义告诉了我们，天上的王国是地上的王国的影子。既然“地上王国”情形是由分散趋向集中，天上的王国又如何能够没有反映，“上帝”如何不起作用了呢？周朝平王东迁，曾经引起一度旧的统治秩序的混乱，但同时新的统治秩序又开始形成。从春秋经战国一直到秦汉，地上王国的权力逐渐加强，这种情况下，能不能设想天上王国（“上帝”、鬼神）反而削弱了呢？不能。

随着统治阶级对“上帝”、鬼神的宣传的加强，对“天道”

（“上帝”、鬼神）的看法也开展了争论。因为当时有些进步势力、集团不满意于“上帝”、鬼神对他们的限制，他们要反对宗教迷信；还有，随着生产的发展，科学思想也得到发展（如古代的天文、医学、农业科学的知识等等），科学生来就是宗教的死对头。

关、林两位指出的春秋时代有些进步思想家的无神论思想的抬头，不但不能说明“上帝”、鬼神的统治势力的结束，相反，倒正是以说明由于新的阶级的出现、科学的发展，无神论思想与宗教迷信（有神论）思想斗争的尖锐。老子时期，有神论与无神论的思想斗争刚刚开始揭开论战的序幕，离收场还早着哩！有神论思想到汉朝董仲舒达到了高峰。“天”“帝”的力量的加强，反动宗教迷信的逆流和封建地主阶级走向统一大帝国的总趋势相互配合，政治、宗教齐头并进。

由于这一看法，我才说天道观是春秋战国时期哲学思想中的中心问题。中国哲学上唯物主义向唯心主义的斗争，在不同历史时期，有不同的中心问题和不同的表现形式。比如说，“五四”时期，是新旧文化之争、中学西学之争，透过这些争论的题目可以看出中心问题是马克思主义与其他一切反马克思主义的斗争。归根结底，都可以还原到唯物主义与唯心主义之争。

从“五四”上溯到鸦片战争，这一时期的中心问题是要不要向西方学习，走什么道路可以富国强兵，挽救民族的危亡的问题；归根结底，仍然是唯物主义与唯心主义的斗争。古代亦复如是。隋唐时期主要问题是排佛教与护佛教的斗争。排佛教派有从左的方面出发的，又有从右的方面出发的。有了佛教后，天道观的问题已冷了下来。近来有人大力鼓吹柳宗元、刘禹锡的唯物主义地位。这未免过高地估价了柳宗元和刘禹锡了。“天道”问题已不重要，“天”对人民的思想危害远远赶不上佛的“法力无边”。而柳宗元、刘禹锡偏偏在当时反佛教的斗争中充当了反面人物。南北朝时的中心问题是形神问题，即神灭、神不灭的争论。两汉时期是唯物主义反对“天人感应”、目的论的斗争。这些争论都是唯物主义反对唯心主义的斗争的具体表现。

我不是说哲学史可以离开唯物主义与唯心主义的基本问题（物质第一还是精神第一），而是说要找出哲学上的基本问题，在不同时代有不同的历史任务，哲学上的基本问题是透过每一历史时期的具体的中心问题而表现出来的。所谓每一历史时期的具体的中心问题，乃是说这些问题是当时大多数人比较关心的问题，和当时的阶级斗争、政治生活、科学发展息息相关的，而不是由少数人的兴趣或创见提出来的。

那么，先秦时代，哲学史的中心问题是什么？关于宇宙的起源、发展、变化方面的中心问题是天道观的问题；关于社会政治生活方面的中心问题是“礼”与“法”的问题。研究个别哲学家的思想，要找到它的纲，纲举则目张。个别哲学家的思想是一定的历史时期的社会意识形态，每一历史时期的社会意识形态也要找到它的纲。个别哲学家思想的纲，对他的时代的纲来说，只能算作目。个人服从时代，部分跳不出全体。因此，研究老子的哲学，不能把他主张的“天道自然”等闲视之。

我没有把老子的天道观故意“孤立地突出”，而是天道观的问题本身太突出了，这个问题已经成为先秦的一切哲学家（说“一切哲学家”一点也不夸张，也不过分）共同关心的问题。偏偏在这样一个当时举世瞩目的突出的问题上老子说对了，又怎能抹杀它的杰出的贡献呢？对这个问题，关、林两位也认为："老子哲学就其否定有人格神、主张'天道无为'说来，具有唯物主义倾向或因素。"又说："老子哲学中这些因素，对当时的思想界和对以后的哲学发展，是起了积极作用的。"问题就在这里。"上帝"、鬼神如果"基本上坍台了"，已经起不了骗人的作用了，"在统治阶级已经不能利用天道鬼神、利用形象上的上帝来维系人心、进行统治了"，老子反对"上帝"、鬼神，只不过是打死老虎，甚至千方百计为统治者寻找"上帝"、鬼神的代用品，简直是为虎作伥，哪能说得上对当时的思想界以及以后的哲学发展起了积极作用呢？又哪能说得上有唯物主义倾向或因素呢？只不过是替垂死的宗教注射强心针罢了。关、林二位在对老子的估价上，无论在否定老子的地方或肯定老子的地方，似乎都有些进退失据。倒不如吕振羽同志干脆把老子划归彻底的唯心主义阵营还言之成理一些，虽然吕振羽同志的意见同样有很大的困难。

而且关、林两位举出子产不信龙能对人危害，说"天道远，人道迩"的例子。但是子产还没有从理论上、从哲学世界观的高度给宗教、"上帝"、鬼神以根本性的打击，最多不过是一种存疑主义，对鬼神采取各走各的路，"互不干涉"的态度而已，和孔子的"敬鬼神而远之"差不多。而且对"上帝"，不论《诗经》《左传》《国语》，都还没有人敢否认它的存在，也没有人敢于贬低它的至高无上的地位，只是说几句抱怨话，埋怨"上帝"不长眼，赏罚不公平而已。既然恨天、骂天，可是遇到有委屈还要向天倾诉衷肠，这算什么无神论、"灭神论"呢？老子的哲学，其光辉前无古人的地方恰恰在这里。他说天地不过是天空和大地；他说“道”是万物的祖宗，“上帝”也不例外。不简单！

唯物主义和唯心主义争论的就是物质和精神谁坐第一把交椅的问题，唯物主义也不是说精神性的东西不存在，在古代更不可能把“神”赶尽杀绝，连伟大的王充、范缜还给鬼神留有一定的地盘，何况远在王充、范缜以前的老子？关、林两位说老子“用不着进行严肃的战斗，把‘道’置于天地、‘上帝’之先就够了”。把“道”置于“上帝”之先不正是唯物主义的特色吗？我看，如果“道”是物质实体，“把道置于上帝之先”，在老子的时代，的确“就够了”。

关于分析老子五千言的方法和入手处，我和关、林二位是有分歧的。

古人说：“知人论世。”这个见解今天看来还有可采之处。对哲学史上的许多思想家的思想，如果只看他说了些什么，而不考虑到他所说那些话的环境、时代，是难以做出正确的评价的。且不说春秋时代的老子，且以今天人所共知的康有为来说吧。1898年，康有为为了挽救清帝国的危机，一再“谨竭愚诚，伏乞皇上圣鉴”，“上渎圣明，拳拳上告”[①]。今天看来，甚是十足的奴才相，可是细考当时国内外时势和康有为为代表的一些具有资产阶级思想的知识分子的具体情况，我们还是肯定康有为的改良主义还有进步性。他在1898年前，曾经是中国先进的爱国知识分子向西方寻找救国救民的真理的人物。曾几何时，革命派出现后，康有为还是这些

① 《戊戌奏稿》。

主张，继续在海外“谨竭愚诚，伏乞皇上圣鉴”时，他就是革命运动的绊脚石，成为反动人物了。康有为自己说得好，他“三十岁时学问已成，此后未再进，亦不须进”。他进不进是他的事，时代进了，康有为就成了时代的渣滓。同样反对“上帝”创造世界，老子就是无神论的战士。胡适也反对“上帝”创造世界，他却是宗教的支持者。反对“上帝”创造世界，在胡适的口中说出了，不值半分钱。胡适且不必说，他本是一个政客，可以不提他。即使唐朝的柳宗元、刘禹锡他们也提出了“天道无为”，不承认有人格的“上帝”，但他们的话，就远远赶不上老子的话那样光辉夺目。因为柳宗元、刘禹锡不信“上帝”，却深信“佛法无边”。他们的无神论不得不为之减色，因为他们面临着当时主要敌人不敢动，只打打落水狗，虽不无可取，毕竟有些孱弱、畏葸。

关、林两位在文章中说过“分析老子哲学体系产生的时代、阶级背景是重要的”，接着又说：“但这并不是说，除非先对此做出确当的分析，就不能判定这个体系是唯心主义还是唯物主义。因为决定一个体系是唯物主义还是唯心主义，不是别的，而在于它是承认物质是第一性的，还是承认精神是第一性的。”

我不能同意这个说法，也不主张研究中国哲学史可以用这个办法。

照这个办法，研究古人的哲学思想，对阶级分析，时代背景是重要的（我也认为关、林两位指出了这一点），但不是必要的。所以才说，即使不做时代和阶级的分析，也可以进行研究，并能正确地判定它是唯物或唯心。当然，有些哲学家的思想体系有显明的唯心主义或唯物主义倾向，可以一望而知。但是，即使一望而知，如果离开了时代，就难做出科学的评价。正如我们对康有为的思想不

“知人论世”，只看他的上皇帝书，就不免讨厌他那副奴才相，不知道1898年中国革命局势的转折点，就难于评价康有为的全部思想的历史地位。单凭康有为的话，虽然康有为的文章比老子的文章清楚多了，却难从文章里面全面地分析出进步或反动来。

上述这种情况，西方哲学史中也不乏先例。如17世纪荷兰杰出的唯物主义哲学家斯宾诺莎，如果不了解他反对教会的坚决立场和他被教会放逐、迫害的遭遇，只拿了斯宾诺莎的书来读，我想，说他是唯心主义者，也能找到充分的根据，他的著作中的神秘主义气息是相当浓厚的。事实也是如此，资产阶级学者就是把斯宾诺莎强拉在唯心主义阵营中的。幸亏马克思才把他从唯心主义的哲学史中抢救出来。同样的学说和主张，现在的泛神论者、自然神论者就是企图调和科学和宗教的一种唯心主义流派，是反动的了。

近代的康有为的思想我们还不能仅从他的著作本身做出全面的评价，对千载以上的老子更不能操刀直入，而不“知人论世”了。这里，我并不是说，我已经把老子的哲学思想的阶级分析、时代背景研究透了，我的研究是十分不够的，也不是说关、林二位没有做这方面的功夫，而是说越是值得引起争论的哲学家和思想流派，越要从四方上下、前后左右去考索。原则上，我认为“知人论世”，不但是重要的（当然是重要的），而且是必要的；不是缺少了这一环还可以，而是缺了这一环不行。

因此，我之所以斤斤于老子的天道观，而把它当作春秋战国时期哲学上的中心问题，正是因为除了《老子》书，孔子、墨子、庄子、孟子、荀子、韩非等几乎毫无例外地把它当作头等重要的问题来反复申论。他们中间有从唯心主义观点出发的，也有从唯物主义观点出发的；有从自然科学、生产斗争的总结中提出问题的，也有从宗教迷信观点提出问题。哪里是我把天道观弄得突出呢，实在这个问题太突出了。

天道观既然是春秋战国时期哲学上的中心问题，讲“天道”的问题能不能概括全部哲学问题？不能。

先秦哲学中，还有“礼”和“法”的问题也是相当普遍存在的问题，也是贯彻从春秋到战国的全部时代的大问题。还有名实关系问题、认识论问题、坚白同异问题、人性论等问题。但这些问题所牵涉的哲学家的广泛的程度和它对当时阶级斗争中的联系，比起“天道”问题和“礼法”问题来，重要性就差了些。那些问题也是重要的，但“天道”问题更为重要。

天道观是不是宇宙观？如果认为宇宙观是今天哲学的世界观，那么，它不是今天我们所说的世界观。它的范围只限于天地万物的生成、变化、发展的学说，范围比世界观小。天道观是专讲天地万物生成变化原理的。中国哲学前进的道路和西方的古代哲学差不多。西方古代哲学最初也是从研究他们的天道观开始的，探寻世界万物生成、变化、发展的原因，由于解释的不同而分唯物主义与唯心主义。至于认识论、方法论上的问题，是资本主义社会才开展深入研究的，是大工业、科学发展的结果。在西方古代，除了他们的天道观，也搭配一些逻辑、认识论、人性论、社会政治问题等等，但是天道观是西方古代哲学发展中的中心线索。不但西方如此，印度古代哲学也是从他们的天道观开始。这大约是人类认识世界的必要过程，向来是先认识“身外之物”，然后再认识自己的。古代哲学相当人类认识世界的童年时期，这一过程是符合人类文化发展的客观逻辑的。

天道观能不能概括先秦一切哲学流派？不能。天道观是先秦各家几乎都涉及的重要问题，其中有的哲学家只讲逻辑和认识论的，也有的哲学家著作散失，难窥全豹的，但绝大多数的哲学家都对这些问题做了重点发言，因此不能对这个问题忽视，也不能把这一问题和其他的问题放在平列的地位。

讲天道观的是否就是唯物主义？不是。墨子、孟子就是唯心主义。具体分析，墨子与孟子不同。孔子在天道观问题上基本上也是唯心主义的。

也有人说老子的哲学因为出现在战国以前，所以有进步作用，假如出现在战国时期，他的天道观就没有价值了。这也不见得。唯物主义和唯心主义区别的唯一标志，是看它主张物质第一性还是精神第一性。即使在战国时期，主张“天”不是最高的“神”，主张自然界的生成是由于自己的原因，没有一个精神性的主宰在物质世界之上，它就是唯物主义的。因此，我认为庄子在天道观方面是唯物主义的（至于庄子其他方面是唯心主义的，这里不多说）。因为“上帝”在汉以前不但没有坍台，而且随着封建社会的成长，代表地上王国统治者的天上王国也在加强。反对天上王国的思想是唯物主义的。

关于老子的“道”，前在《光明日报·哲学》副刊已说过的，这里不再重复。现在只谈关于老子的“道”的几个问题。

“无”能不能生“有”？“无”中生“有”，如何能说老子的哲学是唯物主义？

老子的哲学在先秦哲学中巨大贡献之一就是“无”与“有”

一对范畴的初次被认识。老子在他五千言里，反反复复讲明事物中有个别和一般、有本质和现象的区别。现象是个别的，本质是一般的。个别的东西有生灭，本质的东西没有生灭。这是许多研究老子哲学的朋友们都承认的。只就这一点来说，就是人类认识史上一大进步。范畴的提出，标志着哲学思维的深入。问题是老子所谓本质性的东西、一般的东西（“道”）是物质性的还是精神性的？

古代唯物主义学说的萌芽是阴阳五行学说。阴阳学说最早是指阴阳二气。这阴阳二气，可以体现在男女、昼夜、寒暑等方面（所谓“近取诸身，远取诸物”）。但古代唯物主义也把阴、阳当作对立的（互相矛盾的）两个符号；阴经常用来表示衰退、消逝、柔弱这些消极方面的事物的属性，阳经常用来表示生长、前进、刚强这些积极方面的事物的属性。阴阳既是两种“气”（物质的），又是两种原则（非物质的）。五行也是一样。五行是五种物质元素，是物质的，万物都是由此五种元素不同比例的配合而产生，性质简单的东西可以是其中的一种元素构成的，性质复杂的东西可以是多种元素构成的。后来，用五行表示事物“炎上”“润下”的种种性质。当五行指的是五种元素时，它是物质性的；当五行指五种不同的原则时，它是非物质性的。

这是中国古代唯物主义哲学思想所常用的表达方式。同一个词，两种意义。在不同的地方用不同的意义。古代名词、动词经常用同一个字，但用起来不会错。这是常见的例子，如“春风风人，夏雨雨人”“人其人，火其书，庐其居”“解衣衣我，推食食我”等等。

老子的“道”是同时具有物质和物质变化所遵循的道路这两种

意义的。具有物质实体的意义的有：

道可道，非常道。（一章）

道冲而用之或不盈。（四章）

故几于道。（八章）

道之为物……（二十一章）

故从事于道者……（二十三章）

其在道也……（二十四章）

字之曰道……（二十五章）

故道大，……天法道，道法自然。（二十五章）

道常无名、朴。……譬道之在天下。（三十二章）

大道泛兮……（三十四章）

道之出口……（三十五章）

道常无为……（三十七章）

故失道而后德……（三十八章）

反者道之动，弱者道之用。（四十章）

明道若昧；进道若退；夷道若颣；……道隐无名。夫唯道，善贷且成。（四十一章）

道生一，一生二……（四十二章）

道生之。……莫不尊道而贵德……（五十一章）

长生久视之道……（五十九章）

道者万物之奥……（六十二章）

天下皆谓我道大，似不肖……（六十七章）

此外，老子的“道”具有规律的意义的有：

功成身退，天之道也。（九章）

是谓不道，不道早已。（三十章）

天下有道，……天下无道……（四十六章）

行于大道。……大道甚夷，而民好径。（五十三章）

谓之不道，不道早已。（五十五章）

不如坐进此道。古之所以贵此道者何？（六十二章）

古之善为道者……（六十五章）

天之道，不争而善胜……（七十三章）

天之道，其犹张弓欤？……天之道，损有余而补不足。人之道，则不然。……唯有道者……（七十七章）

天道无亲……（七十九章）

天之道，……人之道……（八十一章）

老子单独讲到“道”的时候，更多的情况是指的物质实体，在讲到特定的情况下，如“天之道”“人之道”“坐进此道”“天道无亲”“有道”“无道”“不道”“大道”“善为道者”等等。

说老子的“道”具有规律性的意义，大概没有什么不同的意见，但对“道”是不是具有物质性的意义，就有分歧。其实《老子》书中已有自己的解释，解释就在《老子》书中的二十五章和二十一章。

二十五章的原文是：

有物混成（按：这里的“物”不是物质，只是“东西”的意思），先天地生。寂兮寥兮，独立不改，周行而不殆，可以为天下母。吾不知其名，强字之曰道，强为之名曰大。

这里说，有这样一个浑然一体的东西，它比天地更在先，听不见，看不见，但它不靠外力（独立）而存在，永远循环往复地运行着，可以作为天下万物的根源。“吾”不知应当叫它什么好，叫它作“道”，勉强给它起名叫作“大”。有“字”有“名”正是春秋时的古礼。宇宙万物的起源是浑然一体的东西，正是古代素朴唯物主义的特点。恩格斯论希腊古代唯物主义时说：“在希腊哲学家看来，世界在本质上是某种从混沌中产生出来的东西，是某种发展起来的东西、某种逐渐生成的东西。”[①]这里，恩格斯的话虽然说的是古希腊唯物主义哲学，我看老子的哲学是符合恩格斯这段话的基本精神的。而且恩格斯这段话的意思还在于指明古希腊唯物主义哲学反对世界是“上帝”一下子创造出来的，是外来的原因。而老子的哲学也正是反对“上帝”，反对世界的形成由于外因的。老子在这一章里又接着说：

> 大曰逝，逝曰远，远曰反。故道大，天大，地大，人（按：从宋范应元本，“王”应作“人”）亦大。域中有四大，而人居其一焉。

老子的“大曰逝，逝曰远，远曰反”，对“道”的形容、描绘也可以透露出老子对“道”的唯物主义理解和当时天文学的知识的联系。“道”的运行，正是模拟自然界天体自然运行的规律的。下面又说：

> 人法地，地法天，天法道，道法自然。

① 恩格斯：《自然辩证法》，人民出版社，1955年2月版，第8页。

这里说的“道”，是以它自己的样子为根据，内在的原因决定了它的存在、运动，不是靠其他的原因。在这里，也没有给“上帝”留下地盘。

在二十一章中，对“道”也有十分明确的描绘：

> 道之为物，惟恍惟惚。惚兮恍兮，其中有象；恍兮惚兮，其中有物。窈兮冥兮，其中有精；其精甚真，其中有信。

在这一章中，“道之为物”是不能照关、林两位以“为物”解作“生物”的。“道之为物”，从古代语法习惯，只能解作“‘道’这个东西”。在古书中不乏同样的例子，如《论语》“其为人也孝弟”“中庸之为德也”“其为物也”，在语法结构上是一样的。语法是古代人们共同使用的语言公例，“道之为物”只能解释为“‘道’这个东西”，“其为人也孝弟”只能解释为“他这个人孝弟”。

“道”是不能通过感官直接感触的，但是它包含着“精”。精，古代通常用来表示细小粒子状的细微的东西，米碾得碎叫作精米，细致的气叫作精气。说“道”之中包含了有形有象的东西，和“道”本身看不见、摸不着并没有矛盾的地方。这和“道者万物之奥”是同样的意思。“道”是细微的物质，一切有的东西既然从它那里出来，当然可以说它是万物的仓库（“奥”，深藏的地方），其中有“精”、有“信”。

即使如关、林两位的解释，“精”是“情”（以庄解老的话），“情”古代本来有“实”的意义，如“声闻过情，君子耻之”“乃若其情，则可以为善矣”“物之不齐，物之情也”。“情”就是“实”，不是一切“情”字都指的是七情六欲。

因为"道"是一切物的属性（"德"）的根源，所以"自古及今，其名不去"。"以阅众父"，就是从"道"和"德"（物的属性）来认识（阅《左传·襄公九年》："商人阅其祸败之衅。"《诗经·谷风》："我躬不阅，遑恤我后。"《管子·度地》："常以秋岁末之时阅其民。"）万物的开始。"父"和"母"都有本源、开始的意义。这里我倒是主张死书活读。

老子的"道"，和古代阴阳五行学派（不是邹衍的一派，而是较早的阴阳五行学派，当另文评论）一样，都是把物质实体（如阴阳、五行）和从物质实体抽象出来的具有范畴性质的阴阳、五行这个词混而不加分别。"道"也是这样的。如果说这是弱点和缺点，这是中国较早的唯物主义的共同的弱点和缺点。尽管有缺点和弱点，但不因此而动摇了老子的唯物主义的地位。

其次，关于"道生一"的问题，也是给人们认为老子哲学是唯心主义的口实的地方。老子只有一处讲到"道生一"。全章的主旨，不过在于说明事物由简单到复杂的过程，用不着专在"道生一"上死抠字眼。老子在"一"和"道"的用法上也不是十分严格的。老子全书共用"一"字十五次，其中除了"三十辐共一毂"（十一章）、"故混而为一"（十四章）、"一曰慈"（六十七章）几处的"一"是数目字，其余许多处所用的"一"都是"道"的同义语，如：

载营魄抱一，能无离乎？（十章）

是以圣人抱一为天下式。（二十二章）

昔之得一者，天得一以清，地得一以宁，神得一以灵，谷得一以盈，万物得一以生，侯王得一以为天下正。（三十九章）

《老子》书中形容“道”的字是很多的，如“大”“道”“一”“朴”“大象”（“执大象，天下往”）、“无名”、‘无’等等，用法也不太严格。

第一次提出“道”这个概念用在哲学上，这种不够严格的现象是难以避免的。正如孔子提出了“仁”的概念，但问孔子什么是“仁”，孔子也不能十分明确地给“仁”下一个定义；“仁”和“礼”的关系是哪个更主要，孔子自己也讲不清楚；“仁”和其他道德又有什么关系，孔子也没有讲到；“仁”是否就是“忠”和“恕”，也没有从孔子自己的口里得到证实。尽管有这些含混不清的地方，并不影响我们今天对孔子的“仁”进行分析和评价。对老子第一次用在哲学上的“道”是否也应当这样去认识呢？我觉得应当取其基本精神，不必做超过古人理解思辨能力的要求。古代唯物主义本来就具有素朴性、直观性，有几分天才的臆测。

由于刚刚从古代的宗教迷信的桎梏下解放出来，难免不带有旧的宗教残余的瘢痕，因而老子也不免冒出一两句“天道无亲，常与善人”的错误的话来。虽然如此，但是我不同意冯友兰先生所说的：“不能对于古代的唯物主义思想要求太高。”冯友兰先生接着又说：“不能拿现代的唯物主义标准衡量他们。”这后一句话是对的，我们要有历史主义的态度。但前一句话至少有语病。唯物主义就是唯物主义，不能早晚市价不同。唯物主义标志着人类认识世界总规律的里程。所以，古代的唯物主义不及后来的彻底，这是事实，但唯物主义在当时的确能代表人类最先进的认识世界的水平。老子的唯物主义有唯心主义的残余，不十分纯净，但在当时没有比他更唯物的哲学家或流派，它就是最先进的。他的简单的唯物主义就是攻击唯心主义、宗教、迷信最锋利的武器。并不是有高标准的唯物主义、低标准的唯物主义、廉价的唯物主义。因此，今天评价不是由于要求“太高”“太低”才出现对老子哲学不同的两派看法的争论，老子的唯物主义哲学绝不是由于我们对它“要求不高”才变成了唯物主义的。因为老子的唯物主义如实地反映了春秋时期（人类幼年时期）认识世界的深度和广度，他结合了当时的科学成就，给宗教、上帝、鬼神以有力的打击，所以是唯物主义的，也有战斗作用。

此外，在关、林两位的文章中，曾举出老子的辩证法不彻底，以证明老子的哲学是唯心主义。用这个方法来分析老子的辩证法，以说明它的内在的弱点是可以的，但由此佐证老子的哲学思想是唯心主义就不见得妥当了。因为老子的辩证法不彻底，首先是他的形而上学的残滓在他的思想体系内部起着破坏作用，还不是直接涉及唯物或唯心的问题。如照这个方法推下去，古代的辩证法都带有自发的、朴素的性质，只凭这一点，古代就不会有唯物主义了。

至于说老子出身没落阶级，所以不能成为唯物主义，恐怕也要具体分析。马列主义经典作家就指出过英国的没落贵族（如霍布士）阶级也能出现唯物主义。

至于说老子的思想没有战斗性，所以不像唯物主义，这种说法也不见得正确。战斗可以根据不同的问题、不同的情况，采取不同的方式。有具体的对象，就批判得具体些，如老子对剥削者的抗议，对战争的诅咒就很尖锐。老子对于“天”就没有“金刚怒目”式的剑拔弩张的样子。因为“天”的危害性，就在于它的无上权威，神圣不可侵犯性。把它从至高无上的宝座上拉下来，使其屈居在浑然一体的物质的“道”之下，这就是战斗，也是最有效的战斗。我看来，老子“把道置于天地、上帝之先”这一招正是老子的“严肃的战斗”。

用“常有”“常无”作为解剖老子哲学的钥匙，关、林两位的方法我不同意，理由倒不是像冯友兰先生所指摘的“把老子现代化”，而是我认为这样讲，把老子的哲学系统化了。老子的哲学不是那么系统完整、前后一致的。

因为我认为春秋战国时期（特别是春秋时期）“上帝”没有坍台（他们所举的证据都不能证明春秋时代“上帝”已坍台了），那么，老子发明（姑且退一步说）一套精致的唯心主义，反对什么呢？“道”比“上帝”更能对人民起压迫作用吗？看不出来。老子的时代实在看不出有什么必要找一个代用品为“上帝”、鬼神解救“危急”。如果说一个唯心主义的老子不是为了反对什么，仅仅为了创造体系，凭空抬出一个“道”来，显然不大合情理。如果说真有这样一个唯心主义的老子提出一套精密的唯心主义，来反对某些比较鲜明的唯物主义也许说得过去。但老子当时的确没有一种旗鼓大致相当的精密的唯物主义出现。那么唯心主义是否可以凭空发展？不会。因为只有唯物主义可以即使在没有成体系的唯心主义对手存在的时候也会发展，因为只要有生产斗争、有科学，就有唯物主义的发展的基地，唯心主义总是为了应付唯物主义才被迫改变花样的，唯心主义从来是打被动仗的。

说老子是唯心主义既然不像，那么根据老子的原文，说老子的“道”为了反对“上帝”、反对鬼神，倒是顺理成章、不费分疏的。

至于说老子的辩证法不彻底，老子的认识论是唯心主义的，方法论、社会观是唯心主义的，这里不打算一一辩驳。认识论和宇宙观不一致在古代是常有的现象，社会、历史观的唯心主义更是一般的事实。即使这些观点都是唯心主义的，也不能动摇老子的哲学体系的唯物主义的地位。因为天道观这一步棋，老子走对了。就是认为老子是唯心主义的朋友们也不得不承认这一点。这一点恰恰是先秦唯物主义哲学与唯心主义哲学争论的“淮海战役”。在这一场战役中，唯物主义的老子是胜利者。

在老子以前，没有人能在天道观问题上达到唯物主义世界观的高度，所以说老子“就成了中国古代唯物主义发展的里程碑”。

既然老子的哲学是唯物主义的，“道”是物质性的实体又具有法则的含义。那么，老子把“道”放在至高无上的地位，使它绝对化、永恒化，高据首席，一点也不会产生“流弊”，唯物主义争的就是物的地位高于一切。辩证唯物主义的辩证法和唯物论都是绝对的。不是一讲到“绝对”就毁了辩证法，取消了“绝对”倒是危险的。

春秋时代天文学和老子的唯物主义思想*

科学总是在生产发展的推动下前进的。科学的许多规律是人们在征服自然的斗争中在某些方面的总结。中国古代的天文学是在农业生产的发展和要求下被推动前进的。古书上所谓"观象授时""敬授民时"都是为指导农业生产，而不是古代"圣人"对日月的运行凭空发生兴趣才去研究的。

《尧典》已载有鸟、昂、虚、火等星，《洪范》有好雨、好风等星，《夏小正》有大火、织女、昴、参等星，《诗经》里提到的有火、箕、斗、室、昴、毕、参、牵牛、织女等星，《左传》《国语》《尔雅》各书中已有完整的二十八宿的记载。（《诗经》是抒情诗集，只是讲到自然环境顺便提到一些星宿，它没有必要一一列举。）认识二十八宿不是一件小事，这说明春秋时已知道把黄道、赤道附近天空分成二十八个不等的部分，它们还把同一方面的天空又分为四陆、十二辰、十二次（后来"次"又称为"宫"）。

春秋时代的天文学家又根据地上的地区，配合天上的星宿建立了星宿的分野，还把银河比作地上的汉水，因而叫作"天汉""河

* 原载《北京大学学报（人文科学）》1959 年第 4 期。

汉”。《周礼》讲到保章氏（周礼春官之属的职责）：

> 掌天星以志星辰日月之变动，以观天下之迁，辨其吉凶。以星土辨九州之地，所封封域皆有分星，以观妖祥。以十有二岁之相，观天下之妖祥。以五云之物，辨吉凶、水旱、降丰荒之祲象。以十有二风，察天地之和命、乖别之妖祥。①

古人以星纪配吴越，玄枵配齐，娵訾配卫，降娄配鲁，大梁配赵，实沈配晋，鹑首配秦，鹑火配周，鹑尾配楚，寿星配郑，大火配宋，析木配燕。

在采用岁星纪年法以前，古人以冬至夜半所见的方位为准，并对照地上的方位，把周天自东而西配以子、丑、寅、卯等十二辰。这是分野的原始观念②。

《周礼》所列保章氏的职务在于实际观测恒星、流星、彗星、岁星的出没现象以及天上云气、风云和地上收获的关系，其中也有一部分气象学的内容。郑玄注：“保，守也，世守天文之变。”贾公彦疏：“（保章氏）掌天星以志日月星辰之变动，以观天下之迁。”观测星象还不止保章氏这类官吏，像春秋时代的梓慎、裨灶、史嚚、周大史等都掌握这类知识。

《周礼》还讲到掌管天文的冯相氏（周礼春官之属）的职责是：

> 掌十有二岁、十有二月、十有二辰、十日、二十有八星之

---

① 《周礼·春官宗伯下》。

② 参看陈遵妫：《中国古代天文学简史》，第92页。

位，辨其叙事，以会天位。冬夏致日，春秋致月，以辨四时之叙。[①]

郑玄注：“冯，乘也；相，视也，世登高台以视天文之次序。”冯相氏这一官职在观测和推算相验证。保章氏偏重在天文，冯相氏偏重在历法，事实上这两者在古代没有划分得十分清楚，只是大致分工，各有侧重。周代大史之官也做这些工作。《礼记·月令》说：“（大史）司天日月星辰之行，宿离不贷。”

又《春秋经》及《左传》共记载过三十七次日食。根据近代历法家的推算，证明其中有三十三次是正确的，有四次是误记的。在宣公、成公以后的日食记载开始精确[②]。这也说明在公元前六世纪初叶，中国天文历法已较西周有所发展。

中国古代采用的历法一向是阴阳合历。就是说，根据太阳绕日一周的周期为一年，根据月亮绕地球一周的周期为一月。测定一年的标准是每年的冬至和夏至，测定一月的标准是朔和望。地球绕太阳公转一周的时间为三百六十五点二四二二天，月亮绕地球一周的时间是二十九点五三〇五天，一月或一年的时间都不是整数，两者相互除不尽。月与年要搭配妥当很不容易。殷商的文字记载中已经有了闰月的规定。甲骨文和周初的金文中都有过“十四月”的记载。古人为了二十四个节气的安排（主要是为了安排农业生产），有时要在一年之终连闰两月。春秋时期，已有了比较精密的天文学知识，已懂得在十九年中插进七个闰月，在当时全世界来说是最先

① 参看陈遵妫：《中国古代天文学简史》，第92页。

② 参看［日］新城新藏：《东洋天文学史》中译本，第343页。

进的历法了。

古人还发现木星在星座中的位置逐年移动，从某星座回到某星座大约要十二年。古人把黄道分为十二次（宫），岁星每年移住一个次（宫）。岁星每年和太阳会合的次（宫）逐年退后一个月。也就是说，约计一年又一个月岁星移一个次。每一个次有二十八宿的星座两个或三个。为了使用上的方便，在战国中叶以后开始采用了十二个太岁的年名，如摄提格、单阏格等等 。

天文学和农业生产有直接联系，二十四节气有指导农业生产的作用。统治阶级为了自己的收入打算，不能不关心生产。生产不好，他们自己也会减少收入。像《礼记·月令》就是周王室颁布的年历。诸侯、大夫可以根据一年的季节安排一年的生产和应采取的政治措施。[①]试举几条为例：

> 孟春之月，日在营室，昏参中……

这是说的天象运行的方位、宫次。

> 东风解冻，蛰虫始振，鱼上冰，獭祭鱼，鸿雁来……

这是说自然界气温、时令物候的特征。

> 乃命大史守典奉法，司天日月星辰之行，宿离不贷，勿失经纪，以初为常。

这是行政上与天象的配合措施。

① 参看浦江清：《屈原生卒年月日的推算问题》，载《历史研究》1954 年第 1 期。

> 是月也，天气下降，地气上腾，天地和同，草木萌动。王命布农事，命田舍东郊，皆修封疆。审端经术，善相丘陵、阪险、原隰、土地所宜，五谷所殖，以教道，民必躬亲之。田事既饬，先定准直，农乃不惑。

这是根据时令，对生产的安排和要求。

> 禁止伐木，勿覆巢，勿杀孩虫、胎夭飞鸟，勿麛勿卵，勿聚大众，勿置城郭……
>
> 是月也不可以称兵，称兵必天殃……

这是根据季节、时令宣布几条妨害生产的禁令和禁忌。

二月、三月以至十二月都有这样类似的指示和规定。有些规定是有科学根据的，也有些本来有科学根据，但又和宗教迷信纠缠在一起的。如春天不能发动战争，否则会有“天殃”。事实上，古代采用劳役地租的时候，春天发动战争误了耕种季节，不但农民没有收入，连“公田”的收入也会减少，当然会给一年的生活带来灾害，叫作“天殃”也可以，但这绝不是什么“春行秋令”引起的。

夏季、秋季、冬季都有不同的重点农活的安排和不同的禁忌。每月都先指明它的节气（如立春、立夏、立秋、立冬等等）、气候、自然界生物的变化。结合这些变化，安排生产。如春、夏重点在督促农民生产，秋、冬重点在督促农民交田赋、兴兵、打猎、捕鱼、伐木、修建、烧炭、习武等等。

从上述的事实可以看出春秋时期的天文学已有了进一步的发展，测算的方法也比较精密。孟子曾说：“苟求其故，千岁之日至，可坐而致也。”[1]孟子能这样夸口，正是由于春秋以来天文学发展的结果。

春秋时期，由于天文历算日趋精密，对于每月的朔、望的测算也比过去更准确了。因为一个月的时间在二十九到三十日，朔是一个月的开始。朔在每个月的新月出现前一两天。在周初，对朔还没有十分精确的算法，只是大致根据月亮的圆缺，把一个月的时间分为四部分：初吉（大月2—8日、小月3—9日）、既生霸（大月9—15日、小月10—16日）、既望（大月16—22日、小月17—23日）、既死霸（大月23日—下月1日、小月24日—下月2日）。[2]

一年开始的朔日关系到全年日历的精确程度，《周礼》规定要“颁告朔于邦国”。到了春秋中叶以后，历法大为进步，一方面周天子管不了诸侯；一方面各国诸侯也拥有他们的天文历法的专家，不再需要向周天子讨皇历。“告朔”名存实亡，所以“子贡欲去告朔之汽羊”了。这未必就是人心不古，倒是反映了历法的发展和进步。

春秋时期的天文学比过去有了很大的进步，但也在很大的程度上没有摆脱和宗教迷信的占星术有联系。古代的巫、卜、祝、史的职责，虽然有分工，也有时界限划不清楚。宗教和科学最初是混在一起的。事实上科学和宗教势不两立，科学越发展，宗教的地盘就越缩小。在春秋时期的科学还在幼年状态，当时还不可能有纯粹的科学思想与宗教思想彻底决裂。

古代文献记载中都表明当时的天文学与占星术没有割断联系。

《左传·僖公五年》，卜偃推测晋灭虢的日期是“丙子旦，日

① 《孟子·离娄》。

② 参看王国维：《观堂集林·生霸死霸考》。

在尾，月在策，鹑火中”。

《左传·文公十四年》：“有星孛入于北斗。”周内史叔服预言：“不出七年，宋、齐、晋之君皆将死乱。”

《左传·昭公十年》：“春王正月，有星出于婺女。郑裨灶言于子产曰：‘七月戊子，晋君将死。今兹岁在颛顼之虚，姜氏、任氏实守其地，居其维首，而有妖星焉，告邑姜也。邑姜，晋之妣也。天以七纪，戊子逢公以登，星斯于是乎出，吾是以讥之。’”

《左传·昭公三十一年》：“（史墨）对曰：‘……日月在辰尾。庚午之日，日始有谪。火胜金，故弗克。’”

《左传·哀公六年》：“是岁也，有云如众赤鸟，夹日以飞三日。楚子使问诸周大史。周大史曰：‘其当王身乎！若禜之，可移于令尹、司马。’”

战国中期，齐人甘德（注：一说楚人）、魏人石申编制了世界上第一个恒星表，包括了一百二十颗恒星的黄经度和距离北极的度数（注：用现代科学方法推算，他们测定的年代约在公元前350年）。他们的著作《甘石星经》虽然成于战国，但星表的测定绝非一朝一夕之功，它必须靠长期的观测知识的积累，它和春秋时期天文学的研究是分不开的。

《甘石星经》中曾指出许多星宿的位置、分布、分野。如：

> 太阳（按：星名），……入张十三度，北极四十五度。
>
> 相星，在北极斗南，……出太阳。入张十三度，去北辰四十五度；相入翼一度，去北辰三十一度。
>
> 库楼星二十九星，……西入轸一度，去北北辰四十九度，

昏中西去北辰八十九度。

这些记载，今天推算的结果证明是相当精确的。但是这部著作中也包括了不少占星术的成分，讲到每一个重要的星座，都要把它和人间的战争、吉凶附会在一起。如认为北斗七星是“天之诸侯，亦为帝车”。又说七星中第一星代表太子，第二星代表女主。“客彗孛入角（按：星名），色白者，国有兵起及大丧，亦军败、城陷。”又如：“天一星，……主战斗，知吉凶。……若离本位而乘斗后，九十日必兵大起也。”

春秋时期一般认为天缺、弧逆、刑星、荧惑、奎台所临地区的国家不利；丰隆、五行、太一、王相、摄提、六神、五括、天河、殷抢（按：当是天枪）、岁星所临地区的国家有利，“国不可伐，可以伐人”[①]。

总起来看，这一时期的天文学得到很大的发展，寻找到天象变化的一些规律，并开始与占星术分离，但尚未完全分离。大致可以说有以下的特点：

第一，“天道”运行有规律可循，它的规律不随人的意志为转移，它的结果可以预知，不是神秘不可知的。

第二，天上星象可以影响人世上安危、治乱、丰歉，但人世上的安危、治乱、丰歉却不能反转来影响天上星象的运行、变化（这一点和汉代的阴阳五行说不同）。

第三，“天道”的运行循环无端，周而复始。

第四，天文学起初观测与推算并重，互相补充，后来由于分工

① 《韩非子·饰邪篇》。

的精密，推算和观测有了分化。

第五，天文学的知识掌握在为贵族服务的知识分子手里，如史、卜、巫、祝都是这一方面的专门人才。

第六，贵族们运用天文学来指导农业生产活动和政治活动。

第七，由于天文学的发展，“千岁之日至可坐而致”，有些古礼开始被冲垮，如“告朔之饩羊”已成了形式。

从古代文献记载中知老子曾为周朝的史官，孔子曾向他问过《礼》①。一说老子曾为周“守藏室之史”②，守藏史可能是档案保管、图书保管一类的官吏；一说老子曾为周“柱下史”③；一说老子曾为“周之大史”④。

这些说法看来很不一致，但都认为老子在周王宫廷中当过史官，这一点是没有问题的。

据《周礼》，周王宫廷中各个主管部门中都有一些史，这种史的地位在下士和府之下，胥、徒之上。胥和徒，有的是贵族的家内奴隶。根据《周礼》，天官、地官、春官、夏官、秋官这五大部门的史的人数约计在千人以上。像管捕鱼的、管打猎的、管牛马牲畜的、管冰窖的、管造酒的、管厨房的、管山林的、管锁钥的都有许多史。从他们的政治地位和主管的工作看来，不难想见他们用不着什么文化知识。但周的大史、柱下史、守藏室史都在周王左右主管礼乐，这些人是有文化的重要史官。

---

① 《礼记》。

② 《史记·老子韩非列传》。

③ 〔唐〕司马贞：《史记索隐》。

④ 〔东汉〕郑玄：《论语注》。

大史的官阶是下大夫，与太祝、太卜的地位相同。他的职掌大致如下：

> 大史掌建邦之六典，以逆邦国之治，掌法以逆官府之治，掌则以逆都鄙之治。凡辨法者考焉，不信者刑之。……正岁年以序事，颁之于官府及都鄙，颁告朔于邦国。闰月，诏王居门终月。大祭祀，与执事卜日，戒及宿之日，与群执事读礼书而协事。祭之日，执书以次位常，辨事者考焉，不信者诛之。大会同朝觐，以书协礼事，及将币之日，执书以诏王。大师，抱天时，与大师同车。大迁国，抱法以前。大丧，执法以莅劝防，遣之日，读诔。凡丧事，考焉。小丧，赐谥。凡射事，饰中，舍算，执其礼事。[①]

从以上的记载看来，大史掌管一部分法律的工作，但主要职责是掌管天文，颁布历法，掌管祭礼等大典以及诸侯朝见的礼节，赐给诸侯的谥号等等。

小史是大史的助手，职位是中士，比大史的地位低。

柱下史是周王的左右史官。据《甘石星经》：

> 柱下史（按：星座名）在北辰东，主左右史，记过事也。

《甘石星经》经常以人事比附天上星座，由此可以想见春秋时柱下史的职责和地位。《汉书·王莽传》：

> 置柱下五史，秩为御史。

---

① 《周礼·春官宗伯下》。

王莽是一位信古专家，柱下史的职责和地位应当和周朝差不多的。秦仍周制，也有柱下史（按：《史记·张苍传》，苍曾为秦柱下史）。

《周礼》一书，后人疑为伪造，王莽时才正式列为国家的教科书之一。今天看来，《周礼》一书有些内容是后人羼入的，但不是伪书，其中保存了许多古代奴隶主贵族的礼制的特点。比如宫中和外廷都由太宰管理，天子对生产的直接领导，农、牧、渔等生产分工之细，巫、史、卜、祝的并用和并重，生产与战斗的统一，井田制的赋税制度等等，都反映了古代周制的特点。后来有许多怀疑《周礼》的人，往往以今拟古，以为伪书，他们的根据是不充分的。

《国语·周语上》也说“瞽献典，史献书”，又说“瞽、史教诲”。韦昭注：“瞽，乐太师；史，大史也。掌阴阳、天时、礼法之书，以相教诲者。”

> 古者，大史顺时覛土，阳瘅愤盈，土气震发，农祥晨正，日月底于天庙，土乃脉发。先时九日，大史告稷曰：“自今至于初吉，阳气俱蒸，土膏其动，弗震弗渝，脉其满眚，谷乃不殖。”稷以告王曰：“史帅阳官以命我司事曰：‘距今九日，土其俱动，王其祗祓，监农不易。’”①

《国语·周语下》，单子谓鲁成公曰：“吾非瞽史，焉知天道？”韦昭注：“瞽，乐太师，掌知音乐风气，执同律以听军声，而诏吉凶。史，大史，掌抱天时，与太师同车，皆知天道也。”

① 《国语·周语》。

又《周礼·春官宗伯》：“大史，下大夫二人，上士四人；小史，中士八人，下士十有六人。”贾公彦疏：“大史知天道，虽下大夫，得与内史中大夫为长。”

史官都有一定的天文、历法、星象运行的知识。如果天象出现了一些变异，他们（史、卜等）要负责解释、说明。春秋时的史官，如史苏、史赵、史墨、史龟、史嚚、内史叔服等都是较为著名的，还有许多不任史职，也负责一些史、卜、祝的工作的。

老子既然是史官，也必具备这样的知识。老子反对礼法、反对仁义，正是由于他亲身经历到周王室及奴隶主贵族的虚伪、腐朽和没落而引起的抗议。他诅咒“礼者，忠信之薄而乱之首也”。古代的史和卜又都是些自作聪明的预言家，老子以他亲身的体会说：“前识者道之华而愚之始。”他把那些预言家挖苦得一钱不值，正是由于他懂得其中的底细。

老子的哲学的唯物主义思想体系还在争论中，《老子》书中唯物主义观点和当时的天文学的关系却至为明显。

为了叙述的方便，先从老子书中经常被忽略的一个问题说起：

> 知其雄，守其雌，为天下溪。为天下溪，常德不离，复归于婴儿。知其白，守其黑，为天下式。为天下式，常德不忒，复归于无极。知其荣，守其辱，为天下谷。为天下谷，常德乃足，复归于朴。[①]

在这一章，从上下文看，“为天下溪”“为天下谷”的“溪”和

① 《老子》二十八章。

“谷”都是指的东西。旧注都以“式”为“模式”“楷式”“法式”。现代的《老子》注释者觉得为“天下式”句与“溪”“谷”不类，认为后人之所加，因而主张把这一句删去。其实这一句没有错。

清惠士奇《礼说》中说：“大史主抱式。”《周礼》：“大师，抱天时，与大师同车。”郑众注：“大出师，则大史主抱式，以知天时，处吉凶。”

现在我们进一步问，大史抱的“式”是什么东西呢？《史记·日者列传》载：

> 今夫卜者，必法天地、象四时，……分策定卦，旋式正棋，然后言天地之利害、事之成败。

《史记·龟策列传》载：

> 平运式，定日月，分衡度，视吉凶。

扬雄的《太玄》中有：

> 戴神墨，履灵式。

这里所讲的“式”是可以旋转的两块木板，中间有轴，上面一块木板圆形，像天；下面一块木板方形，像地。上下两块木板上分别刻着天干、地支。《汉书·王莽传》记载王莽在自杀前还使“天文郎案拭于前”。颜师古注：“拭，所以占时日。”“式”的写法，先秦作“式”；汉代作“拭”；《广雅》从木，作“栻”。后来的算卦摊上还有这种器具。

《老子》书中的“为天下式”，乃是说为了使是非、吉凶的判断准确无误，甘心当大史用的式，才可以“常德不离”（按：不发生差错）。我在前几年曾把“式”释作“车的轼”[①]，不妥；汉唐以来的《老子》的注释者都毫无例外地解作“法式”，与原意相去更远；近人怀疑“为天下式”与上下文不相类，主张删去，似乎也欠客观。

《老子》书中所讲的“式”就是当时大史用来占天文的工具，从他运用的例子、术语还可以看出大史抱式的痕迹。《老子》书中还说：

> 曲则全，枉则直，洼则盈，敝则新，少则得，多则惑。是以圣人抱一为天下式。[②]

这一章也是说如果能找到了“道”（“一”），就可以像史官抱式，“定日月，分衡度”那样明确地处理世界上许多纷乱复杂的现象而不致迷惑。“抱一为天下式”，所抱的是“道”（而不是“式”），这已和抱式的大史有所区别。《老子》书中还说：

> 以智治国，国之贼；不以智治国，国之福。知此两者亦稽式。[③]

老子认为用他这两条标准（“以智治国”和“不以智治国”）来衡量一国的政治，就像用“式”去考察日月那样容易、简单。

天文学的研究，一方面靠观测，一方面靠计算。春秋后期的天

---

① 《老子今译》第22页注。

② 《老子》二十二章。

③ 《老子》六十五章。

文学的计算方法比过去进了一步，像日食、朔望的测算，历法的精确，都是天文学发展的证明，所以老子说“不窥牖，见天道”[①]。当时的天文学的成就已可以完全通过计算推知星辰运行的规律，不必趴着窗洞看星辰就会知道日月星辰的运行的度数。这和孟子的“千岁之日至可坐而致”[②]的说法有一致的地方。老子用这种办法推算星辰运行的躔度，本来没有什么不可以，但老子不适当地滥用这一天文学计算的方法并把它当作一般认识的方法，说“不出户，知天下”，势必走向唯心主义的泥坑，这就错了。

《老子》书中还说“天门开阖，能为雌乎”[③]，也是说人对待自然只能顺从它（“雌”即有“顺、驯”的意义），不能违抗它。下文接着说“生而不有，为而不恃，长而不宰”，固然说的是“道”，却不难看出“道”的这些特点从天道运行引申出来的迹象。至于《老子》第二十五章：

> 有物混成，先天地生。寂兮寥兮，独立不改，周行而不殆，可以为天下母。吾不知其名，强字之曰道，强为之名曰大。大曰逝，逝曰远，远曰反。

这里所说的“独立不改，周行而不殆”，显然是从“天道”的运行联系到“道”。“独立”（不以人的意志为转移）、“周行”（黄道、赤道上星辰的运行）都表明他从星辰的运行讲到“道”的运行的。下文的“大曰逝，逝曰远，远曰反”更和天上星辰运行有关系

① 《老子》四十七章。

② 《孟子·离娄下》。

③ 《老子》十章。

了。春秋时代所用的岁星纪年法，约十二年一度移“次”，天上其他星辰的出没的轨道，一般说来总是高远的，有时消逝，到了一定的时期又回到原来状态的。当然，老子讲的是“道”，是老子的哲学，不是讲的天文学，也不是讲的岁星和天象，但老子从天体运行的有规律可循，周而复始、不以人的意志为转移这些特点对“道”做了种种描绘，不能不使人想到当时的天文学对一个像老子这样的史官出身的思想家所起的影响。

也许有人可以说，《老子》书中这些现象只能用来说明老子的哲学词句曾借助于春秋时期的天文学知识，但老子的唯物主义思想是否也受了天文学的影响呢？这一疑问不难答复。上文举出的许多例子都可以证明老子的哲学的基本观念——“道”——是从“天道”发展来的。老子用当时天文学的知识对宇宙的奥秘进行了探索，根据天文学的知识（当时科学成就）以反对有人格的上帝支配一切，这是春秋时期唯物主义哲学的主要使命。这一使命老子完成得很好。只有掌握了当时足够的天文学知识，才会有效地说明天变不足畏、天道不神秘，有客观规律可循。也只有具备了一定的天文学知识，才会使人相信天不能对人类降祸、降福（“天地不仁”）。有了天文学的知识，就能有效地说明天象的变化、天道的运行有周期、有规律，是客观存在的，它不以人的意志为转移。天文学的知识开阔了人类的眼界，人们开始懂得一个人的人生是短促的，宇宙的存在是无穷的。客观世界存在在先，人及万物发生在后，这样得出唯物主义的结论就不会是偶然的了。《老子》的“道”（宇宙最后物质实体）是无限的，连头上的青天、脚下的土地也是有限的，所以《老子》说：

天地尚不能久，而况于人乎？[1]

天地虽大，在老子看来也有成毁，如“无名天地之始”[2]就是说天地也有开始，开始于“无名”（“道”）。又说：

玄牝之门，是谓天地根。[3]

天地有它出生的地方（“玄牝”）。天地的存在是有条件的，不是无条件的：

天得一以清，地得一以宁。[4]

关于事物运动变化的一般规律，在《老子》书中也充分表现出和天文学知识相联系的迹象。如：

反者道之动。[5]
万物并作，吾以观复。夫物芸芸，各复归其根。[6]
孔德之容，唯道是从。[7]

这些光辉的辩证法思想都和自然界的昼夜、寒暑、四季的代换、寒暑的往来有关系。星辰及其他事物都不可避免地要过渡到它

① 《老子》二十三章。

② 《老子》一章。

③ 《老子》六章。

④ 《老子》三十九章。

⑤ 《老子》四十章。

⑥ 《老子》十六章。

⑦ 《老子》二十一章。

的反面，又从反面回到原来的出发点。老子认为一切事物都变化，就像“天道”的变化一样。变化的方式是循环往复，周期性的，永远如此的。事物都变，但事物变化的这一总规律却是永恒不变的。老子把“道”也叫作“常”。

“天道”既然如此，人类的行动也应当以“天道”为范本，模仿“天道”，就不会犯错误。老子承认自然界的客观存在和它自己运动的规律，人们不能违反它，但老子却由此得出结论，认为人对自然界只能屈从，不能对自然界进行改造，因而成了自然界的俘虏。

本来是真理，如果不适当地把它夸大，也会变成荒谬。天文学是自然科学中的一个部门，研究天体运动的矛盾发展规律是它的对象和范围。超出了这个范围，把天体运动的矛盾发展的规律强加到社会现象上去，用来作为指导生活的原则，那就会陷于错误。正如机械力学用于物理学是可以的，如果用来说明世界，作为世界观，就是机械论，就变成了不科学的学说了。

老子“道”的基本概念的形成，如上文所述，确实吸取了当时的天文学的科学成就，充实了他的唯物主义。由于他有了一定的科学根据，才有效地向当时束缚人心的“上帝”进行斗争，这是好的，也是对的。没有春秋的天文学，很难设想会有老子的唯物主义。但老子把“天道”的规律（当时天文学的知识）和“道”（世界存在、发展的总规律）有时混同起来，这就给他带来始料所不及的困难。《老子》书中，这种含混不清的地方很多，如：

天之道，不争而善胜，不言而善应，不召而自来，绅然而善谋。天网恢恢，疏而不失。[①]

天之道，其犹张弓欤？高者抑之，下者举之；有余者损之，不足者补之。天之道，损有余而补不足。人之道，则不然。[②]

天道无亲，常与善人。[③]

天之道，利而不害；圣人之道，为而不争。[④]

像这些地方，显然把当时天文学的规律和哲学上的问题不自觉地混为一谈了。

又由于春秋时期的天文学虽较春秋以前的天文学有了很大的发展，但没有摆脱占星术的影响。天象的变化和人世的吉凶还没完全割断联系（老子已讲到“天地不仁”是正确的），所以唯物主义的老子反对“上帝”决定人类的命运，但还不免冒出“天道无亲，常与善人”这样的话来。如果明白了春秋时代天文学的发展状况，像老子这些错误倒是容易理解的。当时的史官（职业的天文学家）的科学水平只能达到这样的高度。

附记：本文的看法和我过去所发表的关于老子的哲学思想的看法是一贯的。我认为老子即春秋时老聃。如果有人认为老子生于战国或者认为老子这个人根本不存在，《老子》一书为秦汉时期的著作，那么结论可能另是一样。即使如此，指出《老子》书中某些思

① 《老子》七十三章。

② 《老子》七十七章。

③ 《老子》七十九章。

④ 《老子》八十一章。

想和春秋时代天文学有某些联系或受到天文学的某些启发，似乎还有考虑的价值。稿已写成数年，放置箧中，因涉及一些近似烦琐考证，我在论老子文章中没有谈到这些老子思想和当时天文学的具体联系。现在为了更好地说明老子的唯物主义和当时科学的关系，特发表在这里，供参考，请教正。

老子的朴素辩证法思想*

关于老子这个人和《老子》这部书的时代，从汉代起就有不同的说法：一派认为老子是孔子的老师，和孔子同时略早；一派认为老子的时代比孔子迟，书也是战国时期的作品。

老子的哲学体系是唯心主义还是唯物主义，现在哲学界有不同的看法。至于老子的哲学有丰富的辩证法思想，则是没有争论的。

老子的辩证法思想是春秋末期阶级矛盾在哲学思想上深刻的反映。它系统地揭示出世界上的事物不是各个孤立的，而是相互依存的，如美丑、善恶、难易、长短、高下、大小、生死、刚柔、进退、祸福、荣辱、巧拙……这些对立面如果一方不存在，它的对方也就不存在。所以老子说："有无相生，难易相成，长短相形，高下相倾。"①它们的关系是矛盾的统一。

老子还指出任何事物都不是停止不变的，它们随时都在变化之中，并且都按照一定的规律在变化着。这就是向着它的对立面转

---

* 原载《教学与研究》1962 年第 2 期。

① 《老子》二章。

化："反者道之动。"[1]他说："祸兮福所倚，福兮祸所伏。"[2]用现代语言就是："灾祸啊，幸福紧靠在它旁边。幸福啊，灾祸埋伏在它里面。"老子看到事物无不向着它的对立面转化这一规律，他看到大小、强弱的互相转化，他认为对幼小的、柔弱的事物要给以足够的重视。他指出"柔弱胜刚强"的原则，作为认识世界、对待生活的基本依据。他举出水最柔弱，但是它能战胜比它坚强的东西。又由于老子看到事物发展到一定的程度会否定了它自己，走向它的对立面，他主张最好预先容纳一些反面的因素，使事物不要发展到它的极限。他说："物壮则老，是谓不道，不道早已。"[3]这就是说，只追求强大，必然走向衰老，这就不合乎"道"。不合乎"道"，必然很快死亡。

为了防止不利于自己的事物的发生或发展，老子主张对它的发展要加以控制，使它不要过分，它就不会发生转化。他说："大成若缺，其用不弊；大盈若冲，其用不穷。"[4]意思是说，最圆满好似欠缺，可是它的作用不会败坏；最充实好似空虚，可是它的作用不会穷竭"。用这种原则对待敌人，就要主动发展其有利的因素，从而使他们陷于不利。老了说："将欲弱之，必固强之；将欲废之，必固兴之；将欲夺之，必固与之。"[5]这就是说，将要削弱它，必须暂且增强它；将要废毁它，必须暂且兴起它；将要夺取它，必须暂

① 《老子》四十章。

② 《老子》五十八章。

③ 《老子》三十章。

④ 《老子》四十五章。

⑤ 《老子》三十六章。

且先给它。

老子的辩证法思想不是没有弱点的。它的弱点在于讲变化而不注意转化的条件。他看到事物必然向它的对立面转化，是他的杰出的贡献。由于他忽略转化要通过一定的条件，他在孤立地讲转化，有时不免把对立面的转化讲得抽象化、孤立化，他认为人们在变化过程中只能处于被动的命运。祸福的转化，有无的转化，总是在循环往复，周而复始。这就破坏了辩证法，给循环论开了后门。照老子的辩证法，既然强大会招致衰老，宁可不要强大；既然争荣誉会带来屈辱，宁可不争荣誉。所以老子说“知其雄，守其雌，……知其荣，守其辱”[①]。这就是说，虽深知什么是雄强，却安于柔雌的地位；虽深知什么是荣誉，却安于卑辱。

这些都是老子的朴素辩证法本身的一些弱点，这点弱点，限制了他的辩证法的体系的正常发展。

① 《老子》二十八章。

唯物主义的王夫之为什么反对唯物主义的老子*

按照哲学史发展的一般情况，唯物主义继承唯物主义，反对唯心主义；唯心主义继承唯心主义，反对唯物主义。拿先秦两汉的哲学史看，韩非和王充两个唯物主义哲学家都继承了先秦的唯物主义者老子，而反对唯心主义的孔子、孟子。王夫之是明末清初的最重要的唯物主义哲学家，他经常批评释、老（释是佛教，老即老子）。唯物主义者老子遭到另一个唯物主义者的严厉的批判，这一现象很值得研究。老子是唯物主义者还是唯心主义者，目前学术界还有不同的看法；王夫之是唯物主义者，则已有定论。如果王夫之所指摘的老子的哲学的“错误”查明属实，说老子的哲学是唯物主义，就站不住脚。本文企图对这一现象做初步的考察。

* 原载《光明日报》，1962 年 12 月 21 日。

哲学史上唯物主义与唯心主义的斗争

从来没有过、将来也不会有既非唯物，又非唯心主义的“哲学”。唯物主义与唯心主义的斗争贯串着全部的哲学史。双方的壁垒是分明的。但是，哲学史上的唯物主义与唯心主义的具体斗争则是错综复杂的。哲学史即唯物主义向唯心主义斗争中不断壮大发展的历史。与此相联系，也是辩证法思想战胜形而上学的历史。但斗争的每一个战役要比设想的情况复杂得多，它不只是唯物主义与唯心主义互相反对这一种现象。如果只有唯物主义者反对唯心主义者、唯心主义者反对唯物主义者，问题就简单多了。我们只要把斗争的一方的思想体系的性质分析清楚，它的斗争的对方即可推而知之。甲反对乙，甲是唯物主义，乙必是唯心主义。历史的实际果真这样，哲学史也就不成其为训练思维能力的科学了。

以中国哲学史为例。我们除了看到唯物主义与唯心主义互相战斗，唯心主义者之间也有相当激烈的争吵。宋朝有朱陆之争，明朝有王守仁反对朱熹学派的斗争，清朝又有朱熹学派的喽啰们（如张伯行、陆稼书等人）反对陆王的斗争。思想领域内的斗争和阶级斗争有十分相似之处。阶级斗争是统治的剥削阶级与被剥削的劳动人民的斗争。但也有统治阶级的内部矛盾发展为对抗性的矛盾。古代宫廷政变，弑父弑君，如曹魏与汉、司马氏与曹魏的矛盾都属于此类。也有同属被压迫的起义农民，在政治路线模糊、觉悟不高的情况下，因偶然事件引起火并的现象也是有的。像朱元璋的起义军变质以前，一方面打元朝统治者，同时也吞并其他的农民起义军。李自成和张献忠两支农民起义军，也曾有过矛盾。历史事件是十分复杂的，思想斗争更是十分曲折、细致的。从王夫之反对老子这一历史现象中，我们可以获得不少的教益。

王夫之和老子的阶级立场不同

王夫之的著作中经常高举反对“二氏”的大旗。王夫之的反对佛教这里不谈，现在只谈他反对老子的问题。

王夫之是以继承孔孟的道统自任的。对孔孟以外的学派，他一概敌视。他对古人或当代人有许多评论，今天看来是有相当深的阶级偏见的。历史证明申不害、韩非是进步的思想家，对王安石的政治改革、李贽的批判假道学，历史也肯定了他们的成绩和贡献，王夫之对他们都给以否定的评价。明末农民起义推翻腐败残暴的朱家王朝统治，完全是革命的仁义之师，而王夫之斥为“乱臣贼子”，誓死抗拒。这些都表明王夫之的正统观念和封建地主阶级的立场是十分顽固的。如果用他这样的政治标准来看老子的哲学，他必然会反对老子。因为老子的政治主张与孔孟有根本的差别。老子主张“小国寡民”的理想社会，反对剥削阶级用来欺骗人民的礼乐教化，说“礼者忠信之薄而乱之首”；王夫之则相信“文之礼乐以建中和之极”的孔孟的政治原则。老子主张“无为”，使民自正、自化、自富、自朴；王夫之则主张以仁义为本，严君臣上下之序。老子反对剥削，孔孟则主张适当缓和剥削的程度。除了上述政治观点的分歧，在文化观点方面，老子与孔孟的观点也是对立的。老子主张反朴抱素，回到自然，向自然学习；王夫之则认为朴素是倒退的、落后的，文化教育只能加强，不能减弱。

老子的政治观点反映了春秋末期小私有者的阶级要求。这种思想在当时曾与新兴地主阶级的思想配合，共同打击了没落奴隶主阶级的统治思想。它不但不能说成反动的，而且应当认为是进步的。

同一个学说，时代变了，学说所起的社会作用也会发生变化。明末清初王夫之生活的时代，民族矛盾占着主要地位，老子这些“无为而治”、回到自然、“贵柔”“守雌”“不敢为天下先”的主张，对于当时团结广大人民抵抗清贵族的种族压迫，显然无用而有害。王夫之亲身经历了当时“地坼天乖”（王船山悼明桂王有《长相思》词二首。其一有云“长相思，永离别，地坼天乖清泪竭……”）的大震动。痛定思痛，他总结了明代亡国的经验。他认为明代亡国，一是由于农民起义，一是由于民族的危机。农民起义破坏了纲常名教。释、老二氏讲“空”、讲“无为”的学说影响了一些知识分子，使他们对纲常名教不去积极维护。及至“天下大乱”“四海分崩”，一些士大夫又采取了超然事外、明哲保身的态度，不肯积极参加政治，以致国家的危机益发不可挽救。民族危机是不辨“夷夏之防”所招致的，而不辨“夷夏之防”又是释、老二氏讲“空”、说“无”的后果。因此，王夫之对于崇尚“空”“无”的学术流派一律痛加驳斥，不遗余力。老子的哲学是讲“无”的，也是讲明哲保身的。老子当时教人远离奴隶主贵族统治集团，当时不失为进步思想。而在明末，民族矛盾加深的时候，“明哲保身”势必成为逃避保卫民族的责任、无视国家安危的借口。王船山反对释、老，从他当时的历史条件出发，完全是可以理解的。

王夫之在《老子衍》序中指出老子的哲学有三大缺点（瑕疵）：

> 天下之言道者，激俗而故反之，则不公；偶见而乐持之，则不经；凿慧而数（按："数"疑为"敷"之误）扬之，则不祥。三者之失，老子兼之矣。

他认为老子哲学的第一个缺点是片面性（"不公"），老子为了反对世俗见解，矫枉过正，以片面性对片面性（"激俗而故反之"），所以"不公"；老子对真理偶有所见而洋洋得意，所以"不经"；老子把他的哲学过分穿凿地宣扬，将会给社会带来不幸后果（"不祥"）。王夫之对老子的哲学有所肯定，只是老子把他的哲学片面夸大了才有害。他认为在特定的历史时期，老子之学还不失为一种治天下的方术。他接着说：

> 世移道丧，覆败接武，守文而流伪窃，昧几而为祸先。治天下者生事扰民以自敝，取天下者力竭智尽而敝其民。使测老子之几，以俟其自复，则有瘥也。文、景踵起而迄升平，张子房、孙仲和异尚而远危殆，用是物也。较之释氏之荒远苛酷，究于离披缠棘，轻物理于一掷，而仅取欢于光怪者，岂不贤乎？司马迁曰："老聃无为自化，清净自正。"近之矣。[①]

王夫之看来，老子"于圣道所谓文之礼乐以建中和之极者，未足以

① 《老子衍》序。

与其深也”。是有所见，而深度不够。他要“入其垒，袭其辎，暴其恃，而见其瑕”。老子哲学之垒（体系）中，还是有“辎”可袭、有“恃”可暴，可见老子的哲学不是一座空营寨。

王夫之批判老子的哲学根据

王夫之主要从两方面对老子进行了批判：第一，王夫之反对老子的“无”能生“有”；第二，王夫之反对老子的“道”在“物”先。王夫之对老子的批判，作为王夫之自己的哲学观点来看，无疑是深刻的；作为对老子哲学的批判则是不全面的，有的地方也是失之于公的。

现在先看王夫之如何反对“无”能生“有”的问题。

“无”中生“有”，这是说世界的起源不源于物质，而是源于“空无”。这是唯心主义的观点。王夫之反对当时广泛流行的佛教哲学、主观唯心主义的陆王之学，以及当时的客观唯心主义的程朱之学，因而坚决反对“无”中生“有”的学说。陆王的主观唯心主义认为天地万物皆由心造，本来空寂。没有人的良知，天地万物即不存在。这是“有”生于“无”的观点。佛教也讲世界虚幻，本来空寂。王夫之说：“浮屠谓真空常寂之圆成实性，止一光明藏，而地水火风根尘等皆由妄现。”[①]王夫之指出，世界是物质性的，是“有”而不是“无”。他说：

① 《正蒙·太和》篇注。

> 无形非无形也，人之目力穷于微，遂见为无也。[①]
>
> 人之所见为太虚者，气也，非虚也。虚涵气，气充虚。无有所谓无者。[②]

这是说，事物由“太虚中和之气”生，但“太虚中和之气”不是“空无”，而是实有的物质，物不能从“无”到“有”；事物变坏、消散，也不能认为物质消灭。他说：

> 车薪之火，一烈已尽，而为焰、为烟、为烬，木者仍归木，水者仍归水，土者仍归土，特希微而人不见尔。[③]

这是说事物不能从“有”到“无”。他坚持了物质永存、不会消灭的唯物主义立场。王夫之这一见解，比他过去的一切唯物主义者所论证的物质不会消灭，在理论上更加完善了。不只用臆测，也有一些实测的因素（如“一车之薪……”）。

但王夫之对老子的“有”生于“无”的批判则是不正确的。老子的“无”不是“空无”，不是“无有”，不是“零”。老子的“无”，也称为“无名”，也叫作“朴”，也叫作“一”，也叫作“道”。老子在春秋末期，为了反对“上帝”创造万物、决定人类命运的宗教迷信思想，他提出了“道”来打倒“上帝”。老子说“道”（细微的物质）不是肉眼可以看得见的，也不是用手可以摸得到的，它对身体的感觉器官来说，它是无形无象的，它相当于王

---

① 《正蒙·太和》篇注。

② 同上。

③ 同上。

夫之所同意的张载所描述的“太和”“太虚”：“自其气之冲微而未凝者，则阴阳皆不可见。”[①]“细缊太和之真体，非目力所及，不可得而见也。”[②]从老子到张载再到王夫之，唯物主义经过了长期的发展过程，在理论上越往后来越趋于完备。老子的“无”不是“空无”[③]。王夫之用“无”不能生“有”反对佛教寂灭之说是正确的，他指出佛教“谓太虚之中本无一物，而气从幻起以成诸恶，为障碍真如之根本，……妄欲销陨世界以为大涅槃，彼亦乌能销陨之哉！徒有妄想以惑世诬民而已”[④]。

王夫之主张“无”不能生“有”，“有”不能复销陨为“无”，这是唯物主义的观点。当他用这一原则驳斥佛教唯心主义，驳斥魏晋以后被王弼学派所曲解了的老子，是正确的。王弼的哲学正是以观念性的“无”作为本体，当作万物的根源的。但用来驳斥老子的“无”生“有”的说法，是不对题的。老子的“天地万物生于有，有生于无”只是说有形的东西的本原是从肉眼看不见的混沌的“元气”产生的。

现在有些人从列宁给物质的定义来论证老子的哲学不是唯物主义的。列宁说：“物质的唯一‘特性’就是：它是客观实在，它存在于我们的意识之外。”[⑤]列宁还对“物质”做出了科学的论断说：“物质是标志客观实在的哲学范畴，这种客观实在是人感觉到的，

① 《周易内传发例》。

② 《正蒙·太和》篇注。

③ 详《老子哲学讨论集》，第18-24页。

④ 《正蒙·神化》篇注。

⑤ 《唯物主义和经验批判主义》，人民出版社，1960年4月版，第261页。

它不依赖于我们的感觉而存在，为我们的感觉所复写、摄影、反映。”[①]这里列宁是说物质是独立存在的，就认识论来说，是人类认识的源泉，是作用于人们的感觉器官而引起人们的感觉的实在的东西，它为感觉所反映。但不能把列宁的指示理解为凡是物质的，必须是耳目身体所能直接感受得到的，更不能理解为只有被感到的才是物质。因为人的感觉器官所能感受的范围是有限的。比如耳朵的听觉只能感受一定振动频率范围内的声波，眼睛的视觉只能感受一定波长范围内的光波，而听觉、视觉接受限度以外运动着的物质仍然客观地存在着，不能说没有被耳或眼直接感知，它就不存在。今天人们可以借助于科学仪器以扩大感觉接受的领域。即使如此，人类感觉毕竟有它的限度。我们只能遵循列宁的指示：“物质……指的只是不依赖于人的意识并且为人的意识所反映的客观实在，而不是任何别的东西。”[②]

肉眼不能直接看见和不存在是两个不同的概念。对于老子讲的“无”“无名”，用不着担心，主要看老子的“无”“无名”指的是什么。现代资产阶级唯心主义某些学派就是把耳闻目见的有限范围说成客观世界存在的范围，他们说“经验”以外的不存在，从而企图否认世界的物质性。

我国古代的唯物主义，先是主张某种具体的元素产生天地万物，《管子》说“水”是万物的根源，也有说五行的，也有说阴阳二气的。后来，发现用个别的具体的物质说明万物的起源在理论上有困难。比如说，主张“水”是万物的起源的，怎么解释“火”也是从

① 《唯物主义和经验批判主义》，人民出版社，1960 年 4 月版，第 120-121 页。

② 《唯物主义和经验批判主义》，人民出版社，1960 年 4 月版，第 261 页。

“水”产生的呢？用一种特殊的物质怎能说明万物多种特性的总根源呢？因此，素朴唯物主义者进一步有了提高，老子用更原始的物质来说明世界万物的成因，“无”“无名”“朴”“道”在老子的哲学体系内都是同义词（在不同的情形下，意义有所侧重），“道”“无”它的共同的特点是肉眼看不见，而且不仅仅具有某一种特殊物质的属性的。

从用看得见的某一种物质作为世界的起源说到用肉眼看不见的一种更具有普遍性质的物质作为世界的起源说，这是朴素唯物主义的进一步的发展。无论中外哲学史都是走的这样的道路（希腊古代从泰利斯的“水”是万物的根源到德谟克利特的原子论，与我国老子以前的唯物主义发展阶段相当），这也是符合人类思维规律的。从看得见的某种特殊物质的世界起源说到看不见的“无”“无名”的世界起源说，是唯物主义的进步和提高，不但不应批判，反而应当表扬。现代唯心主义者又利用人“看得见”作为物质存在的根据，用“看不见”作为物质消灭的借口，恰恰是用来反对唯物主义的。我们必须对列宁的指示做正确的了解。如果说只有直接耳可以闻、目可以见的才算物质，那是违背了列宁的科学的指示的，那和马赫主义、实用主义的界限就划不清了。

现在再看王夫之如何反对老子的“道在物先”的问题的。

客观唯心主义者硬说个别事物的产生，是由于先有这个事物的规律（“理”），天地万物的产生则是由于先有天地万物的总规律（“道”或“太极”）。他们把物质世界的根源建立在永恒不变的、超物质的精神实体的基础上。王夫之对于这种头脚倒置的唯心主义观点给以有力的驳斥。他关于“道”与“器”的论证说：

> 天下惟器而已矣。道者器之道，器者不可谓之道之器也。……苟有其器矣，岂患无道哉？[1]

又说：

> 天下无象外之道，何也？有外则相与为内，即甚亲而亦如父之于子也。无外则相与为一，虽有异名，而亦若耳目之于聪明也。[2]
>
> 然则象外无道，欲详道而略象，奚可哉？[3]

王夫之一再申述辨“明器”（具体事物）和“道”（事物的规律）的关系，必须首先分清楚哪是第一性的，哪是第二性的。他认为这是真理与谬误的分野。只有把“器”放在第一性的地位，才能正确地理解事物和它的规律的关系。现象（“象”）和它们的规律（“道”）的关系，也是把“象”放在第一性的地位，“道”是第二性的，“道”只能是现象的“道”。不能反过来说，“器”和“象”是“道”派生的。王夫之坚持了唯物主义原则，打击了客观唯心主义虚构的所谓超于万物（“器”“象”）之上的本体学说。

鸦片战争以前，我国唯物主义一直是朴素唯物主义阶段，它肯定世界物质统一性，还没有摆脱感性直观或臆测的成分，还缺乏近代科学的论证。由于我国封建社会发展得比较完全而典型，它的朴素唯物主义也发展得比较完备。根据经典作家的原则指示，斟酌中

① 《周易外传》卷五。

② 《周易外传》卷六。

③ 同上。

国哲学史的实际状况，试把我国朴素唯物主义初步分为四个阶段，各个阶段又有它独自的形态。

第一阶段，暂时称它为“元素论的朴素唯物主义”。它的特点是用现实世界上一种或几种特殊的物质元素，如“水”“五行”以说明世界的构成，用这种学说以打击“上帝”创造世界的宗教迷信思想。这种形态的朴素唯物主义出现在春秋以前。这是朴素唯物主义形态中的最低级阶段的唯物主义。

第二阶段，暂时称它为“原子论的朴素唯物主义”。它用比较具有普遍性的物质说明世界的构成，如老子的“道”的学说，宋、尹的“气”的学说都属于这一形态，它相当于古代希腊原子论的发展阶段，它的基本精神也类似古代希腊的原子论。比起元素论，它是较高级的朴素唯物主义，它出现在春秋中叶到战国末，荀子、韩非等哲学流派都属于这一形态的朴素唯物主义。

第三阶段，暂时称它为“自然论的朴素唯物主义”。它主要锋芒在于驳斥两汉宗教神学的目的论和后来佛教的因果报应论的迷信思想。以王充及范缜为这一阶段唯物主义的代表人物。王充的自然论偏重命定论，范缜的自然论偏重偶然论。这一阶段包括的历史时期从汉到唐。

第四阶段，暂时称它为“本体论的朴素唯物主义”。它的主要锋芒在于打击宋明以来的理学客观唯心主义。宋明以后，唯心主义哲学在唯物主义的攻击下，抛弃了粗糙的宗教形式，开始以精致的形式（即哲学唯心主义）出现。唯心主义流派继承了魏晋的唯心主义，认为现实世界不是最真实的，在现实世界之上、之后还有一个更根本的理念世界作为现实世界的基础。这个理念世界被称为“太极”“理”“道”。这一派以周敦颐、二程、朱熹为代表。与此种唯心主义针锋相对的唯物主义即本体论的朴素唯物主义。张载、王夫之、戴震是它们的代表人物。这一历史时期是由北宋到鸦片战争前。鸦片战争以后，由于西方资产阶级哲学在中国的影响，也有了庸俗进化论与机械唯物主义，但由于中国资产阶级的软弱，没有能够形成自己的机械唯物主义哲学体系。以上是马克思主义传入中国以前，我国唯物主义发展的基本情况。

我国朴素唯物主义与西方哲学史的朴素唯物主义不同。西欧的朴素唯物主义以原子论为最高峰；西欧中世纪封建社会的历史条件使他们的朴素唯物主义发展受到限制，缺少像我国朴素唯物主义的第三和第四阶段。由于我国的朴素唯物主义是以封建社会的生产关系为基础的，它还处在近代资本主义社会的前期，它毕竟只能是臆测的、直观的，没有超出阴阳五行的旧框子，它们一直以“气”为世界的物质基础。

王夫之的“道器”说是中国朴素唯物主义发展的第四个阶段中，对程朱学派的“理在气先”的唯心主义有力的驳斥。他在驳斥唯心主义的斗争中，把中国朴素唯物主义提高到世界上朴素唯物主义的最高水平。王夫之说：

> 道者，物所众著而共由者也。物之所著，惟其有可见之实也；物之所由，惟其有可循之恒也。既盈两间而无不可见，盈两间而无不可循，故盈两间皆道也。可见者其象也，可循者其形也。出乎象，入乎形；出乎形，入乎象。两间皆形象，则两间皆阴阳也。两间皆阴阳，两间皆道。夫谁留余地以授之虚而使游，谁复为大圆者以函之而转之乎？其际无间，不可以游；

其外无涯，不可以函。[1]

王夫之反复申明，规律不能离开有形有象的具体事物，充满了天地之间（“两间”）的都是有形有象的事物，没有超于有形有象的事物之上、之外、之后还有所谓孤零零的“道”，也没有有形有象的世界之外还有一个无的空虚世界。王夫之反对有所谓先天存在的理念世界，也反对老子的“道先天地生”的命题。老子说：“有物混成，先天地生。”王夫之对此提出诘难：

> 夫道之生天地者，则即天地之体道者是已。故天体道以为行，则健而乾；地体道以为势，则顺而坤，无有先之者矣。[2]

又说：

> 道者，天地精粹之用，与天地并行而未有先后者也。使先天地以生，则有有道而无天地之日矣。彼（按：“彼”即“道”）何寓哉？[3]

照王夫之看来，唯物主义的立场不能承认有一个先于任何事物的“道”作为万物的起点。这样的“道”，如果说它是物质的，但又不具有现实物质世界中任何一种物质的特点，它到底是什么性质的物质呢？如果说它什么性质也不具备，这样没有性质的物质只能是“无”（不存在）而不能是“有”。王夫之又进一步诘难说，如果

① 《周易外传》卷五。

② 《周易外传》卷一。

③ 同上。

说老子的“道”先于天地万物而存在，在天地万物存在之先就有一个超然独立的“道”，这个脱离物质的“道”只能是精神性的，实际上并不存在，又回到第一个问题“有”生于“无”了。所以王夫之提出：没有天地万物之前，“道”存在什么地方（“彼何寓哉”）？

王夫之认为脱离了个别的一般，事实上是不存在的，一般只能寓于个别之中。这也是唯物主义的基本观点。“道”在天地之先，不但理论上说不通，实际上也不可能。他用人身体的生存来做比喻：

> 今夫水谷之化为清浊之气以育荣卫，其化也合同，其分也纤悉，不然则病。道有留滞于阴阳未判之先而混成者，则道病矣，而恶乎其生天地也！[①]

这分明是反对老子的“有物混成，先天地生”的观点的。

王夫之这种见解，作为他自己的哲学见解是卓越的，但用它来反对老子的“道生天地”之说仍然是有问题的。因为老子的“道”即混沌状态的物质。如果要指出“道”或“无”的性质，它的性质就是混沌。而且老子指出，天地也是物质的。春秋以前，“天”一向被宗教家说成“神”或“上帝”，老子把它还原为与大地相对待的天空。老子说天地有开始，不能认为是错误的，天地本来是万物中的一物。只有那些说宇宙有开始才是唯心主义的。天地既然是物质性的东西，它必然由于“气”的聚散而有成有毁。从老子的唯物主义体系，论证未有天地之前已有物质性的“道”（混沌未分的“元气”），这是我国古代朴素唯物主义传统的见解，在理论上没

① 《周易外传》卷一。

有错误。

老子在中国哲学史上的贡献正在于他提出“道生天地、道在万物之先”的唯物主义命题以反对“上帝在万物之先，上帝创造万物”的宗教唯心主义观点。老子的时代与王夫之的时代相差一两千年，唯物主义的老子所反对的是春秋末期的宗教唯心主义“上帝”创造世界说。老子抬出了“道”，打击有人格的“上帝”的权威，理论是粗糙了些，但是这种粗糙的唯物主义与当时比较粗糙的唯心主义作战时，它还是最锐利的武器。因为在朴素唯物主义的第一和第二阶段，所争论的问题是世界是怎么构成的、是由什么构成的问题，是“上帝”还是世界自己，是神还是物质。老子对当时的哲学界争论的问题做出了卓越的唯物主义的解答，对于人类的认识起了积极作用，这是无可否认的。

王夫之面临的哲学问题已不再是春秋末期人类幼年时期那么天真的问题了，他面临的是比较精致的唯心主义：有陆王的主观唯心主义，有程朱的客观唯心主义。他要回答有没有“器外之道”“物外之理”，有没有超于万物之上的“太极”。他还要回答的是人们能不能通过事物的现象以认识事物的本质；规律在事物之中，还是在事物之上；个别在一般之中，还是在一般之外。也就是说，用老子那样的早期的朴素唯物主义已打不倒后来的比较精致的唯心主义了。王夫之对老子哲学的批判不是两条路线的斗争，而应当看作是后期的朴素唯物主义对前一时期朴素唯物主义的缺点的指摘。

从王夫之对老子哲学的批判中我们吸取哪些经验教训

第一，王夫之对老子的批判既有阶级成见，也有认识上的局限。对于这一点，王夫之自己是无法理解的。王夫之没有把老子和经过王弼篡改歪曲了的老子加以区别。王夫之所指出的老子哲学的瑕疵，作为王夫之自己的学说看是有道理的。但不能当真看作老子的瑕疵。正如孟子讲井田，当作孟子的社会思想考察是有价值的，当作西周的井田就不可信了。

第二，研究历史现象要有历史主义观点。老子的“无”能生“有”、“道”在物先，在当时的思想斗争中是最犀利的武器，老子的“道”的理论也是当时朴素唯物主义的最高形态——“原子论的朴素唯物主义”。王夫之的朴素唯物主义已达到了“本体论的朴素唯物主义”阶段。从王夫之的理论水平回顾老子的唯物主义，当然会发现它有这样那样的缺点。正如今天以我国现代人与周口店北京猿人相比，从生活方式到肢体结构都相差很远，北京猿人有显著的某些接近猿类的特征，但是科学已完全证明北京猿人是人类而不是猿类。与此相仿，我们今天回顾古代的唯物主义，尽管它们有这样那样的缺点，甚至某些理论上的不够完善，给唯心主义留下了可乘之隙，但是由于它承认物质第一性、精神第二性，用自然界本身的原因说明世界，它只能是唯物主义，而不是唯心主义。王夫之以他当时的唯物主义理论水平要求老子，显然是不适当的。如果我们不用历史主义的态度，用现在辩证唯物主义的科学标准来要求王夫之，首先就可以对王夫之所坚信的阴阳五行之气的“元气”概念提出责难。因为阴阳五行之“气”，即使王夫之说是真实的，现代科学只能证明这种“气”根本不存在。我们要防止以今人的理解要求古人。今天用老子的“道”不足以反击宋明理学家的唯心主义，用王夫之的唯物主义反击有现代科学武装的唯心主义也显然是不够的。王夫之对待老子的哲学的非历史主义的态度，造成他的判断的失误，可为治史者借鉴。

第三，毛泽东同志指出：“人们的认识，不论对于自然界方面，对于社会方面，也都是一步又一步地由低级向高级发展，即由浅入深，由片面到更多的方面。”[①]有发展观点，才能认识随时在发展中的事物。从老子到王夫之，表明前一时期唯物主义的某些缺点是怎么为后来的唯物主义所补充完善的，而后一时期的唯物主义的新局限则有待于更后的继承者的开拓。老子时代讲“道在物先”“无（名）生万物”是唯物主义的命题，它显然比用“水”“五行”等有形有象的具体物质元素说明宇宙的构成前进了一步。到了宋明时期，唯心主义者把“道”的物质性取消，把“道”说成脱离任何具体物体的本体，这就是周敦颐、二程、朱熹等人客观唯心主义的“太极”和“理”。王夫之反对这种超于物象之外、先天的“理”（或“太极”）是完全正确的。王夫之依据的是阴阳五行之“气”在“道”之先的理论，也是符合当时科学精神的。如果今天还有人不相信现代科学成就，不接受科学的唯物主义对物质的解释，还坚守王夫之所相信的阴阳五行之气的理论，他就背离唯物主义而陷于唯心主义。这不是说古代的唯物主义到了今天会变成唯心主义，而是

---

① 《实践论》，人民出版社，1951 年 1 月版。

说唯物主义是与科学并肩前进的，它有它的发展的过程。王夫之对这一点不理解或不大理解，所以对老子的批判“不中肯綮”，虽然这些批判作为王夫之的自己的思想还是极有价值的。王夫之是朴素唯物主义最后阶段的最大的哲学家，这是无可争辩的。由于他缺乏历史主义观点和地主阶级的偏见，对老子的批评不能认为是准确的。

如果老子是唯物主义者*

1962年12月，我在《光明日报·哲学》副刊发表了一篇文章，题目是《唯物主义的王夫之为什么反对唯物主义的老子》。大意是说哲学史上的两军对阵是唯物主义与唯心主义的斗争，但是实际上，中国古代哲学史上唯心主义者之间、唯物主义者之间也常发生误会，也有互相指摘的情况。因此，研究哲学史不能简单化。最近看到了钟兴锦同志的文章，他文章中说，“有人认为王夫之对老子的指摘都不是老子的真正过错，有些地方不但不应该批判，反而应当表扬。”钟兴锦同志认为持着上述看法的人，其结果会“走上否认哲学史上两条路线斗争的死胡同”①。意思是说唯物主义者只能批评唯心主义，如果说出有唯物主义者批评过唯物主义者，就是否认两条路线的斗争，如此说来，这个错误是严重的。钟兴锦同志的文章很客气，批评时只是说“有人说”，并没有指名道姓。这里涉及研究哲学史的原则问题，还是应当认真对待，如果是错了，我愿意承认并改正。

对老子的哲学的看法，不打算在这里争辩，因为这是一个老问

* 原载《哲学研究》1963 年第 6 期。

① 引文见《哲学研究》1963 年第 5 期。

题了，三言两语说不清楚。钟兴锦同志的文章有一个研究方法的问题，我一时还想不通。能通过讨论，把问题的性质弄明确，是我十分希望的。

作为哲学史斗争的路线，作为两大阵营，唯物主义与唯心主义的斗争是绝对的，是贯彻始终的，今后一万年也不会停止。但是，一个唯物主义哲学家，特别在古代，说错了话，看错了人，把唯物主义当作唯心主义来反对，或者把唯心主义者当作唯物主义者去崇拜，在中外哲学史上是常见的。王夫之对老子的批评仅是其中的一例。现在只说中国哲学史有的实例，如认为古代唯物主义者之间没有批评，这是不符合历史事实的。

王夫之是我国重要的唯物主义哲学家，他对我国朴素唯物主义有所发展，今天说他是正确的，主要指他在古代朴素唯物主义哲学阵营内有贡献，而不是说他一贯正确，也不是说他的学说和马克思主义哲学相比也无懈可击。王夫之既然是一定历史时期地主阶级的代言人，就不能不受时代的局限和阶级的局限。他说过的话，有对的，也有错的。他骂过唯物主义哲学家韩非，骂过唯物主义哲学家王安石，他骂人民为“禽兽”，对唯物主义者荀子也很轻蔑。从王夫之的言论中可以看出他对于古代同属于唯物主义阵营的哲学家的认识不是那么正确的。作为一个唯物主义者本应该对唯心主义者深恶痛绝，和他们划清界限，可是王夫之对《论语》《孟子》《大学》《中庸》这些露骨的唯心主义著作不但没有批判，反而奉为经典。也许可以说，王夫之是通过注释来宣传他自己的唯物主义哲学的。即使如此，至少王夫之是相信孔孟的著作中有真理，所以他才去“代圣贤立言”的。

古代唯物主义哲学家对唯物主义和唯心主义认识得不清楚的，并不止王夫之一个人。像先秦的荀子对孟子的唯心主义有所认识，但对孔子的唯心主义就没有认识。荀子对孔子的推崇，主要是出于认识不清。明代罗钦顺以程朱的继承人自居，但他自己是个唯物主义者，他竟不理解他的哲学与程朱的哲学在体系上是根本对立的。像这些例子在中国哲学史上并不是个别的。

钟兴锦同志说，“王夫之是我国十七世纪思想上的巨人”，因而对王夫之对老子的批评要重视。我也认为王夫之的确是明末清初的一个大唯物主义者，但是这个“巨人”也只能是直观的、臆测的、近代科学以前的朴素唯物主义的“巨人”。王夫之的成就，不但和马克思主义的辩证唯物主义不能相比，就是比起经过近代科学武装了的机械唯物主义，也还差着一个历史发展阶段，在某些方面，王夫之比我国的章炳麟（如《訄书》中唯物主义思想）、谭嗣同、孙中山要落后得多。因为机械唯物主义在历史上比朴素唯物主义先进，正如资产阶级在历史上比封建地主阶级先进一样。

这里也牵涉对待古代进步的唯物主义的态度的问题。我们今天要对过去的一切文化遗产都要批判地继承，即使王夫之是个“巨人”，这个“巨人”站在马克思主义哲学前面也是渺小的。辩证唯物主义与旧唯物主义相比，正如泰山之于丘垤、河海之于行潦，因此我们才说马克思主义哲学是哲学史上的革命的变革。

李贽生活在封建势力极大的明朝，还敢于提出“不应以孔子之是非为是非”。我们生活在马列主义、毛泽东思想时代，更不能以王夫之的是非为是非。正由于王夫之是个大唯物主义哲学家，有巨大的影响，我们对他的错误和失足的教训更应当引起注意，该批判就批判。对旧文化中糟粕固然要批判，对旧文化中的精华更要批判才能吸收。

即使王夫之批判老子是批判错了，我们还不能就说他混淆了哲学上的唯物主义与唯心主义的路线。因为王夫之批判老子的那些话如用来当作王夫之个人反对客观唯心主义的论据，是十分可贵的遗产，那是王夫之的贡献。我在那篇文章中说过，他所批判的那个“老子”的思想并不是春秋时期的那个老聃，而是王弼《老子注》的“老子”。不能因为王夫之批判过老子，老子就变成了唯心主义者，正如同不能因为王夫之推崇过唯心主义的孔子、孟子，孔子、孟子就应该变成唯物主义者一样。我们有了放诸四海而皆准的马克思列宁主义的真理，就有充分的根据不以王夫之的是非为是非。

恩格斯早已指出过划分哲学上唯物主义与唯心主义的标准，我正是遵循马克思、恩格斯所指示的标准，才判定老子、王夫之都是唯物主义者的。

研究哲学史（研究任何问题都是一样）从概念出发，好像坚持了原则，未必就是坚持原则，倒有时会导致背离唯物主义。到现在为止，在哲学史上还没有发现一条规律：古代唯物主义者对前一时期的唯物主义者完全理解，没有误会，只有膜拜，没有指摘；也没有发现一条规律：古代唯心主义者只反对唯物主义者，唯心主义者之间没有批评、没有矛盾。作为根本对立的两种世界观，唯物主义与唯心主义有不可调和的矛盾，这是不成问题的。谁要不承认这一点，就是有意抹杀哲学史上的两条路线的斗争。但是这两种思想却常常并存在一个人的头脑里、一个哲学家的体系里。如果不深入追究，这种矛盾有时不易暴露出来，这种情况在古代哲学史上太多了。有的哲学家，唯物主义思想占主要地位；有的哲学家相反，有二元论，也有彻底的唯心主义。马克思以前的唯物主义都不彻底。古代有些哲学家，对某些问题认识不清，误伤了自己阵营的同伴，也是常有的。我在《光明日报》中的那篇文章是说，阵线在古人的头脑里并不是那么十分明确，不能认为每一个唯物主义者的话百分之百的正确，也不能认为犯错误的都是唯心主义的哲学家。历史的实际情况要比有些人设想的复杂得多。唯物主义哲学家之间有误会，也有不恰当的批评。唯心主义与唯心主义之间也有矛盾，程朱与陆王之争不是就延续了几百年之久吗？只是唯物主义与唯物主义之间的争论和唯心主义与唯心主义之间的争论，其性质不同罢了。唯心主义反对另一派唯心主义，有利于唯物主义，这是经典作家早已指出过的。后期的唯物主义者批评前期的唯物主义者，说明唯物主义有了发展，并不是坏事，不必掩饰。

荀子曾说过："天不为人之恶寒也，辍冬；地不为人之恶辽远也，辍广。"[①]我们也可以说，历史事件不以我们研究历史的人怕麻烦就变得简单些，正像有些疾病经常不按医书上所记载病象在病人身上出现一样。我们每一个哲学史工作者只有加倍努力，遵照马克思列宁主义的原则，对具体的问题做具体的分析，一个一个地解决那些疑难问题，此外没有省力气的捷径。历史上唯物主义者对唯物主义者有过批评，我们哲学史工作者首先要考查一下，这是不是事实，且不忙断定应不应当批评。如果历史上确有一个唯物主义的老子，后来又有一个唯物主义的王夫之批判了这个老子，面对这

① 《荀子·天论》。

一现象，忠实于历史的哲学史工作者应当怎么办？为了迁就主观公式——“唯物主义者不许批评唯物主义者”，那么老子只有被说成唯心主义者才行。相信老子是唯物主义者的人，对这一事实要不要承认呢？我认为应当承认它，然后再解释它，而不是把事实从哲学史上抹掉。是事实，就用不着抹掉，也不应当抹掉，何况，既然是事实，想抹也抹不掉。

钟兴锦同志先认定老子是一个唯心主义者，才断言老子应当受到王夫之的批判。细看了钟文之后，他论证老子是唯心主义的一些理由，似乎《老子哲学讨论集》中早已说过了。但是《老子哲学讨论集》中还有一大堆文章论证老子哲学是唯物主义的，今天看来，还不尽是言之无据的，尚可聊备一说。本来这是一个争鸣问题，不一致也不要紧。这里必须提出的是，老子哲学是唯心主义还是唯物主义没有得到科学的最后定论以前，争论的一方就宣布：主张老子是唯物主义的人，又主张王夫之是唯物主义的人就是犯了路线的错误。理由是两个唯物主义哲学家之间有批评，因而“否认了哲学史上两条路线的斗争”。退一步说，就算是“否认哲学史上两条路线的斗争”吧，这个责任也应当由王夫之来负才公允。总不应当根据王夫之的批评，而追溯到二千年前去改变老子的唯物主义的既成事实（当然，老子是否唯物主义还在争论，我认为这是事实）。更不能让今天指出这一事实的哲学史工作者代王夫之承担“否认哲学史上两条路线的斗争”的责任。何况王夫之也没有否认两条路线的斗争，如上面已讲过的。

主张老子是唯物主义者的人，将来可能证明是错了，真错了，改过来就是了。但现在就断言持这种见解的人就是犯了路线性的错误，是不是为时过早？

一个唯物主义者反对过另一个唯物主义者，如果这种现象确曾在历史上出现过，作为一个马克思主义的哲学史工作者，面对这一历史现象，是服从历史事实呢，还是修改事实以迁就自己的公式呢？是根据事实进行分析说明这种现象的产生的根源呢，还是背对这种现象含混过去？我认为应当采取前一种态度和方法，而反对后一种态度和方法。因为前一种态度和方法坚持了唯物主义原则，后一种态度和方法看来像维护了“哲学史上两条路线的斗争”的原则，实际上背离了唯物主义。如果不顾事实，则所谓两条路线也就无从落实，因为它和实际存在的两条路线不符。

科学研究将会证明老子的哲学体系的性质，会做出符合历史真相的结论的。如果老子的哲学被证实为唯心主义，我那篇文章的话就可以取消；如果老子的哲学最后被证实为唯物主义，对王夫之反对老子这一历史现象总不能置之不理。这里似乎不存在“否认哲学史上两条路线的斗争”问题。

老子是唯心主义还是唯物主义，现在还在争论中。争论的双方在没有取得一致意见以前，任何一方把自己的结论强加给别人，都是不应当的，采用这种辩论的方法也未必是妥当的。如果按照钟兴锦同志的意见，主张老子是唯物主义的人，就很难研究老子以后的哲学史了。因为只讲先秦哲学史还好办，一写到明清之际，就要碰到王夫之，势必要犯“否认两条路线斗争”的“错误”。如果主张老子是唯物主义的一方硬说主张老子是唯心主义的一方故意打击、贬低、歪曲了唯物主义，违反哲学史研究的党性原则，我想，这样的逻辑推论一定不能使对方心服的。当然这仅仅是“如果”，并没有人真正这样做；假使真有人这样做了，大约钟兴锦同志也不一定就认为解决了自己的问题吧。

在马克思主义的指导下，正确地贯彻党的百家争鸣方针，真理总会愈辩愈明，殊途不难同归。在讨论过程中，我不愿把我的结论强加于人，我从不敢说主张老子是唯心主义的人是背离了马克思主义路线，虽然我不同意那些意见。我认为那样做对于实际解决学术问题有害无益。

总结我的意思，有以下四点：第一，哲学史上（包括中、外）有没有唯物主义者批评唯物主义者的事实？答曰："有。"第二，对于这种事实可不可以掩盖起来？答曰："不可以。"第三，忠实地对这种事实做出说明、分析，是不是否认哲学史上两条路线的斗争？答曰："不是。"第四，要不要把自己的学术见解强加于别人？答曰："最好不要这样。"

中国哲学史这门科学的研究现在还很不成熟，许多重大问题都有着很大的分歧。只有大家共同讨论，从不同的方面进行探索，才可以逐步把问题搞清楚。我个人的能力有限，水平也很低，这些意见很不成熟，希望得到指教。

释《老子》书中的“式”*

《老子》书中第廿八章说：

> 知其雄，守其雌，为天下溪。为天下溪，常德不离，复归于婴儿。知其白，守其黑，为天下式。为天下式，常德不忒，复归于无极。知其荣，守其辱，为天下谷。为天下谷，常德乃足，复归于朴。

对于这一章，在《老子今译》中，曾把“式”释为“车上的轼”。当时以为从上下文看，这几句是平行的句子。“为天下溪”“为天下式”“为天下谷”，它们语法结构是一样的。而“溪”和“谷”都是指的具体的东西，不是抽象名词。历来旧注都把“式”解为“模式”“楷式”“法式”。我怀疑不应当在两个具体的名词中间插入一个抽象的名词。《老子》的原义，本来是说要柔弱谦下像溪、像谷，那样才能体现为“道”的精神。为什么又说像“楷式”“模范”呢？古人的注解不能解决这个谜。“为天下式”这一句和上下文不大调和，于是有人主张把这一句删去，认为不是老子的原文。

清惠士奇《礼说》中说：“大史主抱式。”《周礼》：“大

* 原载《文汇报》，1961年12月10日。

师，抱天时，与大师同车。”郑众：“大出师，则大史主抱式，以知天时，处吉凶。”

现在进一步看，大史抱的“式”是什么东西呢？《史记·日者列传》：

今夫卜者，必法天地、象四时，……分策定卦，旋式正棋，然后言天地之利害、事之成败。

《史记·龟策列传》：

平运式，定日月，分衡度，视吉凶。

扬雄《太玄赋》：

戴神墨、履灵式。

这里所讲的“式”是可以旋转的两块重叠的木板，中间有轴，上面一块木板圆形，像天；下面一块木板方式，像地。上下两块木板上分别刻着天干和地支的度数。《汉书·王莽传》记载王莽在失败自杀前，使“天文郎（按：官名）案栻于前”。颜师古注：“拭，所以占时口。”“式”，先秦写作“式”；汉代作“拭”；《广雅》从木，作“栻”。后来的算卦摊上还有这种器具。

《老子》书中的“为天下式”，正是说甘心当大史用的“式”，才可以“常德不离”。老子本人为史官，先秦各书记载大致相同。“式”是用来占天文排列干、支的工具。老子书中所讲的“式”，除了二十八章，还有二十二章及六十五章：

曲则全，枉则直，洼则盈，敝则新，少则得，多则惑。是以圣人抱一为天下式。[①]

故以智治国，国之贼；不以智治国，国之福。知此两者亦稽式。[②]

第二十二章是说，如果有了“道”作为标准（“抱一”，“一”即“道”），就可以像史官抱式，“定日月，分衡度”那样明确地处理世界上许多复杂纷乱的现象而不致迷失方向。老子这里讲的“抱一为天下式”，所抱的是“道”，而不是木制的“式”，和大史所抱的“式”有所区别，但仍可在这里看出老子作为一个史官，他的抽象思维中所透露出的他的出身和他所属阶层的时代特点。

第六十五章是说，用“以智治国”和“不以智治国”这两条不同的原则可以作为衡量一国治乱的标准，它就像考察日月那样容易、简单。

从以上这三处讲到“式”的地方，可以帮助说明老子的出身于史官，这里说法是可信的，虽然有的说他为柱下史、大史、藏书史。史官一向是与天文、星占打交道的。也还可以看出老子的学说和古代的天文学有一定的联系。这种设想如果能成立的话，老子的唯物主义思想和当时的自然科学挂上钩，说老子的哲学是唯物主义的，似乎又多了一条旁证。把式解为占天文的工具，对老子的这几章更好解释了，老子原文很平实，并不玄虚。

附记：本文的基本看法曾发表于《北京大学学报》1959年第4期《春秋时期天文学和老子的唯物主义思想》。现在做了一些修改。

① 《老子》二十二章。

② 《老子》六十五章。

老子的唯物主义体系和朴素的辩证法思想*

——《中国哲学史》（四卷本）1963年初版第四章

第一节　老子思想的产生

老子即老聃，生卒年不可详考，约生于公元前580年（周简王六年），约死于公元前500年（周敬王二十年）。据史书记载，他曾当过周王朝的史官，孔子三十四岁时曾向他请教过有关古礼的问题。老子晚年，看到周王朝日趋没落，回到他的故乡楚国苦县厉乡曲仁里过着隐居的生活。[①]

《老子》（后来称为《道德经》）书共五千多字，是用韵文写成的一部哲理诗。它没有引用西周以来官方的典籍训诰，其中吸收了不少民间谣谚。这部书是研究老子哲学思想的直接材料。其中有个别章句是战国时人的注解混入正文的。全书大体可以代表老子的

* 关于老子的思想，学术界也有些人认为是属于唯心主义的，代表没落奴隶主阶级的。

① 据《史记》卷六十三《老子韩非列传》，孔子问礼时，老子正在周王朝当史官，他还没有和奴隶主贵族的正统思想决裂。《老子》书的思想应在归隐后。

思想[①]。

春秋战国时期，除了奴隶和奴隶主阶级、农奴和地主阶级，还有少量的自由手工业者和相当广大的农民小私有者。农民小私有者，自从公社解体后，是一直存在的人数众多的阶层。也有些小私有者是由于春秋后半期世袭贵族制逐渐破坏，多数小国被大国吞并，有些小国贵族，一部分降为皂隶，或成为大国的庶民，取得自由农民的身份。在社会变动剧烈的时代，逃亡的奴隶暂时得到自由，成为个体自由农民也是可能的。因此，农民小私有者这一阶层在由奴隶制向封建制过渡时期有扩大的趋势。个体自由农民在奴隶制繁荣时期享受一定的优待，他们往往和奴隶主贵族有宗法关系的联系。奴隶制衰落，奴隶主贵族自顾不暇，对个体自由农民的某些优待也取消了。因此，这一特定历史条件下的个体农民小私有者往往同情奴隶，甚至参加奴隶的反抗和暴动。《老子》书中的反对剥削的思想、农民平均主义思想以及“小国寡民”的社会理想都反映了当时农民小私有者的愿望。由于他们长期所受的奴隶主贵族教育，他们的思想中还不免带有奴隶主阶级的思想残余和一些消极因素。

春秋时期农民小私有者这个阶层，没有政治特权，受压迫，也有反抗压迫的要求。又由于它不是一无所有，有自己的少量的土地，在受压迫、剥削的群众中它还不是处在最下层，因而它的革命性不像奴隶要求解放那样的坚决；只要统治者对它不过苛，能使它保持住现有的经济地位，它也就“知足”，而不积极要求打破现状。老子的哲学，正是在一定程度上反映了这一阶层的要求和愿望。

① 《老子》书和老子思想的关系，本书采取郭沫若同志的说法，认为即使书成于战国，但书中的基本思想是春秋时代老子的思想。

春秋末期，随着生产发展，科学水平也有所提高。在天文学方面掌握了冬至、夏至的周期，发现了岁星约十二年一循环的规律，对朔日的推算能做到基本上正确不误，开始打破了对过去以为“天道”运行高远莫测的迷信思想。关于“天道”（日月星辰）运行自有它的规律的思想在老子的哲学里有所反映。他形容“道体”的运动，说“大曰逝，逝曰远，远曰反”[①]，就是用描述天体运动的词句来描述“道体”的。因为天体无限广大，星辰运行到辽远的地方，似乎消逝了，但它们从辽远处又回到原来的地方。老子是周王朝的史官，史官必须通晓天文、星象、历史文化知识（当时的科学本身还夹杂着迷信成分，但在当时已算最先进的科学知识了）。做过史官的老子具有一定的科学文化知识，并且有反抗奴隶制的愿望，他建立了朴素的唯物主义和自发的辩证法思想体系，这是可以理解的。

在农业生产上，由于对作物的生长的规律性有了一定的认识，认识到植物生长不能勉强助长，像老子说“治人事天，莫若啬”[②]，就是说对待自然、对待生活，最好学习种庄稼的原则，顺应事物自己生长变化的原则，不要生硬勉强去做。《老子》书中讲到“治人事天”做得好，就能符合“深根固柢，长生久视之道”[③]。这些描述是借用了农业术语的。由于当时已利用水利，老子书中也讲到“上善若水。水善利万物而不争”[④]。讲到柔弱胜刚强的原理，说“草木

① 《老子》二十五章。

② 《老子》五十九章。

③ 同上。

④ 《老子》八章。

之生也柔脆，其死也枯槁”[①]。老子讲的是事物发展的一般原则，但所用的语言、举的例子，有许多和当时农业生产有关。

当时的医学也有了很大的发展，出现了医和、医缓等著名医生。他们总结了人们长期向疾病做斗争的经验，对生命、养生的知识也有所提高，因而促成老子哲学中的养生、养气、“专气致柔”的观念。

老子的唯物主义思想和朴素的辩证法思想是春秋末期中国社会特定历史条件之下的产物。东周以来，唯物主义无神论思想的不断高涨，“天”或“帝”的传统信仰在日渐动摇，天上神权的动摇是地上周天子王权的衰落、奴隶制王权的动摇的反映。当时科学的发展使人们对于一些过去不能解释的现象，开始有条件做出比较科学的说明。史官出身的老子具有当时先进的科学文化知识，他看透了奴隶主阶级统治集团的腐朽内幕，又认识到奴隶制给农民小私有者带来的灾难，因此他反对奴隶制的礼乐文化、典章制度，也攻击为奴隶主阶级服务的“上帝”、鬼神宗教迷信思想。老子的唯物主义无神论思想和朴素的辩证法思想的产生，是当时生产斗争、阶级斗争经验的总结。反映农民小私有者的利益的老子，在打击旧势力、反对旧思想（宗教迷信）方面做出特殊的贡献。老子打击奴隶主阶级，客观上是有利于新兴地主阶级的成长的。

① 《老子》七十六章。

第二节 “自然无为”的天道观和无神论思想

春秋末期在哲学战线上斗争的主要问题，是环绕着“天”是否是有人格、有意志的“神”的问题展开的。当时主张“天”是有人格的“上帝”，它创造和支配整个自然界和人类社会的，属于唯心主义阵营；反对有人格的“上帝”，主张“天道自然无为”，按照自然界本来的面目说明自然界的，属于唯物主义阵营。西周以来，奴隶主阶级的哲学把一切自然现象和社会现象都看作是有意志的主宰——“上帝”（“天”）安排的。这些宗教迷信思想是奴隶主阶级赖以维持他们统治的理论支柱。老子的唯物主义无神论思想的重要贡献就在于他打击了宗教迷信，促进了科学，动摇了奴隶制度的哲学思想基础，客观上有利于封建制的成长。

老子反对“天道有知”，提出了“天道无为”的思想。他认为“天”只是与地相对待的天空，它是物质性的。“上帝”是古代相传最高的天神、天道人事的决定者，但老子认为“上帝”也算不得最高的主宰，“道”比“上帝”更根本，他说“道”是“象帝之先”，它出现在“上帝”之先。世界的产生、变化是由“道”所决定的，而不是由有意志、有主宰的“上帝”决定的。“道”对于万物，“生而不有，为而不恃，长而不宰”[①]，生养了万物而不据为己有，推动了万物而不自以为尽了力，做万物的首长而不对它们宰

① 《老子》十章。

制。老子取消了造物主“上帝”的地位。

老子提出：“道常无为，而无不为。”[①]“道”是构成万物的基础，因此“道”是“无不为”的；“道”并不是有意志、有目的地构成世界万物，所以它又是“无为”的。“无不为”以“无为”为条件。“道”是世界万物自身的规律。老子又说：“道之尊，德之贵，夫莫之命而常自然。”[②]“道”之所以重要，“德”对于万物之所以珍贵，就在于它让万物自己生长、发展，而不发号施令。老子反对“天道有为”的神秘主义思想，提出“天道自然无为”这一唯物主义原则，在中国哲学史上起了划时代的作用。而在老子的哲学体系中完全排除了有意志的“天”的地位。他说：“天地不仁，以万物为刍狗。”[③]意思是天地没有意志，无所谓仁与不仁，它让万物自生自灭。

老子针对西周以来长期占统治地位的“上帝有知”“天道有为”的宗教思想，提出了“天道自然无为”的唯物主义、无神论学说。这是老子学说的贡献。老子为了彻底与宗教唯心主义对立，反对“上帝有知”“天道有为”，他把“天道无为”的思想也提到了绝对化的程度，并认为只有“无为”才是最高原则，人要向“天道”学习，也不能“有为”，因而人在自然规律的面前显得无能为力。当时人类的科学知识还在萌芽状态，没有控制自然的能力，老子只能提出认识自然规律，服从它，而不能进一步根据自然规律提出改造自然的主张。这是当时科学水平的局限。同时个体的小私有

① 《老子》三十七章。

② 《老子》五十一章。

③ 《老子》五章。

者比较脆弱的经济地位，以及老子个人所受奴隶主贵族教育的影响，使他的哲学不敢主张“有为”，而认为“无为”“柔弱谦下”可以避免损失。这些局限，都使得老子的“天道无为”的思想在贡献之中包含了它的消极因素，有走向宿命论的倾向。这一倾向到了老子以后的庄子有所滋长，他只讲“自然无为”，抹杀了人的主观能动作用。战国末期的荀子吸取了老子的“天道自然”的合理部分，在承认自然规律的前提下，主张利用自然规律为人类造福。荀子的“制天命而用之”的唯物主义自然观是老子哲学思想的发展和提高。

第三节　唯物主义体系的核心——“道”

老子第一个提出了“道”作为哲学的最高范畴。“道”字本来是人走的道路，有“四通八达”的意思。这一意义引申为“方法”“途径”，已初步地具有规律性、普遍性的意思。“天道”一词，在春秋时期已是指天象运行的规律，也有时包括人生吉凶祸福的规律的意义。老子吸取了“道”与“天道”的一般含义，把它概括为事物存在和变化的最普适的原则。它有物质实体和它的规律这两方面的意义。

关于“道”，《老子》书中有简明的概括。他说：

有物混成，先天地生。寂兮寥兮，独立不改，周行而不殆，可以为天下母。吾不知其名，字之曰道，强名之曰大。[①]

这是说，有这样一个浑然一体的东西，它比天地更在先，听不见、看不见，它不靠外力而存在，永远循环往复地运行着。可以作为天下万物的根源。我不知道应当叫它什么好，就叫作“道”，勉强给它起个名叫作“大”。混沌未分，在天地剖判之前就存在着的这个“道”是物质性的，弥漫于一切，无所不在，所以又叫作“大”。

恩格斯指出：“在希腊哲学家看来，世界在本质上是某种从混沌中产生出来的东西，是某种发展起来的东西，某种形成的东西。”[②]恩格斯指出希腊古代唯物主义哲学反对世界是“上帝”一下子创造出来的、是外来的原因形成的。老子这里也是反对“上帝”创造世界，反对世界的形成起于外因。“道”是客观存在着，不停地运行着的物质实体。《老子》接着说：

大曰逝，逝曰远，远曰反。故道大，天大，地大，人亦大。[③]

这里是借用当时天文学上描述天体运行的状态描述“道体”的运行状态，“道”的运行，周而复始。“道”“天”“地”“人”这四者都是重要的，但“道”是最基本的。所以《老子》说：

人法地，地法天，天法道，道法自然。[④]

人以地为根据，地以天为根据，天以“道”为根据，“道”以它自

① 《老子》二十五章。

② 《自然辩证法》，人民出版社，1955年2月版，第8页。

③ 《老子》二十五章。

④ 同上。

己本来的样子（自然）为根据。“道”的内在的原因决定了它的存在、运动，而不靠另外的原因。这里没有给“上帝”留下地盘。

对于“道”，在《老子》书中还说：

> 道之为物，惟恍惟惚。惚兮恍兮，其中有象。恍兮惚兮，其中有物。窈兮冥兮，其中有精。其精甚真，其中有信。①

这是说，“道”不是通过耳目见闻直接感受得到的。它包含着细小的粒子状的（“精”）东西，它是真实存在着的东西。所以《老子》接着说：

> 自古及今，其名不去，以阅众甫。②

因为它最真实、最具体，它是永恒存在，根据它，才能认识万物的开始。

老子看到，有某一具体形象和性质的东西，就不能构成与它的形象和性质不同的东西，有形有象的东西只能是由无形无象的东西构成，“有生于无”。但是无形无象的“道”在老子看来并不是空无所有的“虚无”，它是最真实的存在，它是一切具体事物所以产生的最后根源。

“道”具有“有”和“无”两种性质，老子常常用“有”和“无”来说明自然界的存在。老子是我国古代哲学史上第一个用“有”和“无”一对范畴说明宇宙构成的本源的哲学家。

老子认为“道”从一个方面看是“无”。老子所说的“无”

---

① 《老子》二十一章。

② 同上。

是指“无名”（“道常无名”“道隐无名”）、“无形”（“大象无形”），而不是一无所有的“零”“空无”。老子看来，凡是有固定形象的东西就是有限性的。具体的、有名的东西只能生出具体的、有名的东西，如马只能生马、豆只能生豆，它们不能产生万物。所以老子说：“无名天地之始，有名万物之母。”[①]这是说混沌的、还说不上名字的“朴”是天地的开始。有了名的具体的东西产生了万物。个别的东西都可以找到它们的产生者（“母”），天地的产生只能追溯到“无名”这个总根源。老子认为构成世界的“无”是“无名”“无形”的混沌状态的精气，而不是与“有”相对待的空虚部分，它是无限的混沌状态的原始物质。用老子自己的话说，是“玄之又玄，众妙之门”[②]。“玄”是“黑暗、深远、混沌”的意思，这里是说混沌而又混沌，它是一切变化的总门。“道”不能是有限的东西，只能是无限，老子叫作“无极”。“道”虽不具有具体事物的形象，但它是构成一切有形有象的东西的基础，因此它原来就包含着形成各种各样的有形有象的东西的可能性，所以在它中间本来就是“有象”“有物”“有精”的。就这方面说，老子的“道”又是“有”。

关于“有”和“无”的相互依存的关系，老子做过详细的说明。他认为，有了车毂中间的空间，才有车的作用；有了器皿中间的空虚之处，才有器皿的作用；有了门窗四壁中间的空隙，才有房屋的作用。从这里他得出结论：“有之以为利，无之以为用。”[③]老

① 《老子》一章。

② 同上。

③ 《老子》十一章。

子这里的“无”，指的房子、车子、器皿中间的空虚的部分，这一部分，看来虽是空虚的，但它（空虚部分）是使车子、房子、器皿发挥具体的作用的关键。在老子看来，“无”比“有”更为根本。老子在这里把两种“无”的意义弄混了。作为构成宇宙万物的最后根源的“无”是“无形”“无象”“无限”“无名”，而不是空虚的虚无。而老子讲的车轮、门窗、房屋的空间是“空无”的部分。说“空无”比“有”更根本是错的，这里给唯心主义留下了后路。

老子从“道”具有“有”和“无”两种性质，得出“天下万物生于有，有生于无”[①]的结论。从无形无象到有形有象的过程是“道生一，一生二，二生三，三生万物。万物负阴而抱阳，冲气以为和”[②]。“道”是无形无象的混沌状态的精气，只是浑然一体的存在，所以说“道生一”。如果勉强说“一”的性质，那就是最原始的物质。“一”与“道”在老子的哲学里经常用作同义词，如“天得一以清”[③]“圣人抱一为天下式”[④]中所说的“一”就是“道”。“道生一”，也可以说“道”产生它自己；“道”是最根本的存在。这是关于世界起源的彻底的唯物主义的命题。“道”（“一”）不得不分化为两种对抗的势力——阴阳二气。由阴阳二气的对立，产生新的第三者。由新生的第三者产生了千差万别的东西。一切东西内含着阴、阳两种对立的势力。阴、阳两种对立的势力在看不见的“气”中得到统一。在这里，老子说明了事物由混沌

① 《老子》四十章。

② 《老子》四十二章。

③ 《老子》三十九章。

④ 《老子》二十二章。

状态的“气”逐渐分化为万物、由简到繁的过程。

由于当时科学水平的限制，老子的理论和古代所有朴素唯物主义者一样，建立在直观、臆测的基础上。

在生产发展、科学发展和无神论思潮影响下，老子第一次提出“道”作为认识世界、说明世界的基础。“道”这一范畴的提出，标志着中国春秋时期人们认识世界的抽象思维能力的进一步提高。

老子以前的一些唯物主义学说，都是从自然界中选取某些具体的东西作为构成世界的总根源。例如《洪范》的五行说认为“水、火、木、金、土”五种最基本的物质是构成世界不可缺少的元素。《管子·水地》篇认为“水”是万物的根源。《易经》以“天、地、水、火、风、雷、山、泽”八种自然物作为万物的起源。这些不同的学说都力图在物质世界中寻出一种或几种物质来说明世界的成因。这些学说的哲学价值首先在于它们摆脱了上帝创造万物的宗教迷信，从自然本身寻求说明世界的原因，体现了唯物主义路线。其次，它们力图在复杂多样化的现象中找寻统一的、概括的总原则，促进了人类抽象思维的提高。但是它们共同的缺点是用部分说明全体，用具体的东西说明普遍的规律。概括性和抽象思维还停留在比较低级的阶段。用带有局限性的某一种或几种物质元素来反对普遍存在、先于天地万物而存在的“上帝”（或“天”），在理论上有一定的困难。

老子从唯物主义观点给世界的生成、变化找寻共同的物质总根源，他提出了“道”。老子高出于过去一切唯物主义流派的地方在于他否认了“上帝”的最高地位，提出了世界构成的普遍的物质性的总根源。他特别强调了物质性的“道”不同任何具体的事物，它有更广泛、更概括、更具有普遍规律的意义。

老子的“道”，具有以下五个特点：

第一，“道”是混沌未分的原始物质，它是“混成”的，其中“有精”“有象”。由这种混沌状态的原始物质剖判为万物，“道生一，一生二，二生三，三生万物”。

第二，“道”是最原始的、永恒运动着的物质实体，它“先天地生”，“独立而不改，周行而不殆”。

第三，“道”不同于任何具体事物那样的性质，因而老子也叫它作“无名”。他说：“道常无名，朴虽小，天下莫能臣也。”[①]又说，“道”的特点是“其上不皦，其下不昧，绳绳兮不可名，复归于无物。是谓无状之状，无物之象，是谓惚恍”[②]。一切具体东西，光线照射到的上部就明亮一些（“皦”），光线照不到的下面就黑暗一些（“昧”）。可是“道”，它是宇宙万物的总根源，无所谓上面下面，所以不能说它上面明亮、下面黑暗。它是没有相状的相状，没有形体的形象。它的形象不固定，所以叫作“惚恍”。由于它不同于一般物体的形象，所以又叫作“大象”，“大象无形”[③]。

第四，“道”不是肉眼或身体直接所能感触得到的。对于“道”，“视之不见，名曰夷；听之不闻，名曰希；搏之不得，名曰微。此三者不可致诘，故混而为一”[④]。看不见，听不到，摸不着，但三者指的是一个东西。老子说“有生于无”，不是从空无中

① 《老子》三十二章。

② 《老子》十四章。

③ 《老子》四十一章。

④ 《老子》十四章。

产生万物，而是说从“道”产生万物。

第五，“道”是物质，又是物质运动的规律，如“天之道”“人之道”[①]“谓之不道”[②]等等。

综合以上五点，可以看出老子提出了“道”这一哲学最高范畴，开始避免了以前唯物主义者用具体的某一种元素说明世界的困难。老子力图区别于过去的唯物主义者，他不免过分强调了“道”不同于日常生活中的具体事物的特点，割裂了“道”和具体事物的关系，把“道”和具体事物对立起来。老子不适当地强调了“道”的不同于具体事物这一方面，把本来是正确的思想引向它的反面去。后来有许多唯心主义哲学家利用老子关于强调“道”不同于具体事物的这些说明，把“道”说成绝言超象的精神性的本体，歪曲了老子的“道”的学说。

中国哲学史上，老子第一次建立了“道”这一最高范畴，建立了精气论的朴素唯物主义。它表明当时人类在认识世界漫长的过程中，反对了精神性的“上帝”的宗教观念，超出了低级阶段的元素论的朴素唯物主义。

第四节　朴素的辩证法思想

春秋末期，由于所有制发生了变革，因而国家的兴亡、个人富

① 《老子》七十七章。

② 《老子》五十五章。

贵贫贱都有了极大的变化。作为史官的老子，看到不少“社稷无常奉，君臣无常位”[①]的现象，又从当时自然科学的知识中认识到自然界也是独立于人的意识之外不停地运动着。世界的总根源，无所不在的“道”就是“独立而不改，周行而不殆”[②]的。从“道”产生的天地万物也是在变化着。他说：“天地尚不能久，而况于人乎？”[③]老子的辩证法思想是当时重大社会变革的客观辩证法深刻的反映。

老子比较系统地揭示出事物的存在是相互依存的，而不是孤立的。如美丑、难易、长短、高下、前后、有无、损益、刚柔、强弱、祸福、荣辱、智愚、巧拙、大小、生死、胜败、攻守、进退、静躁、轻重等等都是对立的统一。一方不存在，对方也就不存在。他说：“有无相生，难易相成，长短相形，高下相倾，音声相和，前后相随。”[④]矛盾统一观念的进一步明确是当时人类认识世界深化的表现。老子概括了当时自然现象和社会现象，他指出事物都向着它的相反的方向变去。他说：“祸兮，福之所倚；福兮，祸之所伏。……正复为奇，善复为妖。”[⑤]由于老子看到事物无不向着它的对立面转化这一基本规律，他说：“反者道之动。”[⑥]老子从这一原则出发，决定了他认识世界、对待生活的态度。他主张“贵柔”“守雌”，反对刚强和进取。

---

① 见《左传·昭公三十二年》。

② 《老子》二十五章。

③ 《老子》二十三章。

④ 《老子》二章。

⑤ 《老子》五十八章。

⑥ 《老子》四十章。

老子通过农业生产实践，看到植物的幼苗虽然柔弱，但它能从柔弱中壮大；相反，等到壮大了，反而接近死亡。他说："草木之生也柔脆，其死也枯槁。"[①]他认为对待生活也应当这样，他说："物壮则老，是谓不道，不道早已。"[②]这是说，事物强大了就会引起衰老，有意造成事物的强大是违反"道"的原则的，因为这会促进它早日结束它的生命。老子说："强梁者不得其死。"[③]他以为最好经常处在柔弱的地位，就不会转为坚强，就可以避免走向死亡的结局。他说："兵强则灭，木强则折。"[④]又说："弱之胜强，柔之胜刚。"[⑤]因而他主张："曲则全，枉则直，洼则盈，敝则新，少则得，多则惑。"[⑥]这是说，委曲反能保全，屈枉反能伸直，卑下反能充盈，敝旧反能新奇，少取反能多得，多取反而迷惑。他又说："天下莫柔弱于水，而攻坚强者莫之能胜。"[⑦]他教人向柔弱的水的品质学习。水看来是柔弱的，但它可以冲决一切比它坚强的东西，所以老子说："上善若水，水善利万物而不争。"[⑧]由于水"不争"，"故天下莫能与之争"[⑨]。这是老子的"柔弱胜刚强"的原则在生活方面的运用。他说："知其雄，守其雌。……知其白，守其

---

① 《老子》七十六章。

② 《老子》三十章。

③ 《老子》四十二章。

④ 《老子》七十六章。

⑤ 《老子》七十八章。

⑥ 《老子》二十二章。

⑦ 《老子》七十八章。

⑧ 《老子》八章。

⑨ 《老子》六十六章。

黑。……知其荣，守其辱。”[①]老子虽深知什么是雄强，却安于柔雌；虽深知什么是光彩，却安于暗昧；虽深知什么是光荣，却安于卑辱。

老子“贵柔”“守雌”的态度和春秋末期个体小私有者的社会地位、经济地位有深切的联系。个体小私有者经济力量微弱，无权无势，他们在奴隶制下没有奴隶主那样居高临下的特权；在封建制下，还是遭到剥削压榨，因而老子的辩证法带有保持自己的利益、以柔胜刚、以退为进的特点。

对待敌人，老子主张创造一些不利于敌人的条件，使他们陷于不利。他说：“将欲弱之，必固强之；将欲废之，必固兴之；将欲夺之，必固与之。”[②]这是说，将要削弱它，必先暂时增强它；将要废毁它，必须暂时兴起它；将要夺取它，必须暂时先给它。历代统治者往往用这种思想作为对付人民的阴谋权术，历代革命的战争和民族解放斗争中也往往用它作为克服顽强敌人的武器。

老子发现了事物转化的规律，并用来反对有目的、有意志的“上帝”（“天”），是有它的积极意义的。他说：“祸兮，福之所倚；福兮，祸之所伏。孰知其极？其无正。”[③]“正”通“政”，即领导者、主宰者。他认为福与祸互相转化，没有穷尽，也没有一个主宰者。老子指出事物的变化是它自己的原因，没有主宰者，这是对的。但是他把对立面的转化看作无条件的、绝对的，人们在变化中显得无能为力。老子脱离了条件讲对立面的转化，不但破坏了

① 《老子》二十八章。

② 《老子》三十六章。

③ 《老子》五十八章。

他自己的唯物主义原则，也影响了他的辩证法思想的正常发展。毛泽东同志说："矛盾着的对立的双方互相斗争的结果，无不在一定的条件下互相转化。在这里，条件是重要的。没有一定的条件，斗争的双方都不会转化。"[①]老子只看到事物向它对立面转化的规律，没有注重条件在转化中的重要作用，因而在祸福、得失面前显得缩手缩脚。他认为"有为"必然招致失败，有所得必然有所失。他说："无为故无败，无执故无失。"[②]"多藏"必招致"厚亡"，为了避免"厚亡"的损失，最好不要"多藏"。强大了会带来死亡，为了避免死亡，最好不要过于强大。他看到刚强会带来挫折（"兵强则灭，木强则折"），他宁肯安于柔弱；抢先会落在后边，他宁肯居后；争荣誉会招致屈辱，他宁肯不要荣誉。他要"去甚、去奢、去泰"[③]。老子有丰富的政治生活经历，也亲身感触到奴隶主贵族是怎样由过分剥削、贪得无厌而遭到更大的失败的。老子把奴隶主阶级的衰落的经验看作生活的普遍原则。他的辩证法缺乏斗争、进取的精神，使他的辩证法最终没有摆脱循环论的影响。

老子脱离了条件去看柔弱战胜刚强的原理，因而把柔弱胜刚强抽象化、绝对化。他看到一些柔弱的事物目前虽不够强大，后来居然战胜了强大的敌人，他说："坚强者死之徒，柔弱者生之徒。"[④]但是他没有区别垂死的、腐朽的事物的衰弱与新生事物的柔弱的性

① 《关于正确处理人民内部矛盾的问题》，人民出版社，1957年6月版，第35页。

② 《老子》六十四章。

③ 《老子》二十九章。

④ 《老子》七十六章。

质的差别。事实表明，只有新生的事物才可以由柔弱转化为强大；垂死的事物的柔弱不但不能转化为强大，前途却只有死亡。老子没有能够认识这一差别，他把强与弱、胜与败看作循环往复的无尽过程，对于新生事物表示淡漠，采取“不敢为天下先”的保守态度。老子不能理解掌握了事物客观规律后，可以从一个胜利走向新的胜利。在老子看来胜利后接着出现的必是失败。当时科学发展水平的局限，无论农业科学、天文科学都存在着严重的循环论的缺点，老子的辩证法也无法超出当时科学水平的局限。农民小私有者有自己的小块土地，过着自给自足的生活，也使他们容易产生安于现状，保持自己小天地的思想。他说：“祸莫大于不知足。……故知足之足，常足矣。”[①]这都是老子的辩证法思想的消极因素。

老子的辩证法还不可能认识量和质的关系，但模糊地初步接触到事物的量的积累可以引起性质的变化的一些观点。他说：“合抱之木，生于毫末；九层之台，起于累土。”[②]毫末（种子的萌芽）不是大树，但毫末不断发展，终于长成为合抱的大树；一堆土不是高台，但不断积土，可以造成九层的高台。老子还说：“图难于其易，为大于其细。”[③]难和易、大和细是质的不同，但从一点一滴的细小努力做起即可克服困难，完成巨大的工作。这都是老子对于一定的量的积累可以引起性质变化的初步认识。在生活方面，老子也有意识地运用了这一原则。他说：“其安易持，其未兆易谋。其脆

① 《老子》四十六章。

② 《老子》六十四章。

③ 《老子》六十三章。

易泮，其微易散。”[①]在事物还稳定时，它的稳定容易维持；事物还没有显著变化的迹象时，容易打主意；事物还脆弱时，容易消融；事物还微细时，容易打散。他还说：“多易必多难。”[②]把事情看得太容易，势必遭到困难。这些思想虽然还说不上已认识到质、量互变的规律，但他已初步接触到了这一方面的问题，并提出了一些粗浅的在当时却是深刻的看法。

老子的辩证法也没有由低级到高级的发展观念，但也初步接触到这一方面的问题。他指出经过发展阶段的事物比前一阶段的事物表面相似，但实质上是提高了。他说：“大成若缺，其用不弊。大盈若冲，其用不穷。大直若屈，大巧若拙，大辩若讷。”[③]老子指出了好似拙的大巧并不是真正的拙，好似空虚的充实并不是真正的空虚，它们都是原来的质的进一步提高后的新质。老子还说：“明道若昧，进道若退，夷道若纇，上德若谷，大白若辱，广德若不足，建德若偷，质真若渝。”[④]这一连几个“若”字，都是指的比原来阶段的质有所提高的新的质。老子有时用婴儿朴素天真的状态描绘有德的人，他说：“含德之厚，比于赤子。”[⑤]这也是一种形象的比喻，他不是主张人们都退回去真正当婴儿，而是希望人们最好能够像婴儿那样纯朴。

老子的辩证法思想继承了《易经》和春秋以前丰富的辩证法思

① 《老子》六十四章。

② 《老子》六十三章。

③ 《老子》四十五章。

④ 《老子》四十一章。

⑤ 《老子》五十五章。

想的成就，并在前人成就的基础上有所发展。它的缺点在于注重柔弱，反对进取，不敢迎接新事物；脱离了条件讲变化，没有摆脱循环论的影响。老子的辩证法还有过分强调矛盾对立面的统一性，而忽视矛盾对立面的斗争性的一方面，因而包含有走向相对主义的可能。庄子的相对主义哲学体系就是沿着这条道路发展的。这些消极因素在一定程度上妨碍了老子的朴素的辩证法的正常发展。

第五节　“静观”“玄览”的认识论

老子的认识论是建立在他的朴素的唯物主义哲学的基础上的。他提出认识事物要根据事物的本来的面貌，不能有任何附加。他主张要“以身观身，以家观家，以乡观乡，以国观国，以天下观天下”①。就是说，认识一身，必须从一身来观察、了解；认识一家、一国以至天下，都不能离开这个原则。恩格斯指出过，唯物主义必须如实地去认识客观世界：“唯物主义的世界观，不过是对自然界本来面目的了解，不附加以任何外来的成分。”②

认识个别的、具体的事物，老子认为可以通过和它相当的概念（“名”），但认识的最终目的在于认识世界发生、变化的总规律——“道”。认识“道”不能用认识一般事物的方法。《老子》第一个提出了“道”，他不免特别强调“道”的至高无上的地位，

① 《老子》五十四章。

② 《自然辩证法》，人民出版社，1955年2月版，第163页。

他力图指明“道”与一般事物的不同。他说：“道可道，非常道；名可名，非常名。”[①]认识一般事物，他认为可以通过学习，日积月累，去增加知识，所以老子说“为学日益”；如果认识最高原理的“道”，必须从复杂、多样的耳目闻见的感觉经验中解脱出来，要站得更高些，才能认识它。这就是老子所谓“涤除玄览”[②]，“为道日损”[③]。老子认为认识总规律和认识个别的东西的方法应有所区别，要更高的理性概括。他由此得出结论，认为通过感觉经验认识一般事物的方法去认识世界的总根源和总规律是不可能的。他是中国哲学史上第一个唯物主义的唯理论的哲学家。但是他夸大了理性的作用，错误地把理性思维和感觉经验对立起来，因而背离唯物主义，开始陷入唯心主义。

只靠耳目感觉经验，不能认识事物的本质；只有通过理性思维，才能使认识深刻化。这是人类取得科学知识所必经的过程。老子的错误在于排斥了感觉经验的地位，认为“不出户，知天下；不窥牖，见天道。其出弥远，其知弥少”[④]。恩格斯说：“实物、物质无非是实物的总和，而这个概念就是从这总和中抽象出来的。……因此，只有研究了个别的实物和个别的运动形式，才能认识物质和运动；而且因为我们认识了个别的实物和个别的运动形式，我们也才认识物质和运动本身。”[⑤]老子的认识论失足之处，正是他要摆

---

① 《老子》一章。

② 《老子》十章。

③ 《老子》四十八章。

④ 《老子》四十七章。

⑤ 《自然辩证法》，人民出版社，1955 年 2 月版，第 197 页。

脱“个别的实物和个别的运动形式”去直接认识“物质和运动本身（道）”的。

老子的唯物主义和他的辩证法思想在很大程度上与当时的天文学有密切联系。观察天文，只能用从旁“静观”的办法，求得天道运行的规律，光靠“静观”还不够，还要用“玄览”，即是用深远的思维去考察（“玄览”）。“玄览”是用思想而不是用感官去览，它有神秘的直观，排斥感官的意义，这是它唯心主义的因素。应当说，对天文学这门科学来说，用“静观”不失为认识天文学规律的科学实践。但老子把神秘主义的直观（“玄览”）当作正确的认识方法，和“静观”同等看待，并且轻视实践的作用，把“静观”“玄览”夸大为认识论的一般原则，就背离了唯物主义。

唯物主义地认识事物，必须排除主观成见，摒除杂念的干扰，否则就会影响认识的准确性。老子说“致虚极，守静笃”[①]，这是中国古代唯物主义认识论共同信守的条件。老子的后继者，宋钘、尹文和荀子的认识论都是沿着这一条路线发展的。宋、尹学说中所说的使心保持“虚一而静”的状态，荀子的认识论中所谓心的“大清明”的状态，都是“静观”“玄览”思想的批判地继承和发展。但老子的认识论的过失在于把摒除内心杂念的干扰和参加变革现实的实践对立起来，他认为只有袖手静坐思维，冷眼旁观，才能保持客观，取得正确的认识。因此，他说：“万物并作，吾以观复。”[②]他把保持头脑冷静的客观态度和置身局外、不参加实践混同起来。老子的“静观”“玄览”的认识论也和他的小私有者的阶级特点密切

---

① 《老子》十六章。

② 同上。

联系着。这一阶层和一无所有的奴隶劳动者要求改变现状的决心不同，有革命的一方面，也有观望的一方面。它也和作为哲学家的老子个人的生活经历、文化科学教育有关。老子出身贵族，他有奴隶主阶级思想意识的残余。他比较重视神秘的直观（“玄览”），轻视实践。

认识开始于实践，经过感性、理性，再回到实践。它是一个反复深入、循环往复的过程，不是一次完成的，更不是脱离感官经验，只靠头脑可以完成的。“一个闭目塞听、同客观外界根本绝缘的人，是无所谓认识的。”[①]只靠理性思维将失去认识的源泉。老子认为只有理性认识可以认识事物的实际，感觉有欺骗作用，他要绕过感性而只靠理性的直观。这也使得老子的认识论从唯物主义立场出发，导致唯心主义。

第六节　“小国寡民”的社会思想

春秋时代，奴隶制向封建制过渡的特点是奴隶主阶级内部被阶级斗争形势所迫，发生了分化。有些原来处在中、下层的奴隶主被迫采取了封建剥削方式，因而财富增加，势力扩张。新旧两种势力的代表者虽都是贵族身份，但已经分别属于不同的阶级了。这一转化是代表新旧两种势力（奴隶主和封建主）的斗争的结果。他们斗争的手段往往是通过篡夺、叛乱、弑父弑君。多年当史官的老

① 《实践论》,《毛泽东选集》第一卷，第2版，第279页。

子对贵族们的政治内幕是十分熟悉的。他看到一方面奴隶主贵族过着荒淫无耻的豪华生活，互相欺骗、掠夺，发动战争，而另一方面人民长年受饥寒，生活朝不保夕。老子不懂得也不可能懂得这些贵族之间有代表新兴势力（封建地主阶级）和代表没落势力（奴隶主阶级）的区别。他只看到当时贵族的势力此起彼伏，战乱频繁，礼坏乐崩，旧局面已无法维持。老子离开周王朝后，背离了他原来的阶级，不再循循守礼，反而转过来激烈地抨击当时周礼的虚伪。他说："礼者，忠信之薄而乱之首。"[①]从精通周礼的老子，转变为菲薄周礼的老子，在社会大变动时代，阶级地位的转变影响到思想的转变是不难理解的。

老子的哲学反映了农民小私有者阶层的利益。

老子认为人民生活中的灾难是由于统治者的过分剥削造成的。他说："民之饥，以其上食税之多，是以饥。民之难治，以其上之有为，是以难治。民之轻死，以其上求生之厚，是以轻死。"[②]他特别指出，生产上的灾荒是由于统治者吞食赋税过多的结果；人民是不怕死的，因此残暴的杀戮并不能使人民屈服。

老子对当时的统治者不顾人民死活，都过着越来越奢侈的生活提出批判。他说："朝甚除，田甚芜，仓甚虚；服文彩，带利剑，厌饮食，财货有余；是谓盗竽。非道也哉！"[③]这是说，贵族们宫殿很整洁，但是农田很荒芜；仓库已经空虚了，贵族们穿着文彩的衣服，佩戴着锋利的宝剑，饱吃精美的饮食，占有多余的财富，他们

① 《老子》三十八章。

② 《老子》七十五章。

③ 《老子》五十三章。

这些贵族真是强盗头子（“盗竽”）。由于贵族们贪得无厌，才使人民生活困苦，社会秩序混乱。

老子从农民小私有者的立场，还反对战争，他说：“兵者，不祥之器。”①因为军队驻扎过的地方，到处长满了荆棘，打过大仗之后，必有荒年。他反对商业所带来的经济上的剥削，以及由此引起的抢夺，老子反对商品经济，“不贵难得之货”②，是有它的阶级根源的。马克思说：“一方面高利贷对于古代的和封建的财富，对于古代的和封建的所有权，发生了覆灭的和破坏的影响。另一方面，它又颠覆了、破坏了小农民和小市民的生产，总之，颠覆了、破坏了一切在其内生产者还是当作他的生产资料所有者出现的形态。”③马克思论证的是欧洲古代奴隶制和封建制的社会，但他揭示的基本原则也适用于中国的古代社会。他指出了小生产者、农民反对商品经济、高利贷的阶级根源。

从农民小私有者的利益出发，老子提出了反对剥削的平均主义思想。他认为“天之道”本来是“损有余而补不足”的，但是当时“人之道”相反，是“损不足以奉有余”④，这是极不合理的。他认为人应该向“天之道”学习。老子所描绘的理想社会是：“小国寡民。使有什伯之器而不用，使民重死而不远徙。虽有舟舆，无所乘之；虽有甲兵，无所陈之。使人复结绳而用之。甘其食，美其服，安其居，乐其俗。邻国相望，鸡犬之声相闻，民至老死，不相往

① 《老子》三十一章。

② 《老子》六十四章。

③ 《资本论》第三卷，人民出版社 1953 年 3 月版，第 774 页。

④ 《老子》七十七章。

来。”[①]这个社会的特点是国家小，人民少，人民吃得很香，穿得很漂亮，住得很安适，大家都过得很习惯，人民都不用冒着生命的危险，迁移到别的地方去。虽然住得很近，鸡鸣犬吠的声音都可以互相听见，可是人们老死也不相往来。在这个社会里，虽然有各种各样的器物，但不使用它。大家不必远徙，虽有舟车，也没有使用的必要。那里没有战争，虽有兵戈，也没有地方去用。生活也简单朴素，没有使用文字的必要，用古代结绳记事的办法就够了。

老子理想的社会中，也有统治者与被统治者，他认为统治者应当行“无为之治”，不要过多干涉老百姓。他说：“我无为而民自化，我好静而民自正，我无事而民自富，我无欲而民自朴。”[②]这种关系就像“天道”与万物之间的关系那样：“生而不有，为而不恃，长而不宰。”[③]统治者很少发号施令，事情自然而然地就办好了，老百姓不觉得，他们说“我们本来就是这个样子的”：“悠兮其贵言。功成事遂，百姓皆谓：‘我自然。’”[④]这样的统治者，虽然处在领导的地位，人民拥护他而不感到是负担，“圣人处上而民不重，处前而民不害，是以天下乐推而不厌”[⑤]。

有这样的统治者，天下的人民都归顺他，会像小河归顺大海一样。

老子从小私有者的利益出发，有力地攻击奴隶主贵族对人民的剥削和压迫。小私有者不是推翻奴隶制度的主力军，只要它能从某

① 《老子》八十章。

② 《老子》五十七章。

③ 《老子》十章。

④ 《老子》十七章。

⑤ 《老子》六十六章。

些方面对正在崩溃着的奴隶制度进行攻击，在客观上它就成了新兴封建势力的同盟者，起了打击奴隶制度的作用。

老子也和古代的农民小私有者一样，他幻想有“圣人”出来为自己谋福利。但是在理论上、在事实上都不可能找到实现他那“小国寡民”的理想社会的途径。因此他的理想只能是幻想。

老子反对剥削者的文化，有它的进步一面，但他错误地认为文化本身就是社会混乱的根源，不加区别地反对一切文化，主张“绝圣弃智”才能够“民利百倍”，因而认为“圣人”治国，“非以明民，将以愚之”[①]。他看到了西周以来的礼乐文化制度给人们带来了自私、欺诈的不道德行为，而提倡愚朴的原始道德，这里面也有其善良的愿望和合理的因素，但也有它幻想的不正确的一面。“结绳而用之”的社会，固然人不剥削人，但是这种社会不能使人们“甘其食，美其服”。这是无法调和的矛盾。老子的理想社会反映着农民小私有者的空想性。

反剥削、反压迫的斗争是历史前进的骨架，反剥削、反压迫的思想是古代民主思想的灵魂。在工人阶级出现以前，许多反映农民小私有者的愿望的思想家只能停留在空想的阶段。只有工人阶级取得政权后，农民在工人阶级领导下才能真正免于剥削和压迫。老子是中国哲学史上系统地论证剥削制度不合理的第一个思想家。他的反剥削的积极意义应给予应有的重视，尽管他的方案是错的。

老子的这些思想对后来的进步思想家、空想的社会改革家起着深远的影响。

---

① 《老子》六十五章。

老子的哲学思想，两千多年来，在中国封建社会里成为唯一可以与孔子哲学抗衡的最大思想流派。老子的哲学也和孔子的哲学一样，曾被统治者利用向唯心主义方面解释，也被进步的思想家向唯物主义方面发展。老子这个人也曾被道教徒推奉为道教的祖师。这些应当和老子本人的思想区别开来。

老子的唯心主义哲学和朴素的辩证法思想*

——《中国哲学史简编》1973年初版第二章第四节

老子即老聃，生卒年不可详考，但肯定在庄子之前。据史书记载，他曾当过周王朝的史官。《老子》书（后来称为“《道德经》”）共五千多字，可能成于战国初期，为老子后学所编纂。它是用韵文写成的一部哲理诗，它没有引用西周以来官方的典籍训诰，其中吸收了不少民间谣谚。这部书是研究老子哲学思想的直接材料。

老子生活在社会大变动时期，奴隶制已日趋没落，新兴的封建势力日益强大。作为没落奴隶主阶级的思想代表，老子面临着奴隶制已经崩溃的形势，他反映着当时一部分没落奴隶主贵族在现实生活面前无可奈何的心情，采取消极对抗的态度。他一方面对现实不满，幻想社会开倒车，希望历史倒退到过去的“黄金时代”，对当时伴随着封建制度而产生的一些社会现象予以冷嘲热讽；另一方面却又感到无能为力，只能听任命运的支配，因此陷于悲观消极，鼓吹所谓“自然无为”，用这种方式来抵制历史潮流。老子的唯心主义哲学从根本上来说是反映当时历史条件下没落奴隶主阶级的立场和愿望的。

---

* 据任继愈主编：《中国哲学史简编》，人民出版社，1973年10月版。

一、唯心主义体系的核心——“道”

老子第一个提出了“道”作为哲学的最高范畴，它构成了他的整个唯心主义体系的核心。“道”本来是人走的道路，经过引申而具有“规律”的意思。如“天道”一词，在春秋时期已是指天象运行的规律，也有时包括人生吉凶祸福的规律的意义。老子吸取了“道”的这些含义，加以唯心主义的解释，使之神秘化，把它说成为宇宙万物的创造主和最后源泉。

老子所说的“道”不是物质实体，恰恰相反，它是产生整个物质世界的总根源，是绝对精神之类的东西。在他看来，“道”是第一性的，而世界万物是从“道”派生出来的，因此是第二性的。他把“道”叫作“万物之宗”，还说：“吾不知谁之子，象帝之先。”[①]就是说，“道”是宇宙万物的宗主，没有别的产生它的东西了，它自己就是老祖宗，甚至出现在“上帝”之先。“道”是最原始的，存在于物质世界之前，正是由于“道”的存在，万物才得以产生。“道”产生万物的过程则是“道生一，一生二，二生三，三生万物”[②]。这里的“一”可以解释为“元气”，亦即指原初的物质。照他讲，原初的物质是从“道”产生出来的，然后又进一步产生出宇宙万物来。这种说法企图给原初的物质寻找一个创造主，把

① 《老子》四章。

② 《老子》四十二章。

“道”说成是比原初的物质更原始的东西，这是彻头彻尾的唯心主义谬论。很明显，如果否认物质的第一性，那就必然要走向精神的第一性，“道”也正是先于物质存在的精神性的东西。由于老子的“道”是不依赖于人而独立存在的，所以老子的哲学体系是客观唯心主义。

老子的唯心主义还表现在他把“道”说成是“无”。他说：“天下万物生于有，有生于无。”[①]在他看来，“无”比“有”更根本，“无”是天下万物的最后根源，因此，这里的“无”也就是他所说的“道”。因为“道”是“无”，所以它是人根本无法感触到的，它没有任何物质的内容和属性，只是一种纯粹的思维抽象。老子形容“道”的特点是“其上不皦，其下不昧，绳绳不可名，复归于无物。是谓无状之状，无物之象”[②]。就是说，一切具体的东西，光线照射到的上部就明亮一些，光线照不到的下部就黑暗一些，而“道”是“无状之状，无物之象”，和具体的东西全不相同，没有规定性，无所谓上面、下面，所以不能说它上面明亮、下面黑暗，难以给它起名字，它最后是归结到什么也没有。“道”是看不见、听不见，也摸不到的，“视之不见，名曰夷；听之不闻，名曰希；搏之不得，名曰微”[③]。老子极力把“道”和具体的事物区别开，是要强调指出“道”不是任何物质的存在，而完全是人的感官不能感触到的虚无缥缈的东西。这样的“道”就等于“无”，没有任何物质属性和形象，却超越于物质世界之上，成为物质世界的源泉，它

① 《老子》四十章。

② 《老子》十四章。

③ 同上。

本身当然不是物质实体，而只能是一种抽象的精神性的东西了。

列宁曾经批判过黑格尔关于“从无到无”的那种唯心主义观点，他说：“在自然界和生活中，是有着‘发展到无’的运动。不过‘从无开始’的运动，倒是没有的。运动总得是从某个东西开始的。”[①]老子所鼓吹的正是“从无开始”的运动，把宇宙万物说成是起源于“无”，他的这种从“无”中产生“有”的说法是十足的唯心主义观点。

老子的“道”又是超时空的绝对，它先于天地而生，“寂兮寥兮，独立而不改，周行而不殆”[②]。就是说，“道”是无声无形的，它不停地循环运行，却是独立而永远不会改变的。老子认为形而下的事物是有变化的，但形而上的“道”却是绝对不变的；一切具体事物都不是永久的，包括天地在内（二十三章：“天地尚不能久。”），而“道”却是永久的（十六章：“道乃久。”）。万物都会消灭，而“道”依然存在。“夫物芸芸，各复归其根，归根曰静，是谓复命。”[③]多种多样的万有世界，最后终究要回到老根，也就是要复归于“道”，而“道”是静止的。总之，物质世界的一切是转瞬即逝的，而产生出物质世界的那个“道”则常住不变。因此，老子的“道”不仅是唯心的，而且也是形而上学的虚构。

老子的“道”的学说是一种客观唯心主义哲学，表面上它和传统的宗教唯心主义的“上帝”创世说有所不同，但它更精致了，具有更大的欺骗性。这种客观唯心主义的“道”，从世界的构成图式

---

① 《黑格尔〈逻辑学〉一书摘要》，《列宁全集》第三十八卷，第 138 页。

② 《老子》二十五章。

③ 《老子》十六章。

看，与宗教唯心主义并无本质的区别，都是在力图证明物质世界是某种精神力量产生的。所谓“道”不过是雕琢得更加精致的宗教而已。

老子提出“天道自然无为”的思想。他说：“道法自然。”[①]又说：“道常无为而无不为。”[②]“自然无为”是说“道”生育万物是无意志、无目的、自然而然的。“道”没有意志，因而它无所求、无所私、无所争。他说：“生而不有，为而不恃，长而不宰。”[③]就是说，“道”生养了万物，但是不据为己有，也不以为是自己的功劳，也不去宰制它们。“道”正因为它是“自然无为”的，所以它才有巨大的化育万物的力量：“以其终不自为大，故能成其大。”[④]老子的“天道自然无为”的思想，为后来的唯物主义哲学家加以批判改造后成为反对宗教目的论的武器。但老子的“自然无为”思想在他的唯心主义体系中是消极的、反动的。他提出“自然无为”，主要是反对社会人事的“有为”。他完全抹杀人的主观能动作用，认为人在自然界和社会面前是完全无能为力的，结果使人导致消极的宿命论，要人完全听任自然的安排，放弃任何斗争。他说：“知常曰明。不知常，妄作凶。”[⑤]就是说，认识“常”就是明智，不认识“常”而轻举妄动，其结果必凶。所以老子认为最好是消极“无为”，什么也不做。宗教唯心主义叫人相信“天命”，听任鬼神的安排。老子则否定“天道”（“无为”）与“人事”（“有为”）的区别，要人消极“无

---

① 《老子》二十五章。

② 《老子》三十七章。

③ 《老子》十章。

④ 《老子》三十四章。

⑤ 《老子》十六章。

为”，所起的反动作用是一样的。老子的“自然无为”思想在他的唯心主义哲学体系中终于走向了神秘主义。

二、唯心主义先验论的认识论

老子从他的唯心主义体系出发，提出了唯心主义先验论的认识论。

老子根本否认人的认识来源于感觉经验、来源于社会实践，他把认识完全看作一种主观自生的东西。他说：“不出户，知天下，不窥牖，见天道。其出弥远，其知弥少。是以圣人不行而知，不见而名，不为而成。”[1]就是说，不出大门，就能知道天下大事；不望窗外，就能认识“天道”；与外界接触得越多，反而知道得越少。因此，“圣人”不用行动就有知识，不用去看就能做判断，不用去做就能成功。毫无疑问，这是一种纯粹的唯心论的先验论。毛主席说：“‘秀才不出门，全知天下事’，在技术不发达的古代只是一句空话。”[2]老子胡说什么“圣人”不经过实践就可知天下事，显然是十分荒谬的。老子认为，认识的最终目的在于认识他所说的“道”。在他看来，认识就是以“道”观物，只要得了“道”，就可以认识万物、知道一切。这种认识是完全排除人的感觉经验的，根本不需要通过耳、目、口、鼻等感官去接触客观物质世界。他

① 《老子》四十七章。

② 《实践论》,《毛泽东选集》第一卷，第264页。

说："塞其兑，闭其门，终身不勤。"[①]就是说，要塞住知识的穴窍，关上知识的门户，把感官都塞住、关闭住，就可以终身不病。相反，如果打开这些知识的穴窍，用感官去接物，完成知识的事业，那就终身不可救药了。老子完全否定人的感官在认识中的作用，他主张的是闭目塞听的先验主义的认识论，这样就把认识和外部物质世界隔绝了。

毛主席说："无论何人要认识什么事物，除了同那个事物接触，即生活于（实践于）那个事物的环境中，是没有法子解决的。"[②]又说："一个闭目塞听、同客观外界根本绝缘的人，是无所谓认识的。"[③]唯物论的反映论认为，人的认识是对于客观世界的反映，因此认识只能来源于实践，只能开始于感官经验，否则认识就成了无源之水、无本之木。老子的认识论把认识和实践完全割裂开，否认感官经验是认识的源泉。在认识论的两条路线的斗争中，他是站在唯心论的先验论这一边反对唯物论的反映论的。

老子的认识论不仅否认感官经验，而且也否认理性思维的作用，他主张的是一种神秘主义的直观的方法。照他讲，"道"与一般事物不同，因而不能用一般的认识方法去认识，只有依靠神秘的直观才能去认识"道"。他提出所谓"涤除玄览"，"玄览"就是用神秘的直观的方法去体验"道"。因为"道"是无形无名的，

① 《老子》五十二章。

② 《实践论》，《毛泽东选集》第一卷，第263页。

③ 《实践论》，《毛泽东选集》第一卷，第267页。

“大象无形”[①]，“道常无名”[②]，所以必须用内省体验的方法才能认识它。“涤除玄览”就是要把自己的内心打扫干净，清除外物，做到没有瑕疵，这样通过神秘的直观就可以得“道”。他所说的“致虚极，守静笃”[③]也有同样的意思，就是要尽量使心灵虚寂，坚守清静。他认为只要这样做就能考察万物的往复循环，抓住事物的根本。他所提倡的这种神秘的直观，实际上是一种拒绝参加客观实践，站在客观事物之外冷眼旁观的方法。老子的认识论和他的唯心主义体系有着不可分割的联系，他的“道”是消极无为的，因而在认识论上他也主张消极无为。这种脱离实践，摒弃一切感觉经验的内省的直观，当然是根本不可能获得真正的认识，而只能使人陷入神秘主义的泥坑中去。

还应当指出，老子的认识论在本质上是反对人的认识的，而公然宣传蒙昧主义。他认为人的认识要进到无知无欲的消极无为状态，才算达到了最高境界。他主张去智，无知无欲，要“如婴儿之未孩”[④]，好像还不会笑的婴儿那样浑浑噩噩，才能够得“道”。他根本否认理智的必要，反对求学问，声称要“绝圣弃智”“绝学无忧”[⑤]，就是要抛弃智慧，抛弃一切学问，回到无知无欲的混沌状态。他说：“为学日益，为道日损，损之又损，以至于无为。”[⑥]就

① 《老子》四十一章。

② 《老子》三十二章。

③ 《老子》十六章。

④ 《老子》二十章。

⑤ 《老子》十九章。

⑥ 《老子》四十八章。

是说，追求学问，知识就一天比一天增加，而追求“道”，知识却一天比一天减损，以致减损到没有什么作为，在这里，他明确地指出求“道”和求学问是正相反的，求“道”不仅不会增加知识，反而会使人越来越无知，以致最后一无所知，无所追求，无所作为，这样就算是得“道”了。从这种反理性主义的认识论出发，老子主张对被统治的劳动群众实行愚民政策，他说：“古之善为道者，非以明民，将以愚之。民之难治，以其智多。”[①]就是说，从来善于为“道”的人，不是用“道”来教人聪明，而是来教人愚昧，人民所以难统治，是因为他们知识太多。这就完全暴露了老子的认识论的反动实质，原来老子主张“常使民无知无欲”[②]，其真实目的是为了防止人民起来造反。在老子看来，人民掌握知识，对于统治阶级是极为不利的，为了维持统治阶级对人民的专政，就必须使人民成为愚昧无知的驯服工具。他的全部认识论归根到底就是这样为统治阶级反动政治服务的。

三、唯心主义的朴素辩证法思想

老子哲学中包含着朴素的辩证法思想，但这种辩证法是建立在唯心主义的基础之上的，是唯心主义的辩证法，因此在他的唯心主义体系的重压下，朴素的辩证法终于被扼杀了，最后归结为形而上学。

① 《老子》六十五章。

② 《老子》三章。

春秋末期由于所有制发生了变革，因而国家的兴亡、个人富贵贫贱，都有了极大的变化。作为史官的老子看到不少“社稷无常奉，君臣无常位”的现象，又从当时自然科学中认识到自然界万物也是不停地运动变化着。他说：“天地尚不能久，而况于人乎？”[①]老子的朴素的辩证法思想是当时社会大变动的反映。

老子比较系统地揭示出事物的存在是相互依存的，而不是孤立的。如美丑、难易、长短、高下、前后、有无、损益、刚柔、强弱、祸福、荣辱、智愚、巧拙、大小、生死、胜败、攻守、进退、静躁、轻重等等，都是对立的统一。一方不存在，对方也就不存在。他说：“有无相生，难易相成，长短相形，高下相倾，音声相和，前后相随。”[②]关于矛盾统一的朴素观念的形成，是当时人类认识世界深化的表现。但是，由于老子把对立的统一夸大成为绝对，而把对立的斗争看作是相对的，这就不可能正确地阐明对立统一的意义。

老子概括了当时自然现象和社会现象，他指出事物都向着它的相反的方向变去。他说：“祸兮，福之所倚；福兮，祸之所伏。……正复为奇，善复为妖。”[③]老子看到事物无不向它的对立面转化，他说：“反者道之动。”[④]但是，由于老子是没落奴隶主阶级的代表，他不可能从中得出积极的、正确的结论。相反，为了迎合他的整个唯心主义体系的消极无为的精神，他主张“贵柔”“守

① 《老子》二十三章。

② 《老子》二章。

③ 《老子》五十八章。

④ 《老子》四十章。

雌”反对刚强和进取。

老子看到植物的幼苗虽然柔弱，但它能从柔弱中壮大；相反，等到壮大了，反而接近死亡。他说：“草木之生也柔脆，其死也枯槁。”[①]他认为对待生活也应当这样，他说：“物壮则老，是谓不道，不道早已。”[②]这是说，事物强大了，就会引起衰老，有意造成事物的强大，是违反“道”的原则的，因为这会促进它早日结束它的生命。老子说：“强梁者不得其死。”[③]他以为最好经常处在柔弱的地位，就不会转为坚强，就可以避免走向死亡的结局。他说，“兵强则灭，木强则折。”[④]又说：“弱之胜强，柔之胜刚。”[⑤]因而他主张“曲则全，枉则直，洼则盈，敝则新，少则得，多则惑”[⑥]。这是说，委曲反能保全，屈枉反能伸直，卑下反能充盈，敝旧反能新奇，少取反能多得，多取反而迷惑。他又说：“天下莫柔弱于水，而攻坚强者莫之能胜。”[⑦]他教人向柔弱的水的品质学习。水看来是柔弱的，但它可以冲决一切比它坚强的东西，所以老子说：“上善若水，水善利万物而不争。”[⑧]这是老子的“柔弱胜刚强”的原则在生活方面的运用。他说：“知其雄，守其雌。……知

① 《老子》七十六章。

② 《老子》三十章。

③ 《老子》四十二章。

④ 《老子》七十六章。

⑤ 《老子》七十八章。

⑥ 《老子》二十二章。

⑦ 《老子》七十八章。

⑧ 《老子》八章。

其白，守其黑。……知其荣，守其辱。”[①]老子虽知什么是雄强，却安于柔雌；虽知什么是光彩，却安于暗昧；虽知什么是光荣，却安于卑辱。

这种“贵柔”“守雌”的观点完全是没落奴隶主阶级意识的表现。没落的奴隶主阶级在同新兴封建势力的斗争中失败了，失去了原先的统治地位，他们已经丧失积极斗争的勇气，却又不甘心于自己的灭亡，于是就只得乞助于这种以柔胜刚、以退为进的策略来保存自己。老子的这一套处世哲学充分表现了已经失势的剥削阶级的自私。他说：“（‘圣人’）非以其无私邪？故能成其私。”[②]又说：“夫唯不争，故天下莫能与之争。”[③]就是说，由于“圣人”没有私心，反而成全了他的私心；正因为他不与人争，所以天下没有谁能争得过他。戳穿了讲，这就是剥削阶级所鼓吹的装伪君子，“吃小亏占大便宜”之类的两面派手法。

老子还依据他“柔弱胜刚强”的原则，主张创造一些不利于敌人的条件，使他们陷于不利。他说：“将欲弱之，必固强之；将欲废之，必固兴之；将欲夺之，必固与之。”[④]这是说，将要削弱它，必先暂时增强它；将要废毁它，必须暂时兴起它；将要夺取它，必须暂时先给它。历代统治者往往用这种思想作为对付人民的阴谋权术，这就说明了它的反动性。

老子对事物转化的规律有所认识，但是他把对立面的转化看

① 《老子》二十八章。

② 《老子》七章。

③ 《老子》二十二章。

④ 《老子》三十六章。

作无条件的、绝对的，人们在变化中显得无能为力。老子脱离了条件讲对立面的转化，想用“贵柔”“守雌”的办法防止事物转化，这是唯心主义的，使得他的辩证法思想不能正常发展。毛主席说：“矛盾着的对立双方互相斗争的结果，无不在一定条件下互相转化。在这里，条件是重要的。没有一定的条件，斗争着的双方都不会转化。”[①]老子只看到事物向它对立面转化，没有注重条件在转化中的重要作用，因而在祸福、得失面前显得缩手缩脚。他认为“有为”必然招致失败，有所得必然有所失。他说：“无为故无败，无执故无失。”[②]“多藏”必招致“厚亡”，为了避免“厚亡”的损失，最好不要“多藏”。强大了会带来死亡，为了避免死亡，最好不要过于强大。他看到刚强会带来挫折，他宁肯安于柔弱；抢先会落在后边，他宁肯居后；争荣誉会招致屈辱，他宁肯不要荣誉。他要“去甚，去奢，去泰”[③]。老子的辩证法是消极的辩证法，他虽然承认矛盾的存在，却不主张通过斗争去解决矛盾，促进矛盾的转化，而是害怕斗争，想逃避矛盾。这也是由他所代表的没落奴隶主阶级的地位和他的唯心主义体系的保守性质所决定的。他的辩证法缺乏斗争、进取的精神，使他的辩证法最终没有摆脱循环论的影响。

老子脱离了条件去看柔弱战胜刚强的原因，因而把柔弱胜刚强抽象化、绝对化。他看到一些柔弱的事物目前虽不够强大，后来居然

---

① 《关于正确处理人民内部矛盾的问题》，《毛主席的五篇哲学著作》，人民出版社，1970年10月版，第183页。

② 《老子》六十四章。

③ 《老子》二十九章。

战胜了强大的敌人，他说："坚强者死之徒，柔弱者生之徒。"[①]但是他没有区别垂死的、腐朽的事物的衰弱，与新生事物的柔弱的性质的差别。事实表明，只有新生的事物才可以由柔弱转化为强大；垂死的事物的柔弱，不但不能转化为强大，前途却只有死亡。老子没有能够认识这一差别，他把强与弱、胜与败看作循环往复的无尽过程，对于新生事物表示冷漠，采取消极的保守态度。老子不能理解掌握了事物客观规律后，可以从一个胜利走向新的胜利。在老子看来，胜利后接着出现的必是失败。他说："祸莫大于不知足。故知足之足，常足矣。"[②]这都说明老子辩证法思想的消极性。

老子的辩证法思想和他的形而上学的体系是有矛盾的，但归根到底朴素辩证法思想被形而上学的体系窒息了。例如，他看到了宇宙万物的运动和变化，但他的唯心主义的"道"作为宇宙万物的起源和归宿却是静止的、不变的。照他说来，"归根曰静"[③]，"静为躁君"[④]。就是说，宇宙万物虽然有运动和变化，但回到它们的根本来看都是静止的，因此"静"是"动"的主宰。这样，承认运动和变化的朴素辩证法就完全被唯心主义体系所扼杀了，最后导向了彻头彻尾的形而上学。这是老子的唯心主义辩证法的不可避免的结局。

老子的辩证法思想继承了《易经》和春秋以前丰富的辩证法思想的成就并在前人成就的基础上有所发展。但是，辩证法也受到了他的唯心主义的歪曲，他注重柔弱，反对进取，不敢迎接新事物；

① 《老子》七十六章。

② 《老子》四十六章。

③ 《老子》十六章。

④ 《老子》二十六章。

脱离了条件讲变化，没有摆脱循环论的影响。老子的辩证法还有过分强调矛盾对立面的统一性而忽视矛盾对立面的斗争的一方面，因而容易走向相对主义。庄子的相对主义哲学体系就是沿着这条道路发展的。

四、“小国寡民”的反动社会思想

在老子的时代，由于生产力的发展和奴隶的反抗和斗争，促进了旧的奴隶制的崩溃。新兴的封建地主阶级用火与剑的手段登上了历史舞台，出现了新的生产关系和新的封建剥削方式。处在这样一个社会急剧变动的时代，老子代表没落奴隶主阶级的利益，对新的封建制度的一切都感到不满，妄想历史向后倒退。他的社会思想是和历史发展潮流背道而驰的，因而是落后的、反动的。

老子看到奴隶制的瓦解已成定局，礼坏乐崩，旧局面已无法维持，作为奴隶主世袭宗法制度的周礼已经不可能恢复了。因此，他不再循循守礼，而反过来对“礼”采取批评态度。他说：“礼者，忠信之薄而乱之首。”[⑤]就是说，“礼”这个东西是忠信的不足，是大乱的祸首。老子对“礼”的这种态度，丝毫不是意味着他反对奴隶制。恰恰相反，在他看来，“礼”这个东西是不中用了，它葬送了奴隶制，因此要用“复礼”的办法去挽救奴隶制也是不可能的。

老子站在没落奴隶主阶级的立场上，把他的批判的锋芒指向了

⑤《老子》三十八章。

新兴封建地主阶级，但他是从右的方面来进行批判的。因此有时他虽然揭露和谴责了新的封建制度的一些阴暗面，甚至发表一些表面上看来相当“激烈”的言论，似乎他是同情人民的疾苦而斥责新的统治者的，但只要揭开他的漂亮的外衣看一看，就可以发现他的臀部盖有旧的奴隶主阶级的印章，并且以他那种完全不能理解历史发展进程的劣根性而使人感到可笑。

比如说，老子谴责当时新的封建统治者的过分剥削造成人民生活中的灾难，他说：“民之饥，以其上食税之多，是以饥。”①还说：“朝甚除，田甚芜，仓甚虚。服文彩，带利剑，厌饮食，财货有余；是谓盗竽。”②这是说，那些新的统治者们的宫殿很整洁，但是农田很荒芜，仓库已经空虚了，而统治者们穿着文彩的衣服，佩戴着锋利的宝剑，饱吃精美的饮食，占有多余的财货，他们这些人就叫作强盗头子。老子也反对新的封建地主阶级为了扩大统治而进行的战争，说什么“兵者，不祥之器”③，因为军队驻扎过的地方，到处长满了荆棘，打过大仗之后必有荒年。老子对新的封建统治阶级的这些批判，对于被剥削、被压迫的人民群众来说，是有一定欺骗性的，但他不是站在人民这一边根本反对剥削和压迫，而是站在下台的没落奴隶主的立场上对新的封建制度发泄不满。至于对待人民群众，老子同样是主张镇压，对他们实行奴隶主专政的，只是他更强调利用愚民政策，对人民加强思想麻醉而已。他说：“民不畏死，奈何以死惧之？若使民常畏死，而为奇者，我得执而杀之，孰

① 《老子》七十五章。

② 《老子》五十三章。

③ 《老子》三十一章。

敢？”[①]显然，老子完全是站在统治阶级立场上说话的，他不是反对镇压人民，而是要求更有效地镇压人民。他认为，如果使人民果真怕死，那么把那些捣乱的人抓来杀掉，谁还敢再捣乱？这就完全显出了穷凶极恶的奴隶主阶级的一副狰狞面目。

针对新兴封建地主阶级积极有为的政治思想，老子提出“无为而治”，实际上就是反对封建地主阶级积极地从奴隶主手里夺取政权，希望大家“无为”，从而为奴隶主阶级保留一定的地盘，尽可能维持旧的统治秩序。他把“天道自然无为”的思想运用到社会政治上来，要统治者在政治上“无为”，听其自然。他主张“不尚贤”“不贵难得之货”，正是代表没落奴隶主贵族的利益，反对破坏旧的奴隶制秩序的尚贤政治和商品经济。他的所谓“圣人之治”是“虚其心，实其腹，弱其志，强其骨。常使民无知无欲。使夫智者不敢为也。为无为，则无不治”[②]。就是说，要简化人民的心思，满足人民的肚子，削弱人民的志气，增强人民的筋骨，经常使人民没有知识、没有欲望，使那些聪明人不敢有所作为，照这种“无为”的原则办事，就天下太平了。从这里可以看得很清楚，老子的“无为而治”的真实用心在于要人民成为头脑简单、四肢发达、俯首帖耳地服从奴隶主统治的剥削对象，并反对新兴的地主阶级起来夺取政权。老子提倡的“无为”政治的反动性也正在这里。

老子提出的“小国寡民”的理想社会，最充分地表明他的社会政治思想是代表没落奴隶主阶级的倒退的、反动的思想。他所描绘的理想社会是“小国寡民。使有什伯之器而不用，使民重死而不

① 《老子》七十四章。

② 《老子》三章。

远徙。虽有舟舆，无所乘之。虽有甲兵，无所陈之。使民复结绳而用之。甘其食，美其服，安其居，乐其俗。邻国相望，鸡犬之声相闻，民至老死，不相往来”[①]。这个社会的特点是国家小，人民少，人民吃得很香，穿得很漂亮，住得很安适，大家都过得很习惯，不用冒着生命的危险而迁移到别的地方去。虽然住得很近，鸡鸣犬吠的声音都可以互相听见，可是人们老死也不相往来。在这个社会里，虽然有各种各样的器物，但不使用它。虽有舟车，也没有使用的必要。虽有兵戈，也没有地方去用。生活也简单原始，没有使用文字的必要，用古代结绳记事的办法就够了。显然，老子在这里提供的并不是一幅未来理想社会的图景，而是早已在历史上消逝了的、经过他的美化和理想化的殷周社会。作为没落奴隶主阶级思想的代表，老子恋恋不舍地怀念过去，企图把历史拉向倒退。他违背历史发展的要求，反对新的生产力和生产关系，希望回到早已过去的陈旧的生产方式和闭塞的落后社会状态，这完全是痴心妄想。老子的“小国寡民”的理想和他的整个唯心主义哲学体系一样，都是没落奴隶主阶级的思想反映。

① 《老子》八十章。

老子的唯心主义哲学和朴素的辩证法思想*
——《中国哲学史》（四卷本）1979年版附录

第一节 关于老子和《老子》书

司马迁的《史记》中，简短地记载了关于老子的事迹。一说老子姓李名耳，字聃，楚苦县厉乡曲仁里人，曾做过周柱下史，这是周王朝宫廷中一个小官。他的生卒，历代有种种烦琐的考证，我们根据《史记》老子传，知道孔子少年时曾向老子请教关于周礼的问题，他大约比孔子大几十岁，是孔子的前辈。但《老子》书写成较晚，是经过他们这一学派编定的。现在看来，《老子》书包括的思想基本上是老聃本人的思想，但也有后人加进去的东西，时代最迟不得迟过战国中期，它在《庄子》以前。

春秋战国时代，奴隶制向封建制过渡，这一变化正如大海的怒涛，各阶级和不同阶层的人都被迫卷进去，因为这是关系到各个阶级和阶层生死存亡的大问题。奴隶制日趋没落，面临着朝不虑夕的

* 据任继愈主编：《中国哲学史》，人民出版社，1979年3月第3版。

处境。

孔子是没落阶级的代言人。老子也反映了当时一部分没落的社会力量在现实生活面前无可奈何的心情，从消极方面反映和看待当时天翻地覆的大变化。老子看到了周王朝一套礼乐典章制度的虚伪性，奴隶主贵族们口上讲的是一套，实际做的又是一套，所以他教训孔子曾指出，书上讲的那些东西早已消逝了，那些宣扬礼乐的人们连骨头早已烂掉了，剩下来的不过是他们的一些教训罢了。不该出头就隐居起来。会做生意的并不把财货都罗列出来，有修养的人也不要处处锋芒外露。

老子对待当时剧烈大变革的态度，主张退守以自保，而反对任何作为。这也反映了当时没落的奴隶主和正在分化的中间阶层的下降部分的政治态度。

奴隶制解体的形势下，在新旧制度交替的时代，老子用消极避世的办法来对付，以退为进。孔子要复辟，妄图挽救“礼坏乐崩”的局面，是个“知其不可为而为之”的顽固派。老子比孔子多了一点辩证法，他看到崛起的新兴力量的强大，又深感自己的软弱无力，幻想倒退到“小国寡民”的远古时代，他认为能保住已经下沉的眼前的小块天地就不错了，“祸莫大于不知足”，“知足之足，常足矣”。他的基本的经济地位和政治地位，决定了老子的哲学思想。

《老子》这部书仅五千多字①。在我国以及在世界上都有广泛的影响。由于它是以非常抽象概括的赞颂体写成的哲理著作，所以它对后世的影响也是多方面的，在各个阶级中的影响不同。历代封

① 《老子》号称“五千言”，说的一个概数，最少的版本不足五千字，多的五千几百字以上。

建统治者的重视、推崇《老子》，是为了宣扬复古倒退，起着瓦解人民革命斗志的作用。老子这个人也被后来的道教徒奉为祖师爷。东汉末年黄巾起义就曾打原始道教的旗帜，借用《老子》书中的某些词句来反对封建剥削。近代资产阶级学者也十分欣赏它的神秘主义、唯心主义思想，往往通过对《老子》的注释、翻译来宣扬唯心主义、对抗唯物主义。由于它符合中国地主阶级要求，历代关于《老子》注解之多仅次于儒家的《论语》。在国外也有多种语文的译本流传着。

先秦时代的《老子》书是个什么样子，现在无从知道。“道德经”这一名称显然是后来人加给它的。按先秦著作通例，往往以著者姓氏为书名，如《孟子》《庄子》《墨子》等。《韩非子》中有《解老》《喻老》两篇，“解”和“喻”的不是老子这个人，而是《老子》这部书。

1973年，长沙马王堆三号汉墓中发现了大量西汉初期的帛书，其中有《老子》两种写本，编排顺序和《韩非子》中《解老》《喻老》两篇中引用的《老子》篇章的顺序一样。说明先秦时期《老子》书是从今天流行的各种版本的“下篇”开始的，今天《老子》的“上篇”是后人为了突出《老子》的唯心主义观点，重新编排的。马王堆本《老子》较接近古代《老子》的本来面貌。

《老子》书在西汉初年曾流行了一阵子，当时人们称为“黄老之学”。“黄”是托名黄帝的主张，“老”即是老子。孔子的学说经过地主阶级的改造、增添，建立了一套“三纲五常”封建思想体系，给封建统治者帮了大忙。《老子》所起的作用，看起来不像孔孟学说那么正统，因而老子身后的声名不及孔孟显赫。正如马克思所说：

> 理论在一个国家的实现程度，决定于理论满足这个国家的需要的程度。[①]

但是，也必须看到老子主张保守，反对进取，宣扬知足，号召不争，教人安于命运，这些思想对于统治者是有利的。他提出了愚民政策，以及镇压人民的一些手法。地主阶级把它略加改造，即可为地主阶级所用，因而受到重视，它的地位和影响虽逊于孔孟，却远远超出先秦其他各学派之上。

辩证法是老子哲学的一个重要内容，《老子》中这部分合理的内核也被历代进步思想家用来作为宣扬进步思想、反击形而上学的武器。历来对《老子》的注释、发挥形成了两大体系。韩非、王充以及后来的王夫之等人从进步的观点来解释它。反动思想家则着重发挥其中的神秘主义、唯心主义部分，抛弃它的辩证法，成为对抗革命人民的反动思想武器。毛主席指出：

> 禁止人们跟谬误、丑恶、敌对的东西见面，跟唯心主义、形而上学的东西见面，跟孔子、老子、蒋介石的东西见面，这样的政策是危险的政策。它将引导人们思想衰退，单打一，见不得世面，唱不得对台戏。[②]

我们既要看到老子哲学中的朴素辩证法的一面，更要着重指出老子哲学中这些唯心主义、形而上学的东西的危害性。

---

① 《〈黑格尔法哲学批判〉导言》，《马克思恩格斯选集》第一卷，第10页。

② 《在省市自治区党委书记会议上的讲话》，《毛泽东选集》第五卷，第346页。

第二节　“小国寡民”的反动社会思想

在老子的时代，由于生产力的发展和奴隶的反抗和斗争，促进了旧的奴隶制的崩溃。新兴的封建地主阶级用火与剑的手段登上了历史舞台，出现了新的生产关系和新的封建剥削方式。处在这样一个社会急剧变动的时代，老子代表没落的社会力量的利益，对新的封建制度的一切都感到不满，妄想历史向后倒退。他的社会思想是和历史发展潮流背道而驰的，因而是落后的、反动的。

老子看到旧制度的瓦解已成定局，礼坏乐崩，旧局面已无法维持，作为奴隶主世袭宗法制度的周礼已经不可能恢复了。因此，他不再循循守礼，而反过来对“礼”采取批评态度。他说：“礼者，忠信之薄而乱之首。”[①]就是说，“礼”这个东西是忠信的不足，是大乱的祸首。老子看来，“礼”这个东西是不中用了，它葬送了旧制度，因此要用“复礼”的办法去挽救旧制度，那是不可能的。

老子站在没落阶级的立场上，把他的批判的锋芒指向了新兴封建地主阶级，但他是从右的方面来进行批判的。因此，有时他揭露和谴责了新的封建制度的一些阴暗面，甚至发表一些表面上看来相当“激烈”的言论。

比如说，老子谴责当时新的封建统治者的过分剥削造成人民生

① 《老子》三十八章。

活中的灾难，他说：“民之饥，以其上食税之多，是以饥。”[①]还说：“朝甚除，田甚芜，仓甚虚。服文彩，带利剑，厌饮食，财货有余；是谓盗竽。”[②]这是说，那些新的统治者们的宫殿很整洁，但是农田很荒芜，仓库已经空虚了，而统治者们穿着文彩的衣服，佩戴着锋利的宝剑，饱吃精美的饮食，占有多余的财货，他们这些人是强盗头子。老子也反对新的封建地主阶级为了扩大统治而进行的战争，说军队驻扎过的地方，到处长满了荆棘，打过大仗之后必有荒年。老子对新的封建统治阶级的这些批判，对于被剥削、被压迫的人民群众来说，是有一定欺骗性的，但他不是站在人民这一边根本反对剥削和压迫，而是站在没落阶级的立场上对新的封建制度发泄不满。至于对待人民群众，老子同样是主张镇压，对他们实行专政的，只是他更强调利用愚民政策，对人民加强思想麻醉而已。他说：“民不畏死，奈何以死惧之？若使民常畏死，而为奇者，我得执而杀之，孰敢？”[③]他认为如果使人民果真怕死，那么把那些捣乱的人抓来杀掉，谁还敢再捣乱？这就完全显出了穷凶极恶的统治阶级的一副狰狞面目。

针对新兴封建地主阶级积极有为的政治思想，老子提出“无为而治”，实际上就是反对封建地主阶级积极地夺取政权，希望大家“无为”，从而为没落阶级保留一定的地盘，尽可能维持旧的统治秩序。他把“天道自然无为”的思想运用到社会政治上来，要统治者在政治上“无为”，听其自然。他主张“不尚贤”“不贵难

① 《老子》七十五章。

② 《老子》五十三章。

③ 《老子》七十四章。

得之货”，正是代表没落阶级的利益，反对破坏旧秩序的尚贤政治和商品经济。他的所谓“圣人之治”是“虚其心，实其腹，弱其志，强其骨。常使民无知无欲。使夫智者不敢为也。为无为，则无不治”[①]。就是说，要简化人民的心思，满足人民的肚子，削弱人民的志气，增强人民的筋骨，经常使人民没有知识、没有欲望，使那些聪明人不敢有所作为，照这种“无为”的原则办事，就天下太平了。从这里可以看得很清楚，老子的“无为而治”的真实用心在于要人民成为头脑简单、四肢发达、俯首帖耳地服从统治的剥削对象。老子提倡的“无为”政治的反动性也正在这里。

老子提出的“小国寡民”的理想社会，最充分地表明他的社会政治思想是代表没落阶级的倒退的、反动的思想。他所描绘的理想社会是“小国寡民。使有什伯之器而不用，使民重死而不远徙。虽有舟舆，无所乘之。虽有甲兵，无所陈之。使人复结绳而用之。甘其食，美其服，安其居，乐其俗。邻国相望，鸡犬之声相闻，民至老死，不相往来”[②]。这个社会的特点是国家小，人民少，人民吃得很香，穿得很漂亮，住得很安适，大家都过得很习惯，不用冒着生命的危险而迁移到别的地方去。虽然住得很近，鸡鸣犬吠的声音都可以互相听见，可是人们老死也不相往来。在这个社会里，虽然有各种各样的器物，但不使用它。虽有舟车，也没有使用的必要。虽有兵戈，也没有地方去用。生活也简单原始，没有使用文字的必要，用古代结绳记事的办法就够了。显然，老子在这里提供的并不是一幅未来理想社会的图景，而是对早已在历史上消逝了的、经过

① 《老子》三章。

② 《老子》八十章。

他的美化和理想化的远古社会的幻想。老子的“小国寡民”的理想和他的整个唯心主义哲学体系一样，都是没落阶级的思想反映。

第三节 唯心主义体系的核心——“道”

老子第一个提出了“道”作为哲学的最高范畴，它构成了他的整个唯心主义体系的核心。“道”本来是人走的道路，经过引申而具有“规律”的意思。如“天道”一词，在春秋时期已是指天象运行的规律，也有时包括人生吉凶祸福的规律的意义。老子吸取了“道”的这些含义，加以唯心主义的解释，使之神秘化，把它说成为宇宙万物的创造主和最后源泉。

老子所说的“道”不是物质实体，恰恰相反，它是产生整个物质世界的总根源，是绝对精神之类的东西。在他看来，“道”是第一性的，而世界万物是从“道”派生出来的，因此是第二性的。他把“道”叫作“万物之宗”，还说：“吾不知谁之子，象帝之先。”[①]就是说，“道”是宇宙万物的宗主，没有别的产生它的东西了，它自己就是老祖宗，甚至出现在“上帝”之先。“道”是最原始的，存在于物质世界之前，正是由于“道”的存在，万物才得以产生。“道”产生万物的过程则是“道生一，一生二，二生三，三生万物”[②]。这里的“一”可以解释为“元气”，亦即指原初的物

① 《老子》四章。

② 《老子》四十二章。

质。照他讲，原初的物质是从“道”产生出来的，然后又进一步产生出宇宙万物来。老子认为“一”或“元气”不是原初的物质，他企图给原初的物质寻找一个创造主，把“道”说成是比原初的物质更原始的东西，这是彻头彻尾的唯心主义谬论。很明显，如果否认物质的第一性，那就必然要走向精神的第一性，“道”也正是先于物质存在的精神性的东西。由于老子的“道”是不依赖于人而独立存在的，所以老子的哲学体系是客观唯心主义。

老子的唯心主义还表现在他把“道”说成是“无”。他说：“天下万物生于有，有生于无。”[①]在他看来，“无”比“有”更根本，“无”是天下万物的最后根源，因此，这里的“无”也就是他所说的“道”。因为“道”是“无”，所以它是人根本无法感触到的，它没有任何物质的内容和属性，只是一种纯粹的思维抽象。老子形容“道”的特点是“其上不皦，其下不昧，绳绳不可名，复归于无物。是谓无状之状，无物之象”[②]。就是说，一切具体的东西，光线照射到的上部就明亮一些，光线照不到的下部就黑暗一些，而“道”是“无状之状，无物之象”，和具体的东西全不相同，没有规定性，无所谓上面、下面，所以不能说它上面明亮、下面黑暗，难以给它起名字，它最后是归结到什么也没有。道是看不见、听不见，也摸不到的，“视之不见，名曰夷，听之不闻，名曰希，搏之不得，名曰微”[③]。老子极力把“道”和具体的事物区别开，是要强调指出“道”不是任何物质的存在，而完全是人的感官不能感触到

① 《老子》四十章。

② 《老子》十四章。

③ 《老子》十四章。

的虚无缥缈的东西。这样的“道”就等于“无”，没有任何物质属性和形象，却超越于物质世界之上，成为物质世界的源泉，它本身当然不是物质实体，而只能是一种抽象的精神性的东西了。

列宁曾经批判过黑格尔关于“从无到无”的那种唯心主义观点，他说：“在自然界和生活中，是有着‘发展到无’的运动。不过，‘从无开始’的运动，倒是没有的。运动总得是从某个东西开始的。”[①]老子所鼓吹的正是“从无开始”的运动，把宇宙万物说成是起源于“无”，他的这种从“无”中产生“有”的说法是十足的唯心主义观点。

老子的“道”又是超时空的绝对，它先于天地而生，“寂兮寥兮，独立而不改，周行而不殆”[②]。就是说，“道”是无声无形的，它不停地循环运行，却是独立而永远不会改变的。老子认为形而下的事物是有变化的，但形而上的“道”却是绝对不变的；一切具体事物都不是永久的，包括天地在内（二十三章：“天地尚不能久。”），而“道”却是永久的（十六章：“道乃久。”）。万物都会消灭，而“道”依然存在。“夫物芸芸，各复归其根，归根曰静，是谓复命。”[③]多种多样的万有世界，最后终究要回到老根，也就是要复归于“道”，而“道”是静止的。总之，物质世界的一切是转瞬即逝的，而产生出物质世界的那个“道”则常住不变。因此，老子的“道”不仅是唯心的，而且也是形而上学的虚构。

老子的“道”的学说是一种客观唯心主义哲学，表面上它和传

① 《黑格尔〈逻辑学〉一书摘要》,《列宁全集》第三十八卷，第138页。

② 《老子》二十五章。

③ 《老子》十六章。

统的宗教唯心主义的“上帝”创世说有所不同，但它更精致了，具有更大的欺骗性。这种客观唯心主义的“道”，从世界的构成图式看，与宗教唯心主义并无本质的区别，都是在力图证明物质世界是某种精神力量产生的。所谓“道”不过是雕琢得更加精致的宗教而已。

老子提出“天道自然无为”的思想，他说：“道法自然。”[①]又说：“道常无为而无不为。”[②]“自然无为”是说“道”生育万物是无意志、无目的、自然而然的。“道”没有意志，因而它无所求、无所私、无所争。他说：“生而不有，为而不恃，长而不宰。”[③]就是说，“道”生养了万物，但是不据为己有，也不以为是自己的功劳，也不去宰制它们。“道”正因为它是“自然无为”的，所以它才有巨大的化育万物的力量：“以其终不自为大，故能成其大。”[④]老子的“天道自然无为”的思想，为后来的唯物主义哲学家加以批判改造后成为反对宗教目的论的武器。但老子的“自然无为”思想在他的唯心主义体系中是消极的、反动的。他提出“自然无为”，主要是反对社会人事的“有为”。他完全抹杀人的主观能动作用，认为人在自然界和社会面前是完全无能为力的，结果使人导致消极的宿命论，要人完全听任自然的安排，放弃任何斗争。他说：“知常曰明。不知常，妄作凶。”[⑤]就是说，认识“常”就是明智，不认识“常”而轻举妄动，其结果必凶。所以老子认为最好是消极“无为”，什么也不

① 《老子》二十五章。

② 《老子》三十七章。

③ 《老子》十章。

④ 《老子》三十四章。

⑤ 《老子》十六章。

做。宗教唯心主义叫人相信“天命”，听任鬼神的安排。老子则否定“天道”（“无为”）与“人事”（“有为”）的区别，要人消极“无为”，所起的反动作用是一样的。老子的“自然无为”思想在他的唯心主义哲学体系中终于走向了神秘主义。

第四节　唯心主义先验论的认识论

老子从他的唯心主义体系出发，提出了唯心主义先验论的认识论。

老子根本否认人的认识来源于感觉经验、来源于社会实践，他把认识完全看作一种主观自生的东西。他说：“不出户，知天下，不窥牖，见天道。其出弥远，其知弥少。是以圣人不行而知，不见而名，不为而成。”[①]就是说，不出大门，就能知道天下大事；不望窗外，就能认识“天道”；与外界接触得越多，反而知道得越少，因此，“圣人”不用行动就有知识，不用去看就能做判断，不用去做就能成功。毫无疑问，这是一种纯粹的唯心论的先验论。毛主席说：“‘秀才不出门，全知天下事’，在技术不发达的古代只是一句空话。”[②]老子说“圣人”不经过实践就可知天下事，显然是十分荒谬的。

老子认为，认识的最终目的在于认识他所说的“道”。在他看

① 《老子》四十七章。

② 《实践论》，《毛泽东选集》第一卷，第 264 页。

来，认识就是以“道”观物，只要得了“道”，就可以认识万物、知道一切。这种认识是完全排除人的感觉经验的，根本不需要通过耳、目、口、鼻等感官去接触客观物质世界。他说：“塞其兑，闭其门，终身不勤。”[①]就是说，要塞住知识的穴窍，关上知识的门户，把感官都塞住、关闭住，就可以终身不病。相反，如果打开这些知识的穴窍，用感官去接物，完成知识的事业，那就终身不可救药了。老子完全否定人的感官在认识中的作用，他主张的是闭目塞听的先验主义的认识论，这样就把认识和外部物质世界隔绝了。

毛主席说：“无论何人要认识什么事物，除了同那个事物接触，即生活于（实践于）那个事物的环境中，是没有法子解决的。”[②]又说：“一个闭目塞听、同客观外界根本绝缘的人，是无所谓认识的。”[③]唯物论的反映论认为，人的认识是对于客观世界的反映，因此认识只能来源于实践，只能开始于感官经验，否则认识就成了无源之水、无本之木。老子主张闭目塞听，把认识和实践完全割裂开，否认感官经验是认识的源泉。在认识论的两条路线的斗争中，他是站在唯心论的先验论这一边反对唯物论的反映论的。

老子的认识论不仅否认感官经验，而且也否认理性思维的作用，他主张的是一种神秘主义的直观的方法。照他讲，“道”与一般事物不同，因而不能用一般的认识方法去认识，只有依靠神秘的直观才能去认识“道”。他提出所谓“涤除玄览”，“玄览”就是用神秘的直观的方法去体验“道”。因为“道”是无形无名的，

① 《老子》五十二章。

② 《实践论》，《毛泽东选集》第一卷，第263页。

③ 《实践论》，《毛泽东选集》第一卷，第267页。

"大象无形"[①]，"道常无名"[②]，所以必须用内省体验的方法才能认识它。"涤除玄览"就是要把自己的内心打扫干净，清除外物，做到没有瑕疵，这样通过神秘的直观就可以得"道"。他所说的"致虚极，守静笃"[③]也有同样的意思，就是要尽量使心灵虚寂，坚守清静。他认为只要这样做就能考察万物的往复循环，抓住事物的根本。他所提倡的这种神秘的直观，实际上是一种拒绝参加客观实践，站在客观事物之外冷眼旁观的方法。老子的认识论和他的唯心主义体系有着不可分割的联系，他的"道"是消极无为的，因而在认识论上他也主张消极无为。这种脱离实践，摒弃一切感觉经验的内省的直观，当然是根本不可能获得真正的认识，而只能使人陷入神秘主义的泥坑中去。

还应当指出，老子的认识论在本质上是反对人的认识的，而公然宣传蒙昧主义的。他认为人的认识要进到无知无欲的消极无为状态，才算达到了最高境界。他主张去智，无知无欲，要"如婴儿之未孩"[④]，好像还不会笑的婴儿那样浑浑噩噩，才能够得"道"。他否认理智，反对求学问，声称要"绝圣弃智""绝学无忧"[⑤]，就是要抛弃智慧，抛弃一切学问，回到无知无欲的浑沌状态。他说："为学日益，为道日损，损之又损，以至于无为。"[⑥]就是说，追求

① 《老子》四十一章。

② 《老子》三十二章。

③ 《老子》十六章。

④ 《老子》二十章。

⑤ 《老子》十九章。

⑥ 《老子》四十八章。

学问，知识就一天比一天增加，而追求“道”，知识却一天比一天减损，以致减损到没有什么作为。在这里，他明确地指出求“道”和求学问有着绝对相反的途径，求“道”不仅不会增加知识，反而会使人越来越无知，以致最后一无所知，无所追求，无所作为，这样就算是得“道”了。从这种反理性主义的认识论出发，老子主张对被统治的劳动群众实行愚民政策，他说：“古之善为道者，非以明民，将以愚之。民之难治，以其智多。”[①]就是说，从来善于为“道”的人，不是用“道”来教人聪明，而是来教人愚昧，人民所以难统治，是因为他们知识太多。这就完全暴露了老子的认识论的反动实质，原来老子主张“常使民无知无欲”[②]，其真实目的是为了防止人民起来造反。在老子看来，人民掌握知识，对于统治阶级是极为不利的，为了维持统治阶级对人民的专政，就必须使人民成为愚昧无知的驯服工具。他的全部认识论归根到底就是这样为统治阶级反动政治服务的。

第五节　唯心主义的朴素辩证法思想

老子哲学中包含着朴素的辩证法思想，但这种辩证法是建立在唯心主义的基础之上的，是唯心主义的辩证法，因此在他的唯心主义体系的重压下，朴素的辩证法终于被扼杀了，最后归结为形而上学。

春秋末期由于所有制发生了变革，因而国家的兴亡、个人富

① 《老子》六十五章。

② 《老子》三章。

贵贫贱，都有了极大的变化。作为史官的老子看到不少“社稷无常奉，君臣无常位”的现象，又从当时自然科学中认识到自然界万物也是不停地运动变化着。他说：“天地尚不能久，而况于人乎？”[①]老子的朴素的辩证法思想是当时社会大变动的反映。

老子比较系统地揭示出事物的存在是相互依存的，而不是孤立的。如美丑、难易、长短、高下、前后、有无、损益、刚柔、强弱、祸福、荣辱、智愚、巧拙、大小、生死、胜败、攻守、进退、静躁、轻重等等，都是对立的统一。一方不存在，对方也就不存在。他说：“有无相生，难易相成，长短相形，高下相倾，音声相和，前后相随。”[②]关于矛盾统一的朴素观念的形成，是当时人类认识世界深化的表现。但是，老子把对立的统一夸大成为绝对，而把对立的斗争看作是相对立，这就不可能正确地阐明对立统一的意义。

老子概括了当时自然现象和社会现象，他指出事物往往会走向自己的反面。他说：“祸兮，福之所倚；福兮，祸之所伏。……正复为奇，善复为妖。”[③]老子看到事物无不向它的对立面转化，他说：“反者道之动。”[④]但是，由于老子是没落阶级的代表，他不可能从中得出积极的、正确的结论。相反，为了迎合他的整个唯心主义体系的消极无为的精神，他主张“贵柔”“守雌”，反对刚强和进取。

老子指出，植物的幼苗虽然柔弱，但它能从柔弱中壮大；相反，等到壮大了，反而接近死亡。他说：“草木之生也柔脆，其死

① 《老子》二十三章。

② 《老子》二章。

③ 《老子》五十八章。

④ 《老子》四十章。

也枯槁。”[①]他认为对待生活也应当这样，他说：“物壮则老，是谓不道，不道早已。”[②]这是说，事物强大了，就会引起衰老，有意造成事物的强大，是违反“道”的原则的，因为这会促进它早日结束它的生命。老子说：“强梁者不得其死。”[③]他以为最好经常处在柔弱的地位，就不会转为坚强，就可以避免走向死亡的结局。他说：“兵强则灭，木强则折。”[④]又说：“弱之胜强，柔之胜刚。”[⑤]因而他主张“曲则全，枉则直，洼则盈，敝则新，少则得，多则惑”[⑥]。这是说，委曲反能保全，屈枉反能伸直，卑下反能充盈，敝旧反能新奇，少取反能多得，多取反而迷惑。他又说：“天下莫柔弱于水，而攻坚强者莫之能胜。”[⑦]他教人向柔弱的水的品质学习。水看来是柔弱的，但它可以冲决一切比它坚强的东西，所以老子说：“上善若水，水善利万物而不争。”[⑧]这是老子的“柔弱胜刚强”的原则在生活方面的运用。他说：“知其雄，守其雌。……知其白，守其黑。……知其荣，守其辱。”[⑨]老子虽知什么是雄强，却安于柔雌；虽知什么是光彩，却安于暗昧；虽知什么是光荣，却安于卑辱。

---

① 《老子》七十六章。

② 《老子》三十章。

③ 《老子》四十二章。

④ 《老子》七十六章。

⑤ 《老子》七十八章。

⑥ 《老子》二十二章。

⑦ 《老子》七十八章。

⑧ 《老子》八章。

⑨ 《老子》二十八章。

这种“贵柔”“守雌”的观点完全是没落阶级意识的表现。没落阶级在同新兴封建势力的斗争中失败了，失去了原先的地位，他们已经丧失积极斗争的勇气，却又不甘心于自己的灭亡，于是就只得乞助于这种以柔胜刚、以退为进的策略来保存自己。老子的这一套处世哲学充分表现了已经失势的剥削阶级的自私。他说：“（‘圣人’）非以其无私邪？故能成其私。”[①]又说：“夫唯不争，故天下莫能与之争。”[②]就是说，由于“圣人”没有私心，反而成全了他的私心，正因为他不与人争，所以天下没有谁能争得过他。这反映了剥削阶级的阴暗心理和两面派手法。

老子还依据他“柔弱胜刚强”的原则，主张创造一些不利于敌人的条件，使他们陷于不利。他说，“将欲弱之，必固强之；将欲废之，必固兴之；将欲夺之，必固与之”。[③]这是说，将要削弱它，必先暂时增强它；将要废毁它，必须暂时兴起它；将要夺取它，必须暂时先给它。历代统治者往往用这种思想作为对付人民的阴谋权术，这就说明了它的反动性。

老子对事物转化的规律有所认识，但是他把对立面的转化看作无条件的、绝对的，人们在变化中显得无能为力。老子脱离了条件讲对立面的转化，想用“贵柔”“守雌”的办法防止事物转化，这是唯心主义的，使得他的辩证法思想不能正常发展。毛主席说：“矛盾着的对立的双方互相斗争的结果，无不在一定条件下互相转化。在这里，条件是重要的。没有一定的条件，斗争着的双方都不

① 《老子》七章。

② 《老子》二十二章。

③ 《老子》三十六章。

会转化。”[①]老子只看到事物向自己的对立面转化，没有注重条件在转化中的重要作用，因而在祸福、得失面前显得缩手缩脚。他认为“有为”必然招致失败，有所得必然有所失。他说：“无为故无败，无执故无失。”[②]“多藏”必招致“厚亡”，为了避免“厚亡”的损失，最好不要“多藏”。强大了会带来死亡，为了避免死亡，最好不要过于强大。他看到刚强会带来挫折，他宁肯安于柔弱；抢先会落在后边，他宁肯居后；争荣誉会招致屈辱，他宁肯不要荣誉。他要“去甚，去奢，去泰”[③]。老子的辩证法是消极的辩证法，他虽然承认矛盾的存在，却不主张通过斗争去解决矛盾，促进矛盾的转化，而是害怕斗争，想逃避矛盾。这也是由他所代表的没落阶级的地位和他的唯心主义体系的保守性质所决定的。他的辩证法缺乏斗争、进取的精神，使他的辩证法最终没有摆脱循环论的影响。

老子脱离了条件去看柔弱战胜刚强的原因，因而把柔弱胜刚强抽象化、绝对化。他看到一些柔弱的事物目前虽不够强大，后来居然战胜了强大的对手，他说：“坚强者死之徒，柔弱者生之徒。”[④]但是他没有区别垂死的、腐朽的事物的衰弱，与革命的新生事物的柔弱的性质的差别。事实上，只有革命的新生事物才可以由柔弱转化为强大，垂死的事物的柔弱，不但不能转化为强大，前途却只有死亡。老子没有能够认识这一差别，他把强与弱、胜与败看作循环往复的无尽过程，对于新生事物表示冷漠，采取消极的保守态度。

---

① 《关于正确处理人民内部矛盾的问题》，《毛泽东选集》第五卷，第398页。

② 《老子》六十四章。

③ 《老子》二十九章。

④ 《老子》七十六章。

老子不能理解，人们掌握了事物客观规律后，可以遵循和利用客观规律，从一个胜利走向新的胜利。在老子看来，胜利后接着出现的必是失败。他说：“祸莫大于不知足。故知足之足，常足矣。”[①]这都说明老子的辩证法思想的消极面。

老子的辩证法思想和他的形而上学的体系是有矛盾的，但归根到底朴素辩证法思想被形而上学的体系所窒息了。例如，他看到了宇宙万物的运动和变化，但他的唯心主义的“道”作为宇宙万物的起源和归宿、却是静止的、不变的。照他说来，“归根曰静”[②]，“静为躁君”[③]。就是说，宇宙万物虽然有运动和变化，但回到它们的根本来看都是静止的，因此，“静”是“动”的主宰。这样，承认运动和变化的朴素的辩证法被唯心主义体系所扼杀了，最后导向了形而上学。这是老子的唯心主义辩证法的不可避免的结局。

老子的辩证法思想继承了《易经》和春秋以前丰富的辩证法思想的成就并在前人成就的基础上有所发展。但是，辩证法也受到了他的唯心主义的歪曲，他注重柔弱，反对进取，不敢迎接新事物；脱离了条件讲变化，没有摆脱循环论的影响。老子的辩证法还有过分强调矛盾对立面的统一性而忽视矛盾对立面的斗争的一方面，因而容易走向相对主义。庄子的相对主义哲学体系就是沿着这条道路发展的。

---

① 《老子》四十六章。

② 《老子》十六章。

③ 《老子》二十六章。

老子的哲学思想*
——《中国哲学发展史（先秦）》专题之六

解放前，对老子这个人和《老子》这部书曾经有过争论。当时争论的焦点是老子这个人和《老子》这部书的时代问题。有人认为老子在孔子之前，有人认为在孔子之后，有人认为在庄子之后，也有人认为老子是汉初人，争论没有得到一致的结论。

解放后，除了继续争论关于老子的时代问题，又多出了两个争论的问题：老子代表什么阶级，老子的哲学是唯物主义还是唯心主义。至于老子的辩证法思想则为大家所公认，虽然对他的辩证法思想的特点和作用看法不尽一致。

关于老子的研究，今后还要继续进行下去。希望短时间做出定论，将是不可能的。现在我们试图对各种不同的意见做些比较和分析，肯定论据较充分的见解，纠正一些不符合实际的片面的看法（包括著者本人），力求对老子这个哲学史上较复杂的问题能有一个接近于全面的认识。

* 据任继愈主编：《中国哲学发展史（先秦）》，人民出版社，1983 年 10 月版。

一、老子这个人和《老子》这部书

对于老子这个人和《老子》这部书，归纳起来，有以下三派不同的意见。

第一派认为《老子》一书是老聃遗说的发挥。老聃确在孔子之先。主此说者最早为马叙伦、张煦、唐兰、郭沫若、吕振羽、高亨和苏联学者杨兴顺等。

马叙伦考证："老子生当定王、简王之世（笔者按：周定王时代是公元前606—前586年，周简王时代是公元前585—前571年）。孔子五十一岁见老子，为敬王十八年（笔者按：公元前502年），盖已八九十岁，其卒年虽不可知，而《庄子》载秦失吊其死，则非不知所终者也。"[①]

唐兰：在《老子时代新考》（载《古史辨》第六册）中做出如下结论：

第一，《老子》的作者及其时代。唐兰引证《庄子·天下篇》和《韩非子》中之《六反》《内储说下》《亡征》诸篇关于老子言论的记载后说："根据上面的材料，可以知道《天下篇》的作者和韩非子都以为《老子》里的话是老聃所说。《天下篇》的作者，现在很难断定，但总和庄周、惠施都接近，而文章里面又提到公孙龙，可以证明是平原君时代的作品，那么孔子卒后二百年左右，有

① 《老子校诂》，第36页。

一本业已流传的著作和今本《老子》差不多，当时人以为是老聃的语录，这大概是很真确的事了。”

但这语录的作者老聃是什么时代的人呢？作者分为三个问题来说明：

一是老聃和孔子的关系。根据《礼记·曾子问》和《庄子》中对孔老关系的记载及《吕氏春秋·当染篇》，都一致认为老子在孔子前，孔子曾经跟老子学习过，所以“至少可以证明老子和孔子同时，见过面，而年辈比孔子长的事实”。

二是根据《庄子》中《应帝王》和《寓言》篇，证明杨子居即杨朱是老子的弟子“是可能的”，而“杨朱、墨翟时代相近”，“杨、墨和曾子时代相当”，所以“老子和孔子并时是可能的”。

三是《史记》老子传中的恍惚之辞，是根据“假”和“解”的家谱推出来的，其实不可信，“却一则说‘与孔子同时云’，再则说‘自孔子死之后’，表明他是深信老子和孔子是同时的”。

第二，《老子》书撰成时代。作者认为，《老子》书的撰成，应当在《墨子》《孟子》撰成的时期。这因为“仁义”并称，《论语》所无，而《墨》《孟》所有；《老子》的文体，很像《墨子》《尚贤》《尚同》等篇。

郭沫若：认为唐兰的说法为近是，并进一步考证：“一、《老子上下篇》乃环渊所录老子遗训，唯文经润色，有失真之处。……二、环渊即关尹、它嚣，因音变与字误成为数人。三、环渊生于楚而游于齐，大率与孟子同时，盖老聃之再传或三传弟子。[①]

① 《青铜时代·老聃、关尹、环渊》。

吕振羽：认为《老子》书除一部分后人掺入错乱，是可以信为老子手著的。孔子受老子影响是显著的，如《论语》有“以德报怨”“仁者必有勇”“无为而治者其舜也与”，老子亦有此说。其次，《老子》书说明的社会情况和代表的阶级，恰合于封建兼并时代的背景和春秋末期没落贵族的身份言论。[①]

第二派人的意见，认为老子是战国时代人，《老子》书也是战国时代的书，主张这种说法较早的有清代汪中，近现代人有梁启超、冯友兰、范文澜、罗根泽、侯外庐、杨荣国等。

梁启超：在他的《评胡适之〈中国哲学史大纲〉》中提出六条证据，断定《老子》书的著作时代在战国之末。

第一，老子的八代孙与孔子的十三代孙同时。

第二，孔、墨、孟都没有称及老子。

第三，《曾子问》所载老子的谈“礼”，和《老子》书中的反对“礼”的思想相反。

第四，《史记》老子传本于《庄子》，《庄子》是寓言，不能看作历史。

第五，《老子》有许多太激烈太自由的话，不像春秋时人说的。

第六，《老子》书中的“王侯”“侯王”“王公”“万乘之君”“取天下”“仁义”等字样，也不像春秋时所应有。[②]

冯友兰：“《老子》是战国时之作品。盖一则孔子以前无私人著述之事，故《老子》不能早于《论语》。二则《老子》之文体，非问答体，故应在《论语》《孟子》后。三则《老子》之文，为简

① 见《中国政治思想史》第52-54页。

② 见《古史辨》第四册。

明之‘经’体，可见其为战国时之作品。……其实《老》学首领，战国时之李耳也。传说中之……老聃，……果为历史的人物与否不可知。”[①]

罗根泽：老子即太史儋。《老子》书即太史儋所著。证据如下：

第一，《史记》载太史儋即老子，绝非虚造。

第二，“儋”和“聃”音同字通，《吕氏春秋·不二篇》作“老耽”。

第三，聃为周柱下史，儋亦周之史官。

第四，老子有西出关之故事，太史儋见秦献公，亦必出关。[②]

范文澜：《道德经》五千言，确是战国时期的著作。据《史记·老子列传》所说，《道德经》的著者是楚国苦县（河南鹿邑县）厉乡曲仁里人李耳。“《道德经》五千言，确是战国时期的著作。……《史记》叙述李耳乡里世系，如此明确，必有根据，绝非虚构。”[③]

侯外庐：“老子思想为孔墨显学的批判发展，其书出于战国之世。”[④]

杨荣国：《老子》一书不仅成于战国时代，而且成于战国时代的庄子之学大兴之后，理由是：

第一，书中包含有先秦道家各派思想。如杨朱的“贵生”思想，如宋钘的“情欲寡浅”的思想，关尹的“清虚”的思想，彭蒙、田骈

① 《中国哲学史》，第 210 页。

② 见《诸子考索·老子及〈老子〉书的问题》。

③ 《中国通史》，第 241 页。

④ 《中国思想通史》第一卷，第 257 页。

的“不教”的思想，庄周、慎到的“弃知去己”的思想等。

第二，书中有对各派学说的批判。如对孔子的“仁”，对墨子的“贵义”“尚贤”“明鬼”，对孟子的“仁义对举”，以至商鞅的变法，一概加以否定。

第三，充分发挥了庄子“道先天地”的“道”的观念，而舍了庄子的“天”的自然观念。把运动静止化，说明道家立场转向反动。[①]

第三派认为《老子》成书更晚，在秦汉之间。主张这一派学说的有顾颉刚、刘节等。

顾颉刚：在他的《从〈吕氏春秋〉推测〈老子〉之成书年代》一文中认为，“其书成于《吕氏春秋》和《淮南子》之间”。他统计了“《吕氏春秋》的作者……简单地把五千言的三分之二都吸收进去了，但始终不曾吐出这是取材于《老子》的”。“在《吕氏春秋》一书中，虽到处碰见和《老子》相类的词句，但寻不出一点它的引用《老子》的痕迹。于是做一个大胆的假设，在《吕氏春秋》著作时代，还没有今本《老子》存在。”至《淮南子》中，则老聃的独尊的地位已确立。《老子》成书必在此二书之间，但“非一人之言，亦非一时之作”，“上自春秋时的‘以德报怨’，下至战国末的‘绝圣弃智’，大约有三百年的历史”，“所包含的学说甚复杂，自杨朱的‘贵生’，宋钘的‘非斗’，老聃的‘柔弱’，关尹的‘清虚’，慎到、庄周的‘弃知重己’，战国末年的重农愚民思想，以及倪良的兵家言，都有”。至于老聃则是“杨朱、宋钘以后的人，已当战国的中叶。他的学徒的宣传，使孔子为其弟子，而他

① 《中国古代思想史》，第 263-275 页。

的生年遂移前，又使黄帝与之同道，而他的学术地位遂益高”。

刘节：今本《老子》所讨论的中心思想在孟子和庄子之间，而五千言则在西汉文景之间才出现。老子讲“心”讲“气”，如没有宋钘、孟子思想做根据，那便是无源之水。假定把五千言放在孟、宋诸家之后，便语语有据了。盖《庄子·天下篇》里所说的老子思想是最朴素的隐君子之说。在这一基地上，经过杨朱、孟轲、宋钘、慎到乃至庄周，才孕育成今本《老子》五千言里的思想。在五千言的形式方面，也是经过“丹书”的杂抄先秦诗式格言以后，又经过一番洗练才有今本的《老子》。五千言的撰成是在《易传》和《中庸》之间，这三部书的立足点是相同的，而说法不相同的。《淮南子·修务训》：“书传之微者，唯圣人能论之。今取新圣人之书名之孔墨，则弟子句指而受者必众矣！”今本《老子》正是作《修务训》的学者所看到的“新圣人之书”。[1]

* * *

我们基本上同意第一派考证所举的理由（除环渊为《老子》撰者尚可存疑），还有以下几点补充：

第一，在先秦的典籍中，如《老子》《荀子》《韩非子》《吕氏春秋》及《墨子》佚文中都不曾怀疑过老子这个人和他的学说的关系，以上这些不同的学派都从不同角度描绘着一个思想面貌的轮廓大致相同的老子。他们所描绘的老子学说与《老子》书的基本思想是符合的。可以清楚地看到，战国中期以后，诸子受到老子哲学思想的深刻影响。只是到了汉初，才开始把老聃、李耳、太史儋三

① 《古史考存·老子考》，第 174-175 页。

人的关系弄混了，以致时代先后相差两百多年，连老子这个人的存在也变得模糊起来。马王堆帛书《老子》的出土，证明汉初成书说不实。

第二，《老子》的成书是经过一段时间的。先秦的典籍很少由个人执笔写成，而是由各学派的门徒不断地发展、补充，经过若干年代才成为定本。这一补充和发展的时间可以长达一二百年以至几百年以上。像《周易》的形成至少经过五百年甚至更长的时间，《墨子》的《墨经》与墨翟的时代也有一百多年的间隔，《管子》一书包含了从春秋到汉初的思想，《孙子兵法》也是长期集结成书的。此外，很少受到怀疑的《论语》《荀子》《韩非子》书中也都夹杂着汉儒所增补的材料，但并不能因此否认孔、墨、韩、荀诸哲学家是他们的书的基本思想的奠基人。《老子》书也不应例外。我们不能因为其中发现个别地方有战国时代思想的一些迹象，就把全书的时代转到最后。

第三，《老子》书中有些思想在老子以前就已相当流行。如“无为”“贵柔”、不信“天命”的思想，在春秋时期已具备雏形，只是还没有概括为哲学的普遍原则。

因此，我们认为，《老子》书中如反对“仁义”、反对法令的一些思想可能晚出。但老子的天道观（也就是老子哲学的基本部分）是老子本人的思想，“贵柔”、反对战争和辩证法思想也是老子本人的思想，“小国寡民”的政治理想也接近老子本人的思想。这个看法是从先秦诸子由不同角度所描绘的老子的精神面貌综合概括出来的。

二、老子代表哪个阶级？是进步还是反动？

对于这个问题，有两派意见。

（一）认为老子代表没落阶级

范文澜：《老子》一书反映了没落领主的思想。老子应用“无为”的学说在阶级矛盾上，对统治阶级主张“无为”，对被统治者主张愚民。事实上愚民是困难的，因此它想倒退到“小国寡民”的远古时代去。老子想分解正在走向统一的社会为定型的和分离的无数小点，人们被拘禁在小点里，永远过着极低水平的生活，彼此孤立，没有接触的机会，社会进步所不可缺少的愿望和努力，老子都看作有害。这种反动思想，正是没落领主的思想。①

吕振羽：老子的思想，基本的和新兴地主——商人相反对。因而老子便无疑是属于统治阶层中的一分子，不过他由楚跑到周去做守藏史，必已失去其自有的领地。在春秋二百余年间，由于强大领主的兼并，曾引起若干小领主的没落，这种没落者的呼声和其悲观失望的愤懑情绪，在老聃的全部著作中能充分表现出来。②

吕振羽把老子的社会思想和政治理想归纳为以下几点：

第一，老聃之所以提出“小国寡民”的政治思想，正因为其自己所代表的社会阶层存在的依据是封建初期的社会秩序，所以他的

① 《中国通史》，第246-247页。

② 《中国政治思想史》，第54页。

要求是永恒不变的西周型社会。

第二，他之反对大封建主和封建战争，正因为其自身的社会地位是消失在这种封建兼并的战争中。

第三，他之反对新兴地主——商人，正因为其自己没落的另一面是这些分子之部分的代起，而且商人又是促进封建战争的一个因子。

第四，他主张调和统治阶级内部的矛盾，取消斗争，也主张愚民政策，正因为他出身于统治阶级，又还在代表统治阶级利益。

最后说到他的政治主张所以不能实现，一方面因为社会在其本质上便是不能后退的，另一方面他的主张和大封建主、新兴地主——商人都有矛盾而立于利益相反的地位。从其主张维持利益关系这一点上又和农民根本对立着。其自身所代表的没落集团，则已失去其政治的经济的依据，特别重要的，是他的“无为”，即取消斗争的主张，是根本违反了客观法则的。[①]

这一派认为老子代表没落贵族或小贵族。它的特点表现为感到自己阶级的没落又无力挽回，因此主张复古、消极、倒退。

（二）认为老子代表农民思想

杨兴顺：老子的社会伦理学说有以下中心思想：

第一，对压迫者深恶痛绝的老子，揭发了中国古代社会的罪恶，对灾难深重的人民表示了真挚的同情。老子认为，社会中的一切不幸与灾害，乃是废弃自然法则“道”与破坏人民原来的生活的后果。他认为这一切都不是合乎规律的现象，并深信以非正义性与压迫人民为基础的社会政治制度，必然垮台。

---

① 《中国政治思想史》，第 64 页。

第二，按照老子的学说，智慧、对精美之物的迷恋、“大伪”是社会罪恶的根源，必须恢复“损有余而补不足”的“天之道”。

第三，“圣人”为恢复自然法则“道”并使人民“甘其食，美其服”，应和人民紧密地联系，没有个人利益，应以个人的正当行为成为人民的领袖。

第四，“圣人”的主要品质是对人民的忠诚和热爱、勤劳和谦逊。除了为人民服务，他没有其他的目的。

第五，“慈”是“圣人”实际活动的主要基础。

第六，热爱人民是老子论战争的学说基础。他在原则上是反对战争的，又认为防御战争是必要的。要想把人民从战争及其严重的后果中拯救出来，唯一的出路是复归于原始社会。

根据老子社会伦理学说的主要特点，作者认为，《道德经》所反映的是周代社会的公社农民的思想，这些古代的公社农民由于奴隶制经济发展和不断的战争而日益破产。他们的情况有两方面：一方面，当时社会的现实条件和他们的根本利益有极大矛盾，迫使他们激烈地反对现存的社会政治制度，即反抗压迫者对被压迫者的统治；另一方面，古代的公社农民反对社会的不公道，力图恢复农村公社的闭塞的农业生活，他们认为这是当时忍无可忍的困境中的唯一出路。正因为古代公社农民带有二重性，《道德经》的社会伦理学说也带有二重性。老子学说揭发了社会的罪恶，这就加深了受压迫人民的大众对统治阶级的仇恨。同时，老子学说宣传这种思想：恢复过去，恢复原始公社，停止社会的智力与文化的发展。这样，《道德经》的社会伦理学说同时又是反动的乌托邦思想。老子对于社会罪恶的揭发表达了被压迫的人民对奴隶主的抗议。[①]

侯外庐：“同意杨兴顺同志在这一点上的意见，即老子代表了没落的公社农民。因为：第一，老子所幻想的‘小国寡民’的氏族公社正是公社农民的幻想。第二，在战国时代公社农民的没落是由阶级分化所形成的，老子以‘损’的观点反对‘以求生之厚’的国民阶级，这种否定阶级，并反对阶级分化的思想，正反映了公社农民的情绪。第三，老子思想中的天真观点是和公社农民的想法一致的；正因为公社农民的没落，才反映出‘为者败之，执者失之’的败北主义观点。”

“老子站在宗法组织支配的天真的公社农民的观点上，……是他代表公社农民的积极的思想因素；至于他所代表公社农民的消极情绪，就表现在如下几方面：

婴儿状态的天真：‘我愚人之心。’（二十章）朴素状态的憧憬：‘绝圣弃智。’（十九章）对政治的疏远：‘其政闷闷，其民淳淳；其政察察，其民缺缺。（五十八章）‘神秘主义’的‘道’。‘无名’的离奇古怪的世界观。不抵抗主义的‘无为’和‘不争’。对金钱的咒骂：‘财货有余，是谓盗夸。’（五十章）黑格尔所说‘非历史的历史’，正是公社农民的天真的幻想的写照。”[②]

* * *

我们基本上同意第二派的看法。为了使这种看法得以成立，针对着第一派所提出的疑难重新加以解释和证明。春秋后半期，世袭贵族制逐渐破坏，多数小国被大国吞并，这些小国的贵族，一部

① 《中国古代哲学家老子及其学说》，科学出版社，1957 年5月版，第 75-78 页。

② 《中国思想通史》第一卷，第 262-263 页。

分降为皂隶，大部分变为大国的庶民，取得自由民的身份。再加上原有的自由民农民及小生产者，以及从农奴解放出来的一部分自耕农，自由民阶层逐渐在扩大，成为社会上一个相当巨大的力量。如果不是在这样巨大的变革的时代，老子、墨子这些思想家是不会出现的，因为他们所代表的阶级在政治上是没有发言权的。像《老子》这部书就部分地，而不是全部地，反映了农民和小私有者的要求。由于小生产者的经济特点，使他们“不敢为天下先”，他们“贵柔”，不与人争强斗胜，怕冒险，怕冒尖，他们有自给自足的经济，总希望政府对他们不干涉或少干涉。他们反对工商业者对他们的剥削，所以“不贵难得之货”。他们还直接参加了些生产劳动，他们也是被剥削的对象，因此，不相信统治阶级对人民进行的欺骗宣传。当时一般农民不可能学到文化知识，像老子这样由贵族下降的隐士，有条件说出自己的要求和希望。一个阶级的代言人，他自己不一定参加那个阶级的直接的经济活动。资产阶级大学教授并不是大资本的拥有者，墨子后来也不靠当木匠维持生活，老子也不是氏族公社的成员，孔子、孟子已失去贵族的身份。但他们都分别代表着各自所代表的阶级利益。老子的思想确也反映了农民的某些要求和希望。

同时也应看到，老子以及和老子情况相类的隐士，与当时真正的农民之间还有一定程度的差别。《老子》书中责骂统治者，表现了反压迫、反剥削、爱自由的进步要求。但这种进步有它的阶级局限性，所以在社会观、历史观方面，它又是保守的，甚至有些是反动的。历史向着老子所不愿走的一条道路进行着。这是老子思想的悲剧。

老子本人的阶级出身可能是没落贵族，但《老子》书中说到“损有余以补不足”，对剥削者憎恨，反对政治压迫，主张让百姓自化、自正、自朴，描绘了“小国寡民”的农村公社的蓝图，不像是没落贵族。当时确实有一批像老子那样的隐者，像长沮、桀溺、荷篠丈人，他们亲身参加一些劳动，和农民在一起，因此反映了一些农民思想。

春秋末期，社会已起了阶级分化。新兴的封建地主阶级刚刚露面，奴隶制已开始崩溃，旧贵族的统治已经动摇，这时，各个阶级、各个阶层都引起了震动。孔子代表奴隶主阶级势力，但他具有在某些方面进行改良的思想，因此，一方面要保存旧的制度，一方面又要向新的力量做些妥协。孟子、荀子这一派的儒家，站在新兴地主立场，发展了进步的倾向。墨子代表新兴自由手工业者、农民、小私有者的利益和要求。法家中商鞅、吴起、韩非等人虽然出身于旧贵族，但由于家世的败落，他们在政治上转变为反映由军功上升的新兴地主阶级，所以他们特别反对无功而富贵、靠宗法血缘关系维持其既得利益的旧贵族，强调国君以外，一律受法律的约束。这是从下面涌现出来的地主阶级。所以孔、孟、荀都讲“礼”，讲宗法等级制度；而商鞅、韩非只讲“法”，与“礼”表示决绝。老子代表的是另一部分群众。他们多半是由贵族下降为农民的，他们当前身份是小生产者、自由农民，同时还带着原来出身的阶级烙印，因而在老子的政治思想、社会思想中不免充满着矛盾：一方面提供了一些统治人民的愚民政策，另一方面又对当时的统治者的残酷剥削提出抗议和控诉。如果只看重《老子》书中消极、倒退、愚民的一些内容，就容易把老子说成是没落贵族的思想家；如果只看重《老子》书中反抗压迫、反抗剥削的一些思想，就容易把老子说成农民思想的代言人。现在有些人偏在前一看法，我个人以前偏在后一看法。双方恐怕都有些片面。

老子的朴素的唯物主义思想固然和当时的天文学、自然科学有关，也和老子这一派人未曾完全脱离生产劳动的现实生活有关。和老子所属的江南多水地区的荆楚文化有关，老子经常用水的品质来比喻自然力量的伟大，比喻人类高尚品质[①]。

把老子的思想完全说成没落贵族（出身可以是没落的）的没落思想，这是有困难的。

一个人只要生活和劳动者有了某些一致，社会地位和劳动人民有了某种程度的一致，那么，他的思想感情必然会反映一些劳动者的呼声。老子是一个例子，后来的陶潜、杜甫、陆游等人也有类似的情况。一定要抹杀《老子》书中愤世嫉俗、反抗压迫、向往自由的一方面，这种看法是不全面的。

也正是由于老子的哲学思想带着他的旧贵族的烙印，他的辩证法思想和唯物主义思想不可避免地有严重的弱点。他的辩证法表现为不敢迎接矛盾，片面夸大了柔弱的作用；他的唯物主义也不明确。

对老子的社会观、历史观的“倒退”思想，也要加以具体的分析。中国古代许多农业空想社会主义者，抛开老子且不说，如人所公认的有进步意义的《礼运》“大同”思想、南北朝的鲍敬言的“无君论”，以及明末清初的黄宗羲的《原君》《原臣》，没有一个是面向前看，把美好的理想放在未来的（从先秦到明末清初，中间许多具有进步思想的学说不必一一列举），它和具有资本主义性质的空想社会主义有所不同。这正是古代的和近代的差别，不

① 《老子》七十八章：“天下莫柔弱于水，而攻坚强者莫之能胜。”《老子》八章：“上善若水。”

能因此而完全抹杀它对现实批判的积极意义。古人谓之“托古改制”，通俗的说法叫作“借古说今”。问题在于老子“借”的什么“古”，“说”的什么“今”？如果他所向往的是无压迫、无剥削的理想社会，他的“小国寡民”应当和《礼运》的“大同”社会在性质上同样值得肯定。正如我们不能以卢梭号召回到自然，而认为他可以招致蒙昧主义一样（这里不是把卢梭和老子相提并论，而在于说明衡量一种学说，要看他站在什么立场，反对的是什么，在客观上会有什么作用）。

老子的社会历史观是不现实的，但是老子和后期庄学是有性质上区别的。老子为了反对当时的剥削制度，从而反对一切社会制度；为了反对剥削阶级的文化，从而反对一切文化；为了反对欺诈和不信任，从而反对一切知识。这是老子的错误所在。老子提出的解决方案错了，却不能说老子对不合理现象的攻击也错了。有些研究老子的学者，似乎过于看重老子说错了的方案，忽视了老子对不合理社会现象的攻击中的正确部分。

也许有人会想到欧洲19世纪初期，有些封建贵族从右的方面攻击资本主义，讲什么“封建的社会主义”，“声讨资产阶级”，“其中半是挽歌，半是谤文；半是过去的回音，半是未来的恫吓；它有时也能用辛辣、俏皮而尖刻的评论刺中资产阶级的心。但是它由于完全不能理解现代历史的进程而总是令人感到可笑”。[①]

老子以“复古”的口号对当时的剥削制度，提出了批判，看来有些和封建社会主义对资产阶级的攻击相似，其实不然。欧洲19世

① 马克思、恩格斯：《共产党宣言》，《马克思恩格斯选集》第一卷，第274页。

纪的初期，封建的社会主义思想只能唱出封建残余的挽歌，它的目的还是剥削，梦想用更落后的封建剥削代替较为进步的资本主义的剥削，它一点也不反映劳动人民的愿望和要求，所以它是彻底反动的。老子企图用公社制代替剥削制，在一定程度上反映了劳动者农民的朴素愿望，所以它和彻底反动的思想应有所区别。

《老子》书中以最激烈的言辞，抨击阶级社会带来的弊端，反对忠孝，抨击仁慈，鄙薄礼义，诅咒战争，向往小国寡民的社会。过去学术界认为老子主张倒退。春秋战国时期，宣扬复古的不止老子一家。但是同样的复古，孔子主张回到西周，墨子主张回到夏禹，老子主张回到结绳而治，后来的黄老学派主张回到黄帝，他们的政治主张和他们所代表的阶级利益是息息相关的。

老子看到在变革中产生的新生活方式并没有给下层带来多少幸福，倒是随着新的文明，给人们带来不少新的灾难。新的生产方式、新的租税制度（奴隶制不要租税）给人们带来饥饿，“民之饥，以其上食税之多，是以饥。民之难治，以其上之有为，是以难治”①。他对当时统治者不顾人民死活、过着越来越奢侈的生活提出批判，他说：

> 朝甚除，田甚芜，仓甚虚。服文彩，带利剑，厌饮食，财货有余；是谓盗竽。②

这是说，由于贵族们贪得无厌，才使人民生活困苦，社会秩序混乱。老子从小私有者的立场，反对商业带来的经济上的剥削以及由此引起

① 《老子》七十五章。

② 《老子》五十三章。

的争夺，他反对商品经济，“不贵难得之货”[①]。马克思说：

> 一方面，高利贷对于古代的和封建的财富，对于古代的和封建的所有制，发生破坏和解体的作用。另一方面，它又破坏和毁灭小农民和小市民的生产，总之，破坏和毁灭生产者仍然是自己的生产资料的所有者的一切形式。[②]

马克思论证的是欧洲古代奴隶制和封建制的社会，但他揭示的基本原则也适用于中国古代的封建社会。商品经济、高利贷者给小生产者没有带来什么好处，这是显而易见的。

因为老子思想带有氏族公社的某些烙印，他对原始社会的平等、平均制度有着深切怀恋。他提出了反对剥削的平均主义思想。他认为“天之道”本来是“损有余而补不足”，但当时的“人之道”却相反，“损不足以奉有余”[③]，这是极不合理的，他认为应该向“天之道”学习。老子所描绘的理想社会是：

> 小国寡民。使有什伯之器而不用，使民重死而不远徙。虽有舟舆，无所乘之。虽有甲兵，无所陈之。使民复结绳而用之。甘其食，美其服，安其居，乐其俗。邻国相望，鸡犬之声相闻，民至老死不相往来。[④]

老子理想的社会中，也有统治者与被统治者，他认为统治者应

---

① 《老子》六十四章。

② 《资本论》第三卷，《马克思恩格斯全集》第二十五卷，第674页。

③ 《老子》七十七章。

④ 《老子》八十章。

当行“无为之治”，不要过多地干涉老百姓。他说：“我无为而民自化，……我无事而民自富。”[①]有领导而不干涉，有君主而不压迫，这种关系就像“天道”与“万物”的关系那样，“生而不有，为而不恃，长而不宰”[②]。

老子也和古代小私有者一样，幻想有“圣人”出来实行他的理想，这种“圣人”虽然处在领导地位，人民拥护他而不感到是负担，“圣人处上而民不重，处前而民不害，是以天下乐推而不厌”[③]。

老子反对剥削者的文化，有他进步的一面，但他不加分别地反对一切文化，认为文化本身就是社会混乱的根源，主张“绝圣弃智”才能“民利百倍”，因而认为“圣人”治国，“非以明民，将以愚之”[④]。他作为周王朝史官，亲身看到西周以来礼乐文化制度给人们带来了自私、欺诈的不道德行为，而且这种言行背离，说的一套，做的又是一套，正是来源周王朝贵族最高统治者集团。他发出这种愤世嫉俗的呼声，完全是可以理解的。正如唐朝的史官刘知几，身居宫廷，历事四朝，任史官达三十年，对剥削阶级的明争暗斗、互相倾轧的黑暗内幕感受较深，他敢于怀疑尧舜禅让的美好传说，不相信桀纣亡国之君被描绘得那样坏。

我们也应当指出，老子的朴素善良愿望有合理因素，但也有它幻想的不正确的一面。“结绳而用之”的社会，固然人不剥削人，但是这种社会不能使人们“甘其食，美其服”。这种理想只能是空

① 《老子》五十七章。

② 《老子》十章。

③ 《老子》六十六章。

④ 《老子》六十五章。

想。老子是中国哲学史上抨击剥削制度不合理并有较为系统的言论的第一个思想家。他的意义重大，尽管他的方案是错的，他对后来的进步思想家、空想的社会改革家有着深远的影响。

老子的哲学思想，两千多年来在中国封建社会成为唯一可以与孔子学派相抗衡的最大思想流派。老子哲学也和孔子学派的遭遇一样，被统治者所利用、改造，但发展的情况有所不同。孔子被奉为儒教的教主，老子被奉为道教的教主。由于老子哲学中有反剥削的平均主义思想，曾为早期道教所借用，成为农民革命的思想武器，与农民运动有一段因缘。而孔子始终是帝王治国平天下的导师，他的思想积极维护地主阶级对农民的剥削压迫，因而很少被农民运动所采纳，而当农民起义成为燎原之势时，孔子的儒家思想便失去羁縻社会的作用。

三、老子的哲学是唯物主义还是唯心主义

这个问题有两派意见：一派认为是唯心主义，一派认为是唯物主义。

（一）主张老子思想是彻底的唯心主义的有吕振羽、杨荣国等

吕振羽："在他说到物质和精神的依存关系时，虽还承认本体（'朴'）是先于概念（'名'）而存在的，但当他进一步去研究本体的究极时，便又绕回去了。""他所谓'道'的内容，并不是物质的东西，而是神化的东西；同时，在这个本原的'道'的地方，一切斗争是完全没有的，它只是一'虚'而'静'的'无为'的本体。""'天'和'道'还是有意识地主宰万物。所以在老聃

的思想体系中，‘道’才是第一义的，‘名’和‘朴’不过是第二义的东西。‘道’是创造宇宙，统制宇宙的最高主宰（‘道冲而用之，……渊兮似万物之宗’）。……老聃在这里，不但是一个不可知论者，而且是倾向着有神论了。”①

杨荣国：《老子》书的思想中心是帝王术，是汩没人理性消灭人斗志的柔弱思想，崇尚阴谋。“道”有如下几种含义：第一，帝王术：老子的“道”是先天地生的，是超然独处的，是永恒不变而可以应万变的。“道”为“德”的全体，“德”乃“道”的部分，有“常道”，也有“常德”，帝王把握了“常道”，也就握住了个别性的“常德”，可以为“天下贞”，人民万物自然宾服。第二，柔弱：老子的“道”是指的柔弱；所谓“德”，是为了使刚强之趋向柔弱。因此，《老子》书中的中心思想是柔弱；“道”也就是柔弱；“道”散而为万物，而万物之各自得遂其柔弱，便是“德”。第三，阴谋：老子主张上下都浑浑噩噩，都无所作为，才能太太平平。结论：老子以“道”为先验的，又认为这先验的“道”为柔弱而多归侯王所持守。②

认为老子哲学的上半截是唯心主义，下半截是唯物主义，但从根本上说是唯心主义，持这种看法的有侯外庐、杨柳桥。

侯外庐：老子哲学的“道”和“德”的二元论思想，“德”以下的半截（天地万物）和物质联系着，“德”以上的半截（“道”）脱离了物质实体。同时，就其思想体系而言，基本上是唯心主义。

第一，唯物主义的因素。这是指讲天地万物时所说的物，它

① 《中国政治思想史》，第 57-59 页。

② 《中国古代思想史》，第 276-288 页。

既指物质的实体，也指物质属性。这里还包含哲学所说的物质的意义。

第二，“道”这个范畴，就其义理性方面而言，是有一定的规律性的，而在反乎自然万物的性质上而言是背叛于规律性的，其中并不包含有物质的实体。《老子》书中的“道”，除了讲知识论和伦理学的“道”，可以分为三类：一是“道”字和万物在一起形容时，“道”并不指的是“道”的本身；二是“道”字用于和万物的性质相反对时，如“复归于无物，是谓无状之状，无物之象”等等，“道”不仅不是物质实体，而且和物质实体性质相反；三是“道”用于物质生成之先而和物质背向而行时，如“道……渊兮，似万物之宗。……象帝之先”，“有物混成，先天地生”等等，“道”不但是“万物之宗”，而且和万物背向而反动，这显然是“上帝”的别名，也即所谓神秘的力在最初的一击。

第三，老子的“德”是介于“道”和“万物”之间的范畴，是可以当作万物无限的本源来理解的。

第四，“道”之陷于唯心主义，不但因为“道”的义理性类似泛神论的神，而且是超越人类认识的彼岸的东西。我们知道，凡是否定了现实世界的可认识性的，那就不可避免地要走向唯心主义。

老子哲学主要是唯心主义的，他的“道”是超自然的绝对体，在他的学说中占支配地位，然而当他讲到“德”时，就向唯物主义动摇过去，特别是讲到万物生成发展的自然规律时，便富有唯物主义观点了。[1]

杨柳桥：“道之为物”的“物”，应理解为“‘道’这个概

① 《中国思想通史》第一卷，第 263-272 页。

念”，是天地生成以前存在的，这个“物”不是物质。

老子的“一”和“玄”才是指的物质实体，就原始物质的浑沦之数而言则谓之“一”，就原始物质的浑沦之象而言则谓之“玄”，“玄”和“一”兼“有”与“无”。

老子重视“无”“道”，而轻视“有”“物”，认为“道”是最根本的，物是“道”所生。把“道”提升为万物的主宰，带有神秘主义。[①]

认为《老子》书中的思想基本上是唯心主义的看法，归纳起来可以有以下的理由：一是“道”是宇宙万物的最后的实体，是抽象的观念，无形象，不是感觉所能认识。二是“道”具有超时空、超经验的永恒性。三是老子的“道”是“无”，从“无”生“有”，不是唯物论。四是老子的“道”也叫作“一”，“一”是抽象的数的概念。五是老子以“道”代表自然法则，以“玄”或“一”代表物质整体。“一”和“玄”之上才是“道”。所以说“道生一，一生二……”六是古代唯物主义的一般特点是以现实生活中的某一具体元素或几种元素为宇宙的最后根源，不可能拿一个抽象性很高的“道”作为万物的根源。七是老子轻视感觉经验，而把“玄览”“静观”的抽象思维活动看作知识来源。他的认识论的道路，也不像唯物论。

从以上几个特点来看，说老子是唯心主义的，比说它是唯物主义的更为合理。

① 《老子译话》，第69-83页。

（二）主张老子是唯物主义者，有范文澜和苏联的杨兴顺等人

范文澜：老子是有极大智慧的古代哲学家。他观察了自然方面天地以至万物变化的情况，他观察了社会方面历史的、政治的、人事的成与败、存与亡、祸与福。在马克思主义的唯物辩证法传入中国以前，古代哲学家中老子确是杰出的无与伦比的伟大哲学家。

老子的唯物论是把天地万物的运行生灭，看作纯循自然规律，并无人格化的神存在。人对自然只能“任”（顺从）和“法”（效法），不能违背它。他说“天地不仁（无情），以万物为刍狗”，所以“圣人不仁，以百姓为刍狗”。刍、狗、人都是天地间自然生长的物，兽食草、人食狗，都合乎自然规律，天地并不干预兽食草、人食狗，所以“圣人”也不干预百姓的各谋其生活。

儒、道两家是封建统治阶级不可偏废的两个重要学说。孔子与老子两大学派，一显一隐，灌溉着封建社会政治、文化的各个方面。[1]

杨兴顺：老子的“道”可以归结为如下基本特点：一是“道”是物的自然法则，它排斥一切神或天志。二是“道”永远存在，它是永恒的物质世界的自然性。“道”在时间和空间上都是无限的。三是“道”是万物的本质，它通过它自己的属性（“德”）而显现。没有万物，“道”就不存在。四是作为本质来说，“道”是世界的物质基础“气”及其变化法则的统一。五是“道”是物质世界中不可破灭的必然性，万物都从属于“道”的法则。六是“道”的基本法则是万物与一切现象，处于经常的运动和变化之中，万物与一切现象都转化为自身的对立物。七是万物与一切现象都处在互相联系

①《中国通史》，第243-248页。

的状态中，这种联系通过统一的“道”而完成。八是“道”是视之不见、搏之不得的。它是我们感官所不能感知的，但在逻辑思维中它是可以认识的。结论：老子是唯物主义者[1]。

* * *

对于上述主张老子是唯心主义的姑称为甲派，主张老子是唯物主义的姑称为乙派。本书作者的四卷本哲学史属乙派。1973年作者的《中国哲学史简编》发现主张老子是唯物主义有困难，改变了观点，又主张甲派。今天看来，甲、乙两派都有一定的根据，但根据不充分。双方都把老子的思想说过了头，超出了老子时代（春秋）的人们的认识水平。

唯物与唯心是两种截然对立的世界观、两种体系，是不可调和的，正如科学与宗教两种体系不能共处。但科学与宗教两种思想确实可以同时存在于同一个人的头脑里。

甲派方法有错误，错在把老子的唯心主义体系与近代唯心主义哲学相类比，把老子的“道”比作黑格尔的“绝对精神”。这种类比是不科学的。因为老子的“道”不同于黑格尔的“绝对精神”。这样的比较，不但无助于说明老子，甚至连黑格尔的哲学也理解错了。因为，按照人类思维发展规律，老子的时代不能达到像黑格尔的那样高度抽象的程度。乙派同样把老子的“道”解释为“物质一般”。“物质一般”的概念是近代科学以前不可能有的，甲、乙两派犯了把古人现代化的错误。

甲、乙两派都把老子的哲学体系说得太系统化了，其实许多问

① 《中国古代哲学家老子及其学说》，第53-54页。

题老子自己还不甚清楚。古人无力说明白的问题，由我们后来人讲明白，这是科研工作者的责任。因为哲学家们并不是人人都能正确地认识自己的哲学体系的。真正了解黑格尔的并不是黑格尔自己，马、恩、列对黑格尔的论述和评价比黑格尔自己更深刻、更准确。我们对老子的研究也必须采取马克思、恩格斯、列宁研究黑格尔的方法，即还其本来的面目，明其本来的价值，而不能采取代替老子分析的方法。

那么，老子哲学到底是唯物主义还是唯心主义？这个问题还可以继续争论。但必须看到老子的哲学本身确有不清楚的地方。我们的任务之一就是要把古人（老子也在内）确实不清楚的哲学思想，清清楚楚地解说明白，指出不清楚的所在和原因，这是研究古代哲学家思想的必要的前提。

这样做，是不是不要划分唯心、唯物主义阵营了？是不是说唯心主义与唯物主义永远划不清楚呢？当然不是。评价哲学家的历史作用，首先要看他在当时的斗争中起了什么作用，有利于科学还是有利于宗教，是促进人类认识的前进还是相反。只要放在当时的历史条件下来考察，是可以做出科学判断的。只要不把老子现代化、绝对化，我们今天的认识就会超出前人的水平。

对于《老子》书中“道”的理解，从哲学史看有不同的两大派。以韩非、《淮南子》、王充为代表的唯物主义者，从唯物主义观点去理解老子。汉代的黄老学派，基本上属于这一系统。黄老学派讲老子的哲学时，强调他的“无为而治”，也强调法治；强调不争，也强调战争。老子与韩非同传，并非司马迁分类不当，它代表汉初人对黄老之学的一般理解。如汉初张良受黄石公兵书，以柔克刚，得老子用兵处世之道。从唯心主义观点去理解老子的也有它的渊源，以后期庄学为代表。后期庄学历经汉魏，何晏、王弼等人加以发挥，从唯心主义的观点阐发老子的哲学，蔚为大宗，对后世影响极大。因为《老子》书中确实有含混不清的概念和字句，可以做出不同的解释。老子哲学究竟是唯物主义的，还是唯心主义的？按照这种打破砂锅问到底的方式去追问，是不会有真正的结果的。因为历史已成定局，它就是那个样子，不能改变了。按照人类认识发展的规律来探索，老子的哲学还不足以达到一种明确的结论。从不明确到明确需要一个过程。这种情况，并不是老子一家如此。我们也不能因此就对老子的哲学体系束手无策，任其含混不清。我们的方法是把老子的哲学思想放在当时的具体历史环境中去考察，看它在思想斗争中处在什么地位，与什么思想为敌，对当时的社会发展、科学进步起着什么性质的作用。通过作用来评价其地位，就容易看清楚老子哲学的性质。

从人类认识史的角度看春秋时期的思想斗争，可以发现奴隶制度的崩溃和封建制度的形成在当时是头等大事。社会上的大变革促使思想界的大混乱。旧秩序破坏了，新事物在生长。我国历史上文化思想上的大变革，就它剧烈程度而言，只有“五四”新文化运动和解放后的思想大解放可以和它相比。这三次文化思想大变革，都标志着社会发展阶段的飞跃。划时代的社会发展阶段，决定了划时代的文化思想的变革。

关于中国封建社会与奴隶社会的分期问题，史学界有种种说法，都能言之成理、持之有故。我们从思想文化变化之深刻剧烈的程度看，从西周到“五四”以前，三千年来，没有超过春秋战国之交的。秦汉之际也是个大变革，那只是政治上的统一，是战国形势的继续。魏晋时期也是一个变革，那只是农民起义失败后封建制度的进一步发展。主张西周封建论者，没有说明为什么社会制度变了，反倒没有深刻剧烈的文化思想的变革。

春秋末期的社会变革主要表现在哪些方面？大略可以从四个方面来看。第一，政治上周天子已失去统率天下的权势，奴隶制的等级制遭到破坏，诸侯僭越，大夫横恣。第二，经济上赋税制度改变，意味着奴隶制的所有制向封建的所有制过渡，出现了不贵而富的新兴阶级。反映新兴阶级利益的法律也跟着改变，有所谓刑书、刑鼎的出现。第三，社会生活的旧观念、旧行为准则变了。上下尊卑、君臣、父子的牢固关系已破裂，不能维持；父不慈、子不孝，臣弑君、子弑父的事变史不绝书。第四，天道观变了，人们怨天恨天的思想活跃起来，以至于肆无忌惮。这四方面的变革都是奴隶制崩溃、封建制降临的反映面对这种大的变革，迫使许多伟大的思想家进行深刻的思考。当然思考也要受思想家们所属阶级利害的制约。

上述四个方面的变革，天道观的争论是先秦哲学史上的一个中心问题。哲学史要阐明唯心主义与唯物主义斗争的表现形式、发展过程及其规律。中国哲学史在先秦则主要是透过天道观来表现其唯心主义和唯物主义的。天道观虽讲的是“天道”，但它和当时的阶级斗争、政治生活、科学发展息息相关，而不是由少数人的兴趣，随便提出来的。先秦时期，关于宇宙起源、发展、变化的中心问题是天道观，关于社会政治生活方面的中心问题是“礼”与“法”。天道观已经成为所有先秦哲学家都要对它表明态度的一个问题。除了《老子》书，孔子、墨子、孟子、庄子、荀子、韩非都严肃地对天道观问题表示了他们的意见，反复申述。其中有从唯物主义观点出发的，也有从唯心主义观点出发的，有从自然科学、生产斗争的总结中提出问题的，也有从宗教迷信观点提出问题的。

天道观不同于今天人们了解的世界观，它的范围比世界观小，天道观主要讲天地万物生成变化的原理。中国哲学前进的道路和西方古代哲学所经历的差不多。西方古代哲学也是从他们的天道观开始的。古希腊哲学家探寻世界万物生成、变化、发展的原因。根据他们所做出的不同的解释，区分为唯物主义阵营与唯心主义阵营。至于认识论、方法论，虽说古已有之，只有到了近代，才提到了突出的地位。到了资本主义社会，有了大工业生产，有了近代科学，才能深刻地揭示主观与客观的相互关系。不但西方如此，印度古代哲学也是从他们的天道观开始的。这可能是人类认识世界的必要过程，总是先注意到“身外之物”，然后再认识自己。古代哲学相当于人类认识世界幼年时期，幼年儿童也是先认识周围外界，然后才认识自己。儿童的认识先从他的保育者（父、母或其他人）开始，随后认识所接触的环境，最后才意识到自己（“我”）。

只就老子的天道观这个问题来看，老子的学说是进步的，因为它客观上打击了“天道有知”的宗教迷信思想。“天”有意志，能赏罚，这是阶级社会的宗教加给神的特权。在原始社会里，神只是为人群造福，而不管赏功罚罪。赏功罚罪是有了国家以后所体现的统治阶级的意志。在老子的哲学里，“天”不具有人格，它只是一种自然状态。“天”不过是万物中之一物，是万物中的最广大的一种客观存在。最根本的存在，构成万物的原始材料，老子叫作“道”。老子的“道”，在五千言中共出现过七十四次。为了叙述方便，先把《老子》关于“道”的重要表述列在下面：

道可道，非常道。[①]

道冲而用之或不盈。[②]

故几于道。[③]

功成身退，天之道也。[④]

执古之道。[⑤]

是谓道纪。[⑥]

保此道者，不欲盈。[⑦]

天乃道，道乃久。[⑧]

大道废。[⑨]

惟道是从。[⑩]

道之为物。[⑪]

字之曰道。[⑫]

---

① 《老子》一章。

② 《老子》四章。

③ 《老子》八章。

④ 《老子》九章。

⑤ 《老子》十四章。

⑥ 同上。

⑦ 《老子》十五章。

⑧ 《老子》十六章。

⑨ 《老子》十八章。

⑩ 《老子》二十一章。

⑪ 同上。

⑫ 《老子》二十五章。

故道大。[1]

道法自然。[2]

道常无名。[3]

道常无为。[4]

反者道之动，弱者道之用。[5]

道生一。[6]

见天道。[7]

道生之。[8]

天之道，不争而善胜。[9]

综观《老子》，“道”有五种含义：

第一，混沌未分的原始状态：“有物混成”，“道之为物，惟恍惟惚”，“道生一，一生二，二生三，三生万物”。

第二，自然界的运动：“独立而不改，周行而不殆”，“大曰逝，逝曰远，远曰反”。

第三，“道”是最原始的材料：“道常无名，朴虽小，天下莫能

---

① 同上。

② 同上。

③ 《老子》三十二章。

④ 《老子》三十七章。

⑤ 《老子》四十章。

⑥ 《老子》四十二章。

⑦ 《老子》四十七章。

⑧ 《老子》五十一章。

⑨ 《老子》七十三章。

臣也”。

第四，“道”是肉眼看不见、感官不能直接感知的：“视之不见”，“听之不闻”，“搏之不得”。

第五，“道”又有事物规律的含义：“天之道”，“人之道”。

主张老子的哲学是唯物论的人，把老子的道解释为“物质实体及其规律”，把“道”概括为“物质一般”。事实上古代朴素唯物主义不能达到这样高度抽象的水平，当时人类认识还不具有相当于“物质”的概念。把近代唯物主义关于物质的概念提前到春秋末期是不对的。

老子的“道”仅仅是构成万物的原始材料的初步设想，他没有可能形成“物质一般”的认识水平。因此，老子的哲学概念中有“混沌”未分的概念。讲到“混成”，叫不出名字，谓之“无名”，谓之“朴”。

> 无名，天地之始。①
>
> 道常无名。②
>
> 无名之朴。③
>
> 朴，虽小，天下莫能臣也。④
>
> 朴散则为器。⑤

① 《老子》一章。

② 《老子》三十二章。

③ 《老子》三十七章。

④ 《老子》三十二章。

⑤ 《老子》二十八章。

镇之以无名之朴。[①]

老子对于“道”有所描述，但是不能清楚地讲明它的特点，有时用“无”“无形”“无物”“无状”这些否定性的词来描述，在中国哲学史上第一次提出作为万物之本的负概念——“无”的范畴，这都表明人类认识前进的重要里程碑。因为“无”有时又不作为空无所有的“无”来解释，而有“混沌不清”的意思，因此“无”既可以给以唯心主义的解释，也包含着以唯物主义解释的可能。这是老子的哲学后来向着相反的两个方向发展的契机。

复归于无物。[②]

是谓无状之状。[③]

无物之象。[④]

复归于无极。[⑤]

有生于无。[⑥]

大象无形。[⑦]

这个看不见的“无”“道”是产生天地万物的总根源，又叫作“大”。

① 《老子》三十七章。
② 《老子》十四章。
③ 同上。
④ 同上。
⑤ 《老子》二十八章。
⑥ 《老子》四十章。
⑦ 《老子》四十一章。

强为之名曰大。[①]

执大象，天下往。[②]

夫唯大，故似不肖。[③]

这个“道”是老子力图摆脱传统宗教的统治所提出的一个新的根据，它要比“上帝”更有权威。

老子提出的取代“上帝”的最高发言权的“道”是精神，是物质，他自己没有讲清楚。就人类认识的水平来看，他也不可能讲清楚。思维与存在的关系的问题，古代已经存在着，但古人没有明显地意识到这一点，不像后来那么清楚，古代的先进思想家只是朦胧地探索着前进的途径。思维与存在哪是第一性的这个问题，到了近代才明确起来。

老子自己没有讲清楚（这是古人的局限性），我们评论他的思想应不增不减，如实地讲清，进行历史地科学地评价，这是哲学史工作者的职责。但是我们不能代替古人改变他们学说的内容，不能替古人发挥到他们自己还没达到的地步。

由于老子的哲学确有含混的地方，所以后来对老子的理解有唯物、唯心两大支派，向相反的方向分头发挥。韩非、《淮南子》、荀子、王充代表着一条路线，《庄子》内篇、王弼等代表着又一条路线。

衡量哲学家或哲学流派的历史价值，主要看他在当时的作用，是不是推动历史前进和科学发展，而不只是看它提出的口号。我们还

① 《老子》二十五章。

② 《老子》三十五章。

③ 《老子》六十七章。

要看它是不是体现了当时人类认识所达到的先进水平。一般说来，唯物主义正确反映了人类认识，唯心主义歪曲地反映人类认识。但也有时唯心主义提出了比较深刻的问题，使认识深化，这些问题又是当时的唯物主义所无力解答的。在这种情况下，唯心主义也起着推动认识发展的作用。老子的哲学企图使人们的思想从宗教神学的束缚中获得解放，站在当时宗教神学的对立面，他的“天道自然无为”的学说，尽管还说得不够清楚，但有利于唯物主义的发展。

由于老子的“道”没有讲得明确、清晰，不够圆满，也给唯心主义留下了很多的可乘之隙。特别在认识论方面，老子不重视感觉经验，甚至认为感觉经验不但无助于认识，反而对认识有害，“其出弥远，其知弥少”④，还说“圣人不行而知”，这就堵死了认识外界事物的道路。由于他不重视感性认识，提出反经验的“玄览”的认识方法，这就给以后的唯心主义认识论开了先例。他主张“为学日益，为道日损，损之又损，以至于无为”⑤。这就是说认识“道”和求学问走着截然不同的两种道路。这样发展下去，势必把科学与哲学强行割裂。后期庄学所标榜的“堕肢体，黜聪明”的修养方法，是直接来自老子的。

只看到老子哲学的一个趋向而否认另一趋向，都不符合老子哲学的本来面貌。老子有时把“道”解释为“朴”，“朴”是待雕琢的素材。老子的哲学也是一个“朴”，有待于后人进一步发展。后来的唯物主义与唯心主义两大流派对老子思想都有所本，是发展、修正，而不能简单地说是篡改。过去我们哲学史工作者，主张乙说

④《老子》四十七章。

⑤《老子》四十八章。

的，总是说韩非继承了老子，王弼等人歪曲、篡改了老子的观点；主张甲说的，则说庄子、王弼等继承了老子的观点，韩非、王充改造了老子的观点。今天看来，这甲、乙两派都不免片面。

四、“贵柔”的辩证法思想

春秋末期由于所有制发生了变革，因而国家的兴亡、个人富贵贫贱都有了极大的变化。作为史官的老子看到不少“社稷无常奉，君臣无常位”[①]的现象，又从当时自然科学的知识中认识到自然界也是独立于人的意识之外不停地运动着。世界的总根源，无所不在的“道”，就是“独立而不改，周行而不殆”[②]的。从“道”产生的天地万物也是在变化着。他说：“天地尚不能久，而况于人乎？”[③]老子的辩证法思想是当时重大社会变革的客观辩证法的深刻反映。

老子比较系统地揭示出事物的存在是相互依存的，而不是孤立的。如列举的美丑、难易、长短、高下、前后、有无、损益、刚柔、强弱、祸福、荣辱、智愚、巧拙、大小、生死、胜败、攻守、进退、静躁、轻重等等，都是对立的统一。一方不存在，对方也就不存在。他说：“有无相生，难易相成，长短相形，高下相倾，音声相和，前后相随。”[④]矛盾统一观念的进一步明确，是当时人类认

---

① 《左传·昭公三十二年》。

② 《老子》二十五章。

③ 《老子》二十三章。

④ 《老子》二章。

识世界深化的表现。

老子概括了当时自然现象和社会现象的变化，指出事物都向着它的相反的方向变去。他说："祸兮福之所倚，福兮祸之所伏。……正复为奇，善复为妖。"[①]老子看到事物无不向着它的对立面转化这一基本规律，他说："反者道之动。"[②]老子从这一原则出发，决定了他认识世界、对待生活的态度：主张"贵柔""守雌"，反对刚强和进取。

老子通过农业生产实践，看到植物的幼苗虽然柔弱，但它能从柔弱中壮大；相反，等到壮大了，反而接近死亡。他说："草木之生也柔脆，其死也枯槁。"[③]他认为对待生活也应当这样，他说："物壮则老，是谓不道，不道早已。"[④]这是说，事物强大了，就会引起衰老，有意造成事物的强大，是违反"道"的原则的，因为这会促进它早日结束它的生命。老子说："强梁者不得其死。"[⑤]他以为最好经常处在柔弱的地位，就不会转为坚强，就可以避免走向死亡的结局。他说："兵强则灭，木强则折。"[⑥]又说："弱之胜强，柔之胜刚。"[⑦]因而他主张"曲则全，枉则直，洼则盈，敝则新，少则得，多则惑"[⑧]。这是说，委曲反能保全，屈枉反能伸直，卑下反

① 《老子》五十八章。
② 《老子》四十章。
③ 《老子》七十六章。
④ 《老子》三十章。
⑤ 《老子》四十二章。
⑥ 《老子》七十六章。
⑦ 《老子》七十八章。
⑧ 《老子》二十二章。

能充盈，敝旧反能新奇，少取反能多得，多取反而迷惑。他又说："天下莫柔弱于水，而攻坚强者莫之能胜。"[①]他教人向柔弱的水的品质学习。水看来是柔弱的，但它可以冲决一切比它坚强的东西，所以老子说："上善若水，水善利万物而不争。"[②]由于水不争，"故天下莫能与之争"[③]。这是老子的"柔弱胜刚强"的原则在生活方面的运用。他说："知其雄，守其雌。……知其白，守其黑。……知其荣，守其辱。"[④]老子虽深知什么是雄强，却安于柔雌；虽深知什么是光感，却安于暗昧；虽深知什么是光荣，却安于卑辱。

老子"贵柔""守雌"的态度和春秋末期个体小私有者的社会地位、经济地位有深切的联系。个体小私有者经济力量微弱，无权无势，他们在奴隶制下没有奴隶主那样居高临下的特权；在封建制下还是遭到剥削压榨，因而老子的辩证法带有保持自己的利益、以柔胜刚、以退为进的特点。

对待敌人，老子主张创造一些不利于敌人的条件，使他们陷于失败。他说："将欲弱之，必固强之；将欲废之，必固兴之；将欲夺之，必固与之。"[⑤]这是说，将要削弱它，必先暂时增强它；将要废毁它，必须暂时兴起它；将要夺取它，必须暂时先给它。历代统治者往往用这种方法作为对付人民的阴谋权术，历代革命的战争和民族解放斗争也往往用它作为克服顽强敌人的武器。

---

① 《老子》七十八章。

② 《老子》八章。

③ 《老子》六十六章。

④ 《老子》二十八章。

⑤ 《老子》三十六章。

老子发现了事物转化的规律，并用来反对有目的、有意志的“上帝”（“天”），是有它的积极意义的。他说：“祸兮，福之所倚；福兮，祸之所伏。孰知其极？其无正。”[①]“正”通“政”，即领导者、主宰者。他认为福与祸互相转化，没有穷尽，也没有一个主宰者。老子指出事物的变化是它自己的原因，没有主宰者，这是对的。但是他把对立面的转化看作无条件的、绝对的。老子脱离了条件讲对立面的转化，不但破坏了他自己的唯物主义原则，也影响了他的辩证法思想的正常发展。毛泽东同志说：“矛盾着的对立的双方互相斗争的结果，无不在一定条件下互相转化。在这里，条件是重要的。没有一定的条件，斗争着的双方都不会转化。”[②]老子只看到事物向它对立面转化的事实，没有注意条件在转化中的重要作用，因而在祸福、得失面前显得缩手缩脚，在变化中显得无能为力。他认为“有为”必然招致失败，有所得必然有所失，企图用消极无为的方法避免转化带出的危害。他说：“无为故无败，无执故无失。”[③]“多藏”必招致“厚亡”，为了避免“厚亡”的损失，最好不要“多藏”。强大了会带来死亡，为了避免死亡，最好不要过于强大。他看到刚强会带来挫折（“兵强则灭，木强则折”），他宁肯安于柔弱；抢先会落到后边，他宁肯居后；争荣誉会招致屈辱，他宁肯不要荣誉。他要“去甚、去奢、去泰”[④]。老子有丰富的政治生活经历，也亲身感触到奴隶主贵族是怎样由过分剥削、贪得无厌而遭到更

① 《老子》五十八章。

② 《关于正确处理人民内部矛盾的问题》，人民出版社，1957 年 6 月版，第 35 页。

③ 《老子》六十四章。

④ 《老子》二十九章。

大的失败的。老子把奴隶主阶级的衰落的经验看作生活的普遍原则。他的辩证法缺乏斗争、进取的精神，最终没有摆脱循环论的影响。

老子脱离了条件去看柔弱胜刚强的原理，因而把柔弱胜刚强抽象化、绝对化。他看到一些柔弱的事物目前虽不够强大，后来居然战胜了强大的敌人，他说：“坚强者死之徒，柔弱者生之徒。”[①]但是他没有区别垂死的、腐朽的事物的衰弱，与新生事物的柔弱在性质上的差别。事实表明，只有新生的事物才可以由柔弱转化为强大；垂死的事物的柔弱，不但不能转化为强大，前途却只有死亡。老子没有能够认识这一差别，他把强与弱，胜与败，看作循环往复的无尽过程，对于新生事物表示淡漠，采取“不敢为天下先”的保守态度。老子不能理解掌握了事物客观规律后，可以从一个胜利走向新的胜利。在老子看来，胜利后接着出现的必是失败。当时科学发展水平的局限，无论农业科学，天文科学都存在着严重的循环论的缺点，老子的辩证法也无法超出当时科学水平的局限。农民小私有者有自己的小块土地，过着自给自足的生活，也使他们容易产生安于现状，保持自己小天地的思想。他说：“祸莫大于不知足。……知足之足，常足矣。”[②]这都是老子的辩证法思想的消极因素。

老子的辩证法还不可能认识量和质的辩证关系，但模糊地初步接触到事物的量的积累可以引起性质的变化的一些观点。他说：“合抱之木，生于毫末；九层之台，起于累土。”[③]毫末（种子的萌芽）不是大树，但毫末不断发展，终于长成为合抱的大树；一堆

① 《老子》七十六章。

② 《老子》四十六章。

③ 《老子》六十四章。

土不是高台，但不断积土，可以造成九层的高台。老子还说："图难于其易，为大于其细。"[①]难和易、大和细是质的不同，但从一点一滴的细小努力做起，即可克服困难，完成巨大的工作。这都是老子对于一定的量的积累可以引起性质变化的初步认识。在生活方面，老子也有意识地运用了这一原则。他说："其安易持，其未兆易谋，其脆易泮，其微易散。"[②]在事物还稳定时，它的稳定容易维持；事物还没有显著变化的迹象时，容易打主意；事物还脆弱时，容易消融；事物还微细时，容易打散。他还说"多易必多难"[③]，把事情看得太容易，势必遭到困难。这些思想虽然还说不上已认识到质量互变的规律，但他已初步接触到了这一方面的问题，并提出了一些粗浅的在当时却是深刻的看法。

老子的辩证法也没有由低级到高级的发展观念，但也初步接触到这一方面的问题。他指出经过发展阶段的事物比前一阶段的事物表面相似，但实质上是提高了。他说："大成若缺，其用不弊。大盈若冲，其用不穷。大直若屈，大巧若拙，大辩若讷。"[④]老子指出了好似拙的大巧并不是真正的拙，好似空虚的充实并不是真正的空虚，它们都是原来的质的进一步提高后的新质。老子还说："明道若昧，进道若退，夷道若颣，上德若谷，大白若辱，广德若不足，建德若偷，质真若渝。"[⑤]这一连几个"若"字都是指的比原来阶段的质有所提高的新

① 《老子》六十三章。

② 《老子》六十四章。

③ 《老子》六十三章。

④ 《老子》四十五章。

⑤ 《老子》四十一章。

的质。老子有时用婴儿朴素天真的状态描绘有德的人，他说："含德之厚，比于赤子。"[①]这也是一种形象的比喻，他不是主张人们都退回去真正当婴儿，而是希望人们最好能够像婴儿那样纯朴。

老子的辩证法思想继承了春秋以前丰富的辩证法思想的成就，并在前人成就的基础上有所发展。它的缺点在于注重柔弱，反对进取，不敢迎接新事物，脱离了条件讲变化，没有摆脱循环论的影响。老子的辩证法还有过分强调矛盾对立面的统一性而忽视矛盾对立面的斗争性的一方面，因而包含有走向相对主义的可能。《庄子》内篇的相对主义就是沿着这条道路发展的。这些消极因素，在一定程度上妨碍了老子的朴素的辩证法的正常发展。在老子以前，中国哲学史上还没有哪一个哲学家像老子那样广泛而深刻地接触到世界的运动变化的规律。无论主张老子的哲学属于唯物主义还是唯心主义的人，都认为老子的哲学充满着辩证法。老子的哲学中一些辩证法的警句，长期流传在社会上，如"弱之胜强，柔之胜刚""强梁者不得其死""将欲取之，必固与之""祸福相倚""大巧若拙"，由此衍生出来的如"大智若愚"（由"大巧若拙"衍生）、"慢藏诲盗"（由"多藏必厚亡"衍生），几千年来已成为中国人民的精神财富。老子的辩证法用于军事学，也成为以弱胜强、避实击虚的指导原则。用在体育锻炼，中国的柔术、太极拳、导引术也都直接间接发挥着老子"贵柔""守雌"的精神，并已收到实效。

但是应当指出，老子的辩证法仍然带有原始朴素性质。它第一次揭示自然和社会普遍存在着矛盾对立的现象，却没有来得及整理成为

① 《老子》五十五章。

体系，提高到一个总的原则。后来《易传》就提出了一对矛盾变化的总范畴“阴阳”，把自然现象、社会现象都归结为“阴阳”这一对范畴之中。老子的辩证法则是分散地、零碎地列举了许多对立现象。

辩证法在我国的哲学史上有两大系统：一个流派或系统“尚柔”“主静”“贵无”，这是老子哲学开创的；一个流派或系统“尚刚”“主动”“贵有”，这是《易传》开创的。这两大流派在中国哲学史的发展中都有很大影响。由于宗法制度贯串着封建社会的全过程，《易传》是儒家的经典，因此刚健一派的辩证法体系略占优势。事实上，不论“尚柔”的辩证法还是“尚刚”的辩证法，都只是说到了事物发展的一个方面，而不是全部。刚能克柔、柔能克刚都是在一定的条件下才能实现；脱离了条件，矛盾的双方不能转化。恰恰在这个问题上，老子、《易传》的作者都没有认识到。“反者道之动，弱者道之用”，只能在一定条件下实现。老子不管条件是否具备，主张凡是好事都要变成坏事，凡是坏事都要变成好事（“正复为奇，善复为妖”），这就把问题看死了，甚至背离了辩证法。氏族公社游离出来的小生产者看不到出路和前途，他们看到了事物要变化，但又害怕变化，没有从辩证中得出积极的结论，而得到相反的结论，主张“贵弱”“守雌”，“不敢为天下先”，甚至想利用辩证法的原则来防止事物的变化。

老子提出事物的正面必然变到反面，但他看不到客观事物的多样性、复杂性以及运动变化的曲折性和螺旋式地发展，而把事物的转化看成机械重复的，也损害辩证法的全面性。他对社会上的真假、美丑、善恶等矛盾对立的社会现象，指出表面现象与实际内容未必一致。这是他看问题深刻的地方。他又把事物表面和内容的不一致看成绝对的，从而陷于武断。比如说“信言不美，美言不信；善者不辩，辩者不善；知者不博，博者不知”[①]。他认定“信言”都是“不美”的，“美言”都是“不信”的，“辩者”一定都“不善”，“善者”一定都“不辩”，这就片面了。不能说世界上真、善、美的事物永远不能统一，只能互相排斥。这就使他的辩证法思想通过他自己的体系走向形而上学。

辩证法不能脱离哲学体系。老子的哲学既有唯物主义的因素，也有唯心主义的因素。体系本身的矛盾、含混，限制了老子的辩证法的正常发展。

辩证法，不能脱离哲学家的阶级性。老子不代表先进的、有发展前途的阶级，所以老子的辩证法表现为退守、知足、维持现状、安于现状、号召“不争”，这些思想的传播与我国的长期落后，不无关系。鲁迅对于毒害广大人民几千年之久的一切腐朽思想曾进行过猛烈抨击，他对旧中国灾难深重的中华民族，“哀其不幸，怒其不争”[②]。系统地宣扬“不争”哲学并讲出一套“不争”的合理性，首推老子。

① 《老子》八十一章。

② 《摩罗诗力说》。

老子的哲学思想*
——《中国哲学史简编》1984年版第二章第四节

一、老子这个人和《老子》这部书

对于老子这个人和《老子》这部书，在学术界向来有不同的意见。

有一派认为《老子》一书是老聃遗说的发挥。老聃确在孔子之先。主此说者最早为马叙伦、张煦、唐兰、郭沫若、吕振羽、高亨和苏联学者杨兴顺等。

我们基本上同意这一派的意见，并且提出我们的几点看法：

第一，在先秦的典籍中，如《老子》《荀子》《韩非子》《吕氏春秋》及《墨子》佚文中都不曾怀疑过老子这个人和他的学说的关系，以上这些不同的学派都从不同角度描绘着一个思想面貌的轮廓大致相同的老子。他们所描绘的老子学说与《老子》书的基本思

* 据任继愈主编：《中国哲学史简简编》，人民出版社，1984 年 10 月第2版。

想是符合的。可以清楚地看到，战国中期以后，诸子受到老子哲学思想的深刻影响。只是到了汉初，才开始把老聃、李耳、太史儋三人的关系弄混了，以致时代先后相差两百多年，连老子这个人的存在也变得模糊起来。

第二，《老子》的成书是经过一段时间的。先秦的典籍很少由个人执笔写成，而是由各学派的门徒不断地发展、补充，经过若干年代才成为“定本”。这一补充和发展的时间可以长达一二百年以至几百年以上。像《周易》的形成至少经过五百年甚至更长的时间，《墨子》的《墨经》与墨翟的时代也有一百多年的间隔，《管子》一书包含了从春秋到汉初的思想，《孙子兵法》也是长期结集成书的。此外，很少受到怀疑的《论语》《荀子》《韩非子》书中也都夹杂着汉儒所增补的材料，但并不能因此否认孔、墨、荀、韩诸哲学家是他们的书的基本思想的奠基人。《老子》书也不应例外。我们不能因为其中发现个别地方有战国时代思想的一些迹象，就把全书的时代转到最后。

第三，《老子》书中有些思想在老子以前就已相当流行。如“无为”“贵柔”、不信“天命”的思想，在春秋时期已具备雏形，只是还没有概括为哲学的普遍原则。

因此，我们认为，《老子》书中如反对仁义、反对法令的一些思想可能晚出。但老子的天道观（也就是老子哲学的基本部分）是老子本人的思想，“贵柔”、反对战争和辩证法思想也是老子本人的思想，“小国寡民”的政治理想也接近老子本人的思想。这个看法是从先秦诸子由不同角度所描绘的老子的精神面貌综合概括出来的。

二、老子代表哪个阶级

春秋后半期，世袭贵族制逐渐破坏，多数小国被大国吞并，这些小国的贵族，一部分降为皂隶，大部分变为大国的庶民，取得自由民的身份。再加上原有的自由民农民及小生产者，以及从农奴解放出来的一部分自耕农，自由民阶层逐渐在扩大，成为社会上一个相当巨大的力量。如果不是在这样巨大的变革的时代，老子、墨子这些思想家是不会出现的，因为他们所代表的阶级在政治上是没有发言权的。像《老子》这部书就部分地，而不是全部地，反映了农民和小私有者的要求。由于小生产者的经济特点，使他们“不敢为天下先”，他们“贵柔”，不与人争强斗胜，怕冒险，怕冒尖，他们有自给自足的经济，总希望政府对他们不干涉或少干涉。他们反对工商业者对他们的剥削，所以“不贵难得之货”。他们还直接参加了些生产劳动，他们也是被剥削的对象，因此，不相信统治阶级对人民进行的欺骗宣传。当时一般农民不可能学到文化知识，像老子这样由贵族下降的隐士，有条件说出自己的要求和希望。

同时也应看到，老子以及和老子情况相类的隐士，与当时真正的农民之间还有一定程度的差别。《老子》书中责骂统治者，表现了反压迫、反剥削、爱自由的进步要求。但这种进步有它的阶级局限性，所以在社会观、历史观方面，他又是保守的，甚至有些是反动的。历史向着老子所不愿走的一条道路进行着。这是老子思想的悲剧。

春秋末期，社会已起了阶级分化。新兴的封建地主阶级刚刚露面，奴隶制已开始崩溃，旧贵族的统治已经动摇。这时，各个阶级、各个阶层都引起了震动。孔子代表奴隶主阶级势力，但他具有在某些方面进行改良的思想，因此，一方面要保存旧的制度，一方面又要向新的力量做些妥协。孟子、荀子这一派的儒家站在新兴地主立场，发展了进步的倾向。墨子代表新兴自由手工业者、农民、小私有者的利益和要求。法家中商鞅、吴起、韩非等人，虽然出身于旧贵族，但他们在政治上反映由军功上升的新兴地主阶级，所以他们特别反对无功而富贵、靠宗法血缘关系维持其既得利益的旧贵族，强调国君以外，一律受法律的约束。这是从下面涌现出来的地主阶级。所以孔、孟、荀都讲“礼”，讲宗法等级制度；而商鞅、韩非只讲“法”，与“礼”表示决绝。老子代表的是另一部分群众。他们多半是由贵族下降为农民的，他们当前身份是小生产者、自由农民，同时还带着原来出身的阶级烙印，因而在老子的政治思想、社会思想中不免充满着矛盾：一方面提供了一些统治人民的愚民政策，另一方面又对当时的统治者的残酷剥削提出抗议和控诉。如果只看重《老子》书中消极、倒退、愚民的一些内容，就容易把老子说成是没落贵族的思想家；如果只看重《老子》书中反抗压迫、反抗剥削的一些思想，就容易把老子说成农民思想的代言人。现在有些人偏在前一看法，我个人以前偏在后一看法。双方恐怕都有些片面。

老子的朴素的唯物主义思想，固然和当时的天文学、自然科学有关，也和老子这一派人未曾完全脱离生产劳动的现实生活有关。和老子所属的江南多水地区的荆楚文化有关，老子经常用水的品质来比喻自然力量的伟大，比喻人类高尚品质（七十八章：“天下莫柔弱于水，而攻坚强者莫之能胜。”八章：“上善若水。”）。

也正是由于老子的哲学思想带着他的旧贵族的烙印，他的辩证法思想和唯物主义思想不可避免地有严重的弱点。他的辩证法表现为不敢迎接矛盾，片面夸大了柔弱的作用；他的唯物主义也不明确。

老子为了反对当时的剥削制度，从而反对一切社会制度；为了反对剥削阶级的文化，从而反对一切文化；为了反对欺诈和不信任，从而反对一切知识。这是老子的错误所在。老子提出的解决方案错了，却不能说老子对不合理现象的攻击也错了。有些研究老子的学者似乎过于看重老子说错了的方案，忽视了老子对不合理社会现象的攻击中的正确部分。

《老子》书中以最激烈的言辞，抨击阶级社会带来的弊端，反对忠孝，抨击仁慈，鄙薄礼义，诅咒战争，向往“小国寡民”的社会。过去学术界认为老子主张倒退。春秋战国时期，宣扬复古的不止老子一家。但是同样的复古，孔子主张回到西周，墨子主张回到夏禹，老子主张回到结绳而治，后来的黄老学派主张回到黄帝，他们的政治主张和他们所代表的阶级利益是息息相关的。

老子看到在变革中产生的新生活方式并没有给下层带来多少幸福，倒是随着新的文明给人们带来不少新的灾难。新的生产方式、新的租税制度（奴隶制不要租税）给人们带来饥饿，“民之饥，以其上食税之多，是以饥。民之难治，以其上之有为，是以难治”[①]。他对当时统治者不顾人民死活，过着越来越奢侈的生活，提出批判，他说：

① 《老子》七十五章。

朝甚除，田甚芜，仓甚虚。服文采，带利剑，厌饮食，财货有余；是谓盗竽[①]。

这是说，由于贵族们贪得无厌，才使人民生活困苦，社会秩序混乱。老子从小私有者的立场，反对商业带来的经济上的剥削，以及由此引起的争夺。他反对商品经济，“不贵难得之货”[②]。马克思说：

一方面，高利贷对于古代的和封建的财富，对于古代的和封建的所有制，发生破坏和解体的作用。另一方面，它又破坏和毁灭小农民和小市民的生产，总之，破坏和毁灭生产者仍然是自己的生产资料的所有者的一切形式。[③]

马克思论证的是欧洲古代奴隶制和封建制的社会，但他揭示的基本原则也适用于中国古代的封建社会。商品经济、高利贷者给小生产者没有带来什么好处，这是显而易见的。

因为老子思想带有氏族公社的某些烙印，他对原始社会的平等、平均制度有着深切怀恋。他提出了反对剥削的平均主义思想。他认为“天之道”本来是“损有余而补不足”，但当时的“人之道”却相反，“损不足以奉有余”[④]，这是极不合理的，他认为应该向“天之道”学习。老子所描绘的理想社会是：

小国寡民。使有什伯之器而不用，使民重死而不远徙。

① 《老子》五十三章。

② 《老子》六十四章。

③ 马克思：《资本论》第三卷，《马克思恩格斯全集》第二十五卷，第 674 页。

④ 《老子》七十七章。

> 虽有舟舆，无所乘之。虽有甲兵，无所陈之。使民复结绳而用之。甘其食，美其服，安其居，乐其俗。邻国相望，鸡犬之声相闻，民至老死不相往来①。

老子理想的社会中也有统治者与被统治者，他认为统治者应当行“无为之治”，不要过多地干涉老百姓。他说：“我无为而民自化，……我无事而民自富。”②有领导而不干涉，有君主而不压迫，这种关系就像“天道”与万物的关系那样，“生而不有，为而不恃，长而不宰”③。

老子也和古代小私有者一样，幻想有“圣人”出来实行他的理想，这种“圣人”虽然处在领导地位，人民拥护他而不感到是负担，“圣人处上而民不重，处前而民不害，是以天下乐推而不厌”④。

老子反对剥削者的文化，有他进步的一面，但他不加分别地反对一切文化，认为文化本身就是社会混乱的根源，主张“绝圣弃智”才能“民利百倍”，因而认为“圣人”治国，“非以明民，将以愚之”⑤。他作为周王朝史官，亲身看到西周以来礼乐文化制度给人们带来了自私、欺诈的不道德行为，而且这种言行背离，说的一套，做的又是一套，正是来源周王朝贵族最高统治者集团。他发出这种愤世嫉俗的呼声，完全是可以理解的。正如唐朝的史官刘知

① 《老子》八十章。

② 《老子》五十七章。

③ 《老子》十章。

④ 《老子》六十六章。

⑤ 《老子》六十五章。

几，身居宫廷，历事四朝，任史官达三十年，对剥削阶级的明争暗斗、互相倾轧的黑暗内幕感受较深，他敢于怀疑尧舜禅让的美好传说，不相信桀纣亡国之君被描绘得那样坏。

我们也应当指出，老子的朴素善良的愿望有合理因素，但也有它幻想的不正确的一面。“结绳而用之”的社会，固然人不剥削人，但是这种社会不能使人们“甘其食，美其服”。这种理想只能是空想。老子是中国哲学史上抨击剥削制度不合理并有较为系统的言论的第一个思想家。他的意义重大，尽管他的方案是错的，他对后来的进步思想家、空想的社会改革家有着深远的影响。

老子的哲学思想，两千多年来在中国封建社会是成为唯一可以与孔子学派相抗衡的最大思想流派。老子哲学也和孔子学派的遭遇一样，被统治者所利用、改造，但发展的情况有所不同。孔子被奉为儒教的教主，老子被奉为道教的教主。由于老子哲学中有反剥削、平均主义思想，曾为早期道教所借用，成为农民革命的思想武器，与农民运动有一段因缘。而孔子始终是帝王治国平天下的导师，他的思想积极维护地主阶级对农民的剥削压迫，因而很少被农民运动所采纳。而当农民起义成为燎原之势时，孔子的儒家思想便失去羁縻社会的作用。

三、老子的哲学是唯物主义还是唯心主义

本书作者的四卷本哲学史曾主张老子是唯物主义者。1973年作者的《中国哲学史简编》发现主张老子是唯物主义有困难，改变

了观点。今天看来，主张老子是唯物主义或唯心主义都有一定的根据，但根据不充分。双方都把老子的思想说过了头，超出了老子时代（春秋）的人们的认识水平。

唯物与唯心是两种截然对立的世界观、两种体系，是不可调和的。正如科学与宗教两种体系不能共处，但科学与宗教两种思想确实可以同时存在于同一个人的头脑里。

那么，老子哲学到底是唯物主义还是唯心主义？这个问题还可以继续争论。但必须看到老子的哲学本身确有不清楚的地方。我们的任务之一就是要把古人（老子也在内）确实不清楚的哲学思想，清清楚楚地解说明白，指出不清楚的所在和原因，这是研究古代哲学家思想的必要的前提。

这样做，是不是不要划分唯心、唯物主义阵营了？是不是说唯心主义与唯物主义永远划不清楚呢？当然不是。评价哲学家的历史作用，首先要看他在当时的斗争中起了什么作用，有利于科学还是有利于宗教，是促进人类认识的前进，还是相反。只要放在当时的历史条件下来考察，是可以做出科学判断的。只要不把老子现代化、绝对化，我们今天的认识就会超出前人的水平。

对于《老子》书中道的理解，从哲学史看有不同的两大派。以韩非、《淮南子》、王充为代表的唯物主义者，从唯物主义观点去理解老子。汉代的黄老学派，基本上属于这一系统。黄老学派讲老子的哲学时，强调他的“无为而治”，也强调法治，强调不争也强调战争。老子与韩非同传，并非司马迁分类不当，它代表汉初人对黄老之学的一般理解。如汉初张良受黄石公兵书，以柔克刚，得老子用兵处世之道。从唯心主义观点去理解老子的也有它的渊源，以后期庄学为代表。后期庄学历经汉魏，何晏、王弼等人加以发挥，从唯心主义的观点阐发老子的哲学，蔚为大宗，对后世影响极大。因为《老子》书中确实有含混不清的概念和字句，对这些含混不清的地方可以做出不同的解释。老子哲学究竟是唯物主义的，还是唯心主义的？按照这种打破砂锅问到底的方式去追问，是不会有真正的结果的。因为历史已成定局，它就是那个样子，不能改变了。按照人类认识发展的规律来探索，老子的哲学还不足以达到一种明确的结论。从不明确到明确需要一个过程。这种情况，并不是老子一家如此。我们也不能因此就对老子的哲学体系束手无策，任其含混不清。我们的方法是把老子的哲学思想放在当时的具体历史环境中去考察，看它在思想斗争中处在什么地位，与什么思想为敌，对当时的社会发展、科学进步起着什么性质的作用。通过作用来评价其地位，就容易看清楚老子哲学的性质。

从人类认识史的角度看春秋时期的思想斗争，可以发现奴隶制度的崩溃和封建制度的形成在当时是头等大事。社会上的大变革，促使思想界的大混乱。旧秩序破坏了，新事物在生长。我国历史上文化思想上的大变革，就它剧烈程度而言，只有“五四”新文化运动和解放后的思想大解放可以和它相比。这三次文化思想大变革都标志着社会发展阶段的飞跃。划时代的社会发展阶段，决定了划时代的文化思想的变革。

关于中国封建社会与奴隶社会的分期问题，史学界有种种说法，都能言之成理、持之有故。我们从思想文化变化之深刻剧烈的程度看，从西周到“五四”以前，三千年来，没有超过春秋战国之交的。秦汉之际也是个大变革，那只是政治上的统一，是战国形势的继续。魏晋时期也是一个变革，那只是农民起义失败后，封建制度的进一步发展。主张西周封建论者，没有说明为什么社会制度变了，反倒没有深刻剧烈的文化思想的变革。

春秋末期的社会变革主要表现在哪些方面？大略可以从四个方面来看。第一，政治上周天子已失去统率天下的权势，奴隶制的等级制遭到破坏，诸侯僭越，大夫横恣。第二，经济上赋税制度改变，意味着奴隶制的所有制向封建的所有制过渡，出现了不贵而富的新兴阶级。反映新兴阶级利益的法律也跟着改变，有所谓刑书、刑鼎的出现。第三，社会生活的旧观念、旧行为准则变了。上下尊卑、君臣、父子的牢固关系已破裂，不能维持，父不慈、子不孝，臣弑君、子弑父的事变史不绝书。第四，天道观变了，人们怨天恨天的思想活跃起来，以致肆无忌惮。这四方面的变革都是奴隶制崩溃、封建制降临的反映。面对这种大的变革，迫使许多伟大的思想家进行深刻的思考。当然思考也要受思想家们所属阶级利害的制约。

上述四个方面的变革，天道观的争论是先秦哲学史上的一个中心问题。哲学史要阐明唯心主义与唯物主义斗争的表现形式、发展过程及其规律。中国哲学史在先秦则主要是透过天道观来表现其唯心主义和唯物主义的。天道观虽讲的是“天道”，但它和当时的阶级斗争、政治生活、科学发展息息相关，而不是由少数人的兴趣，随便提出来的。先秦时期，关于宇宙起源、发展、变化的中心问题是天道观；关于社会政治生活方面的中心问题是“礼”与“法”。天道观已经成为所有先秦哲学家都要对它表明态度的一个问题。除了《老子》书，孔子、墨子、孟子、荀子、韩非都严肃地对天道观问题表示了他们的意见，反复申述。其中有从唯物主义观点出发的，也有从唯心主义观点出发的；有从自然科学、生产斗争的总结中提出问题的，也有从宗教迷信观点提出问题的。

天道观不同于今天人们了解的世界观，它的范围比世界观小，天道观主要讲天地万物生成变化的原理。中国哲学前进的道路和西方古代哲学所经历的差不多。西方古代哲学也是从他们的天道观开始的。古希腊哲学家探寻世界万物生成、变化、发展的原因，根据他们所做出的不同的解释，区分为唯物主义阵营与唯心主义阵营。至于认识论、方法论，虽说古已有之，只有到了近代才提到了突出的地位。到了资本主义社会，有了大工业生产，有了近代科学，才能深刻地揭示主观与客观的相互关系。不但西方如此，印度古代哲学也是从他们的天道观开始的。这可能是人类认识世界的必要过程，总是先注意到“身外之物”，然后再认识自己。古代哲学相当于人类认识世界幼年时期，幼年儿童也是先认识周围外界，然后才认识自己。儿童的认识先从他的保育者开始（父、母或其他人），随后认识所接触的环境，最后才意识到自己（“我”）。

只就老子的天道观这个问题来看，老子的学说是进步的，因为它客观上打击了“天道有知”的宗教迷信思想。“天”有意志，能赏罚，这是阶级社会的宗教加给神的特权。在原始社会里，神只是为人群造福，而不管赏功罚罪。赏功罚罪是有了国家以后所体现的统治阶级的意志。在老子的哲学里，“天”不具有人格，它只是一种自然状态。“天”不过是万物中之一物，是万物中的最广大的一种客观存在。最根本的存在，构成万物的原始材料，老子叫作“道”。老子的“道”，在五千言中共出现过七十四次。为了叙述方便，先把《老子》关于“道”的重要表述列在下面：

道可道，非常道。[①]

道冲而用之或不盈。[②]

故几于道。[③]

功成身退，天之道也。[④]

执古之道。[⑤]

是谓道纪。[⑥]

保此道者不欲盈。[⑦]

天乃道，道乃久。[⑧]

大道废。[⑨]

惟道是从。[⑩]

道之为物。[⑪]

字之曰道。[⑫]

---

① 《老子》一章。

② 《老子》四章。

③ 《老子》八章。

④ 《老子》九章。

⑤ 《老子》十四章。

⑥ 同上。

⑦ 《老子》十五章。

⑧ 《老子》十六章。

⑨ 《老子》十八章。

⑩ 《老子》二十一章。

⑪ 同上。

⑫ 《老子》二十五章。

故道大。[①]

道法自然。[②]

道常无名。[③]

道常无为。[④]

反者道之动，弱者道之用。[⑤]

道生一。[⑥]

见天道。[⑦]

道生之。[⑧]

天之道，不争而善胜。[⑨]

综观《老子》，“道”有五种含义：

第一，混沌未分的原始状态：“有物混成”，“道之为物，惟恍惟惚”，“道生一，一生二，二生三，三生万物”。

第二，自然界的运动：“独立而不改，周行而不殆”，“大曰逝，逝曰远，远曰反”。

第三，“道”是最原始的材料：“道常无名，朴虽小，天下莫

---

① 《老子》二十五章。

② 同上。

③ 《老子》三十二章。

④ 《老子》三十七章。

⑤ 《老子》四十章。

⑥ 《老子》四十二章。

⑦ 《老子》四十七章。

⑧ 《老子》五十一章。

⑨ 《老子》七十三章。

能臣也”。

第四，“道”是肉眼看不见，感官不能直接感知的：“视之不见”，“听之不闻”，“搏之不得。”

第五，“道”又有事物规律的含义：“天之道”，“人之道”。

主张老子的哲学是唯物论的人，把老子的“道”解释为“物质实体及其规律”，把“道”概括为“物质一般”。事实上古代朴素唯物主义不能达到这样高度抽象的水平，当时人类认识还不具有相当于“物质”的概念。把近代唯物主义关于物质的概念提前到春秋末期，是不对的。

老子的“道”仅仅是构成万物的原始材料的初步设想，他没有可能形成“物质一般”的认识水平。因此，老子的哲学概念中有“混沌”未分的概念。讲到“混成”，叫不出名字，谓之“无名”，谓之“朴”。

> 无名，天地之始。①
> 道常无名。②
> 无名之朴。③
> 朴，虽小，天下莫能臣也。④
> 朴散则为器。⑤

① 《老子》一章。

② 《老子》三十二章。

③ 《老子》三十七章。

④ 《老子》三十二章。

⑤ 《老子》二十八章。

镇之以无名之朴。[①]

老子对于“道”有所描述，但是不能清楚地讲明它的特点，有时用“无”“无形”“无物”“无状”这些否定性的词来描述，在中国哲学史上第一次作为万物之本的负概念——“无”的范畴，这都表明人类认识前进的重要里程碑。“无”既可以给以唯物主义的解释，也包含着以唯心主义解释的可能。这是老子的哲学后来向着相反的两个方向发展的契机。

复归于无物。[②]
是谓无状之状。[③]
无物之象。[④]
复归于无极。[⑤]
有生于无。[⑥]大象无形。[⑦]

这个看不见的“无”“道”是产生天地万物的总根源，又叫作“大”。

强为之名曰大。[⑧]

① 《老子》三十七章。
② 《老子》十四章。
③ 同上。
④ 同上。
⑤ 《老子》二十八章。
⑥ 《老子》四十章。
⑦ 《老子》四十一章。
⑧ 《老子》二十五章。

执大象，天下往。[①]

夫唯大，故似不肖。[②]

这个“道”是老子力图摆脱传统宗教的统治所提出的一个新的根据，它要比上帝更有权威。

老子提出的取代“上帝”的最高发言权的“道”，是精神，是物质，他自己没有讲清楚。就人类认识的水平来看，他也不可能讲清楚。思维与存在的关系的问题，古代已经存在着，但古人没有明显地意识到这一点，不像后来那么清楚。古代的先进思想家只是蒙眬地探索着前进的途径。思维与存在哪是第一性的这个问题，到了近代才明确起来。

老子自己没有讲清楚（这是古人的局限性），我们评论他的思想应不增不减，如实地讲清，这是哲学史工作者的职责。但是我们不能代替古人讲他们自己所不知道的东西，不能替古人发挥到他们自己还没达到的地步。

我们要清清楚楚地把古人的糊涂思想讲出来并加以科学的分析，指出古人为什么在这个问题上糊涂了，失足之处何在。而不允许把老子说成春秋时期的黑格尔或斯宾诺莎。

由于老子的哲学确有含混的地方，所以后来对老子的理解有唯物、唯心两大支派，向相反的方向分头发挥。韩非、《淮南》、荀子、王充代表着一条路线，《庄子》内篇、王弼等代表着又一条路线。

衡量哲学家或哲学流派的历史价值，主要看他在当时的作用。

---

① 《老子》三十五章。

② 《老子》六十七章。

是不是推动历史前进和科学发展，而不只是看他提出的口号。我们还要看它是不是体现了当时人类认识所达到的先进水平。一般说来，唯物主义正确反映了人类认识，唯心主义歪曲地反映人类认识。但也有时唯心主义提出了比较深刻的问题，使认识深化，这些问题又是当时的唯物主义所无力解答的。在这种情况下，唯心主义也起着推动认识发展的作用。老子的哲学企图使人们的思想从宗教神学的束缚中获得解放，站在当时宗教神学的对立面，他的“天道自然无为”的学说，尽管还说得不够清楚，但有利于唯物主义的发展。

由于老子的“道”没有讲得明确、清晰，不够圆满，也给唯心主义留下了很多的可乘之隙。特别在认识论方面，老子不重视感觉经验，甚至认为感觉经验不但无助于认识，反而对认识有害，“其出弥远，其知弥少”[①]，还说“圣人不行而知”，这就堵死了认识外界事物的道路。由于他不重视感性认识，提出反经验的“玄览”的认识方法，这就给以后的唯心主义认识论开了先例。他主张“为学日益，为道日损，损之又损，以至于无为”[②]。这就是说认识“道”和求学问走着截然不同的两种道路。这样发展下去，势必把科学与哲学强行割裂。后期庄学所标榜的“隳肢体，黜聪明”的哲学修养方法是直接来自老子的。

老子的哲学本身包含着向唯物主义和唯心主义发展的两种可能趋向。只看到老子哲学的一个趋向而否认另一趋向，都不符合老子哲学的本来面貌，老子有时把“道”解释为“朴”，“朴”是待雕琢的素材。老子的哲学也是一个“朴”，有待于后人进一步发展。

① 《老子》四十七章。

② 《老子》四十八章。

老子的哲学后来分为唯物主义与唯心主义两大流派，都有所本，是发展、修正，而不能简单地说是篡改了老子的原义。过去我们哲学史工作者，主张乙说的，总是说韩非继承了老子，王弼等人歪曲、篡改了老子的观点；主张甲说的，则说庄子、王弼等继承了老子的观点，韩非、王充改造了老子的观点。今天看来，这甲、乙两派都不免片面。像老子哲学的这种内在矛盾的现象，在先秦哲学史上不是个别的。墨子的哲学也有这种内在的矛盾，使它不得不分化。《周易》的思想也是这样。孔子的“仁”也是这样，他没有讲清楚，这给后来儒家各派留下了各自发展他们认为孔门真传的机会。古人对世界的认识经历了曲折的道路，犯过各种错误。唯物主义的体系中有唯心主义的因素，唯心主义体系中有唯物主义因素，不是“一刀切”的，我们研究古人的哲学，也要避免“一刀切”。

四、老子的“贵柔”的辩证法思想

春秋末期由于所有制发生了变革，因而国家的兴亡、个人富贵贫贱都有了极大的变化。作为史官的老子看到不少“社稷无常奉，君臣无常位”[①]的现象，又从当时自然科学的知识中认识到自然界也是独立于人的意识之外不停地运动着。世界的总根源，无所不在的“道”，就是“独立而不改，周行而不殆”[②]的。从“道”产生的天

① 《左传·昭公三十二年》。

② 《老子》二十五章。

地万物也是在变化着。他说："天地尚不能久，而况于人乎？"[1]老子的辩证法思想是当时重大社会变革的客观辩证法的深刻反映。

老子比较系统地揭示出事物的存在是相互依存的，而不是孤立的。如美丑、难易、长短、高下、前后、有无、损益、刚柔、强弱、祸福、荣辱、智愚、巧拙、大小、生死、胜败、攻守、进退、静躁、轻重等等，都是对立的统一。一方不存在，对方也就不存在。他说："有无相生，难易相成，长短相形，高下相倾，音声相和，前后相随。"[2]矛盾统一观念的进一步明确，是当时人类认识世界深化的表现。

老子概括了当时自然现象和社会现象的变化，指出事物都向着它的相反的方向变去。他说："祸兮，福之所倚；福兮，祸之所伏。……正复为奇，善复为妖。"[3]老子看到事物无不向着它的对立面转化这一基本规律，他说："反者道之动。"[4]老子从这一原则出发，决定了他认识世界、对待生活的态度：主张"贵柔""守雌"，反对刚强和进取。

老子通过农业生产实践，看到植物的幼苗虽然柔弱，但它能从柔弱中壮大；相反，等到壮大了，反而接近死亡。他说："草木之生也柔脆，其死也枯槁。"[5]他认为对待生活也应当这样，他说"物壮则老，是谓不道，不道早已。"[6]这是说，事物强大了，就会引起

① 《老子》三十二章。

② 《老子》二章。

③ 《老子》五十八章。

④ 《老子》四十章。

⑤ 《老子》七十六章。

⑥ 《老子》三十章。

衰老，有意造成事物的强大，是违反道的原则的，因为这会促进它早日结束它的生命。老子说：“强梁者不得其死。”①他以为最好经常处在柔弱的地位，就不会转为坚强，就可以避免走向死亡的结局。他说：“兵强则灭，木强则折。”②又说：“弱之胜强，柔之胜刚。”③因而他主张“曲则全，枉则直，洼则盈，敝则新，少则得，多则惑”④。这是说，委曲反能保全，屈枉反能伸直，卑下反能充盈，敝旧反能新奇，少取反能多得，多取反而迷惑。他又说：“天下莫柔弱于水，而攻坚强者莫之能胜。”⑤他教人向柔弱的水的品质学习。水看来是柔弱的，但它可以冲决一切比它坚强的东西，所以老子说：“上善若水，水善利万物而不争。”⑥由于水“不争”，“故天下莫能与之争”⑦。这是老子的“柔弱胜刚强”的原则在生活方面的运用。他说：“知其雄，守其雌。……知其白，守其黑。……知其荣，守其辱。”⑧老子虽深知什么是雄强，却安于柔雌；虽深知什么是光彩，却安于暗昧；虽深知什么是光荣，却安于卑辱。

老子“贵柔”“守雌”的态度和春秋末期个体小私有者的社会地位、经济地位有深切的联系。个体小私有者经济力量微弱，无权

① 《老子》四十二章。

② 《老子》七十六章。

③ 《老子》七十八章。

④ 《老子》二十二章。

⑤ 《老子》七十八章。

⑥ 《老子》八章。

⑦ 《老子》六十六章。

⑧ 《老子》二十八章。

无势，他们在奴隶制下没有奴隶主那样居高临下的特权，在封建制下还是遭到剥削压榨，因而老子的辩证法带有保持自己的利益、以柔胜刚、以退为进的特点。

对待敌人，老子主张创造一些不利于敌人的条件，使他们陷于不利。他说："将欲弱之，必固强之；将欲废之，必固兴之；将欲夺之，必固与之。"[①]这是说，将要削弱它，必先暂时增强它；将要废毁它，必须暂时兴起它；将要夺取它，必须暂时先给它。历代统治者往往用这种方法作为对付人民的阴谋权术，历代革命的战争和民族解放斗争也往往用它作为克服顽强敌人的武器。

老子发现了事物转化的规律，并用来反对有目的、有意志的"上帝"（"天"），是有它的积极意义的。他说："祸兮，福之所倚；福兮，祸之所伏。孰知其极？其无正。"[②]"正"通"政"，即领导者，主宰者。他认为福与祸互相转化，没有穷尽，也没有一个主宰者。老子指出事物的变化是它自己的原因，没有主宰者，这是对的。但是他把对立面的转化看作无条件的、绝对的。老子脱离了条件讲对立面的转化，不但破坏了他自己的唯物主义原则，也影响了他的辩证法思想的正常发展。毛泽东同志说："矛盾着的对立的双方互相斗争的结果，无不在一定条件下互相转化。在这里，条件是重要的。没有一定的条件，斗争着的双方都不会转化。"[③]老子只看到事物向它对立面转化的事实，没有注意条件在转化中的重要作用，因

---

① 《老子》三十六章。

② 《老子》五十八章。

③ 《关于正确处理人民内部矛盾的问题》，人民出版社，1957年6月版，第35页。

而在祸福、得失面前显得缩手缩脚，在变化中显得无能为力。他认为“有为”必然招致失败，有所得必然有所失，企图用消极无为的方法避免转化带出的危害。他说：“无为故无败，无执故无失。”[①]“多藏”必招致“厚亡”，为了避免“厚亡”的损失，最好不要“多藏”。强大了会带来死亡，为了避免死亡，最好不要过于强大。他看到刚强会带来挫折（“兵强则灭，木强则折”），他宁肯安于柔弱；抢先会落到后边，他宁肯居后；争荣誉会招致屈辱，他宁肯不要荣誉。他要“去甚、去奢、去泰”[②]。老子有丰富的政治生活经历，也亲身感触到奴隶主贵族是怎样由过分剥削、贪得无厌而遭到更大的失败的。老子把奴隶主阶级的衰落的经验看作生活的普遍原则。他的辩证法缺乏斗争、进取的精神，最终没有摆脱循环论的影响。

老子脱离了条件去看柔弱胜刚强的原理，因而把柔弱胜刚强抽象化、绝对化。他看到一些柔弱的事物目前虽不够强大，后来居然战胜了强大的敌人，他说：“坚强者死之徒，柔弱者生之徒。”[③]但是他没有区别垂死的、腐朽的事物的衰弱，与新生事物的柔弱在性质上的差别。事实表明，只有新生的事物才可以由柔弱转化为强大；垂死的事物的柔弱，不但不能转化为强大，前途却只有死亡。老子没有能够认识这一差别，他把强与弱、胜与败看作循环往复的无尽过程，对于新生事物表示淡漠，采取“不敢为天下先”的保守态度。老子不能理解掌握了事物的客观规律后，可以从一个胜利走向新的胜利。在老子看来，胜利后接着出现的必是失败。当时科学水平发展的

① 《老子》六十四章。

② 《老子》二十九章。

③ 《老子》七十六章。

局限，无论农业科学、天文科学都存在着严重的循环论的缺点，老子的辩证法也无法超出当时科学水平的局限。农民小私有者有自己的小块土地，过着自给自足的生活，也使他们容易产生安于现状，保持自己小天地的思想。他说："祸莫大于不知足。……知足之足，常足矣。"[①]这都是老子的辩证法思想的消极因素。

老子的辩证法还不可能认识量和质的辩证关系，但模糊地初步接触到事物的量的积累可以引起性质的变化的一些观点。他说："合抱之木，生于毫末；九层之台，起于累土。"[②]毫末（种子的萌芽）不是大树，但毫末不断发展，终于长成为合抱的大树；一堆土不是高台，但不断积土，可以造成九层的高台。老子还说："图难于其易，为大于其细。"[③]难和易、大和细是质的不同，但从一点一滴的细小努力做起，即可克服困难，完成巨大的工作。这都是老子对于一定的量的积累可以引起性质变化的初步认识。在生活方面，老子也有意识地运用了这一原则。他说："其安易持，其未兆易谋，其脆易泮，其微易散。"[④]在事物还稳定时，它的稳定容易维持；事物还没有显著变化的迹象时，容易打主意；事物还脆弱时，容易消融；事物还微细时，容易打散。他还说："多易必多难。"[⑤]把事物看得太容易，势必遭到困难。这些思想虽然还说不上已认识到质量互变的规律，但他已初步接触到了这一方面的问题，并提出

① 《老子》四十六章。

② 《老子》六十四章。

③ 《老子》六十三章。

④ 《老子》六十四章。

⑤ 《老子》六十三章。

了一些粗浅的在当时却是深刻的看法。

老子的辩证法也没有由低级到高级的发展观念，但也初步接触到这一方面的问题。他指出经过发展阶段的事物比前一阶段的事物表面相似，但实质上是提高了。他说："大成若缺，其用不弊。大盈若冲，其用不穷。大直若屈，大巧若拙，大辩若讷。"[①]老子指出了好似拙的大巧并不是真正的拙，好似空虚的充足并不是真正的空虚，它们都是原来的质的进一步提高后的新质。老子还说："明道若昧，进道若退，夷道若颣，上德若谷，大白若辱，广德若不足，建德若偷，质真若渝。"[②]这一连几个"若"字都是指的比原来阶段的质有所提高的新的质。老子有时用婴儿朴素天真的状态描绘有德的人，他说："含德之厚，比于赤子。"[③]这也是一种形象的比喻，他不是主张人们都退回去真正当婴儿，而是希望人们最好能够像婴儿那样纯朴。

老子的辩证法思想继承了春秋以前丰富的辩证法思想的成就，并在前人成就的基础上有所发展。它的缺点在于注重柔弱，反对进取，不敢迎接新事物；脱离了条件讲变化，没有摆脱循环论的影响。老子的辩证法还有过分强调矛盾对立面的统一性而忽视矛盾对立面的斗争性的一方面，因而包含有走向相对主义的可能。庄子的相对主义哲学体系就是沿着这条道路发展的。这些消极因素，在一定程度上妨碍了老子的朴素的辩证法的正常发展。

在老子以前，中国哲学史上还没有哪一个哲学家像老子那样广

---

① 《老子》四十五章。

② 《老子》四十一章。

③ 《老子》五十五章。

泛而深刻地接触到世界的运动变化的规律。无论主张老子的哲学属于唯物主义还是唯心主义的人，都认为老子的哲学充满着辩证法。老子的哲学中一些辩证法的警句，长期流传在社会上，如“弱之胜强，柔之胜刚”“强梁者不得其死”“将欲取之，必固与之”“祸福相倚”“大巧若拙”，由此衍生出来的如“大智若愚”（由“大巧若拙”衍生）、“慢藏诲盗”（由“多藏必厚亡”衍生），几千年来已成为中国人民的精神财富。老子的辩证法用于军事学，也成为以弱胜强、避实击虚的指导原则。用在体育锻炼，中国的柔术、太极拳、导引术也都直接间接发挥着老子“贵柔”“守雌”的精神，并已收到实效。

但是应当指出，老子的辩证法仍然带有原始朴素性质。它第一次揭示自然和社会普遍存在着矛盾对立的现象，却没有来得及整理成为体系，提高到一个总的原则。后来《易传》就提出了一个矛盾变化的总范畴“阴阳”，把自然现象、社会现象都归结为“阴阳”这一对范畴之中。老子的辩证法则是分散地、零碎地列举了许多对立现象。

辩证法在我国的哲学史上有两大系统：一个流派或系统“尚柔”“主静”“贵无”，这是老子哲学开创的；一个流派或系统“尚刚”“主动”“贵有”，这是《易传》开创的。这两大流派在中国哲学史的发展中都有很大影响。由于宗法制度贯串着封建社会的全过程，《易传》是儒家的经典，因此刚健一派的辩证法体系略占优势。事实上，不论“尚柔”的辩证法还是“尚刚”的辩证法，都只是说到了事物发展的一个方面，而不是全部。刚能克柔、柔能克刚都是在一定的条件下，才能实现；脱离了条件，矛盾的双方不能转化。恰恰在这个问题上，老子、《易传》的作者都没有认识到。“反者道之动，弱者道之用”，只能在一定条件下实现。老子不管条件是否具备，主张凡是好事都要变成坏事，凡是坏事都要变成好事（“正复为奇，善复为妖”），这就把问题看死了，甚至背离了辩证法。氏族公社游离出来的小生产者看不到出路和前途，他们看到了事物要变化，但又害怕变化，他们没有从辩证中得出积极的结论，而得到相反的结论，主张“贵柔”“守雌”，“不敢为天下先”，甚至想利用辩证法的原则来防止事物的变化。

老子提出事物的正面必然变到反面，但他看不到客观事物的多样性、复杂性以及运动变化的曲折性和螺旋式地发展，而把事物的转化看成机械不变的，也损害辩证法的全面性。他对社会上的真假、美丑、善恶等矛盾对立的社会现象，指出表面现象与实际内容未必一致。这是他看问题深刻的地方。他又把事物表面和内容的不一致看成绝对的，从而陷于武断。比如说：“信言不美，美言不信；善者不辩，辩者不善；知者不博，博者不知。”[①]他认定“信言”都是“不美”的，“美言”都是“不信”的，“辩者”一定都“不善”，“善者”一定都“不辩”，这就片面了。不能说世界上真、善、美的事物永远不能统一，只能互相排斥。这就使他的辩证法思想通过他自己的体系走向形而上学。

辩证法不能脱离哲学体系。老子的哲学既有唯物主义的因素，也有唯心主义的因素。体系本身的矛盾、含混，限制了老子的辩证法的正常发展。

① 《老子》八十一章。

辩证法不能脱离哲学家的阶级性。老子不代表先进的、有发展前途的阶级，所以老子的辩证法表现为退守、知足、维持现状、安于现状、号召不争，这些思想的传播与我国的长期落后，不无关系。鲁迅对于毒害广大人民几千年之久的一切腐朽思想曾进行过猛烈抨击，他对旧中国灾难深重的中华民族，“哀其不幸，怒其不争”[①]。系统地宣扬“不争”哲学并讲出一套“不争”的合理性，首推老子。

① 《摩罗诗力说》。

老子研究的方法问题*

一

《老子》一书虽只五千多字，由于它的时代较古，是用诗的形式写成的哲学著作，有的地方意思表达得不够清楚，容易引起歧异的理解。因而历来学者们对于这部书以及老子其人聚讼纷纭。

解放后，哲学史工作者开始学习用马克思主义的观点、方法研究哲学史，认为全部哲学史是唯物主义与唯心主义的斗争史。为了阐明哲学的发展状况及其规律，就必须把每一派哲学家的性质搞清楚，不属于唯心主义，即属于唯物主义，没有一个中立地带。研究哲学史并不仅限于把哲学家分类，而分类则是研究哲学史的第一道工序。解放后老子的研究也脱不出这一窠臼。应该说，解放后关于老子的研究是有成绩的，并通过研究而引起比过去更为广泛和深刻的争论，这也是十分有益的。正常情况下，争论可以把问题弄清楚，至少可以把问题深化，为后来的研究准备条件。也有学阀式的

* 原载《中国哲学史研究》1981 年第 1 期。

人物，借讨论之名，行讨伐之实，这只是一股逆流，可以不在这里评论[①]。

解放后关于《老子》的争论，我也是参加者之一，当时集中于探讨老子的哲学是唯心主义还是唯物主义。学术界曾一致认为这是个十分重要的问题，这个问题不解决，先秦哲学史就写不下去。各方面参加者争论是热烈的，态度也是认真的。主张老子属于唯心主义的和主张老子属于唯物主义的都写了不少文章，结果没有争出个分晓来，任何一方都没有把对方说服。“十年动乱”以后，学术界又提出了这个问题，第二次开展了关于老子哲学的讨论，由于“十年动乱”，人们还来不及深入钻研，从发表的文章看，还没有看到有什么重大的突破，只是双方的主张者，从人数方面看，似乎主张老子属于唯物主义的人比50年代第一次讨论时略为增加。

我自己多年来对老子的哲学十分关心，认为老子哲学思想比孔子、孟子都丰富，对后来的许多哲学流派影响也深远，总期望把它弄清楚。1963年出版的《中国哲学史》教科书认为老子是中国第一个唯物主义者；1973年出版的《中国哲学史简编》（是四卷本的缩写本），则认为老子属于唯心主义。主张前说时，没有充分的证据把主张老子属于唯心主义者的观点驳倒；主张后说时（《中国哲学史简编》的观点），也没有充分证据把主张老子属于唯物主义者的观点驳倒。好像攻一个坚城，从正面攻、背面攻都没有攻下来。这就迫使我停下来考虑方法对不对。正面和背面两方面都试验过，都没有做出令人信服的结论来。如果说方法不对，问题出在哪里？我

① 详见《老子哲学讨论集》，中华书局，1959年12月版，第1-12页。

重新检查了关于老子辩论的文章，实际上是检查自己，如果双方的论点都错了，首先是我自己的方法错了。

二

对老子的哲学体系没有讲清楚，或者说从主观方面认为讲得很清楚，但没有很好地解决反对者提出的质难，等于没有讲清楚。我不得不从头考虑从何处入手。

既然研究历史，必须进行历史地考查，要用历史唯物主义的观点、方法。这一点，我过去注意得不够，运用这一方法也有偏差，欠准确。根据历史唯物主义的观点，实事求是地回顾我过去的两种主张（老子属于唯物主义或唯心主义），看来都有问题。

老子的哲学，时代较早，老子哲学用的是诗的形式。诗是一种形象思维的表达方式。形象思维并不是不深刻[①]，而是区别于抽象思维的逻辑分析方式，和抽象思维可以具备同样的洞察事物的深度和广度。如果《老子》只是诗，那就简单了，问题它不仅是诗，而且是“哲理诗”。说老子的哲学是“哲理诗”，我已指出过，但未深究它的特点。

坚持历史唯物主义，还要“知人论世”，这一点我也曾指出过，但对老子所处的时代的社会历史特点认识一般化，虽然也指出

① 有人误以为形象思维偏重表象、印象，而不具备高度概括抽象思维深度。这是不对的，这里不深论。

过老子思想和他的阶级地位有关系，但没有拿出十分充足的根据来。还有一个更大的疏忽，就是没有注意文化发展的地域差别。我国地域辽阔，民族众多，在他们生活聚居的传统中心所产生的文化必然带有地区的特点。近代意大利、法国、德国，近在比邻，尚且由于民族的、地区的不同而形成各自的文化和哲学。在古代，经济、文化交流的机会远不及近代各民族国家频繁，由地域带给哲学家的烙印是深刻的。以春秋战国为例，当时在中国范围内至少有四个地区的文化各具特色。有邹鲁文化（孔孟学派），它保持周代的传统最多；有三晋文化（申、韩），是法家思想的策源地；有燕齐文化（管子、稷下，五行学说），成为后来黄老、方士的故乡；有荆楚文化（老子、庄子、屈原等思想家），通过形象思维表达深邃的哲理。

倘不具体分析，只笼统地讲奴隶主阶级与地主阶级，则不足以说明各家各派的个性。荆楚文化长于以文艺手法讲哲学。老子的著作中不少这种表达方式。如借用水的品质说明柔弱胜刚强的道理、用星辰运行讲天道等等。诗的语言，文约义丰，也是《老子》的特色。这就给后来的研究者带来一种特殊困难，不易掌握解释的分寸。回顾二十年来关于老子的研究文章、著作，没有讲透的地方固然不少，但更多的失误，不是没有讲透，而是讲得太“透”，以致超出了《老子》本书及其时代所可能达到的认识水平。因而讲得越清楚，离开《老子》本来面目越远。例如，主张老子是唯物主义的人们，把“道”解释为“物质实体”就不对，至少不确切。春秋时期不可能有近代哲学的“物质实体”的观念。《老子》不可能有这样明确的唯物主义观点。例如，主张老子是唯心主义的人们，把

"道"说成"绝对观念"或"超时空"的观念。"物质实体"或"绝对观念"不仅老子本人没有，先秦任何一个哲学家都没有。我们哲学史工作者的任务在于把古代哲学思想用现代语言讲清楚，既不增加，也不减少。我们替古人讲了他们还没有认识到的一些观念，这就造成了方法上的失误。历史唯物主义者要把古人所不太清楚的观念、范畴，如实地、准确地把他们的不太清楚的地方讲出来就对了。我们过去往往失去了分寸，替古人讲清楚，反而造成了混乱，主观上要求有科学性，客观上造成不科学的结果。这个毛病不止表现在老子的研究方面，而在老子研究中所暴露的问题则最明显。

三

用全局观点来看局部的问题，就比较容易公平地对待古人。寻章摘句，深入分析，容易讲得很有条理，给人的印象也深刻，这是今人胜过古人的地方。讲哲学史必须牢牢抓住发展观，缺少发展观，往往只看见个别哲学家的言论，而忽略了哲学家所起的作用。三十年来，我们牢记着必须用唯物主义与唯心主义的斗争作为哲学史发展的主要线索，贯串古今，我们取得了巨大的成绩，但是没有真正理解马克思主义的哲学史的精神实质。唯心主义与唯物主义清清楚楚地分成两大阵营，应当是近代哲学的特点。在古代，有唯物主义与唯心主义的阵营，但不像近代哲学这样壁垒森严。这两大阵营各有各的体系，如自然观、认识论、方法论、逻辑学，在各自的体系内占有一定的位置，它们之间基本上是协调的，不协调的是例外。而在古代，更多的情况是不协调，比如认识论和自然观有时不一致，这方面是唯物主义的，另外方面则是唯心主义的。同一个哲学家的思想体系里，自己和自己矛盾的情形也是有的，这就是我们常说的不彻底性。不彻底的唯心主义哲学家随处都是，这就要求哲学史工作者慎重地来划分阵营，“一刀切”的办法不但不能搞好当前的生产管理，处理古代的哲学家也不能这样办。

老子研究也容易犯“一刀切”的毛病，“一刀切”在唯物主义一边，往往给唯心主义那一边造成困难；反过来也是一样。这也是长期双方争论不得很好解决的一个原因。有的句子，老子自己没有讲清楚，更多的情况下，连老子自己没有想到过，我们一定要把它分类、归档，就难免生硬处理。《老子》书中有些话，一望就知是唯心主义或唯物主义的，这个好办；但是确有一些话，可以这样理解，也可以那样理解，而这一类的话在《老子》中占有相当数量，远不只一句两句。如果这类的话恰恰是关键性的、结论性的，那就更增加了研究中的麻烦。过去我的处理办法是看它的基本倾向性来定它的唯物主义或唯心主义。这么办，自己运用时不失为一个办法，也能言之成理，但用来说服对方，往往无效，因为基本倾向性毕竟不能代替确凿的结论。

如果把哲学史看作人类认识发展史，按照马克思主义的研究哲学史的指导原则，我们就有了较多的主动权。衡量某哲学家或某学派的作用、地位，主要看它在认识发展中所起的作用，提出了什么新的范畴，解决了什么新问题，在人类认识世界的过程中有没有贡献，贡献是大是小。那么，即使遇到像老子这样难以划分唯物主义或唯心主义的哲学家，也不难给他安排一个适当的历史地位。在认识史上有贡献，该肯定就大胆肯定，不必因为他有唯心主义的观点就缩手缩脚。没有贡献，只是重复前人的结论，又不能推动认识的前进，即使是唯物主义者，也不能在哲学史上把他摆在重要的地位。

从哲学史的发展来衡量老子，看他提出的命题，如无神论的天道观，如强调自然规律必然性，第一次提出“无”作为万物之本的负概念——“无”的范畴，都是人类认识前进的重要里程碑，这就用不着被唯物主义和唯心主义的长期纷争所困扰而不能前进。

当然，对老子的哲学是唯心或唯物还可继续探讨，可以在不同部门中（如自然观、认识论等）分别定性，也可以根据它的总倾向概括定性。只要不再像过去那样，替古人说他还没有可能想到的话，不拔高古人来为今人论证，老子研究还大有潜力可挖。

成功的经验固然是知识的财富；亲身走过的弯路，只要认真总结，往往可以更有利于指导人们迅猛前进。[①]

① 上述几个方面都有许多具体的例证，为了行文精简，只把个人的基本的看法提纲式地提出来，供批评指正。

老子哲学是中华民族深沉智慧的结晶*
——《老子全译》前言

一、老聃和《老子》

先秦诸子号称“百家”，但对后世影响深远的思想流派不过孔、孟、老、庄四家。四家中，孟子是作为孔子辅翼而出现的，庄子是作为老子辅翼而出现的。说到底，只有孔子、老子两家。

孔子、老子的著作文字不多，原书俱在，其所以发生那样深远的影响，主要来自他们后继者的解释和阐发。古人重传统，迷信权威，很多新思想往往用注释的方式表达出来。中国古代“六经”中，注释最多的经典是《周易》；诸子中，注释最多是孔、老两家。《论语》用当时的口语记录，朴实明白，不易产生大的歧义。《老子》文约义丰，多用诗的语言来表达高度抽象的原理，因而增加了后人理解的难度。《老子》这一特点也给后人留下了更多借题发挥的机会。读《老子》不能不借助于前人的注解，又不能完全相信注解，古籍今译的难处就在此。

* 据任继愈 :《老子全译》，巴蜀书社，1992 年 6 月版。

秦汉以后，建立了大一统的封建政权。高度集中的中央政府管辖着广大分散的农村。政治上的高度集中与经济上的极端分散，这样的格局贯串了两千多年。政治上没有高度集中，无法维持大一统的政权；经济上的极端分散，又是小农自然经济的特性。一般讲，这一对基本矛盾协调得好，就是中国的太平盛世；协调不好，就会天下大乱。强调集中、统一，严格等级制，是维持中央集权的要求；对农民不要过分地干预，自给自足，安居乐业，是小生产者、自然经济的要求。在朝的多强调集中统一，在野的多强调自由分散。儒家偏重在朝，道家偏重在野。在朝讲孔孟，在野讲老庄。有时同一个人，做官时讲孔孟，下野后讲老庄。这两大流派都有广泛的社会基础。朝廷势力大于农民，所以孔子影响大于老子，这是不难理解的。

农民是大一统政权赖以存在的支柱。农民问题被忽视，小则生产停滞，大则天下大乱。这就是孔、老两家源远流长的社会基础。

1956年，在北大哲学系给外国留学生讲《老子》，为了教学的需要，把它译成现代汉语。先在《光明日报》《哲学》连续发表了一部分译文，后来在中国古籍出版社出版，书名《老子今译》。后来长沙马王堆帛书《老子》出土，再经不断修改、补充，交上海古籍出版社出版，改名《老子新译》。《老子新译》出版后，发现还有不少地方译得不甚满意，仍继续修改。这次的译文比起以前的译文纵有进步，但有些地方还有待于进一步推敲。希望这个《老子》译本较符合《老子》的原旨，有助于后来人了解《老子》。

学问的天地广大无边，涵泳日久，更觉得自己的知识有限。古人说："活到老，学到老。"愿继续学下去，用来弥补过去的不足。

对于老子这个人和《老子》这部书，归纳起来，有以下三派不同的意见：

第一派认为《老子》一书是老聃遗说的发挥。老聃确在孔子之先。主此说者，最早为马叙伦，张煦、唐兰、郭沫若、吕振羽、高亨和苏联学者杨兴顺等。

第二派人的意见，认为老子是战国时代人，《老子》书也是战国时代的书。主张这种说法较早的，清代有汪中，近现代人有梁启超、冯友兰、范文澜、罗根泽、侯外庐、杨荣国等。

第三派认为《老子》成书更晚，在秦汉之间。主张这一派学说的有顾颉刚、刘节等。

我基本上同意第一派考证所举的理由（除环渊为《老子》撰者尚可存疑），还有以下几点补充：

第一，在先秦的典籍中，如《庄子》《荀子》《韩非子》《吕氏春秋》都不曾怀疑过老子这个人和他的学说的关系，以上这些不同的学派都从不同的角度描绘着一个思想面貌轮廓大致相同的老子。他们所描绘的老子学说与《老子》书的基本思想是符合的。可以清楚地看到，战国中期以后，诸子受到老子哲学思想的深刻影响。只是到了汉初，才开始把老聃、李耳、太史儋三人的关系弄混，以致时代先后相差两百多年，连老子这个人的存在也变得模糊起来。

第二，《老子》的成书是经过相当一段时间的。先秦的典籍很少由个人执笔写成，而是由各学派的门徒不断地发展、补充，经过若干年代才成为“定本”。其补充和发展的时间可以长达一二百年以至几百年。像《周易》的形成至少经过五百年甚至更长的时间，《墨子》的《墨经》与墨翟的时代也有一百多年的间隔，《管子》一书包含了从春秋到汉初的思想，《孙子兵法》也是长期集结成书的。此外，很少受到怀疑的《论语》《荀子》《韩非子》中也都夹杂着汉儒所增补的材料，但并不能因此否认孔、墨、韩、荀诸哲学家是他们伪书的基本思想的奠基人。《老子》书也不应例外。我们不能因为其中发现个别地方有战国时代思想的一些迹象，就把全书的时代后移。

第三，《老子》书中有些思想在老子以前就已相当流行。“无为”“贵柔”、不信“天命”的思想在春秋时期已具备雏形，只是还没有概括为哲学的普遍原则。

因此，我认为，《老子》书中如反对仁义、反对法令的一些思想可能晚出，但《老子》的天道观（也就是老子哲学的基本部分）是老子本人的思想，“贵柔”、反对战争、辩证法思想也是老子本人的思想，“小国寡民”的政治理想也是接近老子本人思想的。以上看法是从先秦诸子由不同角度所描绘的老子的精神面貌综合概括出来的。

二、老子哲学简介

老子思想产生于春秋末期。春秋末期的社会变革主要表现在四个方面：第一，政治上周天子已失去统率天下的权势，奴隶制的等级制遭到破坏，诸侯僭越，大夫横恣。第二，经济上赋税制度改变，意味着奴隶制的所有制向封建的所有制过渡，出现了不贵而富的新兴阶级。反映阶级利益的法律也跟着改变，有所谓刑书、刑鼎的出现。第三，社会生活的旧观念、旧准则变了。上下尊卑、君臣、父子的牢固关系已破裂，不能维持。父不慈、子不孝，臣弑君、子弑父的事变史不绝书。第四，天道观变了，人们怨天恨天的思想活跃起来，以致肆无忌惮。这四方面的变革都是奴隶制崩溃、封建制降临的反映。面对这种大的变革，迫使许多伟大的思想家进行深刻地思考。当然思考也要受思想家们所属阶级利害的制约。

上述四个方面的变革，天道观的争论是先秦哲学史上的一个中心问题。天道观虽讲的是“天道”，但它和当时的阶级斗争、政治生活、科学发展息息相关，而不是由少数人的兴趣随便提出来的。先秦时期，关于宇宙起源、发展、变化的中心问题是天道观；关于社会政治生活方面的中心问题是“礼”与“法”。天道观已经成为所有先秦哲学家都要对它表明态度的一个问题。除了《老子》书，孔子、墨子、孟子、庄子、荀子、韩非都严肃地对天道观问题表示了他们的意见。有从自然科学、生产斗争的总结中提出问题的，也有从宗教迷信观点提出问题的。

中国哲学前进的道路和西方古代哲学所经历的差不多。西方古代哲学也是从他们的天道观开始的。古希腊哲学家探寻世界万物生成、变化、发展的原因，并据此做出种种不同的解释或结论；哲学家也就由此而区分为不同的阵营。不但西方如此，印度古代哲学也是从他们的天道观开始的。这可能是人类认识世界的必要过程，总是先注意到“身外之物”，然后再认识自己。古代哲学相当于人类认识世界幼年时期，幼年儿童也是先认识周围外界，然后才认识自己。儿童的认识先从他的保育者开始（父母或其他人），随后认识所接触的环境，最后才意识到自己（“我”）。

只就老子的天道观这个问题来看，老子的学说客观上打击了“天道有知”的宗教迷信思想。“天”有意志，能赏罚，这是人类社会加给神的特权。在原始社会里，神只是为人群造福，而不管赏功罚罪。赏功罚罪是有了国家以后所体现的统治阶级的意志。在老子的哲学里，“天”不具有人格，它只是一种自然状态。“天”不过是万物中之一物，是万物中的最广大的一种客观存在。最根本的存在，构成万物的原始材料，老子称之为“道”。老子的“道”在五千言中共出现过七十四次。为了叙述方便，先把《老子》关于“道”的重要表述列在下面：

> 道可道，非常道。①
>
> 道冲而用之或不盈。②
>
> 故几于道。③
>
> 功成身退，天之道也。④
>
> 执古之道。⑤
>
> 是谓道纪。⑥
>
> 保此道者，不欲盈。⑦

---

① 《老子》一章。

② 《老子》四章。

③ 《老子》八章。

④ 《老子》九章。

⑤ 《老子》十四章。

⑥ 同上。

⑦ 《老子》十五章。

天乃道，道乃久。[1]

大道废。[2]

惟道是从。[3]

道之为物。[4]

字之曰道。[5]

故道大。[6]

道法自然。[7]

道常无名。[8]

道常无为。[9]

反者道之动，弱者道之用。[10]

道生一。[11]

见天道。[12]

---

① 《老子》十六章。

② 《老子》十八章。

③ 《老子》二十一章。

④ 同上。

⑤ 《老子》二十五章。

⑥ 同上。

⑦ 同上。

⑧ 《老子》三十二章。

⑨ 《老子》三十七章。

⑩ 《老子》四十章。

⑪ 《老子》四十二章。

⑫ 《老子》四十七章。

道生之。[1]

天之道，不争而善胜。[2]

综观《老子》，“道”有五种含义：

第一，混沌未分的原始状态：“有物混成”，“道之为物，惟恍惟惚”，“道生一，一生二，二生三，三生万物”。

第二，自然界的运动：“独立而不改，周行而不殆”，“大曰逝，逝曰远，远曰反”。

第三，“道”是最原始的材料：“道常无名，朴虽小，天下莫能臣也。”

第四，“道”是肉眼看不见，感官不能直接感知的：“视之不见”，“听之不闻”，“搏之不得”。

第五，“道”又有事物规律的含义：“天之道”，“人之道”。

主张老子的哲学属唯物论的一派，把老子的“道”解释为“物质实体及其规律”，把“道”概括为“物质一般”。事实上古代朴素唯物主义不能达到这样高度抽象的水平，当时人类认识还不具有相当于“物质”的概念。把近代唯物主义关于物质的概念提前到春秋末期是不对的。

老子的“道”仅仅是构成万物的原始材料的初步设想，他没有可能形成“物质一般”的认识水平。因此，老子的哲学概念中有“混沌”未分的概念。讲到“混成”，叫不出名字，谓之“无名”，谓之“朴”。

---

① 《老子》五十一章。

② 《老子》七十三章。

无名，天地之始。[①]

道常无名。[②]

无名之朴。[③]

朴，虽小，天下莫能臣也。[④]

朴散则为器。[⑤]

镇之以无名之朴。[⑥]

老子对于“道”有所描述，但是不能清楚地讲明它的特点，有时用“无”“无形”“无物”“无状”这些否定性的词来描述。在中国哲学史上第一个作为万物之本的负概念——“无”的范畴，是表明人类认识前进的重要里程碑。

复归于无物。[⑦]

是谓无状之状。[⑧]

无物之象。[⑨]

复归于无极。[⑩]

---

① 《老子》一章。

② 《老子》三十二章。

③ 《老子》三十七章。

④ 《老子》三十二章。

⑤ 《老子》二十八章。

⑥ 《老子》三十七章。

⑦ 《老子》十四章。

⑧ 同上。

⑨ 同上。

⑩ 《老子》二十八章。

有生于无。[①]

大象无形。[②]

这个看不见的“无”“道”是产生天地万物的总根源，又叫作“大”。

强为之名曰大。[③]

执大象，天下往。[④]

夫唯大，故似不肖。[⑤]

这个“道”是老子力图摆脱传统宗教的统治所提出的一个新的根据，它比“上帝”更有权威。

老子提出的取代“上帝”的最高发言权的“道”，是精神，抑是物质，他自己没有讲清楚。就当时人类认识的水平来看，他也不可能讲清楚。思维与存在的关系的问题，古代已经存在着，但古人没有明显地意识到这一点，不像后来那么清楚。古代的先进思想家只是朦胧地探索着前进的途径。思维与存在哪是第一性的这个问题，到了近代才明确起来。

老子自己没有讲清楚自己哲学思想中的某些问题（这是古人的局限性），我们评论他的思想应不增不减，如实地进行评述，这是哲学史工作者的职责。但是我们不能代替古人讲他自己所不知道的东西，不能替古人发挥到他们自己还没有达到的地步。

---

① 《老子》四十章。

② 《老子》四十一章。

③ 《老子》二十五章。

④ 《老子》三十五章。

⑤ 《老子》六十七章。

我们要清清楚楚地把古人的糊涂思想讲出来并加以科学的分析，指出古人为什么在这个问题上糊涂了，失足之处何在。

由于老子的哲学确有含混的地方，所以后来对老子有了不同的理解。韩非、《淮南子》、荀子、王充代表着一条路线，《庄子》内篇、王弼等代表着又一条路线。亚里士多德动摇于唯心与唯物之间，老子是否也有类似的情况？看来也是有的。

老子的哲学企图使人们的思想从宗教神学的束缚中获得解放，站在当时宗教神学的对立面。他的“天道自然无为”的学说，尽管还说得不够清楚，但有利于科学无神论的发展。

老子不重视感觉经验，甚至认为感觉经验不但无助于认识，反而对认识有害。他还说：“其出弥远，其知弥少。是以圣人不行而知。”[①]，这就堵死了认识外界事物的道路。他还主张“为学日益，为道日损，损之又损，以至于无为”[②]，就是说把“体道”和求学问看作截然不同的两种道路。这样发展下去，势必把科学与哲学强行割裂。后期庄学所标榜的“堕肢体，黜聪明”的哲学修养方法是直接来自老子思想的这一方面的。

老子有时把“道”解释为“朴”，“朴”是待雕琢的素材，老子的哲学也是一个“朴”，有待于后人进一步发展。老子的哲学后来分为不同的流派，都有所本，是发展、修正，而不能简单地说哪一派篡改了老子的原义。过去我们哲学史工作者，有人说韩非继承了老子，而王弼等人歪曲、篡改了老子的观点；也有人说庄子、王弼等继承了老子的观点，韩非、王充改造了老子的观点。今天看

① 《老子》四十七章。

② 《老子》四十八章。

来，像老子哲学的这种内在矛盾的现象在先秦哲学史上不是个别的。墨子的哲学也有这种内在的矛盾，使它不得不分化。《周易》的思想也是这样。孔子的“仁”也是这样，他没有讲清楚，这就给后来儒家各派留下了各自发展他们认为孔门真传的机会。古人对世界的认识经历了曲折的道路，犯过各种错误。我们研究古人的哲学，也要避免简单化。

老子思想的形成与当时的激变而又丰富多彩的社会生活有关，与当时发展着的自然科学有关，也和老子这一派人的小农自然经济的现实生活有关，甚至与老子思想所承属的江南多水地区的荆楚文化有关。

春秋末期，由于所有制发生了变革，因而国家的兴亡、个人的富贵贫贱都有了极大的变化。作为史官的老子看到不少“社稷无常奉，君臣无常位”[①]的现象，又从当时自然科学的知识中认识到自然界也是独立于人的意识之外不停地运动着。世界的总根源，无所不在的“道”，就是“独立不改，周行而不殆”[②]的。从“道”产生的天地万物也是在变化着。他说：“天地尚不能久，而况于人乎？”[③]老子的辩证法思想是当时重大社会变革的客观辩证法的深刻反映。

老子比较系统地揭示出事物的存在是相互依存的，而不是孤立的。如美丑、难易、长短、高下、前后、有无、损益、刚柔、强弱、祸福、荣辱、智愚、巧拙、大小、生死、胜败、攻守、进退、静躁、轻重等等，都是对立的统一。一方不存在，对方也就不存

① 《左传·昭公三十二年》。

② 《老子》二十五章。

③ 《老子》二十三章。

在。他说：“有无相生，难易相成，长短相形，高下相倾，声音相和，前后相随。”[①]矛盾统一观点的进一步明确，是当时人类认识世界深化的表现。

老子概括了当时自然现象和社会现象的变化，指出事物都向着它的相反的方向变去。他说：“祸兮，福之所倚；福兮，祸之所伏。……正复为奇，善复为妖。”[②]老子看到事物无不向着它的对立面转化这一基本规律，他说：“反者道之动。”[③]老子从这一原则出发，决定了他认识世界、对待生活的态度：主张“贵柔”“守雌”，反对刚强和进取。

老子通过农业生产实践，看到植物的幼苗虽然柔弱，但它能从柔弱中壮大；相反，等到壮大了，反而接近死亡。他说：“草木之生也柔脆，其死也枯槁。”[④]他认为对待生活也应当这样。他说：“物壮则老，是谓不道，不道早已。”[⑤]这是说，事物强大了，就会引起衰老，有意造成事物的强大，是违反“道”的原则的，这会促进它早日结束它的生命。老子说：“强梁者不得其死。”[⑥]他认为最好经常处在柔弱的地位，不转化为坚强，就可以避免走向死亡的结

① 《老子》二章。

② 《老子》五十八章。

③ 《老子》四十章。

④ 《老子》七十六章。

⑤ 《老子》三十章。

⑥ 《老子》四十二章。

局。他说：“兵强则灭，木强则折。”[①]又说：“柔弱胜刚强。”[②]因而他主张“曲则全，枉则直，洼则盈，敝则新，少则得，多则惑”[③]。这是说，委曲反能保全，屈枉反能伸直，卑下反能充盈，敝旧反能新奇，少取反能多得，多取反而迷惑。他又说：“天下莫柔弱于水，而攻坚强者莫之能胜。”[④]他教人向柔弱的水的品质学习。水看来是柔弱的，但它可以冲决一切比它坚强的东西，所以老子说：“上善若水，水善利万物而不争。”[⑤]这是老子的“柔弱胜刚强”的原则在生活方面的运用。他说：“知其雄，守其雌。……知其白，守其黑。……知其荣，守其辱。”[⑥]老子虽深知什么是雄强，却安于柔雌；虽深知什么是光彩，却安于暗昧；虽深知什么是光荣，却安于卑辱。

老子“贵柔”“守雌”的态度和春秋末期个体小私有者的社会地位、经济地位有深切的联系。个体小私有者经济力量微弱，无权无势，他们没有居高临下的特权，还要遭到剥削压榨，因而老子的辩证法带有保持自己的利益、以柔胜刚、以退为进的特点。

对待敌人，老子主张创造一些不利于敌人的条件，使他们陷于不利。他说：“将欲弱之，必固强之；将欲废之，必固兴之；将欲

---

① 《老子》七十六章。

② 《老子》三十六章。

③ 《老子》二十二章。

④ 《老子》七十八章。

⑤ 《老子》六十六章。

⑥ 《老子》二十八章。

夺之，必固与之。”[①]这是说，将要削弱它，必先暂且增强它；将要废毁它，必须暂且兴起它；将要夺取它，必须暂且拿给它。历代统治者往往以这种方法作为对付人民的权术，历代的军事家也往往用它作为克服强大敌人的武器。

老子发现了事物转化的规律并用来反对有目的、有意志的“上帝”（“天”），是有它的积极意义的。他说：“祸兮，福之所倚；福兮，祸之所伏。孰知其极？其无正。”[②]“正”通“政”，即领导者，主宰者。他认为福与祸互相转化，没有穷尽，指出事物的变化是它自己的原因，没有主宰者。但是他把对立面的转化看作无条件的、绝对的。老子脱离了条件讲对立面的转化，只看到事物向它对立面转化的事实，没有注意条件在转化中的重要作用，因而在祸福、得失面前显得缩手缩脚，在转化中显得无能为力。他认为“有为”必然招致失败，有所得必然有所失，企图用消极无为的方法避免转化带来的危害。他说，“无为，故无败；无执，故无失。”[③]“多藏”必招致“厚亡”，为了避免“厚亡”的损失，最好不要“多藏”。强大了会带来死亡，为了避免死亡，最好不要过于强大。他看到刚强会带来挫折（“兵强则灭，木强则折”），他宁肯安于柔弱；抢先会落到后边，他宁肯居后；争荣誉会招致屈辱，他宁肯不要荣誉。他要“去甚，去奢、去泰”[④]。老子有丰富的政治生活经历，也亲身感触到有权有势的贵族是怎样由过分剥削、贪得无厌而遭

① 《老子》三十六章。

② 《老子》五十八章。

③ 《老子》六十四章。

④ 《老子》二十九章。

到更大的失败的。老子看到了变化的威力，却害怕变化的出现，他的辩证法用作观察世界的方法是深刻的，用作指导生活的原则却缺乏斗争、进取的精神。

老子脱离了条件去看柔弱胜刚强的原理，因而把柔弱胜刚强抽象化、绝对化。他看到一些柔弱的事物目前虽不够强大，后来居然战胜了强大的敌人，他说："坚强者死之徒，柔弱者生之徒。"[⑤]但是他没有区别垂死的、腐朽的事物的衰弱，与新生事物的柔弱在性质上的差别。事实表明，只有新生的事物才可以由柔弱转化为强大；垂死的事物的柔弱，不但不能转化为强大，前途却只有继续走向死亡。老子没有能够认识这一差别，他把强与弱、胜与败看作循环往复的无尽过程，对于新生事物表达淡漠，采取"不敢为天下先"的保守态度。老子不能理解掌握了事物客观规律后，可以从一个胜利走向新的胜利。在老子看来，胜利后接着出现的必定是失败。由于当时科学发展水平的局限，无论农业科学、天文科学都存在着严重的循环论的缺点，老子的辩证法也无法超出当时科学水平的局限。农民小私有者有自己的小块土地，过着自给自足的生活，也使他们容易产生安于现状，保持自己小天地的思想。他说："祸莫大于不知足。……知足之足，常足矣。"[⑥]这都是老子的辩证法思想很不完备的地方。

老子的辩证法还不可能正确认识量和质的辩证关系，但确已模糊地初步地触摸到事物的量的积累可以引起性质的变化的某些端末。他说："合抱之木，生于毫末；九层之台，起于累土。"[⑦]毫末（种

⑤《老子》七十六章。

⑥《老子》四十六章。

⑦《老子》六十四章。

子的萌芽）不是大树，但毫末不断发展，终于长成为合抱的大树；一堆土不是高台，但不断积土，可以造成九层的高台。老子还说：“图难于其易，为大于其细。”[①]难和易、大和细是质的不同，但从一点一滴的细小努力做起，即可克服困难，完成巨大的工作。这都是老子对于一定的量的积累可以引起性质变化的初步认识。在生活方面，老子也有意识地运用这一原则。他说：“其安易持，其未兆易谋，其脆易泮，其微易散。”[②]在事物还稳定时，它的稳定容易维持；事物还没有显著变化的迹象时，容易打主意；事物还脆弱时，容易消融；事物还微细时，容易打散。他还说“多易必多难”[③]，把事情看得太容易，势必遭到困难，提出了在当时可能达到的深刻的看法。

老子的辩证法中没有由低级到高级的发展观念，但也初步接触到这一方面的问题。他指出经过发展阶段的事物比前一阶段的事物表面相似，但实质上是提高了。他说：“大成若缺，其用不弊。大盈若冲，其用不穷。大直若屈，大巧若拙，大辩若讷。”[④]老子指出了好似拙的大巧并不是真正的拙，好似空虚的充实并不是真正的空虚，它们都是原来的质的进一步提高后的新质。老子还说：“明道若昧，进道若退，夷道若颣，上德若谷，大白若辱，广德若不足，建德若偷，质真若渝。”[⑤]这一连几个“若”字都是指的比原来阶段的质有所提

① 《老子》六十三章。

② 《老子》六十四章。

③ 《老子》六十三章。

④ 《老子》四十五章。

⑤ 《老子》四十二章。

高的新的质。老子有时用婴儿朴素天真的状态描绘有德的人，他说："含德之厚，比于赤子。"[①]这也是一种形象的比喻，他不是主张人们都退回去真正当婴儿，而是希望人们最好能够像婴儿那样纯朴。

老子的辩证法思想继承了春秋以前丰富的辩证法思想的成就，并在前人成就的基础上有所发展。它的缺点在于专重柔弱，反对进取，不敢迎接新事物；脱离了条件讲变化，没有摆脱循环论的影响。老子的辩证法还有过分强调矛盾对立面的统一性而忽视矛盾对立面的斗争性的一方面，因而包含有走向相对主义的可能。庄子的相对主义哲学体系就是沿着这条道路发展而来的。这些消极因素在一定程度上妨碍了老子的朴素的辩证法的正常发展。

在老子以前，中国哲学史上还没有哪一个哲学家像老子那样广泛而深刻地概括了世界运动变化的规律。老子的哲学中一些辩证法的警句，长期流传在社会上，如"柔弱胜刚强""强梁者不得其死""将欲取之，必固与之""祸福相倚""大巧若拙"，由此衍生出来的，如"大智若愚"（由"大巧若拙"衍生）、"慢藏诲盗"（由"多藏必厚亡"衍生），几千年来已成为中国人民的精神财富。老子的辩证法用于军事学，成为以弱胜强、避实击虚的指导原则，为历代兵家所遵奉。另外，中国的柔术、太极拳、导引术也都直接间接地发挥着老子"贵柔""守雌"的精神，并已收到实效。

但是应当指出，老子的辩证法仍然带有原始朴素性质。它第一次揭示自然和社会普遍存在着矛盾对立的现象，往往只是分散地、零碎地列举一些对立的现象，没有来得及整理成为体系，提高到一个总的

① 《老子》五十五章。

原则。后来《易传》就提出了一个矛盾变化的总范畴“阴阳”，把自然现象、社会现象都归结为“阴阳”这一对范畴之中。

辩证法在我国的哲学史上有两大系统：一个系统“尚柔”“主静”“贵无”，这是老子哲学开创的；一个系统“尚刚”“主动”“贵有”，这是《易传》开创的。这两大流派在中国哲学史的发展中都有很大影响。由于宗法制度贯串着封建社会的全过程，而《易传》是儒家的经典，因此刚健一派的辩证法体系略占优势。事实上，不论“尚柔”的辩证法还是“尚刚”的辩证法，都只是说到了事物发展的一个方面，而不是全部。刚能克柔、柔能克刚都是在一定的条件下才能实现；脱离了条件，矛盾的双方不能转化。老子和《易传》的作者恰恰都没有认识到这一点。“反者道之动，弱者道之用”，只能在一定条件下实现。老子不管条件是否具备，主张凡是好事都要变成坏事，凡是坏事都要变成好事（“正复为奇，善复为妖”），这就把问题看死了，甚至背离了辩证法。个体经济的小生产者，看不到出路和前途；他们看到了事物要变化，但又害怕变化。因此他们没有从辩证法得出积极的结论，却引出相反的结论，主张“贵弱”“守雌”，“不敢为天下先”，甚至想利用辩证法的原则来防止事物发生新的变化。

老子提出事物的正面必然变到反面，但它看不到客观事物的多样性、复杂性以及运动变化的曲折性和螺旋形发展的特点，而把事物的转化看成机械不变的，这就损害了他的辩证法的全面性。他对社会上的真假、美丑、善恶等矛盾对立的社会现象，指出表面现象与实际内容未必一致。这是他看问题深刻的地方。可是，他又把事物表面和内容的不一致看成绝对的，从而陷于武断。比如说“信言不美，美言不信。善者不辩，辩者不善。知者不博，博者不知”[①]。他认定“信言”都是“不美”的，“美言”都是“不信”的，“辩者”一定都“不善”，“善者”一定都“不辩”，这就过于片面了。不能说世界上真、善、美的事物永远不能统一，只能互相排斥。这就使他的辩证法思想被他自己的体系败坏了。

辩证法不能脱离一定的哲学体系而独存。老子的哲学体系中，既有唯物主义的因素，也有唯心主义的因素。体系本身的矛盾、含混，限制了老子的辩证法的正常发展。

辩证法不能摆脱哲学家阶级属性的制约。老子不代表先进的、有发展前途的阶级，它体现了中国古代个体经济小生产者的世界观，所以老子的辩证法表现为退守、知足、维持现状、安于现状、号召“不争”。这些思想的传播与我国的长期落后不无关系。鲁迅对于危害广大人民几千年之久的一切保守思想曾进行过猛烈抨击，他对旧中国灾难深重的中华民族，“哀其不幸，怒其不争”[②]，而首先系统地宣扬“不争”哲学的合理性，并讲出一套“不争”的具体理论的正是老子。这是专就老子哲学的消极面说的。

从总体来看，老子探求天地万物的总根源，老子的辩证法构成了中国古代辩证法的一个核心部分。老子哲学是中华民族深沉的智慧的结晶。不懂得孔子就不懂得中国文化，这一点被中外有识之士所公认；不懂得老子同样不可能懂得中国文化，人们对这一点注意得还不够。

中华民族有孔子、老子这样的代表人物，值得自豪。

---

① 《老子》八十一章。

② 《摩罗诗力说》。

怎样深化老子思想的研究*

陕西省老子思想研究会主办的第二次老子思想研讨会在西安开幕了，我满怀激动、兴奋的心情来参加这次盛会。

我们研究老子思想，它的意义不限于老子研究，更多的是要关心中华民族的发展和前途。我们今天从事研究时，要关心下一代进入21世纪走什么道路的问题，要有长远的战略眼光。文化有连续性，不能出现断层，我们要为下一代的文化建设做些准备工作。

我国长期处在小农经济的生活圈内，小农经济的社会使人视野狭窄，考虑问题时往往目光短浅，注重近期效益，产生近期行为。科技界和学术界认识到科技的重要，提出科技兴邦、科技兴农、科技兴厂的重要性，这是好事，比看不到科技的重要作用进了一步。科技是第一生产力，其重要性不言而喻。但科技要不要基础呢？什么是科技的基础？我们看到，科技的基础是文化和教育。如果一个国家的文盲越来越多，文化教育呈现沙漠化，又怎能发展高科技？只看到近期效益，忽视基础科学，不重视教育和文化，到头来科技也上不去，只能停留在低水平。

---

* 原载《华夏文化》1994年第1期。

同样的道理，在人文科学、社会科学范围内，文、史、哲不被重视，自然科学的天文、地理、数学等不被重视，只重视能直接发挥经济效益的学科，也会危害科学的发展。

不论文科和理科，基础学科万万忽略不得。我们研究老子哲学，总体来说，这不是目前可以创收的课题，短期以至长期，都难以换算成经济效益，派不上什么具体的用场，却有它的无用之用。它是一种基础性的战略性学科。我特别赞成陕西省领导白清才省长和省社联的领导同志，他们有远见卓识，他们关心经济建设，但没有局限于近期经济效益。他们有长远的战略眼光，这是比较高明、值得提倡的做法。如果全国各省市的主持人都能摆脱近期行为，看到了无用之用，关心比较带有研究性的一些学术问题，我们国家的建设将会发展得比较正常而完美。

我们还要看到，深层次的理论性强的研究要大力扶持才能正常发展。进入市场经济，随时遇到竞争。有一种观点，认为自然竞争，适者生存。这是盲目照搬达尔文的生物进化论。达尔文是通过考察生物界，结合地质、考古等学科，得出了生物经过自然界选择，适合于自然环境的物种才能保存下来的结论。生物在自然中生存有两种情况：一种是在大自然中由于自然本身的原因，生命力强的生存下来，弱的失败、死亡；另一种情况是进入人类文化圈的生存竞争。它所面临的优胜劣汰的问题，要从另外的角度去考虑。什么叫“优”，什么叫“劣”？根据人类的制度来判定，有益于人类的是“优”，反之为“劣”。人们选育良种就是选择那些高产、优质、抗病虫害的品种。优良品种，如果放到大自然中任其自生自长，良种就会被劣种淘汰，几年内不更新，就会退化。离开人类有意识的对良种的保护，大自然中，良种敌不过劣种，更敌不过杂草。

在市场经济活动中，随时打击假冒伪劣产品，就是因为劣质产品更有竞争能力，能挤掉优质产品的市场。社会生活中，常有老实人吃亏，狡诈之徒占便宜。老实人得不到法律保护、社会舆论的支持，就不易生存。学术、艺术、音乐也有类似的情况。基础学科、高深层次的学科是难与社会流行的低品位的精神产品争胜负的，低劣的黄色作品有时占上风。参加这次会议，我们这些与会者深感陕西省政府、省社联对目前没有经济效益的理论研究的大力支持是难能可贵的。

老子《道德经》这部书，内容丰富，包含着智慧的光辉，是中华民族，也是全人类的珍贵遗产。研究老子，意义深远而重大。我在这里只谈几点看法。

我们中华民族有两大文化体系：一是北方黄河流域的北方文化，它包括邹鲁文化、三晋文化、燕齐文化；二是南方长江流域的荆楚文化，往下游延伸产生了吴越文化，往上游发展为巴蜀文化。相对说来，北方文化注重人事管理，讲治国、治军、外交，以孔、孟为代表；而南方文化圈则注重自然、歌颂自然、尊重自然，贬抑人事创造的价值，以老、庄为代表。但南北文化并不是绝对对立的，不能截然分割开来，很早就有了交流。最近有学者研究商代武丁时期妇好墓中的青铜器中铅的成分，发现这些青铜器所用的铅来自四川、两湖、安徽南部，说明在商朝就有南北文化的交流。秦汉时，国家统一，汉武帝以前占统治地位的是黄老思想，黄老思想以荆楚文化为基础；与汉高祖共同起事的新贵们多出自江苏丰、沛，这也是楚地，处于南北交界地带。当时南北交流具备了条件。

究天人之际是人类认识世界、改变世界、促进社会发展的总课题。人与自然、人与人的关系是永恒的研究主题。天人关系的研究深入一步，人类社会也将前进一步。老子思想主张尊重自然、服从自然、歌颂自然，今天看起来，更足以发人深省。当今人们能上天入地、制造新材料、合成生物蛋白质，似乎没有办不到的事情。殊不知人们由于向自然索取过多，受到自然的报复：臭氧层破坏，新疾病产生，水资源受到污染，森林资源枯竭，矿产资源过度开采，都是人类自己为自己制造的麻烦，也可以说是危机。今天研究一下老子关于自然的一些看法，可以帮助我们从更广阔的视野来考究“天人之际”。对于建设现代化新中国，避免走弯路、走回头路是有益的。先污染，后治理，就是走回头路。

研究古代思想文化，总是与我们所遇到的新问题密切相关的。我们在新问题面前，回过头来看看古代思想，有时会受到新的启发，从中受益。但我们反对从古书中找现成的答案，宋人用半部《论语》治天下，把大宋江山断送了一半；向革命导师语录中找答案，人们吃尽了苦头。我们只能从古人丰富的遗产中获得一些新的启发，帮助我们历史地分析新产生的问题。这应是我们研究的态度。

老子思想之所以重要，一是其本身的价值；二是由于历代注释家根据当时当地的新形势、新问题，予以阐释、发挥，从而促进了老子思想研究的深度。孔子思想也是一样的道理。我们研究老子，一方面要研究老子本身；另一方面是要根据今天的水平，对老子做出有根有据的注释和解说。这是我们不同于古代注疏家的地方。二千年来，上起韩非，下迄魏源，他们的注释各有成就。我们研究老子，也将有我们新中国的特征。除了我们掌握历史唯物主义这个新工具，还将充分利用多学科、多门类，从不同的角度协同作战，以期达到新的水平。这种方法，这种气魄，只有今天的新中国学术界才能做到。只要坚持下去，持之以恒，假之以时日，我们的成就必将可观，对中国、对世界文明做出的贡献将是不可估量的。

方光华、程钢整理

《老子》难读*

唐代韩愈自称“非三代两汉之书不敢观”，以韩愈的博学多识，也深感“周诰殷盘，佶屈聱牙”的困难。这种困难，事出有因：

第一，中华民族历史悠久，文化丰富，未曾中断。

第二，中华民族长期以黄河、长江流域为活动中心，未曾远离，众多民族不断融合。

第三，中华文化主要用汉字记录，沿用了几千年，有改变，未中断。

这三项都构成了古书难读的因素，与西方古代文化比较，这一特点更明显。西方古埃及、古巴比伦、古希腊、希伯来文化各有其鼎盛时期。时移世易，重心转移，有的文字曾当时流行，后来被弃置不用，成了死文字。若干年后被发现，经专家破译，原来的面貌未改变，如死海古卷，一旦被译，便有了结论，这些考古成就只有少数人参与，关心的人不多，有发言权的专家更少，专家的论断容易被接受。

中华民族的文化不同于西欧、中东的西方文化，中华文化几

* 原载《群言》1996 年第 6 期。

千年一直活着，文化的主要传播工具（汉字）一直在使用，汉字并未死去，只是写法、用法不断在改变，在改变中继续使用。同一个字、一个词，随时注入新时代的新内容，随时淡化其旧内容。如“国”“家”这些字，老子时代与宋元以后的用法有很大的改变。哲学领域内的重要概念，如“道”“德”“仁”“义”“天”，不同流派、不同时代都有不同的解释，因袭中有革新，随时容纳新的内容（有民族的、外来语言的），它的含义越来越丰富而多变化，旧的继续使用，新的又加进来，这是中华民族的社会历史独特条件下的现象。于是，古书越注解，引出的问题越多。

古书留给后人的难点不尽相同，有的字难识，如甲骨文、秦汉统一以前的六国地方文字、少数民族的文字等。古今社会生活的差异，古代的宗教生活与后来不同，保存下来的文献资料越丰富，研究起来工作量也越大。

《老子》一书文字不多，版本不同，各种版本都只有五千多字，读古书的困难因素，《老子》中都会遇到。这些困难都可以利用近代科学研究方法（结合民俗学、历史学、考古学、语言学、宗教学、语法学等），逐步一个一个地解决。最困难的是《老子》的独特的表达方式和哲学体系。如“道”“德”“天”“圣人”等与先秦其他哲学流派不同。古今注解、诠释《老子》的著作多到千余种，各有所见，所见不同，从而增加了研究的难度。

古书没有现代标点符号，缺了这种阅读辅助工具，也造成了一些困难。《老子》全书八十一章，几乎每一章的标点、断句都有歧义，章节划分也不尽一致。如：

> 绝圣弃智，民利百倍；绝仁弃义，民复孝慈；绝巧弃利，盗贼无有。[①]

老子反对当时社会上虚伪的道德、仁义，并不是从根本上反对道德、仁义。如果给这些概念加上引号，表达时就不易发生误解，写成“圣”“智”“仁”“义”，老子原义就清楚了。《老子》书中，“圣人”出现过三十一次，肯定“圣人”的救世作用，老子对“仁”“义”也不是一概反对。

又如：

> 域中有四大，而人居其一焉。
> 人法地，地法天，天法道，道法自然。[②]

在前人注解中有的断句为：

> 人法地地，法天天，法道道，法自然。

认为这样断句才构成“四大”，照通常断句成了“五大”。这种断句虽备一说，但不合老子原义，像这类分歧，也给研究者增加了困惑。

《老子》原文经过传写，错误沿袭千百年，以讹传讹，积重难返，本意反被淹没的也有，如：

> 大方无隅，大器晚成，大音希声，大象无形。[③]

① 《老子》十九章。

② 《老子》二十五章。

③ 《老子》四十一章。

综观上下文义，“晚成”是错的，应当是“免成”。这里的“大方”“大音”“大象”之后均用否字词（“无隅”“希声”“无形”），马王堆甲、乙本均作“免成”。汉魏以降，世传《老子》均作“晚成”，诸家注解也按“晚成”做注。千余年来，“大器晚成”已成为社会上通用的成语，积重难返。而且“大器晚成”反映了做成一件事，要速成反而得不到理想的结果，这里有一定社会经验的辩证法，用不着也不可能取消这个充满智慧的成语。按老子原文，应是“大器免成”。我在《老子》译文中，这一句译作：

最方正反没有棱角，最贵重的器物用不着加工，最大的声音却听不到它的声，最大的形象却看不到它的形。

古今人论老子的社会政治思想，多引用：

小国寡民。使有什伯之器而不用，使民重死而不远徙。虽有舟舆，无所乘之；虽有甲兵，无所陈之。①

中外古今学术界许多学者认为，老子理想的治国蓝图是“小国寡民”，这应是一种误解。《老子》这里的“国”，相当于今天的城镇、市区，是指基层行政组织，而不是指统一国家的规模。《老子》中讲“小国”只有这一处，更多的情况下，老子讲到“大国”，讲治天下、取天下的次数更多。春秋时人心目中的“天下”不能理解为今人心目中的“世界”，而是指当时人的“全国”。老子理想中的“圣人”是治天下的能手。老子主张“小国寡民”是指基层行政组织小，才可以使老百姓不出乡里，安居乐业，“甘其

① 《老子》八十章。

食，美其服”。老子提出治大国的办法是“治大国若烹小鲜”，提出不要常常搅动它。

这里可以看出老子、孔子都感到诸侯割据、互相争夺的混乱局面应早日结束，老子、孔子都有平治天下的宏愿。孔子主张恢复、加强周天子的权威，利用周朝制定的机制，加强中央集权，使社会变得有秩序；老子主张“圣王无为”，不扰民，减轻赋税负担，消弭战争，使老百姓有个安定生活。老子、孔子都有统一天下的愿望，只是采用的方法不同。这种不同与他们的阶级立场有关，所代表的集团利益有关，不完全是方法的差异。

从老子、孔子开始，后来墨子提出“尚同”，也有中央集权的倾向。后来的孟子提出“定于一”，商鞅、庄子、荀子、韩非等人都集中在建立大一统国家的理想上。春秋战国诸子百家争鸣，共同争论的主题是一个——如何统一天下。秦汉统一大业是春秋战国长期酝酿达数百年的结果。为了实现这个统一大业，耗尽了无数圣贤的心力。历史实践已证明，大一统的政治格局体现了中华民族的共同愿望。秦汉统一后，两千多年间，统一时间长，而分裂时间短，说明中国各族人民拥护统一，反对分裂割据。全国统一能给老百姓带来实际利益，如遇到灾年可以由国家统一调剂丰歉、兴修水利、抵抗外来侵略、进行大规模的物质建设和文化建设、结束国内战争等等。老子、孔子都希望有治天下的“圣人”出来完成历史任务。

中国古书中注释最多的有两部，一部是儒家的《易》，一部是道家的《老子》。并不是这两部书的道理丰富到非有千百种以上的注释不可，而是由于社会的发展、人类的进步，不断增加新内容，借古人的名义发挥后来人的新思想。如果有人根据注释者的解释去回溯古代《老子》的本来面目，将会失望。如果根据不同时代权威的注释去认识各个时代的学术发展面貌，则是可取的，是历史主义的方法。

中华民族源远流长，生机盎然，不断发展前进，除旧更新，影响深远的只有孔、老两家。中华文化没有孔子，不成其为中华文化；同样，没有老子，也不成其为中华文化。儒、道两家是中华文化的两大支柱，缺一不可（佛教传入中国，也成为中华文化的组成部分，宋以后九百多年来，被儒教主流吸收、融合，佛教影响不及儒、道长久）。

老学源流*

老子之学发轫于荆楚，但老子不是乡曲之士，他曾到过北方，当过周守藏史，熟悉历史文献记载，接触社会现实腐败现象。他的思想可以概括为三个来源和三个组成部分。

第一个来源，它继承荆楚文化的特点，贵淳朴自然，反雕琢文饰。

第二个来源，老子博学多闻，善于吸取古代文化遗产，总结前人经验。

第三个来源，老子亲眼看到春秋时期社会的混乱、旧秩序的崩溃、“仁义”口号的虚伪性。

这三个来源很自然地构成了老学独特的思想体系，成为中国与儒学对峙，并存长达两千多年的两大流派。

这三个不同来源的思想，在《老子》书中都可以找到。

老子思想来源于荆楚文化，首先表现为对水的歌颂。荆楚水乡，以水滋养万物的印象，远远超过北方。孔子也讲到过水，称叹“逝者如斯夫，不舍昼夜”，体察万物的变动不居；孔子还说

* 原载《寻根》1996年第2期。曾收入《皓首学术随笔·任继愈卷》。

"仁者乐山，智者乐水"，体察水的特点与智者有相似之处。老子对水的歌颂与理解大大超过生活在北方邹鲁的孔子。老子称赞水的美德："上善若水。水善利万物而不争，处众人之所恶，故几于道。"[①]"大道汜兮，其可左右。"[②]把水比作"道"。又说："江海之所以能为百谷王者，以其善下之，故能为百谷王之。"[③]"天下莫柔弱于水，而攻坚强者莫之能胜，以其无以易之。"[④]

《老子》书中常借用植物生长的例子，说明"贵柔"的道理。植物幼苗柔弱而有生命力，植物壮大后则枯槁而接近死亡。先秦古籍中，孔子、墨子、孟子的著作中经常信手举出身边事例来说明各自的理论，他们举出的例子既反映作者的个性，也反映了他们的社会性。

《老子》书中还经常从前人经验和古文献中吸取有用的东西。如：

> 古之善为士者（按：马王堆本作"善为道者"），微妙玄通，深不可识。夫唯不可识，故强为之容。[⑤]

接着描述"古之善为士者"具有自然、朴素、谦退、谨慎、严肃、旷达、包容等品格。

> 建言有之：明道若昧，进道若退，夷道若颣，上德若谷，

① 《老子》八章。

② 《老子》三十四章。

③ 《老子》六十六章。

④ 《老子》七十八章。

⑤ 《老子》十五章。

大白若辱，广德若不足，建德若偷，质真若渝，大方无隅，大器晚成，大音希声，大象无形。[①]

盖闻善摄生者，陆行不遇兕虎，入军不被甲兵。兕无所投其角，虎无所用其爪，兵无所容其刃。夫何故？以其无死地。[②]

故圣人云："我无为，而民自化；我好静，而民自正；我无事，而民自富；我无欲，而民自朴。"[③]

古之善为道者，非以明民，将以愚之。[④]

用兵有言："吾不敢为主，而为客；不敢进寸，而退尺。"[⑤]

老子讲的"用兵有言"是什么兵书上讲的已无可考，看来是一种成说，而不是老子首先提出的。《老子》书中的"建言有之""盖闻""圣人云""古之善为道者"，表明这些说法都有来历。老子曾主管周王朝的图书馆（守藏史），他所见到的历史文献不见得比孔子少，但老子引用古文献并不多，也说明老子能利用古文献而不特别看重文献的特点。

老子为亲眼看到当时从中央周王朝到地方诸侯的混乱无序而失望。同时代的孔子也看到当时的社会混乱无序，由于观察问题角度不同，他们的改革方案也不同。老子抨击当时的社会弊端。如：

---

① 《老子》四十一章。

② 《老子》五十章。

③ 《老子》五十七章。

④ 《老子》六十五章。

⑤ 《老子》六十九章。

夫佳兵者，不祥之器。[①]

天下有道，却走马以粪。天下无道，戎马生于郊。[②]

民之饥，以其上食税之多，是以饥。[③]

大道废，有仁义；智慧出，有大伪。[④]

绝圣弃智，民利百倍；绝仁弃义，民复孝慈。[⑤]

夫礼者，忠信之薄而乱之首。[⑥]

老子深刻地看到在“仁”“义”“礼”等口号下产生的种种弊端，他放弃仕途而走向隐逸的道路。老子思想比孔子更接近农民、接近农村，与官方朝廷保持一定距离。

《史记》有一段记载孔子问“礼”于老子时他们的对话：

孔子适周，将问礼于老子。老子曰：“子所言者，其人与骨皆已朽矣，独其言在耳。且君子得其时则驾，不得其时则蓬累而行。吾闻之，良贾深藏若虚，君子盛德，容貌若愚。去子之骄气与多欲，态色与淫志，是皆无益于子之身。吾所以告子，若是而已。”[⑦]

孔子向老子问“礼”，孔子已相当知名并开始讲学授徒，

---

① 《老子》三十一章。

② 《老子》四十六章。

③ 《老子》七十五章。

④ 《老子》十八章。

⑤ 《老子》十九章。

⑥ 《老子》三十八章。

⑦ 《史记》卷六十三《老子韩非列传》。

孔子的志趣并没有世俗人那样追求声色之好，老子却斥责他“骄气”“多欲”，从而可见老子、孔子二人的价值观有极大的差异。

二

老子对中华民族的影响也有三个大的流向。

老学在哲学方面，对辩证法思想有极深远的影响。中国哲学中辩证法思想十分丰富，辩证法中有刚健为主的一派，以《易传》为代表；以柔弱为代表的一派，则导源于老子。中国哲学有以伦理实践为主的流派，起源于孔子；以高度抽象思辨为主的流派，则起源于老子。老子的抽象思辨发展到魏晋时期形成魏晋玄学，以王弼《老子注》为高峰，从此开创了哲学史的一个新阶段。说老子开创了中国哲学本体论的先河并不过分。

老学在宗教方面影响也很深远。东汉以后，道教兴起，最初张鲁在汉中创五斗米道，教信徒们诵习《老子》五千文以祈福免祸。此后，张鲁及其信徒徙往内地，五斗米道也在内地广为传播。

东汉河上公注《老子》，讲养气、炼形，又讲治国、救世。《老子想尔》是以注《老子》的方式来发挥道教思想的一部重要著作。东汉严君平是由哲学向宗教过渡的《老子》著作的阐释者。

此后，修炼外丹者（丹鼎派）借用《老子》名义的著作很多。借用老子注释的名义修炼内丹（心性修炼）的著作也很普遍。由道教修炼派生的气功与武术成为中华民族的文化遗产，老子和道教奉祀的“太上老君”有若即若离的关系。《道藏》（道教全书）中以老子或《道德经》的名义的著作极多，成为道教重要的必读经典，虽与老子本人无关，却不能不承认老学影响的广泛。

老学思想也对中国政治有极深远的影响。汉初黄老之学曾导致治理战后创伤的有效政策。此后每逢大乱之后，必采取清静无为的政策方针，与民休息，其指导思想多来自老学。老学的重要性也经常引起历代帝王的重视。帝王以在朝当权者的身份宣传老子学说，与治国之术相结合，唐玄宗李隆基、宋徽宗赵佶、明太祖朱元璋都曾亲自撰写关于《老子》的注释。他们虽不能懂得老子的理论，却感到有必要利用老子在社会上的影响。如朱元璋注《老子》“文理不通，句读费解”[①]，足可证明为朱元璋自著。朱元璋认为《老子》一书是“王者之上师，臣民之极宝”。

老学还启发了中国重要的军事思想，以黄帝《阴符经》为名义的兵书渊源于老子。

北宋以后，儒教成为势力最大的中国教派，佛、道二教沦为儒教的附庸。在儒教大量著作中，老子的思想也受到极大的关注。吕惠卿、司马光、苏辙、彭耜、元代的吴澄都从三教会同的角度讲解老子。苏轼为苏辙的《老子注》作跋，说：“使汉初有此书，则孔子、老子为一；使晋唐有此书，佛、道不二。”

中华民族五千年的文明史，五千年间社会不断发展，学术理论也随之发展。孔子、老子的学说虽是二千多年前出现的理论，但后来的注释者不断以注释代替著作，以述为作。我们不认为老子的学

① 《四库提要》。

说本身有长久不变的影响力，而是由于中国学术的传统习惯，不断对古代著作随时给以富于时代精神的解释。每一个新时代的解释中都注入了每一时代的新内容。老学看来万古常新，并不能说老学本身不变，而是由于广大研究者随时注入新内容、新解释，所以它不会成为不变的考古研究的对象，而是人们生活中不可中断的精神营养。各种注释无不带有时代的烙印。近代人严复以进化论的观点评点《老子》，为他的改革中国政治寻找理论根据就是一例。

中国古书中，注释最多的书有两部，一部是儒家的《易》，一部是道家的《老子》。《易》注不下三四千种，《老子》注也有千余种。并不是这两部书包含的道理丰富到非有数千种注释不可，而是由于社会的发展、人类的进步，随时有新的内容，要借用古代最有权威、人人都相信的著作的名义，讲明作者的思想。如果有人根据注释者的解释去回溯古代《老子》原著的本来面目，往往会失望的。如果根据不同时代的丰富的注释著作去认识各个时代的学术发展面貌则是可取的，也是会收到实效的。

从老学的“源”可以看出中华民族的文化在春秋时期的地区文化特色。中华民族不只起源于黄河流域，说黄河流域是中华民族文化的摇篮是对的，但不全面。长江流域也是中华民族文化的摇篮。以黄河、长江两大流域为中心，由此向周边辐射出去，从而形成中华文化圈，影响到周边地区和邻国。

中华文化没有孔子，不成其为中华文化；同样，没有老子，也不成其为中华文化。对儒、道两家本身及流派研究得愈透彻，对中国认识得也就愈全面。

当然，我们也不能说中国秦汉以来二年是孔子思想支配的，或者是老子思想支配的。因为二年间，老学、孔学不断增加新内容，有些内容是老学中原有的，但未阐发得充分，也有些纯属于后人的思想，挂在古人名下阐发出来的，是古人不曾有过的思想。中华文化既古老又年轻，其原因也在于此。

中国哲学史的里程碑——老子的“无”*

“中国哲学史是中华民族的认识史”，多年来一直沿着这条思路考察中国哲学的发展、变化，踪迹昭然、历然。老子首先提出了“无”作为最根本的范畴，是中国哲学史第一座里程碑。人类认识外界，总是经历由外到内、由具体到抽象的过程。近半个世纪以来，儿童心理学发展较快，研究儿童认识外界的过程及其发展轨迹，经过观察、实测、比较，得出大体可信、比较接近儿童思维成长的实际状况。一个民族思维成长的过程与儿童心理的发展过程大体相似，至少可从中得到相关的昭示。

儿童认识外界先从身边周围的事物开始，由近及远，先认识母亲，后及家人，扩大到身外的食物、玩具，再扩大到鸟兽、草木、虫鱼等目力所及更大的范围。如高山、大河、天空、气象风雷等等外界，虽在视听范围之内，但并不能引起足够的认识。日月星辰先被认识，日月依附着的更大的太空则较后才会引起注意。朱熹儿时，其父向他指示天空曰：“天。”朱熹问其父：“天之上何

* 原载《中国哲学史》1997年第1期。曾收入《竹影集》。

物？”这被看作特异儿童的表现，所以古人特别记上一笔。古今中外千千万万儿童，是很少关心“天之上”有“何物”的。

儿童教育家还发现，小学生春游旅行，虽然喜欢爬山、涉水，但不懂得欣赏山水风景、朝晖落霞之美。认识过程总是由具体事物开始，由微细到宏大。儿童学习数字计算，也是先学计算一个两个实物，然后形成“1，2，……”数的概念。先有自然数的实数，“零”的概念形成较后。因为零没有形象，也找不到与零相当的对象（实体）可供参考。

我们回顾中华民族的认识史，竟与儿童思维成长过程有惊人相似之处。[①]

人类认识从有形开始，逐渐由分到合、由具体到抽象，形成“有”（存在）的概念。“有”有形象（大小、形色等），“有”有性质（坚软、轻重、香臭等），“有”有结果（得到或未得到），各种“有”（存在）都可见闻、可感知、可推得结果。这些都属于人类认识的幼年期。

随着生活实践、科学实践、社会实践的深化，从“有”进而认识到“有”的对立面——“没有”。

“没有”是生活中经常遇到的现实。打猎、捕鱼，可能

① 近代皮亚杰一派儿童心理学的研究，对成人心理研究也有推动作用。儿童思维可分四个阶段：（一）直观行动阶段；（二）具体形象思维；（三）形式思维；（四）辩证思维。有些著作提出，随着年龄的增长，思维能力逐渐提高。我们从哲学认识论的角度来看，年龄只是外在标志而不是原因，思维水平提高的原因在于社会实践的不断深化。如果是禁锢中的儿童，即使年龄增长，缺少语言训练，不给信息交流机会，思维水平也无法提高。

“有”，也可能“没有”，而且出现的频率很高。把“没有”抽象到概念的高度，也作为认识的客体对待，达到这个认识水平，只在具有先进文化的民族才有这种可能。“没有”在未上升到概念时，只是一次性的客观描述。提出了“无”，则是认识的一次大飞跃。由于“无”具有“有”所不具备的“实际存在”，号称为“无”，并非空无一物，而有总括万有的特点，老子称之为“无状之状，无物之象”。它不同于“有”，所以“视而不见”“听之不闻”“搏之不得”，“此三者不可致诘，故混而为一”。对这一最高的负概念给予特殊名称，有时叫作“无”；因为它具有规律性，也称为“道”。在一定情况下，“无”与“道”同义，有时“无”也是“道”，“道”也是“无”。

老子的“无”不是停留在描述性的“没有”的认识阶段。“无”并不是消极的存在，而是有它实际多样肯定性的含义，有现实作用，有可以预测的后果，也是经常用来对待日常生活、政治生活的一个原则。“无”的发现为人类认识史开了新生面，的确非同寻常。

《老子》书经历史上老学传人的补充、完善，现存的定本共五千七百字左右。这部书从各个方面提醒人们重视“无”的地位和作用。不但认识“无”，而且用“无”的原则来指导日常生活、社会生活以及政治生活。

日常生活中认识“无”的功用：

> 三十辐，共一毂，当其无，有车之用。埏埴以为器，当其无，有器之用。凿户牖以为室，当其无，有室之用。故有之以

为利，无之以为用。[①]

把“无”的原则运用到政治生活：

取天下常以无为事。[②]

以无事取天下。[③]

我无欲，而民自朴。[④]

为无为，事无事，味无味。[⑤]

是谓行无行，攘无臂，扔无敌，执无兵。[⑥]

是以圣人处无为之事，行不言之教。[⑦]

为无为。[⑧]

爱民治国，能无为乎。[⑨]

道常无为。[⑩]

吾是以知无为之有益。[⑪]

---

① 《老子》十一章。

② 《老子》四十八章。

③ 《老子》五十七章。

④ 同上。

⑤ 《老子》六十三章。

⑥ 《老子》六十九章。

⑦ 《老子》二章。

⑧ 《老子》三章。

⑨ 《老子》十章。

⑩ 《老子》三十七章。

⑪ 《老子》四十三章。

不言之教，无为之益，天下希及之。[①]

日常行为准则也离不开“无”的原则指导：

善行无辙迹；善言无瑕谪；善数不用筹策；善闭无关楗而不可开；善结无绳约而不可解。[②]

“无”也是政治生活的指导原则：

爱民治国，能无为乎？……明白四达，能无为乎？……生而不有，为而不恃，长而不宰。[③]

老子由“无”衍生出一系列否定概念以积极含义：

绝圣弃智，民利百倍；绝仁弃义，民复孝慈；绝巧弃利，盗贼无有。……见素抱朴，少私寡欲。[④]

处理人际关系，要遵循“无”的原则，以退让、收敛为原则：

不自见，故明；不自是，故彰；不自伐，故有功；不自矜，故能长。夫唯不争，故天下莫能与之争。[⑤]

老子思想的深刻性在于善于从纷乱多样性的现象中概括出“无”这一负概念。其可贵处在于把负概念给予积极肯定的内容。

① 《老子》四十三章。

② 《老子》二十七章。

③ 《老子》十章。

④ 《老子》十九章。

⑤ 《老子》二十二章。

老子的“无为”不是一无所为，而是用“无”的原则去“为”。所以能做到有若无、实若虚，以退为进、以守为攻，以屈为伸、以弱为强，以不争为争，从而丰富了中国古代辩证法思想，建立了中国古代辩证法“贵柔”的体系，与儒家《易传》尚刚健体系并峙。两大流派优势互补，共同丰富了中华民族的文化宝库。

人类认识总是在旧的认识基础上提出新见解。新见解对旧知识来说是一次进步。同时，这新见解往往成为后来更新见解的障碍。《荀子·天论》篇中曾指出：“老子有见于诎，无见于信。”老子发现了“无”的价值，把它提高到应有的位置，是老子的贡献。如果把“无”的地位、作用过分夸大，反倒背离了真理。比如，老子指出建房屋供人使用的地方是墙壁中间的空间部分。但也应看到供使用的空间部分是在墙壁、梁柱等实体支持下才能供居住，没有墙壁、梁柱、砖木的“有”，也就没有供起居的空间，只是一片空旷的开阔地，虽有空间（“无”），却不能居住。“有”与“无”互相依存，相得益彰。

总之，老子发现并提出了“无”这个范畴是一大贡献，并赋予肯定、积极意义，功不可没。老子的“无为”不是什么也不干，而是变换一种方法去干。

老子的辩证法“贵无”“尚柔”，肯定生活，而不消极玩世。老子贵“无”而务“实”，不具有怀疑论色彩。战国末期出现黄老之学讲治道、重形名，在战争后经济残破时期，用来恢复生产，收到了治国安民的实效。黄老不同于原来的老子，司马迁把老子与韩非子同篇立传事出有因。韩非子也有《解老》《喻老》的著作，足见二者有内在的联系。老子、庄子古来并提，老子多讲治国用兵，庄子更偏重养生、适性，也采取了老子思想的一部分，但历史上还没有发现庄子治国安民的思想。

庄学作为老学的补充，自有其重要地位。庄学的高明豁达、不谴是非是庇荫在老子构建的大厦下设立的，离了老子，庄子的光彩就无从显露。这一点，正如王守仁之所以能自张一军，耸动天下，是在朱熹的基础上开创起来的。必先有朱熹，王守仁反对朱熹的格物的新见解才有新意。没有朱学，就没有王学。“无”被提示出来，纳入认识最高范畴，涵盖范围广大无限，给后来道教神学提供了广阔驰骋的领域。这是另外的问题，本文从略。

寿命最短的黄老学派，效应长久的黄老思想*

黄老之学，兴于汉初也消亡于汉初。从兴起到消亡，只有七十年左右。我国自古以来学术流派众多，但在同一时期遍及全国各地区并得到政府认同支持的并不多。只有黄老学派的势力曾推广到全国各地，覆盖黄河、长江两大流域的广大地区，上自中央政府，下及地方官吏，共同贯彻。老子学派的社会基础是个体农民，老子哲学的中心思想是维护农民的利益。比如反对城市繁华奢侈，歌颂农村的自然生活，使农民“甘其食，美其服，乐其居”，“不见可欲，使民心不乱”；反对战争使人民受害，因为战后的创伤一时难以恢复，“大兵之后，必有凶年”；反对重税，“民之饥，以其上食税之多，是以饥”，“民之难治，以其上之有为”。这些表述都出自小农的内心企求。秦朝无法实现这些愿望，在汉初都不同程度地满足了。汉文帝时期农民赋税为三十税一，在中国历史上算是最轻的。

但还要看到，汉代是一个前所未有的多民族的大国，统辖的范围几乎包括黄河、长江两大流域的广大地区，南到岭南，北临大

* 原载《齐鲁学刊》2006年第1期。

漠，全国范围内民族众多，风俗语言各异。为了统治这样的大国，政府要权力高度集中，行政效率要坚决有力，否则无法进行有效的管理，所以治国思想是法家思想体系。强化君主的绝对统治权力，在全国设置郡县，郡县长官直接由皇帝任命，不能世袭，地方行政只是代中央执行政令，而不能自行立法。

小农经济是个体的、分散的、自然经济的模式，而中央政府则要求是高度集中的有效管理。如果按照农民的愿望，完全满足农民的利益，势必削弱中央的权力；同时，还要看到分散的个体农民需要有一个强有力的政府保护。有了统一的政府，对内可以免于内战，对外能有效地抵抗外来入侵，遇到灾害年景，可以得到政府统筹救济。农民希望政府减轻劳役，强有力而不过分严苛。

先秦法家主要为君主设计富国强兵的理论。秦朝用暴力统一了天下之后，仍然用暴力的办法治理天下，却失败了。因为统一以前秦国管辖范围只限于今天陕西、川陇为中心的部分地区，民工自带口粮应召服劳役，行程不太远，工程量也不太大。参加战争，因军功还可能有改善处境的可能。统一六国以后，辖区扩大到长江、黄河两大流域，东到东海，北到大漠以南。征募全国劳役修长城、修驰道、建宫殿、建陵墓，每项工程调动几十万民工。农民出工自带口粮，从几千里外到指定地服劳役，完全超过了个体农民承受的能力。秦朝灭亡不是外面的力量，而是内部揭竿而起的农民。

汉代第一代皇帝刘邦就是亲身参加农民起义的一位领导者。刘邦取得天下后，认识到用武力可取得天下，但管理天下不能专靠武力。黄老思想应运而生。

黄老思想的两大基本原则是既要维护中央集权的有效统治，又要照顾到广大农民的利益，使他们安居乐业，吃饱肚子。汉朝初期黄老思想的主旋律在于轻徭薄赋，与民休息。这一政策实行了七十年，收到了实效，国家粮库的旧粮用不完，又加入新粮。几十年下来，以至于“太仓之粟陈腐不可食”。国家经过惠帝、文帝、景帝三代皇帝的治理，国力充实了，为第四代皇帝汉武帝创造了施展其雄才大略、文治武功的条件。黄老思想最活跃的时期也正是汉建国后到文帝、景帝及武帝初期。武帝壮年以后，放弃黄老，推荐儒术，儒学（后来演变为儒教）兴起，黄老学派从此消失。

黄老学派的“老”是老子，“黄”指的是炎黄民族信奉的始祖黄帝。在春秋战国时期，诸子百家争鸣，未发现黄老学派，它要想在思想界争得一席之地，才抬出黄帝以壮声势。黄帝是中华民族公认的领袖。古代思想家为了增加本学派的声望，儒家孔子尊周公，墨家尊禹，孟子尊尧舜。黄老学派自称继承黄帝、老子的思想，实质上是老子加秦朝的法家。汉初人对秦朝的暴政记忆犹新，对法家抱有反感，但是，为了全国统一的有效管理，又必须树立一种强制型的治国理论。汉朝有意回避它与秦朝的继承关系，于是出现了黄老学派。

实际上，老子思想中也有统治人民的愚民思想。国君不使百姓有知识，但要保证老百姓吃饭、穿衣、居住等生活的基本条件。韩非把百姓看成耕田、作战工具。老子与韩非看似互不相干的两家，却有一条暗流互相沟通。司马迁的《史记》把老子与韩非合在一起，写成《老子韩非列传》。古人曾指责司马迁分类不当，认为老子不应与韩非摆在一起。其实两家有相融相通处，《史记》的安排并不能算错，而且是可以理解的。

黄老学派退出历史舞台，它的著作没有机会流传，长期湮没，人们已不知道黄老学派有哪些文献著作。1973年，长沙出土帛书《经法》《十六经》等四种佚书，第一次提供了黄老学派的哲学著作。它提出“道”的概念，认为“道”有规律可循，“合于道者谓之理，理之所在谓之顺；物之不合于道者谓之失理，失理之所者谓之逆”。《黄帝四经》认为天下事物，即使最细小如秋毫，也都有它的“形”和“名”，所以循名察实。这是先秦韩非思想中经常提及的君主用以考察臣下的方法。黄老思想经常把“道”与“天地”看作同义语，但不及老子的深刻；也主张虚“无”生“有”、“有”生于“无”，与老子相同；也讲到对立事物，如顺逆、生死、文武、刑德、祸福等，可以互相转化，善于利用可以得益，不懂得利用即受害，与老子相同。“刑”与“德”也是相辅相成的关系，主张文武并用，“因天之生也以养生，谓之文；因天之杀也以伐死，谓之武。文武并行，则天下从矣”。两者虽同样重要，但应学习“天道”，多用生，少用杀，多用德，少用刑。天有四时，春、夏、秋为生，冬为杀。生为文，杀为武，文武结合，三分文，一分武。四时中，三季（春、夏、秋）为生，一季（冬）为杀，是顺乎天意的。《黄帝四经》重视平衡和调和，提出了“度”“极”“当”“宜”等概念，反对过分，提倡适度。

黄老学派还强调老子“贵柔”“守雌”的思想，提出“雌节”这个概念，刚柔、阴阳、雌雄矛盾的主导一方是柔、阴、雌，而刚强的一方居从属地位。这相同于老子的思想。《十六经》中说“立于不敢，行于不能”，“重柔者吉，重刚者灭”。这些理论在汉初十分流行，这些思想老子思想都有，并不新鲜。因此，汉初黄老学派的哲学部分，有的被后来的更有力的学派所吸收，如董仲舒的天人合一思想；有一部分本来是老子思想的重复。老子学派早于黄老学派，而且影响深远，黄老学派中与老子哲学重复的部分，老子讲过的，没有重复的必要，自然消亡。

唯一能代表黄老思想特色的是其中的“无为而治”的政治思想。大规模的农民战争之后，旧王朝覆灭、新王朝初建时期，都要有一个恢复时期，与民休息。随着汉代经济的恢复，由“无为而治”转向儒家的“刚健进取”，后来儒家成为主流、正统，黄老无为精神完成它的历史使命，退出历史舞台。

汉以后，儒家发展成儒教，其他流派没有登台表现的机会，只有在儒教大旗下，夹带一些非儒教的内容。学术台面上能公开亮出的旗帜只有孔子、老子两家，孟子为孔子的辅翼。其他学派游离孔、老两家之间，说到底只有孔孟与老庄四派两家而已。

关于《道德经》*

《道德经》是老子的代表作，是先秦诸子传统文化的主要经典之一，另一部经典是《论语》。这两部著作影响了中国两千多年。老子、孔子的思想传播影响到全世界。这里只谈《道德经》。

一、尊　道

哲学上，提出天道观。这是春秋时代的热门话题。先秦诸子及其著作中没有不讲到“天”的。老子、孔子、墨子、庄子、荀子、韩非及当时的政治家都讲到“天”及“天道”。各家从不同的角度来提出问题和解释，得出不同的结论，创立了不同的学派。把“道”作为最高范畴集中阐发，老子是第一人。

老子的天道观，有以下特点：“天”是无为的、自然的，没有意志，开始对“天神上帝”的崇高地位提出了怀疑。“天道”是循

* 原载《哲学与宗教（第一辑）》，上海古籍出版社，2007 年 1 月版。收入《皓首学术随笔·任继愈卷》。

环的。老子是周朝的史官，史官通晓天文学，观察天象。“大曰逝，逝曰远，远曰反。”[①]“天道”无时不在变化，不是静止的。

春秋时期（前770—前477年），周王朝对全国失去控制，政治上失去中心，出了富而不贵的新兴阶级，社会上下尊卑、贵贱的旧秩序起了变化。旧秩序已被打乱，新秩序尚未形成。这种变化影响到每一个成员，敏感的知识界更有深切感受。

老子的《道德经》是一部哲学著作，特点是探求世界万事万物的规律性，而不是就事论事，解决一个一个的局部问题。哲学提出的全局观点是从老子开始的，后来不断发展丰富。

“道”——混沌不可分的，是“一”。

“道”——本来就存在，自然。

“道”——构成万物的原始材料，朴。

“道”——不同于任何具体事物，肉眼看不见感官不可触摸，无形无象。

“道”——事物的规律。人、物、自然社会都离不开“道”。

“道”本来是人们行走的道路，是个普通名词。老子第一次赋予哲学概念。它不好描述，表达起来有困难，他用“无名”“朴”“无用”“无象”“无形”“无状之状”“无物之象”“大象无形”等来描述“道”。

“道”是精神性的还是物质性的，老子本身没有说清楚，当时的人类认识只能到这个水平。老子的认识已经是处在人类认识的最

---

① 《老子》二十五章。

前沿。后人可以用自己的认识来解释《老子》，代替老子发言。但是老子没讲清楚的问题，代替老子讲得再清楚，也不能认为是老子的思想。

老子的哲学使人从宗教、神学中初步摆脱出来，在当时是了不起的贡献。

二、贵　无

老子另一个贡献是第一个提出了“无”的概念，这是中国哲学史第一座里程碑。这个问题，过去的研究者讲得不够，这里要多说几句。

人类认识外界的过程总是由外向内、由具体到抽象。近半个世纪以来，儿童心理学发展较快，研究儿童认识外界的过程及其发展轨迹。经过观察、实验、比较，得出大致可靠、比较接近儿童思维成长的实际状况。由此推广一个民族思维成长的过程，与儿童成长的过程与儿童的心理发展的过程大体相似，至少可以从中得到相关的昭示。

儿童认识外部世界总是先从身边周围的事物开始，由近及远。先认识母亲及其家人，扩大到身外的食物、玩具，再扩大到鸟兽、草木、鱼虫等目力所及的范围。如高山、大河、天空、气象、风雷等外界，虽在视听范围之内，并不能引起足够的认识。日月星辰先被认识，日月星辰附着在更大的太空中，则较迟才会引起注意。朱熹幼时，他父亲抱着他指天空说：“天。”朱熹问其父：“天之上有何物？”这被视作特异儿童的表现。所以古人对这种事特别记上一笔。古今中外千千万万儿童，很少关心“天之上”有“何物”的。

近代中外儿童教育家还发现，小学生春游虽然喜欢跋山涉水，但不懂得欣赏山水风景、朝晖露霜之美。人类认识过程总是由具体事物开始，由微细到宏大。儿童学习数字计算，先计算一个一个的实物，然后形成“1，2，……”数的概念。先认识自然的实数。据中外数学史上的记载，“零”的概念形成较迟。因为“零”没有形象，也找不到与“零”相当的实体对象可供抽象。

我们回顾中华民族的认识史，竟与儿童的认识成长过程有着惊人的相似之处。[①]

人类认识从有形开始，逐渐由分到合、由具体到抽象，才形成了“有”的概念，西方谓之“存在”。“存在”的原始意义本来是“在这里”，是可以摸得到、看得见的一件一件的东西，是具体的“有”。“有”有大小、形象、颜色等，有软硬、轻重、香臭等性质，有得到或失去等。各种“有”都可见闻、可感知、可推得结果。这都属于人类认识的幼年期。

人类生活实践、社会实践的不断深化，从“有”认识到“有”的对立面——“没有”。

---

① 近代皮亚杰一派儿童心理学的研究，对成人心理研究也有推动作用。儿童思维可分四个阶段：(一)直观行动阶段；(二)具体形象思维；(三)形式思维；(四)辩证思维。有些著作提出，随着年龄的增长，思维能力逐渐提高。我们从哲学认识论的角度来看，年龄只是外在标志而不是原因，思维水平提高的原因在于社会实践的不断深化。如果是禁锢中的儿童，即使年龄增长，缺少语言训练，不给信息交流机会，思维水平也无法提高。

“没有”是生活中经常遇到的现实。原始人打猎捕鱼，可能“有”，也可能“没有”，两者出现的频率都很高。把“没有”抽象到概念的高度，作为认识的客体对待，达到这个认识水平，具有先进文化的民族才有这种可能。“没有”在未曾上升到概念时，只是一次性的客观描述，人类千百万年早已重复了无数次。老子提出了“无”，标志着中华民族认识的飞跃。

“无”这个概念具有“有”所不具备的“实际存在”，方称为“无”，“无”并非空无一物，它与“有”都具有总括万有的品格。老子称之为“无状之状，无物之象”。它不同于“有”，所以“视而不见”“听之不闻”“搏之不得”，“此三者不可致诘，故混而为一”。对这个负概念给予特殊的名称，有时称之为“无”；因为它具有规律性，也称为“道”。“无”也是“道”，“道”也是“无”。

老子的“无”不是停留在描述性的“没有”的阶段，“无”并不是存在的消极面，而有它实际多样性肯定的含义，有现实作用，有可以预测的后果，在日常生活、政治生活中一刻也离不开它。“无”的发现，为人类认识史上开了新生面，的确非同寻常。

《老子》一书，经过历代这一学派传人的补充完善，它从各个方面提醒人们重视“无”的地位和作用。不但要认识“无”，而且从“无”的原则来指导政治生活、日常生活及社会生活。

把“无”的原则用到政治生活并上升为治国的原则：

> 取天下常以为无事。[①]

① 《老子》四十八章。

我无为，而民自化；我好静，而民自正；我无事，而民自富；我无欲，而民自朴。[①]

为无为，事无事，味无味。[②]

圣人处无为之事，行不言之教。[③]

为无为。[④]

爱民治国，能无知乎？[⑤]

生而不有，为而不恃，长而不宰。[⑥]

道常无为。[⑦]

吾是以知无为之有益。[⑧]

不言之教，无为之政，天下希及之。[⑨]

日常生活认识“无”的功用：

三十辐，共一毂，当其无，有车之用。埏埴以为器，当其无，有器之用。凿户牖以为室，当其无，有室之用。故有之以为利，无之以为用。[⑩]

---

① 《老子》五十七章。

② 《老子》六十三章。

③ 《老子》二章。

④ 《老子》三章。

⑤ 《老子》十章。

⑥ 同上。

⑦ 《老子》三十七章。

⑧ 《老子》四十三章。

⑨ 同上。

⑩ 《老子》十一章。

善行无辙迹；善言无瑕谪；善数不用筹策；善闭无关楗而不可开；善结无绳约而不可解。[①]

《老子》由“无”衍生出一系列否定概念的积极含义：

绝圣弃智，民利百倍；绝仁弃义，民复孝慈；绝巧弃利，盗贼无有。……见素抱朴，少私寡欲。[②]

处理人际关系，要遵循“无”的原则，以退让、收敛为原则。

不自见，故明；不自是，故彰；不自伐，故有功；不自矜，故能长。夫唯不争，故天下莫能与之争。[③]

老子思想深刻可贵处在于从纷乱多样的现象中概括出“无”这一负概念，把负概念给予积极肯定的内容。老子的“无为”不是一无所为，而是用“无”的原则去“为”。所以能做到有若无、实若虚，以退为进、以守为攻，以屈为伸、以弱为强，以不争为争，从而丰富了中国古代辩证法思想，建立了中国古代“贵柔”的辩证法体系，与儒家《易传》尚刚健为体的辩证法体系并列。儒、道两家这两大体系优势互补、相辅相成，丰富了中华民族的文化宝库。

人类认识总是从旧的认识的基础上提出新见解。新见解对旧知识来说是进步。还应指出，死守此新见解不变，往往妨碍更新见解的出现。《荀子·天论》指出：“老子有见于诎，无见于伸。”老子发

① 《老子》二十七章。

② 《老子》十九章。

③ 《老子》二十二章。

现了“无”的价值，把它提高到应有的地位，是老子的贡献。如果把“无”的作用无限夸大，超过极限会走向荒谬。比如老子指出建房屋供人使用的地方是墙壁中间的空虚部分，房屋的价值在于它的空虚部分。如果把墙壁、梁柱、砖、木看成无足轻重，毫无使用价值，这所屋子就建不成，成了无墙无柱的一片开阔地，房子也就不存在了。

总之，老子发现、提出了“无”这个范畴是一大贡献，功不可没。他的“贵无”是肯定生活，而不是消极避世。他的“贵无”原则不具有怀疑论性质。战国末期，出现了黄老学派，讲治道、重刑名，在战国后期民生凋敝的时期起了安定社会、恢复生产的作用，形成黄老“无为”思想。汉初“文景之治”，古称盛世，其指导思想是“无为而治”。“无为”思想对恢复生产、安定社会、医治战争创伤，作用至为明显，汉初如此，唐初、明初、清初，开国初期都是如此，都实行过休养生息的政策。

三、尚 柔

人之生也柔弱，其死也坚强。万物草木之生也柔脆，其死也枯槁。故坚强者死之徒，柔弱者生之徒。是以兵强则灭，木强则折。强大处下，柔弱处上。[①]

上善若水。水善利万物而不争，处众人之所恶，故几于道。居善地，心善渊，言善信，政善治，事善能，动善时。夫

① 《老子》七十六章。

唯不争，故无尤。[①]

老子认为水最接近“道”。他列举生活中与水的品格相近或相似的几种现象做比喻。居住要像水那样安于卑下，存心要像水那样深沉，交友要像水那样相亲，言语要像水那样真诚，为政要像水那样有条理，办事要像水那样无所不能，行为要像水那样待势而动。正因为他能像水那样与物无争，才不犯过失。

柔弱胜刚强。[②]

天下莫柔弱于水，而攻坚强者莫之能胜，以其无以易之。弱之胜强，柔之胜刚，天下莫不知，莫能行。是以圣人云：“受国之垢，是谓社稷主；受国不祥，是为天下王。”正言若反。[③]

天下没有比水更柔弱的东西，而攻击坚强的力量没有能胜过它的，因为没有什么能代替它。弱之所以能胜强，柔之所以能胜刚，天下没有人不懂，就是没有人能照着做。因此，“圣人”说：“承受全国的不理解，才算得国家的主宰；承担全国的苦难，才算得国家真正的君王。”上述这些正面的论述恰像是反面的。

弱者道之用。[④]

柔弱是“道”的作用。“道”的作用在于柔弱。万物运行，其规律是面向反的方面运动（“反者道之动”），“道”运动作用是柔

① 《老子》八章。

② 《老子》三十六章。

③ 《老子》七十八章。

④ 《老子》四十章。

弱。“贵柔弱”的辩证法是弱势群体的哲学，它是弱势群体处世、生活及诸多方面的经验总结。

用于处世之道，老子主张不争强斗胜；用于用兵布阵，老子主张后发制人；用于作战，老子主张以守为攻，以逸待劳。面对强大的敌人，老子主张避实击虚。这种深刻的辩证法思想充分体现了我国古代农民的生存发展的世界观。老子取的例子也多来自农民生活实践，以草木、农作物做比喻，特别是南方水稻产区的农民经验。把水的种种品格予以抽象，提高到哲学思维的高度，指出水的品格，性格趋下，说它弱，它最弱；说它强，它又最强，冲决堤坝，冲倒大树，洪水夹带来泥石流可以造成灾难性破坏。

中国共产党领导的红军发明游击战，用劣势兵力战胜强敌，逐渐壮大，以至于后来大规模的抗日战争、抗美援朝战争都继续发挥以弱胜强的战略指导思想，仍可看到老子的柔弱辩证法的影响。这种军事辩证法、战略思想在八路军、新四军中得到普遍推行，文化不高的士兵容易理解和运用，主要在于我们当年的士兵是穿上军装的农民，一听就懂，一学就会。

四、治　国

老子《道德经》是一部讲伦理道德的著作吗？我们说基本上不是，这是一部空前的哲学著作，而不是伦理学著作。它是以生活实践为切入点，引导人们进入高度抽象思维境界，告诉人们“天道”变化、万物发展变化的总道理。老子的“道”是总规律，天地万物普遍遵循的总原则，而不是教人做一个循规蹈矩的顺民。如果说老子也讲到人世间的问题，那就是“无为而治”的治国的方针政策，其目的在于不扰民，与民休息，减轻人民负担。民之难治，“以其上食税之多”[①]。老子指出用刑罚治国，不是好办法，“民不畏死，奈何以死惧之”[②]。他理想的社会的人民都能做到“甘其食，美其服，安其居，乐其俗。邻国相望，鸡犬之声相闻，民至老死不相往来”[③]。他描绘出的农村百姓过的是一种宁静、自给自足、安适的田园生活。从这里也可以看出老子反映我国古代小农生活的理想画卷。

老子说的“小国寡民”不是主张回到原始公社社会，他说的“国”不是现代的“国家”的国（春秋战国时，“国”指城镇居民区）。“小国寡民”指的基层单位要小。老子讲“圣人治天下”的“天下”，相当于后来的国家（不是今天的世界或全球）。

老子的《道德经》讲治国之道，治天下才是头等大事，人间的伦理放在第二位，所以说：

> 故失道而后德，失德而后仁，失仁而后义，失义而后礼。夫礼者，忠信之薄，而乱之首。[④]

这是说，失去了“道”而后才有“德”，失去了“德”而后才有“仁”，失去了“仁”而后才有“礼”。“礼”这个东西，它是忠信的缺失，是大乱的祸首。

---

① 《老子》七十五章。

② 《老子》七十四章。

③ 《老子》八十章。

④ 《老子》三十八章。

老子反对“仁”，认为“仁”并不是最高境界，这一点恰恰与孔子相反。他说：“天地不仁，以万物为刍狗；圣人不仁，以百姓为刍狗。”[①]天地无所谓仁慈，听任万物自生自灭；“圣人”无所谓仁慈，听任百姓自生自灭。又说：“大道废，有仁义”[②]，“绝仁弃义，民复孝慈”[③]。

“生而不有，为而不恃，长而不宰”[④]是治国的最好原则。让百姓自由自在地在此生活，君主不干涉。所以《老子》不是提倡讲道德、说“仁义”、有关伦理修养的书，而是从世界观的高度讲治理天下的原则。所以他说“大道废，有仁义”，“仁义”不是最高追求的目标。

老子的政治理想，“无为而治”，反对扰民的统治者，他说：

> 太上，下知有之；其次，亲而誉之；其次，畏之；其次，侮之。……功成事遂，百姓皆谓：“我自然。”[⑤]

意思是说，高明的统治者，人们仅仅知道他的存在；其次的统治者，人们亲近他、称赞他；更次的统治者，人们畏惧他；最次的统治者，人们轻蔑他。

老子思想是中华文化的瑰宝。中华高度文明起源春秋战国时期，这个时期正是全人类走向高度文明的时期。西方的古希腊文化

① 《老子》五章。

② 《老子》十八章。

③ 《老子》十九章。

④ 《老子》十章。

⑤ 《老子》十七章。

出现了苏格拉底、柏拉图、亚里士多德，古印度次大陆出现了释迦牟尼，中国出现了老子和孔子。欧洲、印度和中国三支文化是在相互隔绝的状态下各自成长起来的。东方、西方的前进的步伐不约而同，文化起源的“多元化”本是事实。宣扬文化只有一个源头，这个源头只能出自西方的言论不符合事实。

五、纠　妄

2004年5月，不少重要新闻媒体都在报道《道德经》进入了大学课堂的消息。

5月10日的《光明日报》以《〈道德经〉引进华中科大》为题报道说：“从1996年至今，该校学生选修《道德经》人数已超过8000人。”认为该课程是“素质教育好形式”。这一课程获得了2001年湖北省高等学校省级教学成果二等奖（文科类）。文章还介绍说，校评委的推荐意见是“具有在全国高校推广的价值”。同年，《人民日报》5月13日第3版以《人文之光照耀科学摇篮》为题的报道，着重介绍熊良山主讲的《道德经浅释》，认为该课程“滋润着莘莘学子的心田”，“像甘霖洒入干涸的土地，校园内重塑起人文精神，弥补由于经济和科技高速发展所造成的现代文明裂缝”。

在这两家报纸报道前后，《湖北日报》《中国青年报》等重要报纸，新华网、人民网、求是新闻网、中国科学院等重要网站，也都报道了上述内容或文章。

与此同时，2004年5月上旬，由武汉大学、中国社科院哲学所等单位举办海峡两岸首届当代道家研讨会上，熊良山提供了论文。他的《道德经浅释》被与会者知晓。会上，台湾大学哲学系教授陈鼓应和香港中文大学哲学系教授王煜阅读了熊良山的《道德经浅释》以后，对该书牵强附会、望文生义的“浅释”非常惊讶。王煜教授认为该书不仅是错误百出，而且是“百孔千疮”。举例如下：

（一）“道可道，非常道；名可名，非常名”，浅释成“道，可以叫道，也可以不叫道；可以叫‘道’这个名，也可不叫这个名”（第1页）。

（二）“善建者不拔”，浅释为“搞建筑的人，其建筑不容易损坏”（第21页）。

（三）“使民重死而不远徙”，浅释为“即使百姓受重刑而死，也不愿离去”（第31页）。

（四）“如享太牢”，浅释为“（心里）实际像坐大牢一样的痛苦”（第48页）。

（五）“我愚人之心也哉”，浅释为“用我的愚昧去满足人民的心愿”（第49页）。

（六）“无为而无不为”，浅释为“开始什么都不会，炼到后来什么都会”（第54页）。

（七）“太上，下知有之”，浅释为“太上老君，下面的事情他知道”（第166–167页）。

（八）“为天下谷”，浅释为“这就是天下的稻谷”（第285页）。

（九）“古之善为士者”，浅释为“古时会当兵的”（第330页）。

（十）“智慧出，有大伪”，浅释为“知识太突出，大家都虚伪”（第366页）。

（十一）“知其雄，守其雌”，浅释为“知道公的，守住母的。……公的（雄性的）之间相互竞争，都有自己的‘势力范围’。在势力范围内的雌性就是该雄性的配偶，该雄性为了守住它的配偶，守住它的势力范围，常常与‘入侵者’进行搏斗，并以清静处下的方式向雌性‘示爱’，获得雌性的‘青睐’”（第284页）。

类似的错误有三百多处（以上据《学术研究有行规》一文，载于《科学时报》）。还有比如“复归于婴儿”被浅释为“归根结底是传宗接代”（第284页），“孔德之容”浅释为“孔隙中容纳的德”等等。

这样的一本书，如何可以作为教育学生的教材，又如何可以向全国推广！

工科副教授熊良山的《道德经浅释》来自他的老师孙享林的《李聃道德经意解》。孙享林是根据他练气功的体验写成的，其中有“三花聚顶”“五气朝元”“九转还魂丹”之类的鬼话。这位孙享林在1988年就曾创“自然神功”，自称有特异功能，宣称熟读《道德经》，能使道德高尚、百病不生，能修出“谷神”。“谷神”也就是“阳神”。修出了“阳神”，即可得道，可以永生。孙享林还说：“老子认为人只要修出‘谷神’，灵魂是可以不死的。太上老君创道以后，就坐镇大道的轴心，指挥整个大道的运转，宇宙中的各个银河系、恒星系、星球体上发生的事情，太上老君都能知道。”读了《道德经》，让学生去修道，修出“谷神”，去指挥宇宙运行。

2004年6月10日，《科学时报》以《学术研究有行规》为题，报道了陈鼓应、王煜对《道德经浅释》的批评，也报道了熊良山和他的老师孙享林对学者们所提批评的答辩。

熊良山认为：“我们的学生学习《道德经》，不是以学习哲学或研究那些古文为目的。专家们认为不对的解释至少也是一种解释。”他认为自己所用的是一种主客观结合的方法，并认为：“对《道德经》从古到今都是各有各的观点，学术界也从来没有统一过，你在街上买十本《道德经》的注释，没有一本是一样的，大家都是这样子。”

孙享林则认为：“那些专家们认为《道德经》是他们的专长，只有他们有发言权，我们没有发言权，我们没有这种文化水平，理解不了。”孙享林认为假如只是听专家的，按专家们的意见行事，就是一家争鸣，不是百家争鸣，他要改变研究方法。

曾经为《道德经浅释》写过序言的杨叔子院士在得知《道德经浅释》的错误以后则说，这是“‘糟蹋’了《老子》”。是的，熊良山《道德经浅释》确实是一种“糟蹋”性的解释。6月26日，《科学时报》载有《反思“熊良山现象”》，李荫远院士指出熊良山在“戏说老子”。

熊良山的《道德经浅释》作为教材，向全国推广。如果照这样推广下去，受害的将不仅是华中科技大学的八千人，而是全国几百万的大学生！

向熊良山谬论首先发难的是香港、台湾两位教授；熊良山授课的华中科技大学，竟无一人对此提出疑问，表现出漠不关心；众多媒体跟着吹捧。我们的人文素质哪里去了？

六、批判地继承

老子“无为而治”的精神没有过时。“小国寡民”是两千多年前老子的理想，意在减轻百姓负担。“九层之台，起于垒土；千里之行，始于足下。”[①]老子重视事物的萌芽状态，防微杜渐，每一个人都应重视。老子教人不自夸、不骄傲，做事不要忽视细节，与今天社会上的浮躁对照，值得反思。

老子反对欺诈、虚伪，倡导纯真、朴素，这些思想在他“无为”政治理论中讲得比较充分，直到今天，仍不失其光辉。但这一观点讲过了头，就会走向谬误。为了保持纯朴，而反对知识；为了反对欺诈，而提倡愚民（“非以明民，将以愚之”）。反对欺诈是好的，但提倡无知、表彰愚昧是错的。社会的进步在于脱愚，开发人的智力。智力低下、文化落后的民族将难以立足于世界民族之林。老子曾说过大智若愚，“大巧若拙”，这是老子思想高明的见解，充满着辩证的智慧。老子看到大智若愚不是真愚昧，“大巧若拙”不是真的笨拙。可惜老子这一闪光点转瞬即逝，其主旋律却在教人避免接触新事物，才能保持精神的纯洁：“不见可欲，使民心不乱”[②]，“五色令人目盲，五音令人耳聋”[③]。有了知识，破坏了原始的纯朴，把人引向邪路。

① 《老子》六十四章。

② 《老子》三章。

③ 《老子》十二章。

老子的倡导淳朴、轻视文化的思想，两千多年来深入人心，直到20世纪60年代还在起作用，以致影响国家的文教政策。很长一段时期，人们把农村看成净化灵魂的圣土，把城市看作滋生罪恶的渊薮。干部犯了错误，要下放在农村去改造思想。青年学生下乡接受农民的再教育。高等学校、科研机构中，谁热心读书，就被贬为“白专”道路。“知识越多越反动”的口号曾一度流行。20世纪60年代，全世界科技突飞猛进，我们却反对读书，耽误了现代化的步伐，拉大了与科技先进国家的距离。

对老子《道德经》这部人类知识宝库，要充分认识它的价值。中华文化如果缺了老子思想，就不会有今天的成就；同时也要批判地继承，一味顶礼膜拜，也会走偏了方向。

近代，特别是近百年来，哲学、社会科学与自然科学分头发展，互不照应。自然科学一日千里，一天的生产力超过过去几千年的总和，人文科学却比两千多年前进步不大。自然科学这条腿太长，人文科学这条腿太短，以致知识结构出现了跛足现象。认识自然深入物质内部结构，却不懂得自己如何对待生活；能管天管地、移山填海，但管不住自己行为的盲目性。这种病已蔓延为全世界的流行病、常见病。病因不是自然科学走得太快，而是哲学走得太慢。

可怕的是病情日益恶化，而患者自我感觉良好。也有人注意了这一现象，开出药方，教人投奔宗教。全世界传统宗教重新活跃，新兴宗教流派遍布欧亚美各国，数以千计。在宗教名义下发动的摩擦以至流血冲突层出不穷。于事无补，反增混乱。说到底，指导人们走出误区的正当出路是学好哲学，树立正确的世界观、人生观、价值观，已成为全人类面临的共同的必修课。缺的哲学课一定要赶快补上，事在人为，前景光明，愿与大家共勉。

中国思想家人物志·庄子*

庄子姓庄名周，是战国时代宋国蒙（现在的河南省的东北部）地方的人。庄子和孟子同时，比孟子略晚一些。据有人考证，孟子见齐宣王、梁惠王时已到了老年，这时庄子在政治上和学术上还没有展开活动。孟子和庄子没有见过面。

庄子的出身不很清楚。据推测，庄子可能出身于没落的贵族。他和当时一般没落贵族不同的地方，就是他是一个博学能文的学者。他非常看不起当时那些为了个人名誉地位到处奔走找官做的读书人。他希望过着自由的生活。

有一个比较短的时期，他做过蒙这个地方漆园吏（管理漆树园的小官吏），这个职位他也没有干了多久。后来他可能也和战国时代其他的思想家一样，开始讲学著书。庄子的生活很贫困，在穷得没有办法时，曾向监河侯（一个管理河道的小官吏）借过米；有时靠打草鞋过活；他曾穿着补了又补的粗布衣服见过魏王，连草鞋上的带子也是断了又结起来的。

庄子的著作保留下来的共有三十三篇，这部书名就叫作《庄

* 原载《中国青年》1956年第19期《中国思想家人物志》。

子》。这部书中只有极少数的几篇是后人伪造的。有些人认为只有开首的七篇是庄子自己写的，这种说法不正确。

《史记》上写庄子的为人，有这样一个故事：楚威王听说庄子有学问、有才干，派了两名使臣，带着贵重的礼物，聘请他做楚国的宰相。不料庄子笑着对楚国的使臣说："千两黄金确是很重的聘礼，宰相也确是尊贵的职位。你们没有看见过祭祀天帝时供神用的肥牛吗？养了好几年，把它养肥之后，宰杀了，给它盖上绣花的单子，抬到太庙里去。试替这只被宰杀的肥牛着想：这时候它即使想当一只又瘦又小的猪崽，办得到吗？你们赶快走开，不要玷污了我。我愿意终身不做官，只图个精神痛快。"

穷困的生活并没有压倒庄子的理想，他穷得有志气。《庄子》书中记载着一个生动的故事：宋国有一位叫作曹商的人，宋王派他出使秦国。他去的时候只得到宋国的几辆车子。到了秦国，秦王很高兴，赏给他百辆车子。他回到宋国，见了庄子，对庄子说："您住在破旧的巷子里，穷得织草鞋，饿得颈子细长、面孔黄瘦，这是您的长处；至于一旦见了大国的国君，就能搞到上百辆车子，这就是我的长处了。"从曹商的话中，不难想见这位暴发户是怎样在他的同乡面前炫耀自己的财富和能干，显然有些昏头昏脑、得意忘形了。庄子对他说："我听说秦王得了痔疮，找医生给他治。谁能把痔疮弄破，就得到一辆车子；谁能舐他的痔疮，就得到五辆车子；治病越治得下流，得的车子就越多。你是不是给秦王治过痔疮？怎么得到这么多的车子呢？去你的吧！"

庄子和惠施是好朋友，惠施曾做过魏国的宰相。有一次惠施路过孟诸（地名），有车马百辆相从。这时庄子正在钓鱼，他见到惠施那种煊赫的气势，很看不惯，连自己的鱼也觉得是多余的东西，就把它抛到水里了。

庄子这种不慕富贵、不求荣利，对当权派的恶势力采取轻视、嘲笑的态度，但又不愿意走革命的道路，就是所谓“清高思想”。有“清高思想”的人，虽然不免常常被恶势力所利用，但比那些甘作恶势力帮凶的势利小人要好得多。庄子的“清高思想”开辟了反传统、反权威的先例。几千年来，中国历史上有许多进步思想家，在反传统、反权威、反宗教迷信这些方面，确实吸取了庄子思想中的这些积极因素。

庄子是中国古代一个非常聪明的哲学家，他在哲学的根本问题上有不少的创见。庄子观察了自然界事物的变化，他提出一切事物没有停止不变的时候，而且这种变化不是什么神的意志使它变的，而是事物自己在变的。他继承了老子思想中的辩证法因素，这是我们对他的哲学要加以肯定的。古代的科学还没有今天这样发达，人们对于自然界的变化和发展，为什么有生，为什么有死，为什么有人富贵，为什么有人贫贱、受压迫，为什么有春夏秋冬的分别，这系列的问题不能得到解答时，宗教迷信思想就活跃起来。当时的进步思想家，像庄子这些人，针对宗教迷信所宣扬的“上帝安排一切”的谬说提出了要从自然界本身中找寻解答。庄子的伟大贡献就在于他反宗教、反迷信。

但是，他把辩证法引向了消极的方向。他说，既然有新生的东西，就会随着新生的东西添了新的麻烦；如果没有新东西的产生，这新的麻烦也不会产生。所以庄子看到事物在飞跃地变化矛盾中，他无能为力，又不能制止，于是就感到有些悲观、消极，甚至发出了无可奈何的慨叹："人们和所处的环境之间，有时违逆，有时顺适。人生就是在这种违逆顺适的情况下，像快马一样地奔驰过去，谁也不能使这种情况停止下来，这不是很悲哀的吗？终身忙忙碌碌而看不见成功，困顿辛苦而不知哪里才是归宿，不也是很哀痛的吗？"

庄子的思想反映了没落贵族阶级的思想意识。在战国时代，阶级变化非常剧烈，贵族中间有一些人由贵族的地位下降为平民，而这种变化，在没落阶级看来，既是不可避免的，又是不被欢迎的。在被历史的规律所决定的阶级看来，这确是一个悲剧。

矛盾对立的原则是客观的存在，庄子也看到了这个事实。但是他不敢正视矛盾，迎接矛盾，克服矛盾。他认为既然有永远克服不尽的矛盾，最好是少做事、少行动、少出主意、少变革，这样就可以少遇到新的麻烦。这种消极退守的人生态度，就是今天我们还经常遇到的"多一事不如少一事"的人生态度。从这里出发，庄子在处世接物上就变成了玩世不恭的态度。庄子说："他若像婴儿那样，我就也跟着他学婴儿那样；他若没有威仪，我便也和他一样没有威仪。"庄子的人生态度是极不严肃的。这一点和儒家、墨家大不相同。儒、墨的人生态度，尽管也有偏见，但他们可以为了他们的理想牺牲性命，他们能产生悲剧性的殉道者。庄子学派的人生态度却是随随便便、得过且过的，他们中间不可能产生殉道者。中国历史上也有不少的不敢面向现实、不敢对不合理的社会进行正面斗争的思想家，他们往往是采取了庄子思想中这些消极因素。

人们在日常生活中总不免遭遇到一些和主观愿望相违背的事。在阶级对抗的社会里，首先使人感到痛苦的是阶级所造成的贫富贵贱的对立。被压迫的阶级不自由，要进行反抗；压迫人的也要费尽心机，镇压人民的反抗。在自然条件方面，人们总是希望长寿，不愿意夭死。许多人对于这类问题提出了不同的解决办法。庄子认为世界上的万物万事都在变化着、发展着，没有一刻暂停的时候，因为世界上任何东西只是相对的存在，不是绝对的。比如说，古代传说有个长寿老人（彭祖），活了八百岁。但在庄子的眼光看来，寿命的长短是相对的，比起整个宇宙的寿命来，彭祖只能算“夭折”。他说：“算一算，四海在天地之间，不就像瓦罐在大湖中吗？中国在四海之内，不就像粟米在太仓中吗？人类在万物之中，不过是其中的一物。人类在九州之中，能够耕种的地方，身体所能通行的，也只是其中的一部分。”

总之，他认为人在整个自然界中，仅仅占一个极不重要的地位。从自然界的观点来看，世界上的一切，不论贵贱贫富、生死、毁誉、大小、美丑……都是一样，都是相对的。《庄子》书上有一个故事，说庄子妻子死的时候，庄子不但不哭，反而“鼓盆而歌”。有人问他为什么这样。他说：“开始我也有些悲痛，但又一想：天地间本来没有人，后来才有的，现在人死了，是又归于无。这是很自然的事，所以反而觉得高兴了。”还有一个故事说庄子快死的时候，他的弟子要厚葬他。庄子反对。他说：“我以天地为棺椁，以日月星辰为珠宝连璧，以万物为食物。我什么东西都有，为什么还要厚葬？”弟子们说：“我们怕乌鸦吃你呀！”庄子说：“你们怕乌鸦吃，却把我埋在地下让蝼蚁来吃，这太不公平了。”

自然界的任何变化发展，人都不能有所改变。由于自然界的变化，才使得万物有变化。所以庄子要以自然界为老师。他对伟大的自然界发出由衷的歌颂：“老师啊老师！您粉碎了万物，但不能算作暴戾；施给万世的恩惠，但无法称作仁慈；您比辽远的上古还悠久，但不足以说明您的长寿；您包罗天地，雕刻出万物的形象，而无从称赞您的技巧。”这就是说，自然界本身是伟大的造物者，它是永恒的、无限的，是第一性的存在。在这样的意义下，庄子是个唯物主义者。

承认客观世界的独立存在并服从它的规律，这是庄子思想中正确的地方。但庄子却完全做了“自然”的俘虏。他说：“最好的政治，即使像尧那样好的君主，他使天下人以生活为快乐，也是破坏了人生的自然状态，算不得幸福；如果有像桀那样的坏君主，他使天下人感到生活的困苦，使得人们失去了人生自然安静的状态，更说不上幸福。真正的幸福是大家都过着极度自由的生活，无拘无束，好似互不关心，但是却有最大的快乐。”他用了一个生动的比喻，来攻击当时儒家和墨家竭力宣传“仁义”的学说不妥当：“天干了，一群鱼失去了水，挤在泥塘里，他们用唾液互相湿润。像这样的互相关心，怎能比得上在江湖中自由地游来游去的互不关心呢？”庄子认为，一切社会政治、文化、礼教都是限制人性的自由发展的，人性中没有这些。像孔孟这些学派，尽管讲的是什么“仁义”，要大家互相关怀，其实这种办法只能给人带来痛苦，倒不如不谈什么“仁义”，大家像鱼在江湖中互相忘记，倒是幸福的。

在自然的面前，一切人为的东西都显得是那么渺小、不足道。所以庄子大胆地嘲笑那些服从权威、信仰旧传统的保守分子。庄子认为那些谨守古训的“君子”，不过是抱着古人的尸体不放，违反了自然的规律，实在可笑得很。他们开口“先王”，闭口“圣人”，“圣人”早已死了，他所留下的一些制度，不过是束缚人性的绳索罢了，都是骗人的。庄子在这里的确看到问题的一方面：因为当时虽然有许多人在那里讲“仁义”，说“道德”，制定出礼乐制度，然而，人民的生活还是很痛苦的。但是庄子为了反对剥削制度的文化，他就归罪于文化本身，认为人类的苦难是文化带来的。照庄子的见解，非要把人们引向蒙昧的原始状态不可。这在事实上既不可能，在理论上也是讲不通的，庄子没有看到文化给人类带来的幸福。庄子看见自然界的作用，而没有看见人类的主观的能动作用，所以荀子说庄子的缺点是“蔽于天而不知人”。这种批评是中肯的。

庄子处在战国时代，那时在学术思想上是百家争鸣的时代，每一家每一派都有他的主张，都用他们的主张向不同的学派展开斗争。庄子是怎样对待这个问题呢？他主张“齐物”。所谓“齐物”就是根本无所谓真理，一切都是相对的，对这人是对的，对别人也许是错的。所以，无所谓对的错的，“此亦一是非，彼亦一是非”。庄子曾举过一个有趣的比喻说明他的观点：“人们睡潮湿的地方，就会腰痛半身不遂，难道鳅鱼也是这样吗？人们上到树上就害怕，难道猴子也这样吗？这三种动物（人、鱼、猴子）中哪一种知道真正的住处？人们吃牛羊肉类，麋鹿吃草，蜈蚣喜欢吃蛇，猫头鹰喜欢吃老鼠，这四种动物哪一种知道真正的口味？毛嫱、丽姬，人类认为漂亮，可是鱼见了她们就沉入水底，鸟见了她们就高飞，麋鹿见了她们就飞快地跑掉，这四种动物哪一种知道天下的真正的美呢？”

庄子从此得出世界上没有绝对真理的结论，这种看法显然是不对的。因为庄子所举的例子首先混淆了事物的分类，不同类的事物不能拿在一起相比。人和鱼不同，鱼和鹿也不同，怎能有一个共同感觉的标准呢？当然不能。庄子却企图用不同的类之间没有共同标准这一事实，来证明世界上根本没有绝对真理。

庄子认为，真理既然没有客观的标准，那还有什么争论的必要呢？他说，各家各派的辩论胜了的也未必对，失败的未必不对。也许两者都不对，也许两者都对。所以最好的办法就是不辩论，对任何问题都不了了之。世界上的是非，本来就是无所谓，如果还他一个无所谓，也就自然解决了。任其自然，自然也就明白了。这就是庄子所说的“以明”的方法。

从前有一个下棋的高手，他的弟子向他请教怎样才能必胜。他说必胜很难学，他自己也没有把握，倒是有一个办法可以不输。弟子们觉得能不输也很好，再三向他请教。他说要不输很容易，就是不下棋。这虽是个故事，倒也不是现实世界不存在的。这种“诀窍”庄子早就提出来了。

庄子看来，世界是太大了，世界上的事物也确实太丰富了。而人类的寿命有限，知识有限。以有限的寿命、有限的知识要想对世界的事物做出正确的认识是不可能的。认识总难免不全面，做事总难免犯错误。他说，弹琴时，弹了悲哀的曲调，就不能同时表现快乐的感情。最好表现感情的方法就是不弹琴，这样没有表现，也就没有欠缺。

庄子认识到我们所生活的世界是极丰富多彩的，是无限的。就这一点来说是正确的。但是他的没落贵族的阶级意识的偏见，使他不能采取正面的、积极的方法从实践中逐步认识世界、改造世界，并从实践中纠正错误、消灭错误。相反，他是从消极方面着想，怕认识错误，就不去认识；怕行动错误，就不去工作。当然这样确实可以不犯错误，可是我们试想想，这样一个人，尽管他活着，和一个死人有什么区别呢？

庄子在文学史上的地位，应当说比他在哲学史上的地位更为重要，他是中国文学史上第一流的文学家。庄子的作品成为几千年来中国文学家所必读的文章典范之一。庄子能把极深刻的理论用生动的、文学的语言表达出来。他的著作中有诗的想象，有引人入胜的人物对话。《庄子》书中的人物是有生命的。《庄子》这部书是一部优美的寓言和故事集。他的寓言和故事充满了有生活气息的、大胆的、奔放的想象力。从庄子的著作中体现了中国古代人民素朴的、丰富的幻想。它不加雕饰而清新活泼。

庄子的文章启发了人们思想的道路；他的文章中没有板起面孔说教的气息，而是那么平易近人，使人读了感到亲切自然。鲁迅称道庄子的文章是“汪洋辟阖，仪态万方”，在先秦诸子中没有人能比得上他。这种称许一点也没有夸张，实际情况确实如此。

庄子的唯物主义世界观*

近年来，用马克思主义的观点、方法研究庄子思想的，当推郭沫若、侯外庐、吕振羽几位先生为最早。郭沫若先生对庄子的哲学思想曾给以相当肯定的评价，但对庄子是唯物主义者还是唯心主义者未置可否；侯外庐先生和吕振羽先生以及最近发表有关庄子研究的哲学家，都一致认为他是一个主观唯心主义者。近几年来，对老子的哲学思想体系是唯心主义的还是唯物主义的有过争论，而对庄子还没有发生过争论，好像庄子是唯心主义的哲学家已成“定论”了。本文在于指出庄子不是一个唯心主义者，而是一个唯物主义者，他的世界观基本和老子相同。

研究庄子的哲学思想，势必涉及对于《庄子》书中各篇的真伪的看法的问题。魏晋以来，有些学者以为《庄子》书中内篇七篇是庄子的原著，外篇和杂篇不是庄子的著作。我认为庄子全部著作中只有极少数的几篇，如《说剑》《让王》等是庄子学派以外的人所伪托的，其余各篇都可以代表庄子的思想。

* 原载《新建设》1957年第1期。

庄子的时代正是奴隶社会解体、向统一封建帝国过渡的时代。这时期一部分奴隶主贵族在社会转变的过程中没落下来，走向贫困破产的道路；另一部分新兴的地主阶级的经济和社会地位开始上升。老子和庄子都是从前者分化出来的知识分子。庄子一生贫困，所以他体验到当时受压迫、受苦难的小百姓的生活，他能够说出劳动者的一些要求。他从自己本阶级的没落看到的不可挽回的阶级命运，他对当时的社会不存在任何幻想，因而能够比较清醒地认识现实，他不信“上帝”，不信鬼神，有反宗教、反权威的思想，有接受唯物主义哲学思想的可能。没落阶级中的思想家，经常会产生完全相反的两种思想类型：一种是向宗教中求安慰，向“上帝”投降；一种是对“上帝”怀疑，向宗教挑战。这两种情况都是我们经常遇到的。有些人只看到庄子哲学思想中的消极因素，而忽略了庄子哲学思想中唯物主义的方面，而这恰恰是庄子思想中最有价值的一方面。

春秋战国时期，唯物主义哲学和唯心主义的哲学思想的斗争是环绕着当时几个最主要的问题展开的。其中对“天”和“鬼神”的看法的分歧就是思想斗争的一个主要方面。唯物主义者利用当时科学的成就，反对当时的宗教迷信思想，建立了自己的无神论的哲学体系；唯心主义哲学却力图维持旧制度、旧礼教，他们借宗教迷信思想麻痹人民。所以宗教迷信思想在古代成为最重要的反对科学、麻痹人民的反抗的思想武器。

宗教唯心主义哲学的特点，在自然观方面，就在于它在世界之外寻找一切事物发生和发展的原因。而唯物主义哲学的特点，就在于它力图从世界本身中寻找一切事物发生和发展的原因。唯物主义者不需要一个超现实的精神力量作为最高的主宰。庄子的哲学思想正是这样主张的。他继承了老子哲学中关于“道”的理论并加以发挥。

老子哲学中关于“道”的解释，从韩非到东汉末年河上公的《老子注》都做过比较正确的、符合《老子》原书的唯物主义的解释，这里不再重复（参看拙著《老子今译》中的附录一及附录二）。庄子对“道”的解释，基本上和老子一致。他说：

> 夫道，有情有信，无为无形；可传而不可受，可得而不可见；自本自根，未有天地，自古以固存；神鬼神帝，生天生地；在太极之先而不为高，在六极之下而不为深，先天地生而不为久，长于上古而不为老。[①]

庄子在这里指明了“道”的几个特点：

第一，“道”在时间和空间上都是无限的物质实体。它是一切具体事物的根源，也是唯一的、最后的根源。

第二，“道”比“上帝”“鬼神”都悠久，也更为根本。宗教迷信思想认为天地是由“神”或“上帝”所造的，至少是由它们的意志所决定的，可是庄子却明白指出，天地万物的生长、变化和“上帝”“鬼神”没有关系，倒是连“上帝”“鬼神”也是“道”的产物。这种学说的本身就是对古代宗教迷信思想的挑战。

第三，“道”是物质性的实体，不是感官直接的对象，而是一切事物存在的基础，所以它“无为无形”：

① 《庄子・大宗师》。

视之无形，听之无声，于人之论者，谓之冥冥。[①]

庄子的“道”，有人以为不过是“上帝”的代用品，如果“道”属于精神方面的实体而不是物质性的，庄子就是一个客观唯心主义者而不是唯物主义者。庄子的著作中说过：

夫道，窅然难言哉！将为汝言其崖略：夫昭昭生于冥冥，有伦生于无形，精神生于道，形本生于精，而万物以形相生。[②]

这种“冥冥”而“无形”的万物之源不是什么奇怪的精神的东西，乃是“气”。庄子说：

通天下一气耳。[③]

又说：

杂乎芒芴之间，变而有气，气变而有形，形变而有生。[④]

庄子在这里指出，人类的生命是由于“气之聚”，人的死亡是由于“气之散”[⑤]。其实不止人类如此，一切东西的生灭都是根据“气”的聚散的原则所决定的。一切东西都是它自己的变化：

何为乎？何不为乎？夫固将自化。[⑥]

① 《庄子·知北游》。

② 同上。

③ 同上。

④ 《庄子·至乐》。

⑤ 《庄子·知北游》。

⑥ 《庄子·秋水》。

这种变化，“合则成体，散则成始”[①]。由于“道”的原因，才使得：

天不得不高，地不得不广，日月不得不行，万物不得不昌，此其道与？[②]

庄子根本否认有什么神来支配自然界，万物的生长和发展是按照客观规律进行的，所以说“不得不”，“不得不”就是“必然”。他曾自己设问：

天其运乎？地其处乎？日月其争于所乎？孰主张是？孰维纲是？孰居无事推而行是？意者其有机缄而不得已邪？意者其运转而不能自止邪？[③]

对于这类富有怀疑精神的问题，庄子在另外的地方做出了符合唯物主义原则的回答。他指出世界上一切的事物都是按照它们自己本来的情形进行的，自然界本来就有（固有）它的规律，它是不以人的意志为转移的：

天地固有常矣，日月固有明矣，星辰固有列矣，禽兽固有群矣，树木固有立矣。[④]

庄子要从自然界本身说明世界，他指出了自然界的一切变化都是自

① 《庄子·达生》。

② 《庄子·知北游》。

③ 《庄子·天运》。

④ 《庄子·天道》。

然界自身的原因，而不能在自然界以外去找。所以庄子用自然界刮风时发出的大小强弱不同的声音这一事实，来说明自然界一切现象都是自动进行或停止，不是谁主使的：

> 夫吹万不同，而使其自己也，咸其自取，怒者其谁邪！[①]

唐代成玄英对庄子的这一观念曾有过相当精确的解释，他说：

> 言风窍不同，形声乃异，至于各自取足，未始不齐，而怒动为声，谁使之然也？……故知鼓之，怒之，莫知其宰，此则重明天籁之义者也。[②]

庄子不承认在现实世界之外、之上还有所谓超自然的“神”的力量，所以他认为自然界本身就是支配自然界的唯一力量。这种力量即庄子所谓“天”。庄子的著作中的“天”有两种用法：一种意义是和“陆地”相对待的“天空”，还有一种意义是和“人为”相对待的“自然”或“天然”。后一种的“天”的意义是庄子哲学中极重要的概念。“天”（“自然”）的发展和变化是任何人也阻挡不住的。

在庄子看来，人类在整个自然界中所占的地位是极渺小不足道的：

> 计四海之在天地之间也，不似礨空之在大泽乎？计中国之在海内，不似稊米之在大仓乎？号物之数谓之万，人处一焉；人卒九州，谷食之所生，舟车之所通，人处一焉；此其比万物

① 《庄子·齐物论》。

② 见郭庆藩《庄子集释》引文。

也，不似豪末之在于马体乎？[①]

庄子从以上的例子说明人类在整个自然界中所占的地位很渺小，人类只能受“自然”的支配，却不能支配自然界。由于当时生产力的低下，生产规模的狭小，庄子这一没落贵族阶级出身的士，在客观现实面前显得十分无力，他完全成了“自然”（“天”）的俘虏。庄子认为人们和所处的环境之间，有时违逆，有时顺适。人生就是这样，忙忙碌碌地奔驰着，永远也看不见成功，找不到归宿。庄子对于不能掌握的“自然”，发出无可奈何的慨叹：

一受其成形，不亡以待尽。与物相刃相靡，其行尽如驰，而莫之能止，不亦悲乎！终身役役而不见其成功，苶然疲役而不知其所归，可不哀邪！[②]

作为一个唯物主义的哲学家的庄子，他首先肯定了自然界在独立发展着，不是任何人的主观意志所能改变的。庄子认识到客观世界发展变化的规律性和普遍性，这是那些唯心主义的哲学家所不能认识的。这是庄子的哲学思想中最有价值的部分。庄子把“自然”（“天”）发展变化的必然性叫作“命”。“命”就是任何事物不可逃避的绝对的支配力量，它和宗教家所讲的有人格有意志的所谓“上帝”的“命令”有本质上的不同。庄子宣称：

知其不可奈何而安之若命，德之至也。[③]

① 《庄子·秋水》。

② 《庄子·齐物论》。

③ 《庄子·人间世》。

无以人灭天，无以故灭命。[1]

死生、存亡、穷达、贫富、贤与不肖、毁誉、饥渴、寒暑，是事之变，命之行也。[2]

这里庄子所指出的“命”，就是庄子所认为客观世界在发展变化中的必然的结果。这种结果是由客观世界本身所决定的，不是任何人可以用自己的主观意图所能改变的。这一意义之下，庄子提出的“命”的主张是正确的，因为这种主张首先驳斥了目的论的观点，反对了宗教迷信思想。在庄子的哲学体系内没有“鬼神”和“上帝”的地位。庄子是无神论者。

但是庄子没有能够区别客观世界上所发生的变化的性质。当然，像生死、寿夭、寒暑这些自然现象，可以不受人的主观意志的影响；至于穷达、贫富、毁誉这些社会现象并不是什么自然界所规定的，而是由人类社会上的阶级关系所造成的。固然，阶级的出现和存在在历史上也是客观的，不能随着人们的主观愿望而改变。这个道理，庄子时代的人是不能理解的。我们并不要求庄子也和我们一样的见解。庄子把人为的、本来是可以由人们的主观努力加以改变的一些不合理的社会现象，也归结为不可改变的客观规律所支配。这种对“命”的看法是应当反对的。所以庄子不能给人们的主观能动作用以任何地位。他认为，人如果企图改变自然，不但是不可能，甚至是可笑的。他曾用一个例子来说明他的思想：

日月出矣而爝火（按：“爝火”即“炬火”“火把”）不

① 《庄子·秋水》。

② 《庄子·德充符》。

> 息，其于光也，不亦难乎？时雨降矣，而犹浸灌。其于泽也，不亦劳乎？[①]

庄子在反对宗教，反对目的论的斗争中是一位勇敢的战士，但他走到另一个极端，他在自然的面前完全成为自然的俘虏。庄子摆脱了目的论又陷入命定论。这就是历代凡是要求改革现实的人们，一致对庄子的哲学不满的地方。这也是庄子的唯物主义哲学不彻底的地方。如果因为庄子的思想有这些缺点，就连他的唯物主义的无神论思想也一齐抹杀，这是不应该的。

中国古代唯物主义思想经常和辩证法思想密切关联着，庄子的思想也不例外。因为，既然肯承认客观世界是独立存在的，就不可能完全不理会它的变化和发展。因为客观世界的存在，就是在变动不居的形态下呈现出来的。庄子对于事物的发展变化有较为深刻的认识。

庄子指出了一切事物在变化发展中，他说：

> 万物皆种也，以不同形相禅，始卒若环，莫得其伦，是谓天均。天均者，天倪也。[②]

至于庄子讲到万物起源，也是贯彻了唯物主义原则的。他说：

> 种有几，得水则为㡭，得水土之际则为蛙蠙之衣，生于陵屯则为陵舄，陵舄得郁栖则为乌足，乌足之根为蛴螬，其叶为胡蝶。胡蝶胥也化而为虫，生于灶下，其状若脱，其名为鸲掇。鸲掇千日为鸟，其名为乾余骨。乾余骨之沫为斯弥。……

① 《庄子·逍遥游》。

② 《庄子·寓言》。

万物皆出于机，皆入于机。[1]

买办学者胡适为了宣传他的庸俗进化论，把庄子这一段话说成庸俗进化论。这是他无耻地造谣，没有任何科学根据。庄子在这里主要在于说明生物有许多种类，植物和动物之间可以相互转化。由于古代生物科学还不够发达，其间所举的互相转化的事实和实际情况有不相符合的地方。庄子的贡献在于指出了世界上的一切东西都是可变化的，而且随时在变化着；在于说明了一切东西的变化，不是按照什么神的意志，而是它们自己在变化着。这些见解尽管很粗浅，不够细致，甚至有时和某些事实不符合，但是他所采取的说明世界上事物的多样性、复杂性和发展变化的过程时，是和当时的科学携手并进的，是和当时的宗教迷信对立的。

对于万物生成和发展的总的原则，庄子也提出极有价值的辩证观点，这些观点都是从根本性质上着眼的。他说，事物的生灭是“气”的离合，变化不能离开物质，离开物质就没有变化，事物只是变化，并不是消灭：

天地者，万物之父母也。合则成体，散则成始。形精不亏，是谓能移。[2]

事物变化的过程是永不停止的。在新生的东西的成长过程之中同时就包含着消灭的因素。任何东西生灭，不过是自然界全部发展过程的一部分，整个世界是一个整体：

① 《庄子·至乐》。

② 《庄子·达生》。

> 其分也成也，其成也毁也，凡物无成与毁，复通为一。[①]

又说：

> 合则离，成则毁，廉则挫，尊则议，有为则亏。[②]

庄子不但指出了自然界是变化发展的，他并且指出了社会历史也是变化发展的：

> 帝王殊禅、三代殊继。差其时、逆其俗者，谓之篡夫；当其时、顺其俗者，谓之义徒。[③]

不可否认，以上这些观点，是老子的哲学思想的进一步的发挥，是建筑在素朴的唯物主义基础上的自发的辩证观点。这是庄子哲学思想中伟大的功绩。

由于庄子的没落贵族的阶级意识，使他对于当时新事物采取了漠不关心的态度。他虽然看到了事物是发展的，是矛盾对立的，而庄子对这一事实却采取了消极的态度。他不敢正视矛盾，迎接矛盾，克服矛盾。在庄子看来，既然人类只能屈服于自然的伟大力量之下，克服矛盾也是不可想象的。他认为世界上既然有克服不尽的矛盾，最好是少做事、少变革；因为多一事不如少一事。为了不犯错误，最好是不工作。庄子不是没有接触到事物发展的辩证法则，但是庄子却采取了一种不正确的态度来对待这一法则。这是庄子思

① 《庄子·齐物论》。

② 《庄子·山木》。

③ 《庄子·秋水》。

想中的消极退缩的一面，这和生气勃勃的辩证法思想是相抵触的。

在认识论和思想方法方面，庄子承认有独立于人们意识之外的客观世界，这个世界是无限的、永恒的、伟大的。庄子对这一自然界只有五体投地：

> 吾师乎！吾师乎！齑万物而不为义，泽及万世而不为仁，长于上古而不为老，覆载天地、刻雕众形而不为巧。[①]

庄子对它只有歌颂，却不敢赞一词。在这样一个世界面前，庄子认为人们的认识能力显得太渺小了。他认为以人类有限的精力和时间，要认识无穷的客观世界，是十分困难的，其结果必然使得精神疲敝，劳而无功。他说：

> 吾生也有涯，而知也无涯。以有涯随无涯，殆已。已而为知者，殆而已矣。[②]

他认为任何分析、认识都不能认识这个伟大的自然的全部，最好是不要做任何分别，有了分别，有了名称，有了概念，不但不能得到真正的知识，而且会破坏了“道”（“自然”）的完整：

> 有以为未始有物者，至矣，尽矣，不可以加矣！其次以为有物矣，而未始有封也。其次以为有封焉，而未始有是非也。是非之彰也，道之所以亏也。[③]

---

① 《庄子·大宗师》。

② 《庄子·养生主》。

③ 《庄子·齐物论》。

他认为只有无知无识，才能够与“道”（“自然”）的原则符合，因为，自然界本身无所谓知识，所以“七窍”凿成后，“混沌”就死了，只有不求有知识的人，才是真正有知识。他说：

故天下皆知求其所不知，而莫知求其所已知者；皆知非其所不善，而莫知非其所已善者，是以大乱。[①]

既然人类的知识有限，而不安于这种有限，那就会犯错误。庄子认为：

一与言为二，二与一为三。自此以往，巧历不能得，而况其凡乎！故自无适有，以至于三，而况自有适有乎！无适焉，因是已。夫道未始有封，言未始有常，为是而有畛也。[②]

庄子在这里，把事物之间的差别性完全看成人们强加到事物上的，而不承认它是事物自身所固有的。这种观点就违反了事物的实际情况。我们认为名词、概念（即庄子所谓“封”“畛”）固然是人们制定的，但是它不仅仅是一个符号，而是有它的客观内容的。人们对于某种动物，或是叫它作“牛”、叫它作“马”，在最初可能是偶然的，但它一旦成为人们所共同承认的概念以后，它就不再允许任意改变，因为它已有了它所代表的客观事物作为它固定内容了。庄子却认为，真正看透了事物的实质的人，随便人们把我叫作“牛”、叫作“马”，都无所谓。

庄子只看到名词和概念所代表的实在东西有客观性，不论人们

① 《庄子·胠箧》。

② 《庄子·齐物论》。

如何叫它，它总是独立存在着。他这种认识和中古欧洲的唯名论哲学派别有些相似，仅就这一点来说，他是正确的。但他和唯名论者一样，也犯了相似的错误，他不承认名词和概念的本身有它的客观性，而不是随便可以增减改换的。在这一个问题上，庄子从唯物主义的观点出发，却不自觉地走向唯心主义的泥坑。

庄子从他的唯物主义自然观出发，认为“自然”（“天”）是伟大的，个人是渺小的。“自然”（“天”）是全体，而个人只是“自然”中的一部分。因此，人们的认识就不可避免地带有主观性和片面性。庄子认为认识中的片面性和人们的认识活动同时出现，乃是不可避免的。他只看到主观性、片面性的错误都发生于认识（这一点他说了），他却因此错误地得出了轻视认识、放弃认识的结论。庄子的认识论，本来在于使人们避免主观和偏见，但是他走向另一个极端，在对待真理的问题上陷于相对主义，这就是庄子的“齐物”的学说：

> 道恶乎隐而有真伪？言恶乎隐而有是非？道恶乎往而不存？言恶乎存而不可？①

是什么东西遮蔽了“道”，使得是非、真伪不能分别的呢？庄子认为：

> 道隐于小成，言隐于荣华。②

所以，在他看来，必须超越出人为的一些真假和是非的标准，才能使

① 《庄子·齐物论》。

② 同上。

人免于困惑。庄子曾举过一个很有名的例子来说明他的观点：

> 民湿寝则腰疾偏死，鳝然乎哉？木处则惴栗恂惧，猨猴然乎哉？三者孰知正处？民食刍豢，麋鹿食荐，蝍蛆甘带，鸱鸦耆鼠，四者孰知正味？毛嫱丽姬，人之所美也；鱼见之深入，鸟见之高飞，麋鹿见之决骤。四者孰知天下之正色哉？①

庄子的哲学体系在于反对人们认识活动中的主观性、片面性，这是唯物主义的认识论所应有的态度。但是他因此得出世界上根本没有客观真理的结论来，主要的错误原因就是他混淆了事物的分类。“真假”和“是非”是哲学范畴。鱼、鸟、麋鹿根本没有这样的问题存在。所以我们说庄子的这个论证是错误的。

战国百家争鸣的时代，各家各派都有他们的主张，庄子是怎么对待这一局势呢？他说：

> 恶乎然？然于然。恶乎不然？不然于不然。恶乎可？可于可。恶乎不可？不可于不可。物固有所然，物固有所可。无物不然，无物不可。②

庄子认为各家各派都有它的主观和偏见，所以，在哲学上，无所谓可，也无所谓不可；无所谓对，也无所谓不对。认为对，就是对；认为不对，就不对。所以庄子认为大家尽管争辩，而真正的是非是争不清楚的。他说：

---

① 《庄子·齐物论》。

② 《庄子·寓言》。

故有儒墨之是非，以是其所非而非其所是。欲是其所非而非其所是，则莫若以明。[1]

又说：

是亦一无穷，非亦一无穷也，故曰莫若以明。[2]

“以明”就是庄子的思想方法。庄子认为是非的辩论只靠双方的一方是无法判别的，而第三者又有第三者的偏见，也是不能判别的。他认为一切争辩都是从渺小的个人出发，企图对无限广阔的世界做出判断，是困难的，甚至是不可能的。所以他说：

以指喻指之非指，不若以非指喻指之非指也；以马喻马之非马，不若以非马喻马之非马也。天地一指也，万物一马也。[3]

庄子认为越努力辨别是非，越容易经常陷于错误，如果能够忘了是非，才能够不陷于错误。他说：

忘足，履之适也；忘要，带之适也；忘是非，心之适也；不内变，不外从，事会之适也。始乎适而未尝不适者，忘适之适也。[4]

这就是以破除成见、消灭偏见的方法去对待认识，在判断中总难免陷于错误。他认为取消了这些认识的过程，才能不陷于争论中。庄

① 《庄子·齐物论》。

② 《庄子·齐物论》。

③ 同上。

④ 《庄子·达生》。

子在认识论的问题上所犯的错误，和他在辩证法思想上的错误一样。他接触到了辩证法的原则，他看到了一切事物都在发展和变化着，但是他不是迎接矛盾，而是企图避免矛盾。他也认识到在认识过程中，要尽可能避免主观成见和偏见，但他企图避免对事物做出肯定，这样就等于取消了认识的作用。这是庄子的认识论中严重的弱点。他教人们要：

> 和之以是非而休乎天均。[①]

在庄子看来，站在任何一方面的是非都是不对的，只有“和之以是非而休乎天均”的思想方法才是正确的。这种“和之以是非”的思想方法，并不是在不同的甲、乙两派中间做和事佬，而是符合事物本来的自然状态（“天均”）。所以庄子认为他的思想方法中的“超是非”，根本不同于站在是非争论中的某一方面的见解。这就是要求人们以取消问题作为解决问题的方法。这是一种不了了之的办法。

庄子的世界观，前面已经说过，在对待哲学的根本问题上，所持的态度是唯物主义的。他承认客观世界在变化发展。他认为物质世界是第一性的，思维是第二性的。在这一意义之下，我们说庄子是唯物主义的哲学家。但是庄子在认识论和思想方法上走入了唯心主义的歧途。

庄子为什么提出这种相对主义、怀疑主义的思想方法呢？郭沫若先生有过解释：

---

① 《庄子·齐物论》。

> 他（庄子）生的时代就是这样的时代，前一时代人奔走呼号，要求奴隶的解放，要求私有权的承认，谈仁说义，要人把人当成人，把事当成事，现在是实现了。韩、赵、魏、齐都是新兴的国家，是由奴隶王国蜕化出来的，然而毕竟怎样呢？新的法令成立了，私有权确实是神圣化了，而受了保障的只是新的统治阶级。他们更聪明，把你发明了的一切斗斛、权衡、符玺、仁义，通通盗窃了去，成为了他们的护符。而下层的人民呢？在新的重重束缚里面，依然还是奴隶，而且是奴隶的奴隶。这种经过动荡之后的反省和失望，就是醅酿出庄子的厌世乃至愤世倾向的酵母。[①]

庄子的确是以愤激的心情来对待儒、墨以及其他学派的争辩的。他说：

> 今世，殊死者相枕也，桁杨者相推也，刑戮者相望也，而儒墨乃始离跂攘臂乎桎梏之间。噫，甚矣哉！其无愧而不知耻也甚矣！[②]

对于当时剥削者的抗议，对于被剥削者的同情，这方面，庄子有些接近老子，但庄子所走的道路是消极的。他对待社会问题和他对待自然问题的态度一样，他认为社会上的一切事物都是不可改变的，人的主观能动作用没有力量。没落阶级所遭遇的严酷的现实打破了他们幻想，使他有可能从宗教迷信中摆脱出来，而成为一个无神论

① 《十批判书·庄子的批判》，第 168 页。

② 《庄子·在宥》。

者；也正由于他属于没落的阶级，他不能从自己的阶级中看到希望，从而采取了消极厌世、避免斗争、取消问题的生活态度。

人们在日常生活中总不免遭到一些和主观愿望相违背的事。在阶级对抗的社会里，首先使人感到痛苦的是贫富贵贱的对立。被压迫者要进行反抗，压迫人的人也要费尽心机去镇压人民的反抗。在自然条件方面，人们总是希望长寿，不愿意夭死。庄子从他的自然观出发，认为这些不幸和遭遇，事与愿违的事情，都是不可避免的命运所决定的，只要思想上认识这些所谓使人不愉快的事情是自然现象，也就心安理得了，用不着动感情了。所以庄子教人“安时而处顺”，这样，哀乐就不能扰乱人心。真正聪明的人（“圣人”）是能“达于情而遂于命”[①]的。庄子妻子死后，庄子反倒“鼓盆而歌”，他的理由是：

> 察其始而本无生，非徒无生也而本无形，非徒无形也而本无气。……今又变而之死，是相与为春秋冬夏四时行也。人且偃然寝于巨室，而我噭噭然随而哭之，自以为不通乎命，故止也。[②]

庄子认为人类的得失祸福也是自然现象：

> 夫天下也者，万物之所一也。得其所一而同焉，则四支百体将为尘垢，而死生终始将为昼夜而莫之能滑，而况得丧祸福

① 《庄子·天运》。

② 《庄子·至乐》。

之所介乎？[1]

从以上的例子，不难看出庄子对待人生的态度有它消极的一方面：他只看见自然现象和自然规律对人类的决定作用，而不能认识人对自然现象有改变力量。庄子的错误在于混同了自然现象和社会现象的区别，把社会现象也看成自然现象。

自然现象中没有所谓是非问题，人的生命的长短是由生理原则决定的，认识了它的规律，就会对于生死问题有比较正确的看法，而不必乞灵于鬼神。庄子认为像这样的人就会得到快乐：

> 知天乐者，其生也天行，其死也物化。静而与阴同德，动而与阳同波。故知天乐者，无天怨，无人非，无物累，无鬼责。[2]

又说：

> 复仇者不折镆干，虽有忮心者不怨飘瓦。[3]

庄子在一定的意义上，已接触到能够认识必然就会得到自由的观点，这种思想是可贵的。

这里也必须指出，庄子宣扬以理化情，把人类的一切感情都看作人生的累赘，他要人们摆脱那些无聊的、由愚昧产生的喜怒哀乐的感情，这是好的。但是庄子只看见自然界规律的作用，完全抹杀

① 《庄子·田子方》。

② 并见于《庄子·天道》《庄子·刻意》。

③ 《庄子·达生》。

了感情的地位，他把一切伟大的、崇高的、爱人类、为真理而生、为真理而死的感情，像杀身成仁、舍生取义的感情，也企图一并销毁，这就是错误的，甚至是自私的了。像儒、墨学派的人生态度，虽然也有他们的偏见，但他们可以为了他们的理想牺牲性命，他们能产生可歌可泣的悲剧性的殉道者，庄子这一派道家思想是不能有殉道者的。中国历史上有不少的思想家，他们尽管对不合理的社会有所不满，但他们不敢进行斗争。这些人们往往是采取了庄子思想中的消极态度。

既然庄子认为任何现象都是“道”（自然的体现），任何现象都有“道”作为根据，而人类的主观能动作用又是那么渺小，所以他对人生发出了无可奈何的慨叹：

> 一受其成形，不亡以待尽，与物相刃相靡，其行尽如驰，而莫之能止，不亦悲乎！终身役役而不见其成功，苶然疲役而不知其所归，可不哀邪？①

庄子放弃了对客观现实做任何改变的念头，他教人对社会问题、人生问题一律采取“精神解脱”的办法。他认为精神上的自由才是真正的自由，至于肉体上的痛苦、残缺都是不关重要的。所以庄子理想的“圣人”有的很美，有的很丑，有的甚至肢体不全。他看来，这种不同的外形并不妨害他们有共同的优美的精神。庄子所谓“至人”“真人”“神人”“圣人”都是具有他理想的最完美的人格的人物，这些人物都能够“不以物累心”，精神永远快乐。他

① 《庄子·齐物论》。

认为，只有这种人才能超出于一般人所斤斤计较的富贵、名誉、权势、是非、大小、真伪以外，而获得绝对的自由。这也就是庄子所说的“无待”的“逍遥”。这种人能够“独与天地精神往来，而不傲倪于万物”[①]。只有这种人，才能够“精神四达并流，无所不极。上际于天，下蟠于地，化育万物，不可为象，其名为‘同帝’”[②]。

据记载，庄子一生长处于饥寒贫困中，他曾以实际行动贯彻了他的哲学的主张。饥寒贫困的生活并没压倒了庄子的理想，他穷得有志气。庄子不慕富贵、不求荣利，对当权派的恶势力采取轻视、嘲笑的态度，这就是所谓超政治的“清高思想”。庄子的“清高思想”开辟了轻视传统、轻视权威的先例。几千年来，中国历史上有许多进步思想家，在反传统、反权威、反宗教迷信这些方面，确实吸收了庄子思想中这些积极因素。

总起来看，庄子是中古代哲学史上一个杰出的无神论者，他的哲学体系是唯物主义的。因为，庄子的思想，在事实上，对当时占统治势力的宗教迷信思想起了破坏作用。有人喜欢把庄子和西洋古代哲学史上的怀疑论者相比。这种比拟是不恰当的。因为西方的古代的怀疑论者认为事物是不可知的。怀疑论者教人放弃判断，取消认识，仅仅保持个人的心灵的安静就够了。而庄子的哲学是古代唯物主义哲学家老子思想的继承与发展，他对世界的物质性、客观性、规律性并不怀疑；不但不怀疑，而且坚决相信“道”是最后的实在，“道”是万物的根源，“道”是万物的尺度，“道”是万物

① 《庄子·天下》。

② 《庄子·刻意》。

发生和发展的内在力量。所以庄子不同于怀疑论者，他提出了事物发展变化中的最坚强有力的必然性——“命”。庄子是世界哲学史上第一个接触到自由和必然的关系的哲学家。关于这一方面的巨大成就，只有斯宾诺莎和他可以相比。

老子的哲学思想是唯物主义的，现在已愈来愈多地得到哲学家的承认。在中国哲学史上，一向老、庄并称，而庄子也自称是老子学说的继承人。如果这两派的哲学体系果真南辕北辙，它们中间的继承关系是说不通的。老、庄成为汉代以后某些唯物主义哲学家共同信仰的人物，不是偶然的。

庄子探源之一*

——从唯物主义的庄周到唯心主义的“后期庄学”

1957年1月，曾在《新建设》发表《庄子的唯物主义世界观》一文。几年来对庄周哲学的看法基本上没有改变，但也有不少的修改与补充的意见，愿意提出来供讨论。

对先秦诸子的著作，经过几十年来历史、哲学史特别是从马克思主义的观点、方法的整理，取得了很大的成绩。成绩之一就是把先秦一些整部的大丛书进行了剖析，从内容、思想体系上分别出里面各部分的时代、作者等。比如对《易经》一书区分开《易经》和《易传》（包括《十翼》）的时代，这就有助于说明古代辩证法发展的道路；对《墨子》一书分别出哪些是前期墨家，哪些是后期墨家，从而有助于说明墨子和他们的继承者的发展变化；从《管子》一部书中分析出宋钘、尹文的著作，从而有助于说明从老子的唯物主义哲学如何过渡到荀子的唯物主义哲学体系，等等。先秦古籍需要整理、剖析的远不止以上这些，对以上这些古籍的整理分析

* 原载《哲学研究》1961年第2期。

还有许多工作要做。《庄子》这部书，内容芜杂，很需要整理与剖析的功夫。

一、《庄子》书和庄周的哲学思想

《汉书·艺文志》说《庄子》五十二篇。古人所谓“篇”本来没有什么绝对精确划分标准，只是根据作品的内容和作品的长短大致分一下，可长可短。古人著作不太严格，内容、情节也有时前后调动一下，今天见到的《庄子》已经和郭象整理过的《庄子》一样，共三十三篇。三十三篇是内七、外十五、杂十一。郭象以后的学者都认为内篇是庄周的思想或庄周自著，外篇（包括杂篇，下仿此）不见得是庄周的思想。千余年来几乎成为“定论”。现在看来，问题恰恰出在这成为“定论”的内篇七篇上。这七篇绝不是庄周的思想，而是“后期庄学”的思想。因此，解剖庄周的哲学体系时，以《盗跖》《马蹄》《胠箧》《庚桑楚》《渔父》《天地》《天运》《天道》《在宥》《知北游》等篇为主，而以其他各篇中相类似的观点作为参考。也就是力图以荀子和司马迁所见到的庄周的著作为主，以其他有关各篇与上述观点相类似的观点作为参考，内篇即“后期庄学”的思想一律摒除。除掉了内篇这一堆糟粕，其余的精华部分才可以显露出来。看来，精华部分还不算少。

（一）认为内篇七篇是庄周著作的理由

历来认为《庄子》书中内篇七篇是真庄周的著作的理由不外以下三种：

1. 内篇七篇思想体系首尾一贯，文章风格一致，有典型的代表性，所以是庄周所著。持这种意见的可以王船山为代表：

> 内篇虽参差旁引，而意皆连属；外篇则踳驳而不续。内篇虽洋溢无方，而指归则约；外篇则言穷意尽，徒为繁说而神理不挚。内篇虽极意形容，而自说自扫，无所粘滞；外篇则固执粗说，能死而不能活。内篇虽轻尧舜，抑孔子，而格外相求，不党邪以丑正；外篇则忿戾诅诽，徒为轻薄以快其喙鸣。内篇虽与《老子》相近，而别为一宗，以脱卸其矫激权诈之失；外篇则但为《老子》作训诂，而不能探化理于玄微。故其可与内篇相发明者十之二三，而浅薄虚嚣之说杂出而厌观，盖非出一人之手，乃学庄者杂辑以成书。其间若《骈拇》《马蹄》《胠箧》《天道》《缮性》《至乐》诸篇，尤为悁劣。读者遇庄子之意于象言之外，则知凡此之不足存矣。[①]

王船山不愧为古代的一个思想深刻的哲学家，他的确看出了一个现象，并指出内篇的体系与外篇不同，外篇继承了《老子》，内篇自成体系。王船山从封建正统观念出发，认为内篇有些话，他虽不能赞同，但还可以容忍；外篇则“忿戾诅诽”，对儒、墨近乎破口大骂，以至于骂得王船山认为不能容忍。

从上面引述的王船山的话里面，有几点值得注意：（1）内、外篇思想体系不同，不可能全是庄周所作的。（2）内篇是真，外篇是伪。（3）外篇对儒、墨的态度比较激烈，内篇的态度比较缓和。以

---

① 《庄子解·外篇》。

上三点，只有他指出内、外篇的思想不同这一点是对的，因为这是有目共睹的事实；其余的两点就没有根据，内篇自成系统并不等于非庄周所作不可，这是两回事。

2. 内篇文章好，除了庄周，谁也作不出。这种意见可以焦竑为代表：

> 内篇断非庄生不能作，外篇、杂篇则后人窜入者多。[①]

这个论断也是站不住的，在没有证实庄周作过内篇以前，逻辑上不能说非庄周写不出某种文章。

3. 绝大多数学者认为庄子是内篇作者的理由是过去没有怀疑过，所以今天也不必怀疑。这当然也不算什么证据。如果一旦有人提出怀疑的证据，当然这个理由也就不能成立。虚假的现象，过去没有怀疑过的多着哩，一旦有了新的科学证据，自然可以推翻过去的那些“迷信”。

以上三种意见，今天看来，都不足以证明《庄子》内篇可以代表庄周的思想；相反，倒是有相当充分的理由证明内篇不是庄周的思想。

（二）司马迁见到的《庄子》

司马迁直接读过《庄子》一书并对书中某些篇目做过介绍。他在《史记·老子韩非列传》中说过：

> 庄子……作《渔父》《盗跖》《胠箧》以诋訾孔子之徒，

① 《焦氏笔乘》。

> 以明老子之术。《畏累虚》《亢桑子》[1]之属，皆空语无事实。然善属书离辞，指事类情，用剽剥儒墨。

司马迁列举的这几篇庄周的代表作，都不属于《庄子》内篇，而属于外篇。这些篇的主要思想和内篇有极大的不同。这种不同，王船山早已初步地指出过了。这些“离经叛道”的过激的言论，如果是庄周的思想（司马迁看到的《庄子》就是这个样子的），那么和这些篇有极大差异的内篇中所集中表现的滑头主义、相对主义、不可知论、神仙宗教思想就不应记在庄周的名下，应当另有所属。

（三）荀子眼里的《庄子》

荀子是先秦时期孔子以后最博学的学者，也是先秦最大的唯物主义哲学家。他对先秦各学派都研究过，并批判地吸取了他们的某些长处。《荀子·解蔽》说：

> 墨子蔽于用而不知文。宋子蔽于欲而不知得。慎子蔽于法而不知贤。申子蔽于势而不知知。惠子蔽于辞而不知实。庄子蔽于天而不知人。

荀子所指出他们各家的所“蔽”，不是说上述各家没有看到他所蔽的那些方面，而是批判他们只看到他们所看到的一部分（“道之一隅”），而没有看到真理的全部。荀子认为只看到局部往往被他所

---

① 《畏累虚》《亢桑子》都是用一篇开头的三个字为篇名的。《亢桑子》即《庚桑楚》，在今本《庄子》三十三篇之内。《畏累虚》这三个字也在今本《庄子·庚桑楚》篇中。

看到的局部所蔽，应当“体常而尽变，一隅不足以举之”[①]。

荀子承认墨子见到了实用的价值是对的，只是由于他看不到文化的作用，所以才错了。庄周看到“天”（“自然”）的客观存在是对的，只是他看不到人的主动作用，所以才错了。荀子接着指出，如果照庄周那样，只看见“天”（“自然”）的决定作用，看不到人的主观作用，那么，只能因循，不能创造（“由天谓之，道尽因矣”）。荀子是先秦诸子中杰出的唯物主义哲学家，他对庄周的自然（“天”）观是同意的。荀子的自然观是唯物主义的，他肯定庄周的自然观，也是从唯物主义观点来肯定的。可见最早指出庄周的自然观是唯物主义的是二千多年前的荀子。荀子不但对庄周的哲学做出了公平的估价，而且由此线索提供了研究庄周思想应当根据《庄子》书中的哪些篇。荀子所看到的《庄子》书，不会是现在《庄子》书中的内篇，特别不会是《齐物论》《逍遥游》《养生主》这些篇。像现在的内篇各篇的相对主义、唯心主义、神秘主义、滑头主义的处世态度，都是荀子所不能容忍的。对于诡辩论、相对主义、唯心主义，从《荀子》书可以证明，他不仅善于识别，而且还有和这些唯心主义思想斗争的丰富的经验。由此也可推知荀子所读到的《庄子》，虽未必和司马迁看到的是一种底本，但他看到的具有唯物主义自然观的那些篇绝不是内篇，这是可以断言的。具有荀子所指出的唯物主义自然观的篇章，现在《庄子》中是有的，那就是《天道》《天地》《天运》这些篇。而这些篇恰恰都在外篇。司马迁提到的“剽剥儒墨”的庄周或荀子谈到的唯物主义自

① 《荀子·解蔽》。

然观的庄周，都和现在的《庄子》内篇没有关系，这一现象不能不引起重视。

荀子所指出具有唯物主义自然观的庄周，只看到“天”（“自然”）而看不见人的积极作用。这一缺点不止庄周有，连老子、汉朝的王充也有。王充也公开表明他的学说是继承黄老，和当时在朝派官方儒家对立的。从自然观方面看，老子、庄子、荀子直到王充，他们之间是一脉相承的。从以上这些线索看来，司马迁说“（庄子）其学无所不窥，然其要归本于老子之言”的论断是符合实际情况的，也是可信的。王船山所揭示《庄子》的“外篇则但为《老子》作训诂”也是符合事实的。只是王船山把外篇不当作庄周所作，这一点是错了。

（四）内篇是哪里来的，是谁的思想

春秋以后才有单篇的论文，每篇有一个中心题目，反复论述。最早的文章一般都用开首两个字作为篇名，《论语》的第一篇并不是讲的“学而”，《孟子》的《梁惠王》也不是只讲见梁惠王这一件事，只是用一篇开始头两个字或三个字作为篇名。从篇名看不出全篇的含义来。《老子》书最初也是不分章节、没有题目，一路顺写下来的。战国以后的著作，才有了贯串全篇的题目。《墨子》中的《兼爱》讲的就是兼相爱的道理，《非攻》就是反对侵略战争。《荀子》中的《性恶》就是反复讲人性是恶的道理。韩非的《五蠹》《六反》都是一样。题目明白易晓，顾名可以思义。《庄子》外篇都是以一篇开头的两个字作为题目，保持着古代的体例。内篇倒是有了题目，从时代上看，应晚于外篇。晚到什么时候，正是我们现在进一步探究的问题。

（五）篇分内外，起于两汉

《韩非子》有内储说、外储说，这和内篇、外篇的文章分类没有关系。《淮南子》《抱朴子》分为内外篇。汉人解经也分内外，如《韩诗》内传、外传并见《汉志》。《公羊》《穀梁》当时也有内、外传，今外传不存。《汉武帝内传》（旧题班固撰，今考订为葛洪撰），《抱朴子》内篇讲神仙吐纳符箓，外篇讲社会政治观点。两汉习惯，图谶之类的书，一般统称为“内”，和这些学问有关的称为“内学”。后来佛教传入中国，从宗教立场出发，也自称为“内学”（“内学”一词见《后汉书·方术列传》）。关于养生养神治病的书，也在当时流行的学术风气影响之下，被称为《黄帝内经》。《黄帝内经》一书是春秋战国以来，长期医疗积累的结果，编纂成书是在汉初。

篇分内外，即始于汉初，《庄子》内篇应当是汉初编辑成书的。内篇七篇可以称为“后期庄学”，表示与庄周的哲学应有所区别。

（六）离奇的篇名

内篇七篇从篇名到内容都带有浓厚的汉代宗教神仙方术的特色[①]。《庄子》中的《逍遥游》《养生主》《大宗师》《人间世》《德充符》《应帝王》和纬书的标题十分相似。《庄子》书中的

---

① 汉代的纬书，《易纬》如《乾凿度》《坤凿度》《通卦验》《九厄谶》等，《书纬》如《璇玑钤》《考灵曜》《刑德放》《帝命验》《运期授》等，《诗纬》如《推度灾》《氾历枢》《含神雾》等，《礼纬》如《含文嘉》《稽命征》《斗威仪》等，《乐纬》如《动声仪》《稽曜嘉》《叶图征》等，《春秋纬》如《文耀钩》《运斗枢》《感精符》《合诚图》《考异邮》《保乾图》《汉含孳》《佐助期》《握诚图》《潜潭巴》《说题辞》《演孔图》《元命苞》《命历序》等，《孝经纬》如《援神契》《钩命诀》《雌雄图》等。

《德充符》篇中列举了许多奇形怪状的神仙人物，以作为德行充实的证验（“符”）。“符”的含义和纬书中《通卦验》《帝命验》《稽命征》《叶图征》等“验”“征”的意思差不多。例如，《大宗师》里指出以“道”为万物万人之师，《养生主》提出“养生”的原理，《应帝王》以“超政治”掩盖其消极逃避现实的政治观点，《人间世》宣扬“心斋”“坐忘”的游戏人间滑头主义哲学。这些篇的篇名和它的内容有某些意义上的联系，但又不是那么紧密地联系着。这种情况也和纬书中的篇名和内容似乎有意义的关联，可又不与紧密关联着的神秘主义十分相似。

纬书的广泛流行在东汉，但在西汉初期就出现了。像董仲舒的《春秋繁露》，实际上就是纬书。如果不是我们已知道了确切的作者，想早已把它列为纬书。

再从《庄子》内篇内容来看，也可以看出它带有汉初的时代思想的特征。这里面提到的人物中的黄帝、老子以及有特殊本领的神人，正是秦始皇、汉武帝所向往的神仙。

> 至人神矣！大泽焚而不能热，河汉冱而不能寒，疾雷破山、飘风振海而不能惊。若然者，乘云气，骑日月，而游乎四海之外，死生无变于己，而况利害之端乎？[①]

那些神人能“入水不濡”“入火不爇”，吸风饮露，长生不死，有的美好如处子，有的丑陋像鬼怪。方士卢生骗秦始皇也曾用过类似的鬼话：

① 《庄子·齐物论》。

真人者，入水不濡，入火不爇，陵云气，与天地长久。[1]

汉初，在秦末农民大起义之后，统治者接受了一次深刻的前朝覆亡的教训，开始时“约法三章”，以后是用黄帝、老子之术，用清静无为治天下。这时期黄帝这个人物忽然行时起来，内篇中对黄帝、老子推崇备至。他们把老子的唯物主义神秘化，使它与宗教神学建立了联系。

从哲学的发展来看，汉初黄老之学盛行了七八十年。汉武帝以后，以董仲舒为代表的儒家宗教神学才取得统治地位。汉初的统治阶级思想是以黄老为幌子的道家宗教神学。汉初统治者在内政上对农民采取了某些让步政策，满足了农民的某些基本要求；在政治思想上他们采取了清静无为、少思寡欲的学说，要统治者降低一下生活方面的要求，寻求精神上的安适；在外交上对北方匈奴的掳掠，主张退让、怀柔，以避其锋芒，等等。这七八十年的政治路线，不能看作是什么曹参、惠帝、文帝、景帝、窦太后这些统治人物的偏好，而是被当时现实的阶级斗争的形势、生产恢复的水平所决定了的。

由于文献的不足，我们无从详知汉初当时系统的宗教神学（或称“神学哲学”）的全貌。幸好有了《庄子》内篇可以透露一点消息。我们姑且称它为“后期庄学”。

这一套相对主义、滑头主义，不谴是非甚至某些悲观厌世主义的哲学，怎能作为汉朝的统治思想呢？像不像一种开国气象呢？看来不像。如果和汉初当时的实际情况联系起来，倒也没有什么不可

① 《史记·秦始皇本纪》。

理解的。

会不会在汉初还有反映没落奴隶主阶级的思想呢？应当说会有的。庄周、孟子活动的时代，奴隶制和封建制还有交叉并存的现象。到了汉初，奴隶主还有残余的势力，不过这时奴隶主阶级才真正感到"大势已去"，不可挽回，已输定了。"后期庄学"在新兴的强大的封建帝国的面前才发出寒蝉的哀鸣。即使阶级消灭了，为那个阶级服务的思想并不会同时消灭，甚至在一个很长的时期内还起作用。这是经过古代和现代历次阶级斗争的实践所证明了的。

因为当时在空前规模的农民战争之后，疮痍未复，"天子不能具纯驯，将相或乘牛车"。这时来不及创立一套比较完整的哲学体系，《吕氏春秋》也是一种开创新局面的思想体系，汉代对秦代的一切都视为亡国的余孽，当然是不敢考虑的。儒家像辕固生、贾谊这些人，打算有所改革，由于时机不成熟、条件不具备，没有能成功。黄老之学中，《庄子》内篇极大可能是这个时期许多黄帝、老子书[①]中的一个支派。它有几点基本精神和汉初统治阶级的需要是符合的。第一，它不主张采取儒、墨的那一套，认为那不过是先王的糟粕。这一点符合了汉初与民休息的方针。当时还来不及从理论上去批判先秦儒、墨各家的是非得失，他们就以不了了之的措施，把问题回避开来。在当时统治阶级还腾不出手来建立自己需要的上层建筑时，暂时因循敷衍一下，这是可以理解的。第二，当时统治者都注意神仙、养生，这"后期庄学"（内篇）也给了一定的满足。第三，滑头主义、相对主义、唯心主义，不论它主观上讲什么超是

① 据《汉书·艺文志》有《黄帝四经》《黄帝铭》《黄帝君臣》《杂黄帝》《黄帝泰素》等书。

非、超利害，客观上终归是对统治阶级有利的。因为他们有了这种思想的麻醉，就可以不在现实生活中和统治者去算细账，不去找统治者的麻烦。这是历代的统治者都懂得的。第四，从战国末期的情况来看，当时影响最大的势力是儒家和墨家[①]。在汉初，儒和墨的办法，都不能用，能用的只有黄、老。“后期庄学”被看作黄老之学的羽翼，对黄老起了一些辅助作用，特别在它反对儒、墨这点看来，尚有胜过《老子》的地方。

“后期庄学”（内篇）流行于汉初是有它的充足根据的。但是也必须指出，这种思想作为一种统治思想，只能在短时期起些辅助作用，而不能用作统治思想的主力军。因为地主阶级大一统的局面已奠定、巩固后，地主阶级的政权得到进一步的发展时，如果再不建立一套积极的宗教神学体系，就不能满足统治者的需要。北方民族矛盾日渐尖锐，当时汉代统治者经过长期的积蓄力量，不满足于现状的维持，他们认为怀柔、退让不如进攻、出击对统治者更为有利。这时黄、老告退，儒家兴起。同时“后期庄学”里面还夹杂着一些消极因素，对于当时充满信心的地主阶级要求定于一尊，加强中央集权的统一帝国来说，不能满足要求。汉武帝时，把道家压下去，“后期庄学”和淮南子一派摒除于庙堂之外，这和当时的政治斗争形势也有密切的关联。《淮南子》这一派，以老、庄相标榜的学术流派，在文、景之世并不“反动”，在汉武帝时代就不被容忍。即使淮南王不造反，思想意识的敌对也不会被武帝所容。

“后期庄学”（内篇）既然不是庄周的思想，那么研究庄周的

① 《韩非子·显学》。

思想就不能从内篇出发，因而对庄周的阶级分析、逻辑思想的剖析都要另做安排。

《庄子》中有糟粕，也有精华，应当还它以本来面目，是庄周的归庄周，是“后期庄学”的归“后期庄学”。三十三篇中只取其七篇作为反面教材，未免因小失大，对庄周哲学也要具体分析，不应笼统对待。根据先秦的荀子和汉初司马迁的记载，庄周自有其面貌，内、外篇若泾渭之分流，不可不辨。

（七）庄周这个人

一部大书往往代表一派，而不是出于一人之手，这是先秦著作中常见的现象，但值得注意的是《庄子》一书的思想，在思想体系中有明显的不相融的矛盾。因此首先弄清庄周的思想和“后期庄学”的区别是十分必要的。

现在知道的关于庄周的材料不多。主要的根据《史记》和战国时期著作中零星记载，和《庄子》书中散见的一些庄周的活动，其中寓言式的描写不能完全当作真人真事，但从这些材料中不难勾画出一个庄周的轮廓。

关于庄周的生卒年代，据近人研究的结果，大致有以下五种说法：

1. 生于公元前369年，死于公元前286年（马叙伦）。
2. 生于公元前355年，死于公元前275年（吕振羽）。
3. 生于公元前328年，死于公元前286年（范文澜）。
4. 生于公元前365年，死于公元前290年（杨荣国）。
5. 生于公元前375年，死于公元前295年（闻一多）。

对庄周的生年，各说先后相差约40年，庄周死的年代几种说法比较接近。对庄周的活动，虽不能完全清楚，但所知道的关于庄周的一些活动，比起对老子的知识要丰富多了。

从许多不同来源的材料综合归纳起来，可知道庄周是蒙人（河南、安徽交界），和孟子同时，比孟子略晚一些。孟子见齐宣王、梁惠王时已到了老年，庄周这时还没有开展学术活动。孟子和庄周估计没有见过面。庄周除了和惠施经常来往，进行辩论，朋友不多，门徒也有限。朱熹说："庄子当时也无人宗之，他只在僻处自说。"[①]先秦诸子中只有荀子提到了庄周，并且有所肯定，也有所批判。

庄周有一个短时期，他做过蒙这个地方（他的家乡）的漆园吏。这个职位想必没有干过多久。后来，他可能也和战国时代其他思想家一样，开始讲学著书。他生活很贫困，在穷得没有办法的时候，曾向监河侯借过米。有时靠打草鞋过活，他曾穿了补了又补的粗布衣服见过魏王，连草鞋上的带子也是断了又结起来的。

《史记·老子韩非列传》曾记载，楚威王听说庄周有才干，派了两名使者，带着贵重的礼物，聘他做楚国的宰相。庄子嘲笑地对楚国的使者说："千两黄金确是很重的聘礼，宰相也确是尊贵的职位。你们没有看见过祭祀天地时供神用的肥牛吗？养了好几年，把它养肥了之后宰杀了，给它盖上绣花的单子，抬到太庙里去。试替这个被宰的肥牛着想：这时候它即使想当一个又瘦又小的猪崽，办得到吗？你们赶快走开，不要玷污了我。我愿意终身不做官，只图个精神痛快。"

① 《朱子语类》卷一二五。

《庄子·列御寇》中还记载着一个生动的故事：宋国有一个叫曹商的人，宋王派他出使秦国。他去的时候，只得到宋王给他的几辆车子。到了秦国，秦王很高兴，赏给他百辆车子。他回到宋国，见了庄周，对庄周说："住在破巷子里，穷得织草鞋，饿得颈子细长，面孔黄瘦，我可赶不上你；至于一旦见了大国的国君，就得到上百辆的车子，这就是我的长处了。"曹商这个暴发户炫耀自己的财富和能干，显然有些得意忘形了。庄子对他说："我听说秦王得了痔疮，找医生给他治。谁能把痔疮弄破，就得到一辆车子；谁能舐他的痔疮，就得到五辆车子；治病越治得下流，得的车子就越多。你是不是给秦王治过痔疮？怎么搞到这么多的车子呢？去你的吧！"[①]

庄周可能是没落贵族，但是他不是以没落贵族的身份活动，而是以知识分子的身份活动的。知识分子不是一个独立的阶级，假如他自己不占有生产资料，只能为一定的占有生产资料的阶级服务。如果过多地注意先秦哲学家的阶级出身，那么十分之九都可以算作没落贵族。老子、孔子、孟子是没落贵族是有明文记载的。商鞅、韩非也都是在本国混不下去，才出外找机会进行政治活动的。当然，我们不是唯成分论者，主要还是看庄周的思想为哪一个阶级服务，反映了哪一个阶级的要求和愿望。现在许多研究庄周思想的文章也多是从这一点出发的。

庄周的思想和活动与老子十分相似，他们是一批隐士。在春秋战国时期有一批这样的有知识的小自耕农。这一批人可能是由贵族

① 《庄子·列御寇》。

的地位下降为农民的，也可能他们不是自愿地当上农民的。他们参加一些劳动，在自己耕种的小块土地上收获自己的作物，但在封建地主阶级上升，奴隶主的地位没落、下降的激烈的转变中，感到有些惶恐。小农的经济经不起风吹雨打，随时有破产、失去自由的危险，因而他们诅咒剥削制度，对一切剥削者以及为剥削者出谋献策的富贵者也一并攻击。如老子、孔子同时的长沮、桀溺、楚狂、荷篠丈人、杨朱、陈仲子等人，都是这一阶层的人物。由于他们的经济地位，经济生活是个体的、分散的，他们不可能以自己的名义来保护自己的阶级利益。但是既然是一个人数众多、在动荡中有深刻感受的阶级，它不能不有它的代言人。先秦诸子中，老聃、庄周、许行、陈仲子、杨朱应当都属于这阶层的思想代表。真正的、地道的个体农民，既然没有条件产生他们自己的代表，那么只能通过来自其他阶层或阶级转化过来的农民的代言人提出了不同的方案。他们无疑地会带过来一些其他阶级的残余烙印。

看庄周是否代表农民，可以从以下几个基本问题上来考察。对待劳动者和劳动的态度，庄周是肯定的，而不是否定的，他和孔子、孟子的贵族老爷式的轻视劳动根本不同。且看庄周通过盗跖的口，怎样责骂孔子和他的门徒们：

> 尔（按：指孔丘）作言造语，妄称文武，冠枝木之冠，带死牛之胁，多辞缪说，不耕而食，不织而衣，摇唇鼓舌，擅生是非。[1]

---

① 《庄子·盗跖》。

庄周理想的社会是人人劳动的：

神农之世，卧则居居，起则于于。民知其母，不知其父，与麋鹿共处。耕而食，织而衣，无有相害之心。此至德之隆也。①

吾意善治天下者，……彼民有常性，织而衣，耕而食，是谓同德。②

不但他理想的人民要耕织过活，连他理想中的统治人物也认为应当耕田：

尧治天下，伯成子高立为诸侯。尧授舜，舜授禹。伯成子高辞为诸侯而耕。禹往见之，则耕在野。禹趋就下风，立而问焉，曰："昔尧治天下，吾子立为诸侯。尧授舜，舜授予，而吾子辞为诸侯而耕。敢问其故何也？"子高曰："昔尧治天下，不赏而民劝，不罚而民畏。今子赏罚而民且不仁，德自此衰，刑自此立，后世之乱，自此始矣。夫子阖行邪？无落吾事！"俋俋乎耕而不顾。③

对体力劳动是尊重的，而不是菲薄的态度：

子贡南游于楚，反于晋，过汉阴，见一丈人方将为圃畦，凿隧而入井，抱瓮而出灌，搰搰然用力甚多而见功寡。子贡

① 《庄子·盗跖》。

② 《庄子·马蹄》。

③ 《庄子·天地》。

> 曰：“有械于此，一日浸百畦，用力甚寡而见功多，夫子不欲乎？”为圃者卬而视之曰：“奈何？”曰：“凿木为机，后重前轻，挈水若抽；数如泆汤，其名为槔。”为圃者忿然作色而笑曰：“吾闻之吾师，有机械者必有机事，有机事者必有机心。……吾非不知，羞而不为也。”[①]

庄周反对用机器是一种开倒车的落后想法，用机械改造自然面貌和用巧诈的心思去损人利己完全是两回事，庄周这里犯了逻辑的类比不当的错误，但是对待体力劳动的态度却远比孔子、子贡正确。子贡提出提水工具的改良，也不是他自己干，而是让别人去干。正如孔子骂樊迟不应当学种田、学种菜，就是一个明证。从对待体力劳动的态度上也可以看出，庄子和小自耕农的思想、身份有着密切的联系。

考察庄周对待农民暴动的态度，也有助于认识庄周的政治立场和阶级立场。庄周对当时统治者一致责骂的“强盗”头子盗跖表示同情，并通过盗跖的语言直接斥责了那批不劳动的“君子”们的虚伪，指出做强盗的不是别人，正是那些满口仁义道德的说教者，斥责了正统派所尊奉的“圣人”们：

> 黄帝不能致德，与蚩尤战于涿鹿之野，流血百里。尧、舜作，立群臣，汤放其主，武王杀纣。自是之后，以强陵弱，以众暴寡。汤、武以来，皆乱人之徒也。[②]

---

① 《庄子·天地》。

② 《庄子·盗跖》。

指出孔子：

> 修文、武之道，掌天下之辩，以教后世。缝衣浅带，矫言伪行，以迷惑天下之主，而欲求富贵焉。盗莫大于子，天下何故不谓子为盗丘，而乃谓我为盗跖？[①]

庄周敢于冒“大不韪”，揭露剥削者和为他服务的人是最大的强盗，并指出社会不当有“以强陵弱，以众暴寡”的不合理的现象。从黄帝到尧、舜、汤、武不过是一路货色。这些激烈的言辞，显然一点也没有滑头主义、相对主义、不黑不白、混淆是非的情况，而是爱憎分明、立场明确的。从这些事实看来，庄子的农民小私有者的立场比老子更为鲜明。

庄周的政治理想也同样说明了他反映了一些农民的愿望。他的政治理想仍然继承了老子的理想，反对兼人土地的战争，反对机谋和巧诈，主张：

> 无藏逆于得，无以巧胜人，无以谋胜人，无以战胜人。夫杀人之士民，兼人之土地，以养吾私与吾神者，其战不知孰善？胜之恶乎在？[②]

他理想的“圣人”应当是：

> 并包天地，泽及天下而不知其谁氏。[③]

① 《庄子·盗跖》。

② 《庄子·徐无鬼》。

③ 同上。

这和老子所提到“圣人”“为而不恃，长而不宰”“不以兵强天下”有同样的思想。他理想的社会（“至德之世”）是：

> 不尚贤，不使能，上如标枝，民如野鹿。端正而不知以为义，相爱而不知以为仁，实而不知以为忠，当而不知以为信。[①]
>
> 至德之世，同与禽兽居，族与万物并。恶乎知君子小人哉？同乎无知，其德不离；同乎无欲，是谓素朴。素朴而民性得矣。[②]

庄周反对有剥削、有压迫的文化，指出统治者满口仁义道德的虚伪性，并指出了“至德之世”素朴无文的可贵。他没有认识到给人类带来阶级压迫痛苦灾难的不是文化和知识本身，而是剥削制度。庄周当然更不懂得剥削制度，在一定的历史时期把原始公社的发展推向更高历史阶段，它是有利于历史发展的。他的错误在于他在反对阶级剥削和压迫的同时，对一切文化制度一律反对。好像文化本身给人类带来无穷的灾难，因而希望回到蒙昧时期，这是十分错误的，是反历史的。但是人类社会在很长的远古时期内是没有阶级压迫的，在今后的更长的时期内也将是没有阶级压迫的社会。庄周指出阶级剥削和压迫应当消灭，这种要求完全是合理的，也是可以理解的。正是由于庄周这些人从劳动者、小生产者的愿望出发，才提出消灭剥削的理想，他和站在剥削者立场的孟子主张“劳心者治人，劳力者治于人”形成了尖锐的对比。

庄周这种“回到原始”的号召，也可以反映出古代农民“大

---

① 《庄子·天地》。

② 《庄子·马蹄》。

同”思想、平均思想、自给自足的小生产者的美好理想的萌芽。这种“向后看”的倒退观，却包含着打破现状、要求前进的合理内核。庄周以后，如《礼运》中的“大同”思想、南北朝鲍敬言的无君论的思想，以及历代的平均主义、农业社会主义思想，都是在不满于现状的条件下，以缅怀往古的形式，透露出瞻望未来的信念。

小农思想本来就有其落后面，在没有得到先进的阶级领导的历史条件下，落后面时常起着作用。但落后思想还不能说就是反动的。庄周的复古主义和“五四”时代抗拒新文化的彻底反动的复古主义性质上有所不同。

二、庄周的唯物主义世界观及其弱点

庄周是唯物主义者老子的直接继承者和发扬者。老子哲学中的基本观点，庄周都继承了。首先，对于“道”的理解，老、庄是一致的，只是老子第一个提出“道”来，对于“道”的性质特点没有庄周讲得更明确，这也是学术发展的规律，由粗到精必经的过程。在以下几个方面庄周都有他的独特的贡献，里面许多是先秦唯物主义哲学的精华，而不是糟粕。

（一）宇宙的形成和起源的探寻

庄周唯物主义地对宇宙形成和起源问题进行了探寻。他问道：

天其运乎？地其处乎？日月其争于所乎？孰主张是？孰维纲是？孰居无事推而行是？意者其有机缄而不得已邪？意者其

运转而不能自止邪？云者为雨乎？雨者为云乎？孰隆施是？孰居无事淫乐而劝是？风起北方，一西一东，有上彷徨，孰嘘吸是？孰居无事而披拂是？[①]

问题的提法和答案都是唯物主义的。他回答这些自然现象，不是向天地运行之外去找，而是在天地的运转本身中去找。他说这都是“六极五常”的作用的结果。换言之，就是金、木、水、火、土五种元素（“五常”）在空间（“六极”）运动的结果。

宇宙有没有开始？这一问题在哲学史上从来就有唯物主义的回答和唯心主义的回答。认为“有开始”的，其逻辑的结果必然导致宇宙最初是没有东西的虚空，而陷入唯心主义。庄周对这一问题也有明确的答案。他说：

有不能以有为有，必出乎无有，而无有一无有。圣人藏乎是。古之人，其知有所至矣。恶乎至？有以为未始有物者，至矣，尽矣，弗可以加矣！其次以为有物矣，将以生为丧也，以死为反也。[②]

有先天地生者物邪？物物者非物，物出不得先物也，犹其有物也。犹其有物也，无已。[③]

庄周这里提出一个有哲学思辨意义的问题，追问宇宙万物的起源，如果一定拘泥在某一件具体的东西生出某一具体的东西，这样

① 《庄子·天运》。

② 《庄子·庚桑楚》。

③ 《庄子·知北游》。

推论下去，最后非推到“上帝”不可。所以庄周说“圣人”不在这些问题上去纠缠（“圣人藏乎是”）。庄周和老子一样，从根本上提出答案：

> 昭昭生于冥冥，有伦生于无形。精神生于道，形本生于精。而万物以形相生。①

有形的具体的东西，推到最后，都是从肉眼不能直接看到（“无形”）的“道”生出来的，精神也是从“道”生出来的。至于某些具体的东西，（如动植物）它们有它自己的种源，世代相传。只有“道”才会产生一切。庄周继承了老子“道”的观念，道是人和物的最后的物质基础。得到了“道”（“邀于此道者”）的人，就会：

> 四肢强，思虑恂达，耳目聪明。其用心不劳，其应物无方。②

不但人不能离开了“道”，连天、地、日、月、万物都不能离开了“道”：

> 天不得，不高；地不得，不广；日月不得，不行；万物不得，不昌。此其道与！③

庄周的“道”的作用和性质，和老子的“道”完全一致（也和先秦其他唯物主义者所理解的一样），“道”是万物运行的规律。

---

① 同上。

② 同上。

③ 《庄子·知北游》。

宇宙万物有它自己存在着的客观秩序和规律，这种秩序和规律独立于人们的意识之外，客观存在着：

> 天地固有常矣，日月固有明矣，星辰固有列矣，禽兽固有群矣，树木固有立矣。[①]

“道”也是精气和物质。可与《吕氏春秋·尽数》相比较：

> 精气之集也，必有入也。集于羽鸟，与为飞扬；集于走兽，与为流行；集于珠玉，与为精朗；集于树木，与为茂长；集于圣人，与为复明。

这样的物质实体“道”是万物成毁、变化的最后根源，所以庄周以“道”为师，对“道”发出了由衷的赞叹：

> 吾师乎！吾师乎！齑万物而不为戾，泽及万世而不为仁，长于上古而不为寿，覆载天地、刻雕众形而不为巧。[②]

老子一再指出“道”是耳目感官不能直接触到的物质实体，叫人不能用认识一般具体的东西的方法去认识“道”。一般的具体的东西，上面光线照到的地方亮一些，下面背光处就暗些。可是“道”它不同于这些具体的东西，“其上不皦，其下不昧”。“道”是难以形容的，它不像任何物件那样具体（“绳绳不可名，复归于无物”）。庄周完全接受了老子的学说，而又有所发展。

“道”是物质。世界是物质性的，所以“道”无所不在。庄周

---

① 《庄子·天道》。

② 《庄子·天道》与《大宗师》文义略同。

有名的论证“道在屎溺”[①]的问答，不能看作开玩笑，而是符合他的唯物主义逻辑体系的。“道”只有永存而无终始。

（二）认识论中的唯物主义观点

庄周的认识论与宋尹学派有共同之处，上承老子，下开荀子一派，并对老子的认识论有所补充。

庄周还提出感性作用和理性作用：

> 知者接也（按：感官与外界对象的接触），知者谟也（按：思维把接触到的素材进行整理）。[②]

这样明确地提出认识的两个步骤，它在后期墨家和荀子之前提出了这样有意义的命题，这是值得肯定的。

他还根据古代素朴唯物主义反映论的共同原理，把认识过程比作照镜子，提出了认识时要使心“静”“虚”，不杂有主观的成见：

> 圣人之静也，非曰静也善，故静也；万物无足以铙心者，故静也。水静则明烛须眉，平中准，大匠取法焉。水静犹明，而况精神？圣人之心静乎！天地之鉴也，万物之镜也。[③]

认识不能心粗气浮，不仅要感官起作用，还要心思起作用：

> 视乎冥冥，听乎无声。冥冥之中，独见晓焉。无声之中，

① 《庄子·知北游》。

② 《庄子·庚桑楚》。

③ 《庄子·天道》。

独闻和焉。[①]

认识时还要摒除主观成见，尽量做到客观。富、贵、显、严、名、利，会影响到认识者的意志；容、动、色、理、气、意，会影响到认识者的心灵；恶、欲、喜、怒、哀、乐，会影响到认识者的接受；去、就、取、与、知、能，会阻塞认识者的方法。这二十四种影响认识者的因素，必须去掉：

> 此四六者不荡胸中则正，正则静，静则明，明则虚，虚则无为而无不为也。[②]

因此，庄周说：

> 欲静则平气，欲神则顺心。[③]

在虚静的条件下，注意力集中，人就会变得聪明了，认识将会正确：

> 正汝形，一汝视，天和将至；摄汝知，一汝度，神将来舍。德将为汝美，道将为汝居。[④]

庄周的认识论和宋尹学派的认识论基本上是相同的。如《内业》："彼心之情，利安以宁，勿烦勿乱，和乃自成。心能执静，道将自定……"《心术》上也说："动则失位，静乃自得。……故物至则应，过则舍矣。"

① 《庄子·天地》。

② 《庄子·庚桑楚》。

③ 同上。

④ 《庄子·知北游》。

庄周唯物主义认识论的贡献和它的片面性纠缠在一起。他的贡献在于提出认识要排除主观成见，要求客观。但是他把虚静强调到绝对化的程度，比作“止水”“明镜”，把认识完全讲成“应物”被动的过程，这就是把取得正确认识只看作调整主观的能力，而忽略如何去掉客观事物的不同情况给认识造成的幻象。其次，庄子和宋尹学派把可以避免的主观片面的因素和不可避免的认识者的立场、观点混为一谈。照他们的见解，只有任何立场任何观点都不要的人，才能正确地认识事物的真相。这样，把认识过程抽掉社会内容、阶级内容，把人当作一个没有立场、观点的映象机。当然这是人类认识史上从来不会有的事，也是不可能的事。现代资产阶级的唯心主义哲学，不敢讲他们的哲学为少数剥削阶级服务，而自称什么空灵的哲学，超乎唯心、唯物之外，是十足反动的。我们驳斥了几千年的庄周的超阶级观点，对于剥露今天资产阶级哲学的伪科学不是没有好处的。庄周、宋、尹或者可以说是认识上的错误，而现代资产阶级哲学只能归结为政治上的反动。这两者的性质和作用应有所区别。庄周这种错误观点必然导致错误的结论：用“自然”去观物，以“天”观人，而不是在一定社会关系中去认识世界。所以庄周、宋、尹等人认为喜、怒、哀、乐、富、贵等因素都除掉才能避免主观、片面达到正确的认识。那么，看到强暴者的暴行难道可以不怒吗？如果真正有人看到了而不怒、心平气和，不但不足以证明他的态度“客观”，倒正足以说明这种人已站到强暴者那一方面去了。具有“先天下之忧而忧，后天下之乐而乐”的胸怀去认识事物，不但不会闭塞聪明，应当说这样更能使人聪明。第三，庄周、宋、尹的认识论，和古代一切旧唯物主义的认识论一样，只能静观的反映，而缺了认识论最基本的核心——实践（包括阶级斗争、生产斗争、科学实验），因此对认识就失去它的基础和应有的真假是非的客观标准。归根到底，最多只能达到机械唯物主义的高度，再前进一步，即会跌入唯心主义的泥坑。自以为追求绝对的“客观”，恰好在这个绝对“客观”的跟前，跌入了主观的陷阱而不自觉。

（三）唯物主义的时空观

庄周在认识论方面还有一大贡献，是他在哲学史上第一次唯物主义地提出了“时空”一对范畴。对时空的认识虽不自庄周始，但自觉地给时间、空间下定义，明确它在哲学上的意义，应归功于庄周。

> 有实而无乎处者宇也（按：空间），有长而无本（按：“本”疑“乎”之讹字）剽者宙也（按：时间）。[①]

这里虽然没有十分科学地说明时间与空间是物质存在的形式，但他明确地指出时间（“宙”）是在物的连续性（“有长”）而不断绝（“剽”）的存在的形式；空间（“宇”）是在物的客观存在（“有实”）而不固定于一个地区（按：到处都有它）的存在的形式。他不是从主观方面去理解时间和空间，也不是脱离了物质的客观存在去理解时间和空间，而是结合了客观物质世界的无限延续性、无限广延性来理解时空范畴的。他的唯物主义观点的贯彻比《墨经》上所下的时间和空间的定义更具有哲学意义。《墨经》给时空的定义，有两个缺点：一是与物理学的时空观念有些混淆；二是与唯心主义的时空观念的界限不大分明。

---

① 《庄子·庚桑楚》。

（四）生命的起源与养生的唯物主义观点

由于战国中期以后，医学科学的发达，人们积累了更为丰富的向疾病做斗争的经验。这些科学知识，在庄周的哲学中也得到了反映。庄周的哲学思想中，有不少的地方唯物主义地对待生死、疾病、保健、养生的问题，也透露了当时医学科学知识：

> 吹呴呼吸，吐故纳新（按：这是气功医疗的前身），熊经鸟申（按：这是体育锻炼的前身），为寿而已矣。此导引之士、养形之人，彭祖寿考者之所好也。①

还讲道：

> 醉者之坠车，虽疾不死，骨节与人同，而犯害与人异，其神全也。乘亦不知也，坠亦不知也，死生惊惧不入乎其胸中，是故遻物而不慑。②

庄周的著作中，还透露了一些古代医药的知识：

> 药也。其实堇也，桔梗也，鸡壅也，豕零也，是时为帝者也，何可胜言！③

这里不但列举了乌头（堇）、桔梗、鸡茨、猪苓这些药，并且指出这些常见的贱药，在一定的条件下，可以起主治的作用（“为帝”）。可见当时中药处方已在运用中药“君臣佐使”的原理。

① 《庄子·刻意》。

② 《庄子·达生》。

③ 《庄子·徐无鬼》。

养身体、治疾病之外，庄周还讲到养精神、养心的“卫生之经”：

形劳而不休则弊，精用而不已则劳。[①]

生活要：

平易恬淡，则忧患不能入，邪气不能袭，故其德全而其神不亏。[②]

在当时达到的一定的科学基础上，庄周进而从哲学的高度唯物主义地提出形神的问题和生死的问题：

人之生，气之聚也，聚则为生，散则为死。[③]

庄子妻死，不但不哭反而鼓盆而歌。他讲了他的道理，这些道理的正确程度当然还可以讨论，但对生死的看法，确吸取了当时的科学，摆脱了“上帝”“鬼神”对人类生死命运的摆布，而把生死仅仅看作是自然现象，认为死生不过像四时的代谢交替一样。他不相信死后有鬼，反对厚葬。下面一段寓言，至少可以说明庄周对于生死的态度：

庄子将死，弟子欲厚葬之。庄子曰：“吾以天地为棺椁，以日月为连璧，星辰为珠玑，万物为赍送。吾葬具岂不备邪？何以加此！”弟子曰：“吾恐乌鸢之食夫子也。”庄子曰：

① 《庄子·刻意》。

② 同上。

③ 《庄子·知北游》。

“在上为乌鸢食，在下为蝼蚁食，夺彼与此，何其偏也。”[1]

这种完全超脱鬼神的对待生死的态度，与汉代的杨王孙论葬的观点十分接近，也是可贵的。

在生活问题上，庄周有许多观点与杨朱的“贵生重己”“全性葆真，不以物累形”的“为我”主义十分接近。这些思想在《庄子》书中的《让王》《盗跖》《刻意》《庚桑楚》等篇发挥得相当充分。关于杨朱的“为我”主义，在当时不能认为是反动的，倒是应当说它有一定的进步作用。这种拔一毛而利天下不为的思想，在今天，显然是社会主义集体主义的敌人，应当彻底批判（关于杨朱思想的批判，当另文详论）。

只就庄周反对宗教迷信，提倡自然主义的对待生死的态度，在当时曾对宗教迷信起过一定的打击作用，应该认为它有进步的一方面。

庄周对待生活的意义，为什么活着，为了谁活着，虽避而不谈，实际上是为了个人。他把个人为集体、为历史应尽的义务，都看成生活的累赘。为了个人的利益，起来反对压迫剥削，对当时剥削制度提出抗议，在一定的历史条件下有正确的一面。庄周不可能懂得即使是为了个人的生存和发展，不获得集体的生存和发展是办不到的。小农生产者只看到、想到个人的那块小土地，在思想领域内、精神领域内也只能停留于个人的小天地里。

而且，庄周把人的社会性抽掉，只留下自然属性的“人”，这

① 《庄子·列御寇》。

种“人”实际上是不存在的。人是“一切社会关系的总和”[①]，庄周追求的是抽象化的脱离一定阶级内容的“人性”。毛泽东同志也指出：“只有具体的人性，没有抽象的人性。”[②]庄周对待生死问题尽管有他的唯物主义的某些看法，但一涉及社会生活，立刻陷入唯心主义的荒谬结论中。

（五）关于事物运动变化的辩证法思想及其局限性

庄周是老子的继承者，在辩证法思想方面，他也有所继承，有所发展。

庄周首先认为事物的发展有它的对立面，并向着它的对立面转化：

> 合则离，成则毁，廉则挫，尊则议，有为则亏，贤则谋，不肖则欺。[③]
>
> 安危相易，祸福相生，缓急相摩，聚散以成。[④]
>
> 随序之相理，桥运之相使，穷则反，终则始。[⑤]

既然事物都不可避免地向着它的对立面转化，如果不让它转化，就是不要促进它的发展。照庄周的哲学，为了避免挫折，就不要有棱角（“廉”）；为了避免引起人家的注意和批评，就不要出人头地（“尊”）；为了避免离别的痛苦，就不要聚合，等等。总之，庄周认为多一事不如少一事，怕引起新的矛盾。他认识了矛

① 马克思：《关于费尔巴哈的提纲》。

② 毛泽东：《在延安文艺座谈会上的讲话》。

③ 《庄子·山木》。

④ 《庄子·则阳》。

⑤ 同上。

盾，但不是对矛盾采取欢迎的态度。这一点和老子对待辩证发展的基本态度是一致的。这不仅反映了小农民私有者的保守、落后的一面，也反映了小农经济的脆弱、怕出头、怕剧烈的变化的客观情况。所以庄周要处于“材与不材之间”。照庄周的逻辑，“材”了必然发展到“不材”；如果“不材”，又不免发展到“材”。无论“材”或“不材”，都不免遭到危险，所以他希望保持中间状态，事物发展不到头，自然不会变成它的对立物。庄周看到了辩证法，但他无法理解辩证法本身具有革新、变革现实的性格，却又在思想上、行动上逆着辩证法的原则办事。他妄想利用革命性的辩证法为他的保守主义服务。他认为：

> 天下皆知求其所不知，而莫知求其所已知者；皆知非其所不善，而莫知非其所已善者，是以大乱。[①]

这种态度给滑头、不负责任、逃避斗争开了方便之门，也给后来庄学的信奉者树立了投机取巧的“中间路线”。这是庄周继承老子的亦步亦趋的地方。老子讲到事物的发展时很少讲到发展需要的条件。离开条件讲变化、发展，不免给唯心主义、相对主义留下活动的余地。庄周与老子不同的，是他比老子较多地注意到事物的存在和发展不能离开它的条件，好事和坏事、正确与错误都是在一定的条件下才能实现的：

> 水行莫如用舟，而陆行莫如用车。以舟之可行于水也，而求推之于陆，则没世不行寻常（按：“寻”“常”是古代量长

① 《庄子·胠箧》。

度的单位）。古今非水陆与？周、鲁非舟车与？今蕲（按：力求）行周于鲁，是犹推舟于陆也。劳而无功，身必有殃。[①]

庄周批判有些力求在鲁国推行已死亡的周道的人，实际上是批判孔子一派复古主义。他还假借西施捧心的寓言，说明条件的重要：

西施病心而矉其里，其里之丑人见而美之，归亦捧心而矉其里。其里之富人见之，坚闭门而不出；贫人见之，挈妻子而去之走。彼知矉美，而不知矉之所以美。[②]

看到了事物存在都有它的客观条件，比老子进了一步。这也是庄周的唯物主义思想的一方面的表现。

庄周的辩证法和老子一样，最后都没有超越出循环论的圈子：

阴阳相照，相盖相治，四时相代，相生相杀。[③]

老庄的辩证法都和古代的天文学、自然科学有一定的联系。古代的天文学、农业、医学所揭示的客观规律都没有超出循环往复的圈子，老庄的阶级立场，和当时生产规模的狭小，都限制了他们的辩证法的正常发展，最后不得不陷入循环论：

万物皆种也，以不同形相禅。始卒若环，莫得其伦，是谓天均。[④]

① 《庄子·天运》。

② 同上。

③ 《庄子·则阳》。

④ 《庄子·寓言》。

（六）对老子哲学的继承和发展

庄周继承了老子而发展了老子的思想，总起来看有以下几方面可说。

庄周提出事物的发展和存在都有条件。比老子孤立地讲变化，更具有唯物主义的特色。只有“后期庄学”（内篇）把老子的唯物主义不彻底的观点向右的方向歪曲，讲什么“无待”的逍遥，因而走向唯心主义。“无待”的思想在庄周的哲学体系内是不存在的。

老子强调了“柔弱胜刚强”的事物发展的原则。在一定的条件下，柔弱胜刚强，不能算错。一般新生的事物总是弱小的，也是事实。但脱离了具体条件抽象地讲柔能胜刚，就不能正确地分辨出哪是新生事物柔弱的幼芽，哪是衰老疲惫垂死的躯壳，在生活中、在行动中、在革命实践中会迷失方向，看不清前途。庄周的哲学里也讲到事物的互相转化，但没有不适当地强调柔弱的优越性。这也是庄周超过老子的地方。

庄周与老子都从唯物主义自然观出发，指出自然的力量远远超过了人的力量。人只能顺从自然（“天”），而不能对“天”进行改造、利用。“人不能胜天”的思想在老子、庄周的思想里都是根深蒂固的。但老庄之间还有所区别。老子从现实生活中揭示“天”与人的对立：

> 天之道，其犹张弓欤？……人之道则不然，损不足以奉有余。[1]

---

① 《老子》七十七章。

庄周虽也讲到“天道之与人道也，相去远矣”[①]，但他从“天道”比“人道”高明，而不是从“天道”与“人道”对立的观点来看天人关系。他说：

> 是故古之明大道者，先明天而道德次之，道德已明而仁义次之，仁义已明而分守次之，分守已明而形名次之，形名已明而因任次之，因任已明而原省次之，原省已明而是非次之，是非已明而赏罚次之。赏罚已明而愚知处宜，贵贱履位；仁贤不肖袭情。[②]

老子的“天道”与“人道”的对立，在理论上给他的体系带来了一定的困难。要么就屈从“人道”而放弃“天道”，要么就改造“人道”（把“损不足以奉有余”的状况加以革命的改变）以使它合乎“天道”（“损有余以补不足”）的原则。但“贵柔”“不争”的老子站在这个矛盾的前面徘徊不进了。

庄周企图解决“天道”与“人道”对立的矛盾。他从理论上使它系统化，不把“天道”与“人道”看作对立的关系，而看作从属的关系，从天到人，拼成了一套完整的体系。看来，似乎解决了老子面临的理论的困难，但带来了新的困难。

庄周在这里混同了自然规律和社会发展规律的差别。自然发展的规律，在古代素朴唯物主义时期用“阴阳”“五行”，用“道”可以做出在当时足以令人信服的说明。但用“道”来统一地说明自然和人类社会的发展，只能得出唯心主义的结论，严重地破坏了他

---

① 《庄子·在宥》。

② 《庄子·天道》。

的唯物主义哲学体系。唯物主义地说明自然，可以用“道”“气”来说明；唯物主义地说明社会和历史的发展，只能通过生产力与生产关系的矛盾、基础与上层建筑的矛盾等历史唯物主义的范畴来说明。脱离了社会的客观物质存在，在自然界找它的物质基础，看来，即使它主观愿望是唯物主义的路线，结果必然陷入唯心主义。当然自然观是唯物主义、社会观是唯心主义的不止庄周一个人，从古代唯物主义一直到马克思以前的费尔巴哈，都毫无例外地在这一领域内跌了跤。从哲学史的无数事例中，更可使我们深刻领会马克思主义的哲学在哲学上的伟大变革的深远意义。

（七）唯物主义向唯心主义的转化

唯物主义的庄周的哲学转化为唯心主义的“后期庄学”不是偶然的，是有它的内在的逻辑发展规律的。

老子、庄周的唯物主义哲学的积极作用在于向统治者用来压迫人民的人格“上帝”开战。他们和其他唯物主义者先后不断地向人格的“上帝”（“天”）进行猛烈的冲击，用物质第一性的“道”否定了精神第一性的“天”或“上帝”。在人类认识史的幼年时期，他们试图从理论上把人们从神权下解放出来，这是一件大事、好事。

“天”是不是有人格、有意志、能赏善罚恶，在古代确是个大问题。连博学的孔子对人格的“天”还不敢怀疑，其他保守分子更不用说了。墨子曾想用宗教来为劳动者、手工业者谋些福利，对“上帝”进行改装。但是宗教迷信，归根到底，只能对统治者有利，不是劳动人民解放自己的有效武器。有人格的“天”对科学的发展直接起着抑制作用，对人民直接起着精神压迫作用。

因此，环绕天道观这一中心问题开展了唯物主义与唯心主义两条路线的斗争，老庄是站在一条战线上的。他们都是无神论者、唯物主义者。

庄周的唯物主义哲学体系本身有它严重的缺点，所以给唯心主义的“后期庄学”以活动的机会，其严重的缺点表现在以下几个方面。

庄周继承了老子的关于“道”的基本学说，认为“道”是宇宙万物的最后根源。庄周和老子一样，没有把物质第一性的“道”与物质运动规律的“道”划分清楚。用同一个词表示两件事物，给后来的唯心主义钻了空子。有些唯心主义者有意地只讲老庄的“道”的抽象规律性这一方面，故意不讲老庄的“道”具有精气、细微粒子的内容，自然就把老庄强拉在唯心主义的阵营中并给它加以改装。本来是唯物主义哲学家，他死后被唯心主义哲学家拉去做幌子的事，中外都不乏先例。中国有老庄，西方有斯宾诺莎。西方资产阶级唯心主义哲学家都利用斯宾诺莎大讲“上帝”，而对他进行歪曲。

老庄的思想，本身又有许多漏洞，比如它在自然观方面，对最基本的观念——“道”——的解释不清楚，造成两种解释的可能（只有一种解释是正确的）。比如，在认识论上，强调“静观”的消极反映论而未认识到实践对认识的决定作用，也给唯心主义认识论留下了空隙。他们的认识论还留了一些不可知论的残渣：

故足之于地也浅，虽浅，恃其所不蹍而后善博也。[①]

人之于知也少。虽少，恃其所不知，而后知天之所谓也。[②]

庄周为了说明“无用之用”，指出两脚所踏的土地不过脚掌这样大的小块，但是把人们身旁的土地都挖得极深，只留下脚下踏的一小块，人们必然害怕，站不稳了。用这样的观点来对待人类的认识就不对了。庄周认为人的知识的作用，是靠许多不知道的事物的衬托。如果没有大量的“无所知”，知识也将失去价值。庄周不但抹杀了知识对实践的积极指导作用、生产斗争的作用，否认知识源于实践，相反，倒认为知识靠“无知”才有它的价值。这样从逻辑上给不可知论制造了温床。那么像“后期庄学”《养生主》所说的：

吾生也有涯，而知也无涯。以有涯随无涯，殆已。

就会得出既然不能求得完全的知识，也就不必求什么完全的知识。再进一步，就“齐是非，一物我”，把认识看成一篇糊涂账。

从庄周的不彻底的唯物主义认识论导致出相对主义、不可知论，就不是什么奇怪的事情了。

在生死问题上，庄周基本上是“气”一元论，是个无神论者。但他的精气说本身有缺点。照他的体系，应把精神说成物质的产物，但他混淆了精神与物质的质的界限，精神也成了物质；同样，物质也成了精神。在一定的意义下，物化论与唯心论本来没有什么

① 这个意思同《外物篇》：“夫地非不广且大也，人之所用容足耳。然则厕足而垫之，致黄泉，人尚有用乎？”可参看。

② 《庄子·徐无鬼》。

不可逾越的鸿沟，给精神不死留了余地。他反对了“上帝”创造生命，但留下了通向“帝乡”的后门：

> 千岁厌世，去而上仙，乘彼白云，至于帝乡。[③]

由于他忽略物质的“气”和精神的质的区别，《庄子》书中也留了“鬼”的活动地盘（《达生》齐桓公遇鬼的故事）。当然庄子还指出，即使是鬼，也是忿滀之气，散而反的产物，虽然以唯物主义开始，而通向唯心主义的后门是敞着。那么“后期庄学”（内篇）歌颂的神仙长寿，遨游天地的思想，也就不是没有根据了。

在辩证法的问题上，他也只是自发的辩证法。一切古代自发的辩证法，都不可避免地最后陷于循环论。循环论是没有发展阶段的“发展观”，实质上没有跳出形而上学的束缚，最后必然导致唯心主义，与唯物主义决裂。这也是历史上无数事例证明了的。

自然观的唯物主义与社会观的唯心主义，在他的同一体系内并存，也会导致他自己的哲学和“后期庄学”走入唯心主义。这更是马克思主义以前的一切唯物主义哲学共同失足的地方。庄周也不例外。

从唯物主义庄周的哲学到唯心主义的后期庄学的转化，使我们更加确信彻底的唯物主义和彻底的辩证法必须有机地结合。唯物主义离开了辩证法，必然最后会从唯物主义陷入唯心主义。辩证法脱离了唯物主义，必然最后陷入形而上学。为了避免陷于唯心主义和形而上学的错误，必须坚持辩证唯物主义的真理。任何理论上的

③ 《庄子·天地》。

让步，甚至微小的疏忽，都会导致完全错误的道路。马克思列宁主义、毛泽东思想的高度革命性和科学性相结合就在于此，它体现了人类最高的智慧成就也在此。我们马克思主义者必须坚决维护马克思列宁主义、毛泽东思想的纯洁性，不允许遭到任何修正和歪曲的实践意义也在此。

庄子探源之二*

这是本人于1961年在北京大学哲学系“五四”科学讨论会上关于《庄子探源》一文补充说明的内容的一部分。这里着重探究“后期庄学”应在汉初而不应在战国的问题。至于《庄子》一书的其他问题，另有专篇论述。文中有涉及与冯友兰先生讨论的地方，所引冯文均见于《哲学研究》1961年第3期《再论庄子》，不另注明出处。

旧话重提不是翻案

本文是继拙著《庄子探源》的第一篇补充。《庄子探源》发表后，有人认为它是翻案文章，故意翻几千年来已成之定案。这可能是误会。它只是把荀子、司马迁等人早已讲过的旧话重新提出，企图引起研究者对以上两家之说的重视。如果说是“翻案”，也不过翻出哲学史资料库中的旧档案，提供参考罢了，说不上什么新见解。

---

* 原载《光明日报》，1961 年 8 月 25 日。

有些同志说我把《庄子》中的外篇、杂篇当作庄周自著，这也是一个误会。我的文章中说王船山把外篇、杂篇“不当作庄周所作，错了”。我们虽然不便肯定庄周亲笔写过自己的哲学论文，但不能因此就认为无法区分《庄子》书中哪些篇能代表庄周的思想，哪些篇不能代表庄周的思想。庄周是否亲笔著书是一回事，庄周有没有他的哲学体系又是一回事。我们将不放弃进一步探索《庄子》书中哪些篇足以代表“庄之所以为庄者”。

《庄子探源》曾说过内篇完全不代表庄周的思想。后来有些同志就认为，我主张《庄子》的外篇、杂篇完全代表庄周的思想，这也可能出于误会。研究任何问题都不应简单化，研究哲学史也一样。我只是说，找庄周的哲学思想，要根据荀子、司马迁所提供的内容和篇目去找，这些篇目和内容只保存在现存《庄子》的外篇、杂篇中的某几篇里，而不在内篇。

解剖庄周的哲学体系以《盗跖》《马蹄》《胠箧》《庚桑楚》《渔父》《天地》《天道》《天运》《在宥》《知北游》等篇为主，而以其他哲学思想相接近的篇章作为参考。这也是大家都用的一种方法。冯友兰先生和关锋的文章中也用了这种方法，只是他们“为主”的那几篇和我“为主”的那几篇很不相同罢了。

《庄子探源》一文没有提到《天下》篇和庄周思想的关系以及它在研究庄周思想的史料价值。本要专文谈谈这个问题，因为这一篇历来很被重视，对于研究庄周思想的关系也比较重大。因此，本文关于《天下》篇的探索，占的篇幅稍多一些。

为什么说“后期庄学”出于汉初

有人提出“后期庄学”所体现的没落贵族奴隶主思想只能产生于战国中期，而不能发生于秦汉之际或西汉之初。我认为“后期庄学”只能产生于秦汉之际或西汉之初，而不能产生于战国中期。这也是争论点分歧之一。这个意思已经在《庄子探源》中讲到的，这里不再重述，现在只做些必要的补充。

“后期庄学”体现没落阶级的悲观绝望的世界观，这是有目共睹的。在论证“后期庄学”是奴隶主没落思想之前，首先要看看庄周活动的时代，奴隶主阶级已经没落的程度。战国中期，新兴封建地主阶级与奴隶主贵族的斗争，从趋势来看，是地主阶级占优势，它是新生的、有前途的阶级。但在当时谁战胜谁的问题还没有解决。作为阶级斗争中的一个方面，即使它是没落的，“日薄西山，气息奄奄”，它总不可能只看到一点失败的苗头，就自动退出历史舞台认输了。

庄周与孟子、商鞅差不多同时。战国时吴起在楚国进行封建化的变法改革，当楚悼王死后，奴隶主贵族立即复辟；商鞅在秦国的变法，虽沉重地打击了奴隶主贵族的势力，但奴隶主贵族并没有认输；反映没落奴隶主贵族思想的孟子，不但没有丧失信心，而且对加强维护奴隶制充满着自信，认为大有可为。（孟子所代表的阶级，目前还有争论，我认为孟子是奴隶主贵族的代言人。）从当时阶级斗争的形势看，还没有奴隶主甘心承认失败的迹象。历史上哪里有这样“温驯”“识时务”的剥削阶级？在中国的古代，封建的生产关系已出现于春秋的中期，但是由于新兴地主阶级相当软弱，他们没有形成自己的政治集团和政治势力，因而战国以来的变法者，从李悝、吴起、商鞅直到申不害、韩非，他们都依附于奴隶主中间的开明势力，通过他们去实现封建化。汉王朝以前，新兴的封建关系的体现者也是从昔日的奴隶主贵族转化过来的，如齐国的田氏、鲁国的“三桓”，以及“三桓”以下的家臣的叛乱，都说明了这一点。翻开春秋战国的历史记载，没有一个例外。只有盗跖领导的奴隶暴动，根本不承认旧政权、旧法统。盗跖本人虽以寿终，但盗跖的事业最后是失败的而不是成功的。这是中国封建化过程的一个特点。封建的生产关系，特别是封建的土地所有制，在春秋中叶已开始成长，战国时期已进入确立阶段，但是作为这一新生产关系所需要的政治机构，全国大统一的封建王朝，却在秦、汉以后才建立。汉以后，新兴的封建地主阶级利用人民群众的大革命，扫清了六国之后旧贵族的残余势力及其社会影响，这时才算彻底摧毁了奴隶制的上层建筑（包括意识形态）。地主阶级说法家和秦王朝“严而少恩”，这不能认为只是秦始皇个性的残暴和韩非法治思想的冷酷，而应当看作为奴隶主转化过来的地主阶级统治者，必然带着它所出身的阶级烙印，它不能胜任执行封建地主阶级交付给它的历史任务。

阶级斗争的经验表明，即使一个阶级真输了，在意识形态上出现它的失败主义哲学也是较后的事。说战国中期就有奴隶主阶级认输的哲学，未免为时过早。几年前有的地区的叛乱集团，他们早已处于人民力量的包围之中，却还要组织武装叛乱，企图阻止历史前进。我们怎能设想战国中期，和孟子、商鞅同时的庄周就代表认输的没落奴隶主阶级立言，完成了一套失败主义的哲学体系呢？

当然，任何社会里都有个别的人，可能遇到某些意外的不幸事件，甚至某些人可能有时灰心丧气。但是个人的不幸遭遇和没落阶级的失败不能混为一谈。个人遭遇的偶然不幸事件，不会形成反映没落阶级思想意识的世界观。《庄子》内篇的思想，显然是没落阶级的思想。

把“后期庄学”的思想说成战国中期的没落阶级的思想情绪，终嫌为时过早了些。因为当时的奴隶主贵族和封建地主阶级的斗争，虽已看出胜败的端倪，但还未见最后分晓。只有到汉政权建立以后，封建地主阶级的政权已巩固，奴隶主贵族阶级再也没有复辟的可能，这时出现奴隶主阶级绝望的哀鸣，倒是可以理解的。

也有人提出疑问，像《庄子》内篇里的没落思想能不能作为新兴地主阶级汉王朝的统治思想呢？因为有的上层建筑，特别是像哲学这种上层建筑，不是直接为它的基础服务的。上层建筑对它的基础，有积极帮忙的，也有从旁帮闲的。黄老思想在汉初占统治地位，但是，它与儒、墨思想相比，则更接近黄、老一些。只要从某一方面对黄老思想的发展有利而无害，起些辅助作用，有什么不可以存在呢？我在《庄子探源之一》文章中也指出过，“后期庄学”不是汉初哲学上层建筑的主力军。

至于说《齐物论》的口气是跟同时代人争辩的口气，我也认为《齐物论》等篇是和当时人争辩的文章。汉初黄老思想在社会上比较吃得开，但它没有定于一尊，在汉武帝以后，儒家才定于一尊的。当时百家异论的风气还相当普遍。董仲舒说过：

> 今师异道，人异论，百家殊方，指意不同，是以上亡以持一统，法制数变，下不知所守。臣愚以为诸不在六艺之科、孔子之术者，皆绝其道，勿使并进。邪辟之说灭息，然后统纪可一，而法度可明，民知所从矣。[①]

武帝号称“英明”，想董仲舒不敢扯谎。从他说的事实也可以看出当时“百家殊方，指意不同”的复杂情况。既然有这么多的学派争争吵吵，《齐物论》有跟同时代的人争论的口气，就不是不可以理解的了。

据《天下》篇难窥庄周的思想面貌

一向被认为论证《庄子》思想最可靠的资料是《天下》篇。历来认为它是庄周自著，或认为和庄子学派有密切关系。现在看来，至少有以下四点值得怀疑，它既非庄周自著，也不像庄子学派的作品。

第一，《天下》篇的时代不能早于秦汉之际。人所公认，《天下》篇是中国古代的哲学史性质的著作，它论述了以前的重要学派六家的优缺点，带有总结性质。

哲学史的总结，不可能为时过早，经常是思想流派由形成到确立、相当定型并已有相当影响以后，经常是百家争鸣的高峰已经过去，争论者需要冷静下来，平心静气考虑一下它们之间的利害得失的时候；更重要的是政治上的统一局面已经形成，至少是统一形势

① 《举贤良对策》。

已经造成，需要清理一下当时繁复纷乱的思想战场，并从中整理出一套比较合用的哲学思想体系，为新政权服务的时候。

因此，《吕氏春秋》的《不二》篇就说到思想界不能长期纷争下去，需要定于一。此外像荀子的《非十二子》、韩非的《显学》虽不是哲学史，但也带有总结、评论性质，对战国以来各重要流派有所论述、有所取，也有所舍。他们不同的是，荀子以孔子为号召，体现了由礼治的形式下容纳了法治的内容；韩非则集前期法家的大成；至于《吕氏春秋》，号称“杂家”，它的“杂”也带有综合、概括、吸取众家之长的精神（参看《用众》）。汉初太史公《论六家要旨》和《淮南子·要略》同时并出，都非偶然巧合，而是由于时代的需要。时机不成熟，不会出现哲学史式的总结性的著作。《天下》篇和以上这些著作相比，在性质上、方法上、表现形式上都极为相似。

把《天下》篇的时代放在战国中期是不恰当的。也就是说，庄周和它没有关系，因而不存在庄周自著的问题。既然《天下》篇时代较晚，庄周与《天下》篇没有关系，那可以进一步反过来探索一下，《天下》篇和庄周的思想有没有关系。

第二，《天下》篇疑非庄子学派的作品。写哲学史，不论作者是不是自觉，作者的立场、观点、倾向性是无法掩饰的。《天下》篇列举了六大流派的哲学思想，一一加以客观的评论，除对惠施一派完全贬抑，对其余各家都指出它的优点、缺点和不足之处。《天下》篇没有把庄周的哲学估得很高，也没有把庄周的哲学看作学术的中心，它只把庄周之学看作许多方术流派中的一个分支。这个态度，和荀子以自己的学术观点为中心，驱指各家各派的批判态度不同，也和秦朝《吕氏春秋》以及汉代太史公《论六家要旨》《淮南子·要略》不同。《吕氏春秋》一向被认为“杂家”，但是它也主张有自己的中心，“杂”也表现了它为秦王朝的统一做思想上的准备：

> 听群众人议以治国，国危无日矣。何以知其然也？老聃贵柔，孔子贵仁，墨翟贵廉，关尹贵清，子列子贵虚，陈骈贵齐，阳生贵己，孙膑贵势，王廖贵先，儿良贵后。……故一则治，异则乱；一则安，异则危。夫能齐万不同，愚智工拙皆尽力竭能，如出乎一空者，其唯圣人矣乎！①

太史公从汉初道家的学术立场评论六家时，认为道家最高：

> （道家）其为术也，因阴阳之大顺，采儒墨之善，撮名法之要，与时迁移，应物变化，立俗施事，无所不宜。指约而易操，事少而功多。②

《淮南子》也以为自己的学派地位最高：

> 若刘氏之书，观天地之象，通古今之事，权事而立制，度形而施宜，原道之心，合三王之风，以储与扈冶；玄眇之中，精摇靡览，弃其畛挈，斟其淑静，以统天下，理万物，应变化，通殊类，非循一迹之路，守一隅之指，拘系牵连于物而不

① 《吕氏春秋·不二》。

② 《史记·太史公自序》。

与世推移也。故置之寻常而不塞，布之天下而不窕。[1]

以上这些带有原始性质的哲学史都把本学派抬高，倒不是什么“自以为是”、态度“不谦虚”的问题。因为这是一条理论战线，也是作战。作战就是争取自己的胜利，而不能对敌对阶级（包括敌对阶级的理论）客气。照历来的许多注释家的理解，《天下》篇所代表的是庄子学派，那么它的态度就未免显得过分“谦虚”了，它没有骂倒别的学派，突出自己。这一现象值得注意，应当说是不应有的现象。

从文章的结构形式看，一般都是把最正确的、最高的放在最后，上面所引的那些家都是这样。只有《天下》篇讲到庄周以后，又列举了一个惠施。也有说它是按学派的时代排的次序，那么，老聃当在墨子前，惠施不该在庄子后。而《天下》篇开始讲天下的学术流派都以为自己的最高。接着就提出了“道”无所不在的泛神论观点。下面就讲到“天人”“真人”……“圣人”“君子”“百官”，最后到“小百姓”的份位、义务。这种等级差别的道德修养的层次和社会地位的等级联系起来的观点，和庄周的反对干涉、主张放任的社会政治理想相反。试与《马蹄》《胠箧》等篇相比，它们之间的差别是十分明显的。

《天下》篇中的理想的人格是：

配神明，醇天地，育万物，和天下，泽及百姓，明于本数，系于末度，六通四辟，小大精粗，其运无乎不在。

① 《淮南子·要略》。

“泽及百姓”以后，就是“明于本数，系于末度”。在开首序论部分，却是把儒家摆在最后的。“本数”“末度”是当时的政治范畴，它和新兴地主阶级法治思想有一定的联系。下文也明确地说到能够明于数度（礼乐治理、制度）的人是邹鲁的儒者，讲明数度的书是儒家的经典：

> 其明而在数度者，旧法世传之史，尚多有之。其在于《诗》《书》《礼》《乐》者，邹鲁之士搢绅先生，多能明之。

这里不但没有“剽剥儒墨”的激烈言论，反而对邹鲁的儒者（搢绅之士）表示推崇。可以看出《天下》篇在道家的言辞的外衣下，终于透露出儒家（甚至一部分法家）的社会政治思想。它不但抬高了邹鲁搢绅之士的地位，并以同情的态度简明扼要地论述了儒家“六经”的内容和作用。这种论述，绝不是儒家以外的学者所能写得出的。比如它说的“《诗》以道志，《书》以道事，《礼》以道行，《乐》以道和，《易》以道阴阳，《春秋》以道名分”，连宋儒权威人士朱熹也称赞说：“若见不分晓，焉敢如此道？”[①]

《天下》篇对关尹、老聃的哲学评价较高，称他们是“古之博大真人”。但是它对于老子哲学的理解是不够深刻的，而且是从唯心主义观点去理解的，说老子的体系的特点是“建之以常无有，主之以太一”。“太一”这一名词不见于《老子》，可能《天下》篇的作者把汉初流行的“太一”神拉扯到老子的哲学体系里，弄得不伦不类。这也可以看出，《天下》篇的作者对儒家有好感，研究得

① 《朱子语类》卷一二五。

也较深，对道家的研究和理解就浅得多，不及论述儒家那么内行。

《天下》篇独有对庄周的哲学叙述不具体。讲到其他学术流派时，都引用了一些有代表性的原文，可是讲到庄周的哲学时，夹叙夹议，没有引用一句《庄子》的原文，只对庄周的治学态度、生活作风做了些抽象的描绘。因而很难使人依据这些描绘进一步研究《庄子》书的真伪。如果根据这里讲庄周哲学的抽象描述去揣测哪是《逍遥游》的思想，哪是《齐物论》的思想，恐形同射复，将治丝益棼。这一点下面还要讲到。

第三，《天下》篇对庄周的批评值得重视。我们看到《天下》篇在讲到庄周思想的最后一段时，还有一段批评，指出庄子不足的地方：

> 虽然，其应于化而解于物也，其理不竭，其来不蜕，芒乎昧乎，未之尽者。

对于这一段话，古今注释者几乎都从正面去体会庄子的思想，没有严格通过文句，仔细去分析它的真正含义，只有郭象的注解，虽不完全，但颇能道出它的原义：

> 庄子通以平意说己，与说他人无异也。案其辞，明为汪汪然。禹亦昌言，亦何嫌乎此也？[①]

郭象这段话的意思是说，庄子最后讲到自己的哲学时客观地和其他流派平列论述。它还谈到自己的缺点（“禹闻昌言则拜”）并愿意认识自己的缺点，有什么不好呢？《天下》篇讲到庄周的思想的最

① 《庄子·天下》篇注。

后这一段，文章不易懂，用今译表达，大意是：

> （庄周确有所见，）但是他（庄周）的学说对于变化的适应和从外物解脱方面，他的道理尽管滔滔不绝，而他在行动上却没有真正解脱，还有些朦胧暗昧，还有些不够，没有达到最高的要求。

这分明在批评庄周，不能理解为庄周做“自我批评”。事实上，它既不是庄周所著，更不可能自我批评。郭象说庄周有“自我批评”的美德，显然错了。

宋代哲学家王安石也注意到《天下》篇的这一特点，他讲到《天下》篇时说：

> “譬如耳目鼻口皆有所明，不能相通，犹百家众技，皆有所长，时有所用。”用是以明圣人之道，其全在彼而不在此，而亦自列其书于宋钘、慎到、墨翟、老聃之徒，俱为不该不偏一曲之士。盖欲明吾之言有为而作，非大道之全云耳。然则庄子岂非有意于天下之弊而存圣人之道乎？[①]

郭象和王安石虽然有所见，但是他们都没有打破《天下》篇是庄子所作的这个框子，可惜走到真理的大门口，却滑过去了。此外，宋代苏轼也从他的错误的立场，“歪打正着”，接触到《天下》篇的真实情况：

> 故庄子之言，皆实予而文不予，阳挤而阴助之，其正言盖

① 《庄子论》上。

> 无几。至于诋訾孔子，未尝不微见其意。其论天下道术，自墨翟、禽滑厘、彭蒙、慎到、田骈、关尹、老聃之徒，以至于其身，皆以为一家，而孔子不与，其尊之也至矣。然余尝疑《盗跖》《渔父》，则若真诋孔子者。[①]

苏轼说“阳挤而阴助之”是错的，而他指出其论天下道术，自居一家，却说对了。他还指出没有把儒家等同于六派，是尊重孔子，这也天才地猜对了。苏轼也是因为不敢设想《天下》篇的作者不是庄周，所以他的议论显得有些支离、牵强。苏轼既然相信《天下》篇出于庄周之手，不得不怀疑《盗跖》等篇是假的了。苏轼的结论不对，而思考问题的途径是符合逻辑的。

王安石、苏轼都指出《天下》篇同情儒家，不敢批评儒家。现在剥除了他们儒家正统观念的偏见之后，他们的见解确有其合理的地方。《天下》篇认为合于内圣外王之道的，不是六派之中“多得一察焉以自好”的、被分裂了的道术，而是能够“判天地之美析万物之理，察古今之全”的道术。

第四，不能从《天下》篇的文句中，论证出《庄子》内篇的“逍遥”“齐物”的思想。

《逍遥游》和《齐物论》中从来没有讲过“析万物之理，察古今之全”，与此相反，“齐物”“逍遥”倒是要人不析、不察，取消分别，抹杀是非，更说不上对“邹鲁之士搢绅先生”有什么敬意了。

也许可以说，《天下》篇中“独与天地精神往来”，不正是《逍遥游》的思想吗？“不谴是非，以与世俗处”，不正是《齐物

① 《庄子祠堂记》。

论》的思想吗？我看，《天下》篇独对庄周的著作没有引用它的原文，随便引申，难免主观臆断。像“独与天地精神往来”，说它和关尹、老聃的“淡然独与神明居”有关系似乎也说得通；“不谴是非，以与世俗处”，说它和彭蒙、田骈、慎到的思想一样，也能说得顺理成章。试以《天下》篇讲的彭蒙、田骈、慎到的思想特征为例。例一：

知万物皆有所可，有所不可。故曰：“选则不遍，教则不至，道则无遗者矣。”

例二：

椎拍輐断，与物宛转；舍是与非，苟可以免。不师知虑，不知前后，魏然而已矣。

例三：

彭蒙之师曰：“古之道人，至于莫之是、莫之非而已矣。”

我们试看，例一不更像《齐物论》的“有成与亏，故昭氏之鼓琴也；无成与亏，故昭氏之不鼓琴也”“是非之彰也，道之所以亏也”吗？

再看例二和例三，不更像《齐物论》的“物无非彼，物无非是”“彼亦一是非，此亦一是非”“得其环中，以应无穷”吗？也许正由于两派有这些相似之处，才有人推论《齐物论》的作者是慎到。如照冯友兰先生那篇文章的论证办法，通过《天下》篇好像也能论证出《齐物论》的作者是慎到而不是庄周的结论来。

通过上面这些探索，似可以得到这样初步的结论：《天下》

篇既不代表庄周本人的思想，也难说它代表“后期庄学”的思想。《天下》篇不是研究庄学很好的“证人”。

也许有人说，你又翻《天下》篇的案了。这个看法，其实也不是我的新说，也还是前人说过的。对不对，还可以继续研究讨论。

很难说《墨经》的任务就在于反对《齐物论》

冯友兰先生证明《齐物论》是庄周的思想的另一主要论据是引用《墨经》的四条，认为《墨经》这四条反对的具体对象是《齐物论》的思想。这四条中第一条例子，冯友兰先生认为比较重要，其他三条作为辅助的证据。现在也就冯友兰先生所列举的第一条例子做些分析；其余三条，附及。第一条说：

> 谓辩无胜，必不当，说在不[①]辩。

《经说下》对这一条的解释：

> 谓，所谓非同也，则异也。同则或谓之狗，其或谓之犬也。异则或谓之牛，牛或谓之马也。俱无胜，是不辩也。辩也者，或谓之是，或谓之非，当者胜也。

现在不妨分析一下，看这一条墨经到底说的是什么，所批判的对象是不是指的《齐物论》。

① 依照谭戒甫《墨辩发微》据《经说下》补。

这里的“谓”，是概念。辩论的双方所指的概念不是相同，就是相异。“狗”与“犬”这两个概念指的是一个东西，即《墨经》所说的异名同实的“重同”。如果双方说的是一回事，所以辩不起来（“说在不辩”）；如果双方争论的不是一回事，譬如说，甲方说这是牛，乙方把牛说成马（“则或谓之牛，牛或谓之马也”），甲乙双方之所以没有一方得到胜利，那是由于没有展开辩论的缘故；只要展开辩论，总归是与事实符合的一方得到胜利。

上面是按照《经说》对《墨经》这一条解释的原文提出了我对《经说》的解释。这一段文字对初学者不大习惯，但是意思还显豁易懂。根据这一条《墨经》和《经说》很难断定它是针对《齐物论》而发。从《经说》所举的例子看，应当是当时社会上比较有广泛影响的、人所共知的诡辩论的典型例子。它讲的是诡辩论者如何混淆“犬”与“狗”、“牛”与“马”的概念。这里的典型例子不出于《齐物论》，倒是出于惠施。惠施明确地说过“狗非犬”“犬可以为羊”“黄马骊牛三”。《墨经》揭露谁、反对谁，可谓“昭然若揭”。冯友兰先生引用《墨经》这一条之后，紧接着抄引了《经说》对这一条的解释，却没有考虑到它和惠施的联系。因此，冯友兰先生的文章中说：“它（《墨经》）的批判当然是‘有的放矢’。它的‘的’是谁呢？如果说是惠施，惠施诚然也是个相对主义者，但他在什么地方发表过这些具体的主张呢？如果说，惠施的著作很多，都失传了；他的这些主张，就发表在那些失传的著作之中；这完全是一种揣测之辞。在说明战国时期思想斗争的情况时，放着现成的材料不用，却用一种揣测之辞，推测当时思想斗争内容，这未免太迂曲了。”其实《墨经》反对惠施的证据，就在冯友兰先生反驳我的文章所引用的这一条里，不是在“失传”的著作中。

至于冯友兰先生引用的另外三条《墨经》和《经说》的例子，我认为比这一条离得《齐物论》的观点更远一些。这几条说的是关于逻辑学的概念、判断的问题。如果勉强给它找一个批判的对象，说它指的惠施、公孙龙，均无不可。三条之中，其中有一条可能是批判孔子的“知之为知之”的思想。谭戒甫先生的《墨辩发微》关于“知，知之否之是同也，悖。说在无以也”这一条的解释，我认为是可信的。

《墨经》的逻辑学有中国逻辑的特点，它不是孤立地研究思维的形式，而是在于明辨是非。不错，《墨经》是谴是非。只要与事实不合的概念、命题，《墨经》就要“谴”，但是不能因此得出结论，说《墨经》的任务就在于反对《齐物论》。不必从远处找例子，就像《天下》篇中提到的彭蒙、田骈、慎到的“不谴是非，以与世俗处”“与物宛转”“舍是与非”，《墨经》一定也要反对的。所谓“有的放矢”，似不宜看得太呆板，如果扣死了，认定《墨经》哪一条只限于反哪一家，有时失于胶柱，将会低估了《墨经》的积极的战斗的作用。

荀子和司马迁提供的支点不宜忽视

研究庄周的哲学，司马迁和荀子的话，到今天为止，仍不失为可靠的、有力的支点。但也不等于说这些篇百分之百的可靠。古书经过无数道传抄的手续，难免有其他各家思想羼入。比如在自然观方面比较可信为庄周思想的，如《庄子》书中《天道》《天运》《天地》等篇，只能根据荀子所提供的以“天道自然无为”的唯物主义自然观为支点，至于这些篇的其他部分，有些可以看出是老子的政治思想的发展，也有接近新兴地主阶级思想的某些倾向。采用这些篇的材料应比采用司马迁提供的材料更要慎重，不能一股脑儿都当作庄周的思想。但不能因为有些夹杂着其他学派的思想，就根本上否定全篇的真实性。这个问题将在论《庄子》的外篇、杂篇时详论。对一篇文章分段、分节的甄别，不等于就是断章取义。古书中，窜乱较多的著作，不是全篇文章动不得。

司马迁说《渔父》等篇，“以诋訾孔子之徒，以明老子之术”，下面接着是对庄周思想的总估价，认为他“善属书、离辞，指事类情，用剽剥儒墨”。以上这几句，分明是说庄周的全部著作的主要倾向都“剽剥儒墨”，绝不是说只有这五篇文章“剽剥儒墨”，其余几十篇就不“剽剥儒墨”。既然庄周的思想要本归于老子之言，必然要“剽剥儒墨”，不论从逻辑上或从文句上讲，司马迁这几句话的意思是十分清楚明白的。这也算我和冯友兰先生对《庄子传》理解上的小出入吧。

冯友兰先生还提出一个疑问：司马迁说的庄子著作有“十余万言”，现存的三十三篇“按字数说，离十余万言还差得远”。据我的统计，现存的《庄子》，字数由于版本不同，略有出入，共有六万五千八百九十五字，离“十余万言”还差一倍。其实，古书佚失的何止《庄子》，即使有一半实在找不到下落，也不能对现有的这一半勉强宽容，不加甄别。

甄别《庄子》中真正代表庄周思想的篇章的标准，就是以前讲过的司马迁和荀子所提供的支点。凡是《庄子》中某些篇的基本思想和支点相符合的，归为一类；不相近的、抵牾的，再分别性质，另外处置。如果认为抨击儒墨、抗议剥削的思想是庄周的社会政治思想的基本方面，那么和这些思想相反的就不能认为是庄周的思想。如果认为宣扬唯物主义自然观、天道无为的思想是庄周的思想的基本方面，那些神秘主义、不可知论的思想就不能认为是庄周的思想。

我们不能武断地说，司马迁、荀子所没有提到的那些篇完全不可信或完全可信，但我们没有理由推翻司马迁、荀子所提供的资料线索的真实性以前，用他们的旧说作为支点，不失为一种比较稳妥的方法。

冯友兰先生力图推翻司马迁、荀子的案，因而专在他们没有提到的那些篇中搜寻“庄之所以为庄者”的思想。冯先生说：“荀子在好几篇中批判墨子，都没有批判墨子的‘天志’。我们能不能说墨子不讲‘天志’。我们不能因为荀子没有批判庄子的唯心主义、神秘主义的哲学思想，就断定庄子没有这样的思想，就好像我们不能因为荀子没有批判墨子的宗教思想，就说墨子没有这种思想”。

这个诘难的理由似难成立。因为《墨子》书和《庄子》的情况很不相同。从保存下来的《墨子》这部著作看来（不包括后期墨家），它的功利主义和“天志”没有矛盾。不能说承认墨子讲过“天志”，就要否认他的“蔽于用而不知文”的功利主义；反过来也是一样。荀子批判了他的“蔽于用而不知文”，“天志”自然也会站不住。而《庄子》和《墨子》很不一样。承认《盗跖》《渔父》这些“剽剥儒墨”的言论是庄周的，那些“不谴是非”的相对主义就不应该是庄周的。庄周的政治思想爱憎分明，绝不模棱两可。庄周的唯物主义自然观旗帜鲜明，它讲天地的起源、构成、运动变化的客观规律，而不是唯心主义、神秘主义的。《庄子》中这两种思想的对立是甲与非甲的性质。古人早已说过了，而冯友兰先生也是承认的。

由于上述根据，可以说，司马迁和荀子的案不是轻易翻得动的。冯友兰先生对司马迁等人的说法置之不理，一反其道而行之。这也算在取材的方法上我和冯先生的分歧吧。

冯友兰先生的文章中还提到东汉的班固，并说班固说《齐物论》有一半在外篇。班固的说法和根据已不可详考。即使有一半在外篇，只要我们有了甄别《庄子》真伪的标准，也不会因为它在外篇，就算作庄周的思想。冯友兰先生文章里还提到班嗣。这也是一个有趣的掌故。桓谭向班嗣借《庄子》，班嗣不借给他，反把桓谭挖苦了一通：

> 若夫严子（按：东汉明帝的名字叫庄，汉人为了避用他的名字，“庄子”改称“严子”）者，绝圣弃智，修生保真，清虚淡泊，归之自然，独师友造化，而不为世俗所役者也。渔钓于一壑，则万物不奸其志；栖迟于一丘，则天下不易其乐。不絓圣人之网，不嗅骄君之饵，荡然肆志，谈者不得而名焉，故可贵也。今吾子已贯仁谊之羁绊，系名声之缰锁，伏周、孔之轨躅，驰颜、闵之极挚。既系挛于世教矣，何用大道为自炫曜？昔有学步于邯郸者，曾未得其仿佛，又复失其故步，遂匍匐而归耳！恐似此类，故不进。[①]

① 《汉书·叙传》。

众所周知，“后期庄学”宣扬的滑头主义，教人与世委顺，不谴是非：

> 彼且为婴儿，亦与之为婴儿；彼且为无町畦，亦与之为无町畦；彼且为无崖，亦与之为无崖。[1]

班嗣心目中的庄周，硬不做官，脾气有些倔强，和司马迁所描绘的辞楚王之聘的庄周相似。班嗣讲的不大像内篇与世浮沉的庄周；不然，就是他所看到的《庄子》没有内篇，文中所引用“邯郸学步”的故事也仅见于外篇《秋水》；再不然，就是他不相信内篇是庄周的思想，和我的看法有些接近。

此外，《天道》和《大宗师》两篇都有“吾师乎……”这一段话，冯友兰先生认为是《天道》篇抄《大宗师》的。照我说是《大宗师》抄《天道》篇，而不是相反。这个问题大概一时不容易扯得清楚。《韩非子》中有一个故事，说有两个人争论谁的年纪大。一个说他和尧同年，一个说他和尧的哥哥同年。两个人争论不休。韩非说这个争论不会有真正结果，只能“后息者胜”。就是说，争到最后，两人中有一个不发言了，那个最后发言的就算胜利了。关于《庄子》的争论，如果上述带有关键性的问题解决了，这两篇谁抄谁的问题也不难解决。在许多关键性问题未解决之前，没有必要采取“后息者胜”。这类小问题，似可暂时存而不论。

① 《庄子·人间世》。

庄子探源之三*

——论庄周哲学思想的阶级实质

春秋战国时期是从奴隶制向封建制过渡的时期。它的结果是封建地主阶级不断壮大，奴隶主阶级日趋没落。生产关系的巨大变革，势必牵涉到当时的各个不同的阶级和阶层。当时没落的生产关系的体现者是奴隶主阶级，新兴的生产关系的体现者是封建地主阶级。其他阶层为了它本身的利益，都不得不表示自己的态度和倾向。归根到底，必然被卷进新旧斗争的激流，它们不站在奴隶主阶级方面，就要站在新兴地主方面，不论它们是否自觉，它们终不能置身于局外。它们不是赞成革新，就是赞成守旧；不是促进新生事物的成长，就是保护旧事物的衰亡的生命。

在这一总的趋势中，值得引起注意的是当时小生产者的地位和作用。

旧制度逐渐崩溃，奴隶主对于手工业者的控制被迫放松，有了一批“工商食官”的手工业者获得了自由的身份。他们要求过安定的生活，要求改善自己的社会经济地位，甚至要求奴隶主贵族根据

* 原载《北京大学学报（人文科学）》1961 年第 5 期。

每人的才干（包括“农与工肆之人”）安排他们参加一部分政权。这就是墨子“尚贤”主张的阶级基础。墨子的哲学思想，这里不谈。现在要探索的是另一部分农民小生产者的立场和要求。

早在春秋末期，社会上有不少所谓“隐者”。《论语》中保存了不少这种人物。孔子去叶反蔡，路上先后遇到了长沮、桀溺①和荷篠丈人②，在楚国还遇到过接舆③（按：接舆未必是这个人的姓名）。《孟子》中记载有陈良之徒陈相，“其徒数十人，皆衣褐，捆屦，织席以为食”④。《孟子》书中还提到许行一派的政治理想：

> 陈相见孟子，道许行之言曰：“滕君则诚贤君也；虽然，未闻道也。贤者与民并耕而食，饔飧而治。今也滕有仓廪府库，则是厉民而以自养也，恶得贤？⑤

① 《论语·微子》：“长沮、桀溺耦而耕，孔子过之，使子路问津焉。长沮曰：‘夫执舆者为谁？’子路曰：‘为孔丘。’曰：‘是鲁孔丘与？’曰：‘是也。’曰：‘是知津矣。’问于桀溺。桀溺曰：‘子为谁？’曰：‘为仲由。’曰：‘是鲁孔丘之徒与？’对曰：‘然。’曰：‘滔滔者天下皆是也，而谁以易之？且而与其从辟人之士也，岂若从辟世之士哉？’耰而不辍。”

② 《论语·微子》（并见《史记·孔子世家》）：“子路从而后，遇丈人，以杖荷篠。子路问曰：‘子见夫子乎？’丈人曰：‘四体不勤，五谷不分，孰为夫子？’植其杖而芸。子路拱而立。止子路宿，杀鸡为黍而食之，见其二子焉。明日，子路行以告。子曰：‘隐者也。’使子路反见之。至，则行矣。”

③ 《论语·微子》：“楚狂接舆歌而过孔子曰：‘凤兮凤兮！何德之衰？往者不可谏，来者犹可追。已而，已而，今之从政者殆而！’”

④ 《孟子·滕文公上》。

⑤ 同上。

和孟子同时，齐国贵族有於陵陈仲子，他的哥哥当大官，有很多的俸禄，可是这个仲子以他哥哥的钱是不义之财，不用；以他哥哥的房子为不义之室，不住。他因此和他哥哥分居，靠编草鞋、织席子过日子，有时穷困、饥饿，连眼睛也睁不开、站不起来，但是他下定决心不做官。

像陈仲子这类的隐者，当时是有社会影响的，他的影响甚至超出了齐国，并为统治阶级所仇视。孟子说陈仲子“无君臣上下”，赵威后说他该杀[①]，《韩非子·外储说左上》[②]以及荀子也责骂这种人是欺世盗名，比盗窃东西的强盗还坏[③]。荀子反对这些隐者的理由是他们破坏了君臣上下的秩序，只图个人的自由：

> 忍情性，綦溪利跂，苟以分异人为高，不足以合大众，明大分。然而其持之有故，其言之成理，足以欺惑愚众，是陈仲、史鰌也。[④]

稍后的韩非也对这一批人提出批评：

> 畏死难，降北之民也，而世尊之曰贵生之士。[⑤]

① 《战国策·齐策四》：有一次齐国的使臣到赵国，赵威后问齐使：“於陵子仲尚存乎？是其为人也，上不臣于王，下不治其家，中不索交于诸侯，此率民而出于无用者，何为至今不杀乎？”

② 《韩非子·外储说左上》：“齐有居士田仲（按：田仲即陈仲）者，宋人屈谷见之曰：‘谷闻先生之义，不恃人而食，然亦无益人之国。’”

③ 《荀子·不苟》：“盗名不如盗货，田仲、史鰌不如盗也。”

④ 《荀子·非十二子》。

⑤ 《韩非子·六反》。

战国时期这一派的典型代表人物即杨朱。从孔子到孟子、荀子、韩非，他们反对这一批隐者的理由，也正是孟子反对杨朱的理由：

> 圣王不作，诸侯放恣，处士横议，杨朱、墨翟之言盈天下。天下之言不归杨则归墨。杨氏为我，是无君也；墨氏兼爱，是无父也。无父无君，是禽兽也。①

孟子又说：

> 杨、墨之道不息，孔子之道不著，是邪说诬民，充塞仁义也。仁义充塞，则率兽食人，人将相食也。②

“杨氏为我”已成为天下公认的杨朱思想的特征。战国中期与孟子同时的还有子华子。子华子也有类似杨朱的主张：

> 子华子曰：“全生为上，亏生次之，死次之，迫生为下。”③

先秦诸子中不少地方记述这些隐者的活动和他们的社会理想。他们有共同的特点是不参加政治活动，不做官，安于穷困的生活，多半依靠农业维持生活，他们不是奴隶主或新兴的地主阶级，占有的土地不多，其中多半是从旧贵族没落下来的人物，体力劳动的本领有限，经常半饥半饱，也是可以理解的。

杨朱的中心思想是“为我”，“拔一毛而利天下，不为也”。

---

① 《孟子·滕文公下》。

② 同上。

③ 《吕氏春秋·贵生》。

综合战国到汉初所记载的杨朱的思想面貌大致如下：

杨子取为我，拔一毛而利天下，不为也。[①]

杨氏为我，是无君也。[②]

阳生贵己。[③]

今有人于此，义不入危城，不处军旅，不以天下大利易其胫一毛。[④]

全性保真，不以物累形，杨子之所立也。[⑤]

杨子曰："事之可以之贫可以之富者，其伤行者也；事之可以之生可以之死者，其伤勇者也。"[⑥]

试以《史记》所讲到的《盗跖》《渔父》《胠箧》三篇的主要精神与杨朱等隐者的思想相比较，可以发现有许多相似或接近的地方。仅以这三篇而论，除了抨击儒、墨这些思想，由于杨朱的著作不全无法比较，至于"养生""全性保真"的思想，在这些篇里都有相当充分的说明。

《盗跖》篇从儒家尊奉的尧、舜、禹、汤、文、武这六位"圣人"批评起，说这些人"世之所高也"，仔细考察一下，他们都是"以利惑其真而强反其情性，其行乃甚可羞也"。庄周认为，凡不

① 《孟子·尽心上》。

② 《孟子·滕文公下》。

③ 《吕氏春秋·不二》。

④ 《韩非子·显学》。

⑤ 《淮南子·泛论训》。

⑥ 《说苑·权谋》。

能“说（按：通‘悦’）其志意，养其寿命者，皆非通道者也”。最后列举出“乱”“苦”“疾”“辱”“忧”“畏”是“天下之至害”，应当尽力避免。

《渔父》这一篇更是集中地讲“养生”的道理，反对“苦心劳形，以危其真”，并举出“四优”“八疵”“四患”，都为人生之累。必须摆脱了这一些，才可以达到真正“养生”的要求。

《盗跖》《渔父》篇里讲的“养生”，和“后期庄学”（内篇）的养生有本质的区别。《养生主》的养生是精神的“自由”“自在”，教人像庖丁解牛那样“以无厚入于有间”，并不要求人们避开或改造这个现实世界，而是教人：

> 依乎天理，批大却，导大窾，因其固然，技经肯綮之未尝。

它的目的无非教人当个与世浮沉的滑头分子，“安时而处顺，哀乐不能入”的自我陶醉者。庄周、杨朱讲的“养生”和后期庄学不同之处，在于它硬是教人有所不为，在政治上与贵族统治者不合作，而不是“安时而处顺”，俯仰于世俗之中，当一个无是无非、不黑不白的乡愿。它教人“法天（按：即自然）贵真，不拘于俗”；反对那些拘于俗，受世俗支配的“愚者”。“养生”的目的，是不参加那些“小盗者拘，大盗者侯”的剥削集团。它主张“殚残天下之圣法，而民始可与论议”。最终目的是庄周理想的“至德之世”：

> 当是时也，民结绳而用之，甘其食，美其服，乐其俗，安其居，邻国相望，鸡狗之音相闻，民至老死而不相往来。若此

之时，则至治已。[①]

在庄周所幻想的理想社会里，没有剥削阶级的所谓文化，也没有剥削的制度。庄周一般地反对文化是错的，他这种错误，已经引起许多研究庄子哲学的人的注意并已给以批判。但也有不少人似乎忽略了庄周反对文化（“民结绳而用之”）的同时，他更着重反对剥削制度，要求过着小农经济的“甘其食，美其服……”的“小国寡民”的生活。这种愿望，势必反对君主、国家对人民的剥削、压迫。这必然会得出“杨氏为我，是无君也”的同样的政治结论。这种无君论的思想，在中国古代社会，经常和“大同”思想有密切的联系。

如果我们承认阶级斗争是推动阶级社会向前发展的内在动力，甚至是最后通过无产阶级专政达到消灭阶级，达到真正“大同”的话，那么，阶级斗争的主要内容就是剥削与反对剥削、压迫与反抗压迫的斗争。毛泽东同志指出：“阶级斗争，一些阶级胜利了，一些阶级消灭了。这就是历史，这就是几千年的文明史。”[②]根据马克思列宁主义、毛泽东思想所指示的原则，我们不能不认为人类历史上，反剥削、反压迫的斗争是历史的骨架，反剥削、反压迫的思想是阶级社会思想的灵魂，建立无剥削、无压迫的“大同”世界是人类历史的方向。当人类历史发展的条件不具备，没有科学的世界观，没有先进的工人阶级和它的政党出现以前，“大同”的理想只能停留在空想的阶段。今天才有可能逐步把这一理想变成现实。

① 《庄子·胠箧》。

② 毛泽东：《丢掉幻想，准备斗争》。

但是，我们不能以为古代人民反剥削、反压迫、向往“大同”的方案不能实现，就说这种理想也不应当有，也错了；不能认为古人分不清反对剥削的文化连一切文化都反对这一错误认识，就连古人反对剥削的愿望的合理性也一笔勾销，认为它毫无是处。我们说，庄周的思想尽管有许多缺点、错误，如果它的思想中的确有“剽剥儒墨”，反对剥削的合理内核，这一点就值得大大表扬，而庄周的思想中，反对剥削这一点是无可怀疑的。

这批知识分子绝大多数不著书立说，像杨朱这样的在当时有广大社会影响的思想家，都没有著作流传下来（老子这个“古之隐君子”也只有五千言）。他们虽不参加政治活动，但不参加也是一种政治倾向，他们的不活动，未尝不可以说是活动的另一种表现形式。不能认为他们力图摆脱当前的激烈政治斗争（“不入危城，不处军旅”）就认为没有参加斗争。大变革的时代洪流，任何阶层都不能置身局外。春秋战国时代的变革，不是一家一姓的兴亡，而是所有制的变革。

从保存的史料看，这些隐士们是真正的隐居者，和后来统治阶级收买来作为点缀升平的“充隐”[①]有真伪的不同。那么，我们可以追究一下，这些隐者的政治目的是什么？“为我”是政治目的吗？他们又为什么引起统治者的仇视呢？

在阶级社会里，推动历史前进的是社会的基本矛盾。奴隶制社会是奴隶主与奴隶的矛盾，封建社会里是封建地主与农奴、农民的矛盾。“自由民和奴隶、贵族和平民、领主和农奴、行会师傅和帮

① 《晋书·桓玄传》：“桓玄以历代咸有肥遁之士，而己世独无，乃征皇甫谧六世孙希之为著作，并给其资用，皆令之让而不受，号曰‘高士’，时人名为‘充隐’。”

工，一句话，压迫者和被压迫者，始终处于相互对立的地位，进行不断的、有时隐蔽有时公开的斗争，而每一次斗争的结局都是整个社会受到革命改造或者斗争的各阶级同归于尽。”[①]只要有阶级，就有阶级斗争，阶级斗争贯穿着人类阶级社会的历史。在古代，阶级关系比现代更为复杂：“在过去的各个历史时代，我们几乎到处都可以看到社会完全划分为各个不同的等级，看到由各种社会地位构成的多级的阶梯。在古罗马，有贵族、骑士、平民、奴隶，在中世纪，有封建领主、陪臣、行会师傅、帮工、农奴，而且几乎在每一个阶级内部又有各种独特的等第。”[②]只有到现代，进入资本主义社会后，阶级矛盾才简单化了：“但是，我们的时代，资产阶级时代，却有一个特点：它使阶级对立简单化了。整个社会日益分裂为两大敌对的阵营，分裂为两大相互直接对立的阶级：资产阶级和无产阶级。”[③]

经典作家虽然讲的是欧洲历史，但是给我们研究中国哲学史提供了重要的线索。由于中国的近代社会一开始即没有进入正规的资本主义化的道路，它的社会各阶级的矛盾关系比古代更为复杂一些。关于这一点，毛泽东同志已做出了卓越的阶级分析；这里只讲古代的各阶级。

中国春秋战国时期，有以下这些阶级：奴隶主阶级、奴隶阶级、新兴的地主阶级、与地主阶级相对峙的农奴阶级、农民小生产者、自由手工业者。随着奴隶主阶级的衰颓没落，奴隶阶级也起了

① 马克思、恩格斯：《共产党宣言》。

② 同上。

③ 同上。

变化，有的转化为农奴，依附于新兴的地主阶级；随着新兴地主阶级的壮大，农奴阶级也在扩大。封建地主阶级的上升与奴隶主阶级的没落是春秋战国时期社会大变革的主要内容，其他阶级和阶层的变动都是由这两大阶级的升降关系所带动起来的。但是，这并不意味着只有地主阶级和奴隶主阶级的斗争起作用，其他的阶级在这个大变动中就置身局外，不闻不问。比如在奴隶制解体的过程中，从奴隶地位解放出来的自由手工业者就提出了自己的政治要求，为改善“农与工肆之人”的社会地位和经济地位而斗争。这时代表农民小生产者的思想的，春秋时有老子和他同时的那些隐者，战国时期有杨朱、许行、陈仲子等；庄周也是这一派隐者的思想代表人物。这一批农民小生产者不是新的生产关系的体现者，他们在奴隶制和封建制下都有自己的小块土地供自己耕种。也许由于他们有着没落贵族的特殊身份，才不至于沦为奴隶或农奴，可是他们的生活水平、经济地位比较接近于下层劳动者。他们有自己的小块土地，收获物归自己享用（正确地说，交税后归自己享用），他们要求的是政府对他们少干涉或不干涉，就是《老子》书中所说的，要人民过着“自朴”“自富”“自化”的生活。

小私有者有自给自足的生活手段，商品交换对他们来说不是十分必要的，这种自然经济直到鸦片战争前还大量存在[①]，何况战国时期？只有一些工艺性较高的或需要特殊设备的物品、工具，自己不能生产的，才用粮食去换，比如耕田的铁制农具，做饭的釜、甑，

① 《资本论》第三卷：“在印度和中国，生产方式的广阔基础，是由小农业和家内工业的统一形成的。”

戴的帽子[1]等等。

庄周和老子以及其他隐者的阶级地位、经济状况以及阶级命运都是一致的。他们这些人，不是奴隶主没落得一无所有了，只剩下一条命，才感到“养生”“全性保真”的重要，而是由于他们作为农民小生产者，为了保全自己的小生产者的私有权，才提出“为我”“贵生”的。

主张庄周的思想反映农民小生产者，根据如下：

庄周对体力劳动和对体力劳动者的态度是尊重的，而不是轻视的（参看拙著《庄子探源》所引用的《盗跖》《马蹄》《天地》）。也有人说，庄周既然赞成体力劳动，为什么反对工具改革？为什么他宁肯“抱瓮而汲”，却反对子贡的合理化建议，不用桔槔呢？这个问题庄周自己已有了回答，庄周怕的是有了机械，因而使人产生了“机心”，这是他的保守落后的一面。今天在农村中进行农具改革也不是没有保守思想的抵触的。在长期分散落后的生产和生活方式下的个体农民，他们有保守、怕革新的思想是可以理解的。他们的经济基础薄弱，经不起大胆的革新试验。十月革命后的苏联农民也是如此。列宁曾指出过：“他们（中农）固守着已经习惯了的东西，小心谨慎地对待一切新事物，对任何号召总要先用事实、用实践加以检验，如果还不相信有改变的必要，就决不改变自己的生活方式。”[2]

庄周这些人，对当时的文化、礼乐等级制度坚决反对，向往

① 《孟子·滕文公上》：“许子冠乎？曰冠。曰奚冠？曰冠素。曰自织之与？曰否，以粟易之。……许子以釜甑爨，以铁耕乎？曰然。自为之与？曰否，以粟易之。”

② 《留声机片录音演说》，《列宁全集》第二十九卷，第216页。

原始的无剥削、无压迫的社会。这也充分反映了小农的平均主义思想[1]。在这些合理的愿望中，夹杂着倒退、落后的渣滓，这也是事实。庄周错认为上古的人生活过得舒适，无拘无束。不但庄周美化了古代，即使先秦具有最进步的社会历史观的思想家，也还不免暴露出崇古的幻想。像韩非，认为古代人谋生活比后来容易，他说古代“丈夫不耕”，是由于“草木之实足食”；古代“妇人不织”，是由于“禽兽之皮足衣”；古代“不事力而养足，人民少而财有余，故民不争，是以厚赏不行，重罚不用而民自治”[2]。在古代，散布这些不合实际的幻想的，不止庄周这一家。

中国古代公社制解体的过程，发展很不平衡，又加上汉族与非汉族交错杂处，以致春秋时还有相当数量的农村公社的残余。农村公社的经济组织和生活习惯，它和阶级社会的奴隶制或封建制有显著的距离。庄周这一派的思想家只看到伴随着剥削出现了文化、礼乐、典章制度，而这些礼乐、典章制度又是加固剥削制度的，因此庄周提出“绝圣弃知，大盗乃止”，“焚符破玺，而民朴鄙”，“殚残天下之圣法，而民始可与论议”[3]。

历史科学表明，在剥削制度下，有了脑力劳动与体力劳动的分工，才有可能在古代生产力十分低下的条件下创造出高度的科学文化。劳动人民虽是文化的直接或间接的创造者，但文化的精神面貌、发展的方向，主要是按照统治阶级的利益建造的。作为小私有者的农民，它不是剥削者，而是精神和物质财富的直接或间接的

---

① 可参看《马蹄》《胠箧》《盗跖》等篇。

② 《韩非子·五蠹》。

③ 《庄子·胠箧》。

创造者，他们完全有权利反对剥削制度。这不能认为是什么“酸葡萄”，不是由于他们做不上官才骂做官的。我们不应当把北洋军阀、国民党时代下野的万恶军阀和无耻政客在租界“隐居”、读《南华经》，和小生产者农民对政治的诅咒的正义性混同起来。

老子、庄周反对商业、高利贷，不贵难得之货，这些思想都有它的阶级基础。反对高利贷的态度以农民小私有者为最坚决，这是可以理解的。马克思曾指出：“一方面，高利贷对于古代的和封建的财富，对于古代的和封建的所有制，发生破坏和解体的作用。另一方面，它又破坏和毁灭小农民和小市民的生产，总之，破坏和毁灭生产者仍然是自己的生产资料的所有者的一切形式。”马克思又说：“高利贷在生产资料分散的地方，把货币财产集中起来。高利贷不改变生产方式，而是像寄生虫那样紧紧地吸在它身上，使它虚弱不堪。高利贷吮吸着它的脂膏，使它精疲力竭，并迫使再生产在每况愈下的条件下进行。由此产生了民众对高利贷的憎恶，这种憎恶在古代世界达到了极点。”[①]这里马克思论证的是古代罗马，但是这一基本原则仍可适于研究中国的古代社会。他从阶级的根本的利益分析了小生产者、农民对高利贷的憎恶的根源。而高利贷，在春秋战国时期，和商品交易、经济剥削是相辅而行的，都是使个体农民破产、贫困，沦为奴隶或农奴的无形镣铐。

也有人提出疑问，说《盗跖》篇所描绘的不像农民的形象。农民哪里会“脍人肝而餔之”，农民哪里会有“目欲视色，耳欲听声，口欲察味，志气欲盈”的追求享乐的思想？农民也不会认为人

① 《资本论》第三卷。

生“无异骐骥之驰过隙也”。

这里也要做具体的分析。作为一个奴隶暴动的领袖的形象，他们的暴动都是从当时统治他们、压迫他们的奴隶主那里学来的。正如武装革命是由于武装的反革命逼成的是一个道理。残暴的奴隶主教会了暴动的奴隶“以其人之道还治其人之身”。古代奴隶暴动不同于现代的马克思主义的政党领导下的农民革命。农奴主集团把剜人眼睛、残人肢体看作常事，而今天翻了身的农奴并没有用农奴主那种残暴野蛮的办法对待他们。因为有了共产党的领导，我们不是狭隘的报复主义者。古代的奴隶暴动和共产党领导下的革命有本质的区别。

至于说“目欲视色，耳欲听声”，这些物质生活方面欲望应当满足，不能认为只有贵族才有生活欲望的享受。把农民理解为只知道干活吃饭，这是对农民的歪曲。至于说到生命的短促，“其中开口而笑者，一月之中不过四五日而已矣”[①]，和《列子·杨朱》篇的纵情享乐的生活态度要加以区别。要求快乐地生活，又有什么不应该?

司马迁所提到的庄周这几篇的共同的特色是它反对剥削。在反对剥削的坚决性、彻底性方面，农民中各个阶层是有区别的。小生产者由于有自己的私有土地，除非压迫得活不下去，它是不会起来革命的。但是，由于它是直接参加生产的阶级，在反对剥削这一点来说，和贫农、农奴有一致性。反对剥削是各阶层农民的共同的阶级本质。不能认为一讲到农民，就想到在党领导下的、坚决反帝反封建的农民；走合作化的道路，成立人民公社走社会主义道路的农

① 《庄子·盗跖》。

民。现在我们所讲的是个体小私有者的农民，是两千多年前的个体小私有者的农民。

老子以后，一直到杨朱、庄周这批隐者的另一共同特色是“为我”的个人主义、利己主义。这种利己主义、个人主义在一定的历史时期，进步性大于保守性，与今天的反对社会主义、集体主义，只有反动、没有进步作用的个人主义应有所区别。不能笼统地认为个人主义在任何时候都是反动的。从封建制向资本主义过渡时期的个人主义有进步性，已取得不少学者的公认；由奴隶制向封建制过渡时期，个人主义对奴隶制起的破坏作用，似乎也应给予足够的重视。个人主义，也不是与没落阶级的思想意识有必然内在的联系，它是与私有制度有内在联系的。也可以说，个人主义是私有制的产物，而不是没落阶级的必然产物。

小生产者的这一特点，反映在社会思想上，就是“小国寡民”的幻想，是对农村公社美化的幻想。这些幻想的图景，在古代却成为他们针对当时人剥削人、人压迫人的抗议的理论根据。他们的错误，在于企图以小生产者小农经济的落后标准来观察世界和改造世界。但是，幻想，也不是无中生有，它有它的现实基础作为根据。

根据庄周所处的社会历史条件来考察当时农民小生产者所起的社会作用是进步还是反动，这对当时评价老、庄哲学思想具有关键性的重要意义。

农民小生产者不剥削人，经济上自给自足，没有政治权利。他们家底子薄，经常处在不能自保的边缘。在奴隶制度下，他们有沦为奴隶的危险；在封建制度下，他们又有沦为农奴的危险。他们的经济地位决定了他们必然反对强大的兼并战争、财富集中、高利贷剥削、大都市的繁荣等等。变革之前（奴隶制）和变革之后（封建制），都没有给他们带来什么好处。实际上得到好处的是封建地主阶级。因此，庄周对奴隶制和封建制都表示不满：

> 今世殊死者相枕也，桁杨者相推也，刑戮者相望也，而儒墨乃始离跂攘臂乎桎梏之间。噫，甚矣哉！其无愧而不知耻也甚矣！①

正如郭沫若同志所说的：

> 他（按：指庄周）生的时代就是这样的时代。前一时代人奔走呼号，要求奴隶的解放，要求对私有权的承认，谈仁说义，要人把人当成人，把事当成事，现在是实现了。韩、赵、魏、齐都是新兴的国家，是由奴隶王国蜕化出来了的，然而毕竟怎样呢？新的法令成立了，私有权确实是神化了，而受了保障的只是新的统治阶级。他们更聪明，把你发明了的一切斗斛、权衡、符玺、仁义，通通盗窃了去，成为了他们的护符。而下层的人民呢？在新的重重束缚里面，依然还是奴隶，而且是奴隶的奴隶。这种经过动荡之后的反省和失望，就是酝酿出庄子的厌世乃至愤世倾向的酵母。②

由奴隶制度向封建制度过渡，大批劳动者从奴隶的地位转到了农奴或农民的地位，他们被固定在土地上，有了自己的一些简单的生产工具。他们的生产积极性会比奴隶对生产的积极性要高一些。

---

① 《庄子·在宥》。

② 《十批判书·庄子的批判》，第 168 页。

但农民实际上仍然是地主阶级的奴隶。至于小自耕农，在全部农民中毕竟是少数，而且这些隐者所反映的某些农民的思想中，必然也夹杂着从其他阶级，特别是从他们出身的奴隶主贵族阶级，带过来的影响，混杂着一些非农民思想意识。真正纯粹的农民，不能产生自己的哲学家。即使在反封建压迫的农民革命阵营中，也不可能由农民提出符合历史进程的政治纲领。农民革命在封建社会所建立的政权，仍然是封建性的。这是社会发展的规律，历史地规定了的。

农民只能提出两种社会政治理想的方案：第一，平均主义的、空想的“大同”理想，不要君主，不要国家；第二，要求一个真正代表农民利益的好皇帝，“君臣并耕而食，饔飧而治”，尽可能地按照农民的理想去塑造自己的好皇帝的形象。老子、许行倾向第二种方案，庄周倾向于第一种方案。这两者又有一定的联系，不是可以截然划分的。正是由于历史的和阶级的局限性，才不得不使农民革命的果实被剥削阶级利用了去。农民问题，尽管在不断起义的冲击下，打碎了不少剥削人民、压迫人民过甚的封建王朝，但农民作为一个阶级，并不能真正解放自己，不能冲破封建制度的生产关系。历史证明，只有在工人阶级领导下，才真正解决了农民的问题。列宁曾说过：“奴隶举行过起义，进行过暴动，掀起过国内战争，但是他们始终未能造成自觉的多数，未能建立起领导斗争的政党，未能清楚地了解他们所要达到的目的，甚至在历史上最革命的时机，还是往往成为统治阶级手下的小卒。”[①]列宁的指示，不止限于奴隶革命时期，农民革命也是如此。

① 《论国家》,《列宁选集》第四卷，第55页。

毛泽东同志告诉我们，农民革命，如果“没有新的阶级力量，没有先进的政党”，“得不到如同现在所有的无产阶级和共产党的正确领导”[1]，结果不是胜利果实给剥削阶级篡夺了去，就是以失败而告终。虽然如此，却也不应因此低估了春秋战国时期农民小生产者在历史上的进步作用。

春秋中叶开始，已出现了封建的土地所有制，这是封建化的最主要的标志。但是中国古代由奴隶制到封建制的过渡又有它的特点。特点是封建制国家完好无损地继承了奴隶制的国家机器。当然，从一种私有制到另一种私有制，它的上层建筑，包括国家机器，不少是可以继承的而不需要彻底打碎它。由奴隶制到封建制远比由封建制到资本主义制可以继承的更多些。尽管如此，总不能原封不动地搬过来，因为奴隶制与封建制毕竟是两种所有制。中国古代封建化的过程是通过奴隶主开明势力去执行新兴地主阶级的政治、经济以及文化要求的。战国时期封建国家的掌权者，毫无例外地都是由旧的奴隶主贵族中涌现出来的。他们都是东周甚至西周以来奴隶主蜕变过来的。前者如三家分晋后的韩、赵、魏和田氏的齐国，后者如商鞅变法后的秦国，等等。

上述现象颇值得注意。也就是说，奴隶制一贯相沿的礼乐刑政、典章文物制度，没有经过彻底否定，也没有经过重新估价。正如《庄子》书中所指摘和抨击的：

> 为之斗斛以量之，则并与斗斛而窃之；为之权衡以称之，则并与权衡而窃之；为之符玺以信之，则并与符玺而窃之；为

① 《中国革命和中国共产党》。

之仁义以矫之，则并与仁义而窃之。何以知其然邪？彼窃钩者诛，窃国者为诸侯，诸侯之门而仁义存焉……[1]

* * *

第一，透过《庄子》书中这些激烈的对儒家的抨击的词句，不难看出它实质上在反对从奴隶制到封建制相沿相窃的那一套典章制度、道德规范等等。他所“破”的这些东西，也正是奴隶制的残余。这些攻击，在客观上对奴隶制上层建筑进一步的破坏有积极作用，对正在确立的封建制社会有利。因为彻底封建化是西汉以后，经过秦末农民大起义才奠定了封建制的稳定局面。封建王朝的基础和上层建筑才基本相适应，西汉才把六国的旧贵族的残余势力完全打垮，连根拔掉。

第二，以老、庄、杨朱为代表的这些农民小生产者的思想家，一般地反对文化、知识、教育是不正确的，将会导致蒙昧主义，但是他们揭露了剥削者利用文化、通过文化来宣传剥削制度的“合理”，是欺骗行为，这种见解还是相当深刻的，有它的积极意义。

第三，老、庄的自然、无为天道观，打破有人格的“神”的权威，打击西周以来的传统迷信，剥夺了“上帝”决定世界的“特权”，为科学开辟道路，在客观上只有对没落的奴隶主不利，对新兴的封建地主阶级是有利的。我们不能因为他的表面上好像不关心政治，就认为他们真对当前的政治生活不起作用。

最后，仍然要说明，农民小生产者的经济地位决定了他们的

① 《庄子·胠箧》。

革命性不是很坚决的，但在反对剥削这一基本立场上，他们和其余各阶层的农民有一致性。他们人数是少数，他们的来源成分也复杂，像杨朱、庄周也不是百分之百的农民，因而他们的思想中有剥削阶级的残余不足奇怪。他们的“为我”“全性保真”的生活态度、政治态度是小私有者的思想反映。在对抗绝对权威、反抗抹杀个人的生活权利以供奉剥削者的过分享乐生活方面它有一定的进步作用。剥削者宣传的“大公无私”，本身也是一种自私；剥削者认为剥削制度合于“义”，这种“义”本身就是剥削阶级的私利和偏见，他们只是以他们的阶级私利冒充天下之公义罢了。杨朱、庄周与儒、墨不同，在于公开宣扬“为我”而不加掩饰。杨朱、庄周的“为我”，与儒、墨的“贵仁义”，都是为了自己阶级的私利。这些道德范畴的基本内容和无产阶级的大公无私有本质的不同。只是孔、孟的“仁义”是剥削者的利，墨子的“义”是手工业小生产者的利，庄周、杨朱的“为我”是农民小生产者的利，只是所利的阶级不同罢了。在当时的历史条件下，“为我”的个人主义，“全性保真”，不拔自己的一毛以利天下，也不拔别人的一毛以利己，是针对剥削者的损人利己的批判，有其合理的因素。不能与今天的对抗社会主义、集体主义的个人主义一样看待。因此，庄周和当时的一批隐者，在社会作用上也是进步多于保守。虽然他们不是生产关系的主要体现者，进步性也有它一定的局限。因为他们（农民小私有者）在破旧立新的变革过程中，客观上起了促进奴隶制的瓦解作用，实际上也就有利于新兴地主阶级的壮大。在破旧立新的斗争中，由于它的阶级地位的决定，它不可能站在斗争的最前面，它起的积极作用也是有限的。否定庄周、杨朱以及当时这批隐者的进步性，是不应该的，把他们看作反动的思想代表是不符合实际情况的，但是，也不宜过分夸大它的进步作用。真正反映先进阶级利益的、代表进步势力的是新兴地主阶级的思想，荀子、韩非是这一新兴阶级的主要哲学家。

庄子探源之四*

——“后期庄学”（内篇）的唯心主义哲学体系

庄周提出了人类认识的相对性并指出这种认识的相对性给人们带来了困惑，造成一些麻烦。仅就这一点来说，其见解是深刻的，比以前的哲学家有所前进，标志着人类认识论的进一步深化。“后期庄学”发展了庄子哲学中的唯心主义部分和相对主义部分。相对主义和辩证法有本质的区别，二者不能混同。辩证法通过辩证的分析，使认识在新的基础上得到进一步的确定，它的归宿是明白、确实、肯定。它告诉人们认识的道路尽管曲折，但认识是可能的，可以由“不知”达到“有知”。而相对主义的归宿则引导人们陷于蒙昧、怀疑、否定，它的归宿是世界无法认识。

现在的《庄子》内篇是经过整理，把一些唯心主义观点十分明确的论文集中起来，编为内篇。传统看法，认为内篇是庄子自著或代表庄子的思想。我认为内篇为“后期庄学”的思想，不代表庄子思想。

“后期庄学”要避免实际的政治斗争，不参加政治活动，却不

* 原载《北京大学学报（人文科学）》1962 年第 5 期。

敢公开进行实际反抗。尽管他希望不过问政治，而现实政治却随时来干预他的生活。在外来的压力下开始软化了，不敢对现实进行抗议，而是寻求所谓精神解脱，幻想出一个自我陶醉的精神境界。它表现为唯心主义、相对主义。

老子的哲学到了战国时期，向左、右两个方面分化。继续它的唯物主义传统的有宋尹、荀子、韩非等人。从老子哲学体系中的某些缺点向唯心主义发展的，即“后期庄学”的哲学思想。

一、从“天道自然无为”到宿命论

为了反对有一个万能的“上帝”，老子开始提出了物质性的“道”。“道”是事物的最后物质根源，又是事物的总规律，因为它具有不同于任何具体事物的特点。老子提出了“道”，并强调了“道”之区别于具体的、个别事物的特点，但老子讲得不够明确。“后期庄学”从唯心主义观点歪曲了老子的学说。《大宗师》说：

> 夫道有情有信，无为无形；可传而不可受，可得而不可见；自本自根，未有天地，自古以固存；神鬼神帝，生天生地；在太极之先而不为高，在六极之下而不为深，先天地生而不为久，长于上古而不为老。

这都是对老子的“道”所做的唯心主义的解释，强调了“道”是脱离一切事物的神秘的精神。在《齐物论》中又说：

> 有始也者，有未始有始也者，有未始有夫未始有始也者；有有也者，有无也者，有未始有无也者，有未始有夫未始有无也者。俄而有无矣，而未知有无之果孰有孰无也。

意思是说，世界有它的没有开始，推上去，还有它的未开始的未开始。这就是一种神秘主义的答案了。又说，世界有“有”有“无”，再推上去有“没有有和无”，再推上去，连“没有有和无”也没有。这就陷入虚无、神秘主义的深渊。但后期庄学并没有到此止步，它说究竟世界是真“有”还是真“无”，也无从知道（“未知有无之果孰有孰无也”），这就是彻底的唯心主义了。老子也讲到世界最后的根源是物质性的“道”，是混沌状态的“气”，说不上固定的形象，叫作“无”，所以认为“无”比“有”更根本。但老子有时混淆了无形无象的“无”和空无的“无”的区别。他说房子不止是有墙壁门窗，有了墙壁门窗中间的空虚部分，才起了房子的作用，器皿有了中间的空虚地方，才可以盛东西，起了器皿的作用。老子这里说的房子、器皿中间的空虚部分的“无”是空隙，是空无而不是处于混沌状态的无定形的物质。老子在这里把“虚无”说成比“有”更根本，造成了理论上的漏洞。后期庄学却利用了老子哲学中这一错误观点，并沿着这一错误方向继续前进。他说：

> 古之人，其知有所至矣，恶乎至？有以为未始有物者，至矣，尽矣，不可以加矣！其次以为有物矣，而未始有封也。其次以为有封矣，而未始有是非也。是非之彰也，道之所以亏也。[1]

① 《庄子·齐物论》。

“后期庄学”所谓“古之人”就是他认为认识正确的人，“古之人”认为世界最初未始有物，后来有了事物，后来有了名词、概念，后来有了是非。是非观念的明确化，意味着“道”的完整性遭到破坏。“后期庄学”把“无”“无名”理解为超越认识范围之外，不可言说的神秘的本体了。

《齐物论》用形象化的语言论述大风的声音时，说：

> 夫吹万不同而使其自已也。咸其自取，怒者其谁邪？

这是说风是自己在吹的，是“自取”，并不是有什么外在怒者使它发出不同的声音。只就它反对有一个所谓“造物者”“上帝”这一点说，它不是没有积极意义的。但是它完全排斥人对于自然界的作用，所以在讲到人在自然界的地位时陷入唯心主义、宿命论的错误。它说：

> 日月出矣，而爝火不息，其于光也，不亦难乎？时雨降矣，而犹浸灌，其于泽也，不亦劳乎？[①]

意思是说，自然界最崇高，人力是不能超越的，人类只能当自然的俘虏。在“道”或自然面前，人只有听它的安排、摆布，完全无法掌握自己的命运：

> 一受其成形，不亡以待尽，与物相刃相靡，其行尽如驰而莫之能止，不亦悲乎？终身役役而不见其成功，苶然疲役而不知其所归，可不哀邪？[②]

① 《庄子·逍遥游》。

② 《庄子·齐物论》。

当它反对“上帝”有意志、“神”的能动作用时，强调了“道”的“自然无为”“无知”的特点，不失为一种反对宗教目的论斗争的方式。但这种宣扬“天道自然无为”的主张，摆脱了目的论，立刻陷入了宿命论。它说：

> 知其不可奈何而安之若命，德之至也。[①]

又说：

> 死生、存亡、穷达、贫富、贤与不肖、毁誉、饥渴、寒暑，是事之变，命之行也。[②]

“后期庄学”宣称，“命”（冥冥中决定一切的主宰者）是定数，难逃的。他们认为寒暑、死生、饥渴这些自然现象和由阶级压迫所造成的穷达、富贵、毁誉等社会现象都是人力无法改变的（当然社会上阶级的出现也是必然的。它的规律也是不以人的主观意志为转移的，这是更深一层的意思，战国末期还谈不到有这样的认识）。他们赶走了“上帝”，请来“命运之神”，“命”对于自然和社会现象成了人们无法驾驭甚至无法理解的神物了。荀子评论庄子的哲学时说它“蔽于天而不知人”[③]，荀子并据此指出“蔽于天而不知人”将导致只能因循，不能创造的后果（“由天谓之，道尽因矣”）。荀子的这个批评是有道理的。

后期庄学认为“道”既然普遍存在于“一切”，它就不应当存

---

① 《庄子·人间世》。

② 《庄子·德充符》。

③ 《荀子·解蔽》。

在于一物，把“道”看作超于一切物之外的实体。这样的实体，正是唯心主义的精神实体。《齐物论》自设问答论述了这种唯心主义观点。它说，“道”被什么所隐没才产生了真和伪？是由于局部事物的形成，才造成“道”的亏损的（“道恶乎隐而有真伪”，“道隐于小成”）；对于任何具体事物的完成（或形成），同时对于“道”的全体来说反而是一种破坏。《齐物论》中说：

> 有成与亏，故昭氏之鼓琴也；无成与亏，故昭氏之不鼓琴也。

鼓琴不论奏出什么调子，比如表现了悲伤的曲调是“成”，但对于表现喜悦以及其他感情的曲调来说就是“亏”。照这样的逻辑，不要音乐才是最丰富的音乐。《齐物论》正是把老子的“大音希声”“大象无形”做了唯心主义抽象的理解。把全体与局部的关系对立起来。只要全体，不要局部，结果既失去了真正的全体，也否认了局部。离开局部也就没有全体，“后期庄学”所说的超乎一切东西之上的“道”也是不存在的。这样的“道”只能存在于他们的头脑里。

二、从相对主义到虚无主义

《齐物论》关于认识论的相对主义观点表现在以下三个方面：

第一，《齐物论》认为认识的对象的性质是相对的，是没有分别的，因而它的性质是无法认识的。它说：

> 故为是举莛与楹，厉与西施，恢、恑、憰、怪，道通为一。其分也成也，其成也毁也，凡物无成与毁，复通为一。

不论是细小的莛和粗大的楹，丑的、美的，宽大与狡诈，奇怪与妖异，它们最后总是一样。一个东西的分散也就是合成，合成也就是毁灭；无论成与毁，结果总是一样。“后期庄学”首先抓住事物有相对性这一个方面，把它夸大、绝对化之后，又进一步取消了认识对象的质的规定性。它指出事物的成和毁是有相对的一方面，是对的，但成毕竟不就是毁，因为它有相对的稳定性。美与丑有主观的因素，对个别事物也有时难以划出美丑的绝对界限。但是美和丑毕竟不能因此完全混淆、等同。在这里利用事物的某些特殊现象，做出了违反科学、不合常识的结论。

《德充符》篇也说：

> 自其异者视之，肝胆楚越也；自其同者视之，万物皆一也。

照它的意思，肝胆之间是否像楚、越那样相去千里是很难判断的，只看认识者用什么观点去看它；万物是不是真有差别也难肯定，只看认识者用什么观点去衡量它。事物的差别，“后期庄学”认为不在事物本身，而在于认识者的态度、看法。由此他们必然得出结论：事物没有客观的性质，一切性质全是被主观方面的认识者加上去的。现在再回头考察《秋水》篇所谓“以……观之……”的那些重重叠叠的所谓观察事物的角度，好像十分“客观”，毫无成见和偏见，实际上，他们是有意列举各种观察角度以论证客观事物本身没有固有的特点、性质，性质是人给它们加上的。结果只能得到对象无法认识的结论，最好是不去认识。

第二，对于主观认识能力，《齐物论》认为也是相对的，没有客观标准，因而得出认识不可能的结论。

《齐物论》说：

> 啮缺问乎王倪曰：“子知物之所同是乎？”曰：“吾恶乎知之？”“子知子之所不知邪？”曰：“吾恶乎知之！”“然则物无知邪？”曰：“吾恶乎知之？”

这段近似离奇的问答很能代表《齐物论》对待知识的态度。王倪对于啮缺的问题给他一个一问三不知。不过最后他还是申明了他对人类认识能力的看法，他说：

> 虽然，尝试言之：庸讵知吾所谓知之非不知邪？庸讵知吾所谓不知之非知邪？

《齐物论》认为如果一定要讲认识的问题，实在无法判定所知的是不是真正的知。《齐物论》说：“人睡在潮湿的地方会得腰痛病，泥鳅也这样吗？人爬到高树上感到胆怯，猿猴也这样吗？这三者（人、泥鳅、猿猴）究竟算谁知道正当的住处呢？毛嫱、丽姬，人以为是美人，鱼见了她们吓得深入水底，鸟见了她们吓得高飞，麋鹿见了她们赶快跑开，美不美，究竟以谁（人、鱼、鸟、麋鹿）的尺度作为衡量的标准呢？”[1]由此，《齐物论》的作者得出结论说：

> 自我观之，仁义之端，是非之涂，樊然殽乱，吾恶能知

① 据《齐物论》意译。

其辩？

这就是说认识者没有认识的能力，无法取得所谓正确的认识。

《齐物论》不但怀疑一般正常认识的不可能，并由此进而对于认识者究竟是不是在认识也进行怀疑，再进而对于“怀疑认识者的怀疑”也提出了怀疑。它说：

> 梦饮酒者，旦而哭泣；梦哭泣者，旦而田猎。方其梦也，不知其梦也。梦之中又占其梦焉，觉而后知其梦也。且有大觉而后知此其大梦也，而愚者自以为觉，窃窃然知之！

只有它所谓“大觉”者才能以怀疑一切的态度对待认识问题，把醒与梦看得无所谓差别：从梦的立场看醒，醒也是梦；从醒的立场看梦，梦也是醒。《齐物论》还用了一个寓言式的故事说明这种不可知论的观点：有一次庄周梦为蝴蝶，他难于搞清楚是庄周做梦，梦中变为蝴蝶呢，还是现在的庄周的活动是蝴蝶所做的梦。《齐物论》最后的结论是不但一般人没有认识事物的能力，就是最高智慧的“至人”也不能解答这个问题。只是“至人”比一般人高明的地方不在于他能正确地认识什么，而在于他根本放弃认识，以“不进行认识”作为“认识”。《养生主》说：

> 吾生也有涯，而知也无涯。以有涯随无涯，殆已。

这句话的上半句是说生命是有限的，知识是无限的，这半句话原不算错。他们错在如何对待有限的生命和无限的知识的关系。人类正是经历了世世代代的努力，不断地从认识世界、改造世界的实践中不断前进，才取得今天的成就，才不断地从必然王国向自由王国飞跃，根本不存在什么“殆已”的后果。“后期庄学”为了避免“殆已”，最好是不进行认识活动。这是一种彻底的以“不能知”来论证的不可知论。

第三，对于真理的标准问题有没有是非、真假，《齐物论》也做了不可知论的论证。

《齐物论》提出关于判别是非有没有标准的问题，用什么作为标准的问题。最后提出，探求关于事物的是非、真假有没有意义，应该不应该的问题。他们能够提出这些问题，无疑地对于中国哲学史上认识论的发展有刺激作用，但是它的答案都是错的。它所犯的错误，作为反面教材，很值得借鉴。

《齐物论》认为当时儒、墨各派互相争论，乃“以是其所非而非其所是；欲是其所非而非其所是，则莫若以明”[①]。这是说儒、墨各自都用自己所认为是错误的去互相批评对方所认为是对的，他们这样做，那就不能搞清楚是非。《齐物论》认为谁也没有能力判断别人的是非。它说：“假使我和你进行辩论，你胜了我，我辩不赢你，难道你果真就对、我果真就错了吗？我胜了你，你辩不赢我，难道我果真就对、你果真就错了吗？还是有一个对，另一个错了呢？还是两人全对了或全错了呢？我们两人无法决定谁对谁错，那么请谁来决定呢？使跟你意见相同的人决定，他既然和你的意见一

① 这句话，旧注多从郭象说，把“以明”作为庄子主张以此明彼，“反复相明”。与《庄子》的原意不符。“若”“乃”双声通假。庄子这里讲的“莫若以明”就是“莫能以明”。庄子以取消回答作为答案，以否认认识作为认识。他不可能认为儒、墨的是非可以用“以明”的方法双方“反复相明”（像郭象所说的那样），而是说儒、墨的争吵毫无意义，他们的是非根本不能搞清楚。

样，又怎能决定呢？使跟我意见相同的人决定，他既然和我的意见一样，又怎能决定呢？使和我两人意见都不同的人决定，他既然和我两人的意见都不一样，又怎能决定呢？使和我两人意见相同的人决定，他既然和我两人的意见相同，又怎能决定呢？那么，我和你和第三者都不能知道谁对谁不对，还等谁来决定是非呢？”[①]照《齐物论》的逻辑，决定是非是不可能的，因为没有一个客观的、共同的标准。

《齐物论》这种否认是非有客观标准的不可知论的观点和它的唯心主义、神秘主义世界观是密切联系着的。因为它认为“道”是不可知的，世界本身是不可以用感觉、用理性以及任何认识的方法可以认识的。它认为“道隐于小成，言隐于荣华”。就是说，持有局部的见解（“小成”）的人才看不见“道”，持有辩才的人才不了解真正的“言”。因为“大言炎炎，小言詹詹”，是非总归是讲不清楚的，你有你的是非，他有他的是非。不但对不同的意见难于判定谁是谁非，甚至连你、我，彼、此也难于分别得清楚：

> 是亦彼也，彼亦是也。彼亦一是非，此亦一是非，果且有彼是乎哉？果且无彼是乎哉？彼是莫得其偶，谓之道枢。

这是说是与非、彼与此，根本说不上有什么对立面的关系（“莫得其偶”），没有对立，自然也不需要对它们进行分别。所以说，“枢始得其环中以应无穷”。“环”是无端（开始）的，“环”的任何一部分都可以说是起点，也都可以说是终点。取消了对立

① 据《齐物论》意译。

面，就可“以应无穷”。“应无穷”的方法是以不辩为辩，以不说为说，以不认识作为认识。它认为仅仅停留在分别是非的阶段，是非总是说不清楚的，“是亦一无穷，非亦一无穷也，故曰莫若以明”，又是一个搞不清楚（“莫若以明”）。

既然“莫若以明”照《齐物论》的体系，是以不分别代替分别，从根本上取消了认识，它说：

> 以指喻指之非指，不若以非指喻指之非指也。以马喻马之非马，不若以非马喻马之非马也。天地一指也，万物一马也。[①]

这是说，天地万物并不真正是客观存在着的实物，不过是个符号。任何概念都不能反映事物，既然不能反映，就不如干脆连这些符号也一并取消。不表示，倒是最完全的表示。这和上面所讲的不鼓琴反而能表达最完整的曲调是同样的神秘主义的思想方法。

《齐物论》的认识论的相对主义有它的特点。它看到了人们任何时候，认识都不免带有局限性、片面性这一事实。指出并承认这一点，无疑对于取得正确认识是有好处的。它自觉地、反复地提醒人们注意到这一点，是有它的积极意义的。仅就这一点来说，“后期庄学”对中国哲学史上的认识论有促进的意义，至少它从认识的主观能力、对象，是非标准各方面深刻地提出了问题，深刻的程度超过了以前和同时代的哲学家。就这一意义说，“后期庄学”丰富了中国哲学史上的认识论。但是，他们对于所提出的问题完全做了唯心主义的错误解答。他们不仅论证知识不可靠，对象不能知，而

① 关于“指”与“马”，学术界有不同的解释，今采郭沫若《十批判书》的解释。

且通过相对主义的认识论，引导人们走向虚无主义。用取消一切的态度来对待认识、对待现实世界、对待生活。

列宁指出：

> 把相对主义作为认识论的基础，就必然使自己不是陷入绝对怀疑论、不可知论和诡辩，就是陷入主观主义。作为认识论基础的相对主义，不仅承认我们知识的相对性，并且还否定任何为我们的相对认识所逐渐接近的、不依赖于人类而存在的、客观的准绳或模特儿。从赤裸裸的相对主义的观点出发，可以证明任何诡辩都是正确的。……可以纯粹为了人或人类的'方便'，在承认科学思想体系（它在一方面是"方便"的）的同时，又承认宗教思想体系（它在另一方面也是很"方便"的），等等。[①]

《齐物论》的认识论，不仅有它的认识论的根源，也还有它的阶级根源，而且阶级根源是更主要的方面。它这种否认一切、否认是非的态度是奴隶主阶级对现实生活、封建制度下的社会秩序的反动，既反对墨家有利于封建社会的言论，又认为奴隶制的代言人孔子的学说已失去前途。它不敢对现实社会的不合理进行激烈的批判，也提不出自己的积极主张，而是采取了取消问题的手法，谁也对、谁也不对，无所谓对、无所谓不对的模棱两可的、油滑顺世的态度。这也反映了没落阶级对未来的生活看不到任何出路，只好得过且过。这种生活态度，对后世一切没落阶级都起着精神麻醉的作用。

① 《唯物主义和经验批判主义》，人民出版社，1960年版，第128页。

三、无条件的精神自由

庄子自已辞却楚王的礼聘，不肯为相，他的理由是“无污我”，“无为有国者所羁，终身不仕，以快吾志焉”[1]。庄子所要求的是个人的精神自由（“以快吾志”）。这里有某些消极反抗的因素，但“后期庄学”在《逍遥游》中却只从消极方面着眼。

“后期庄学”把这种逃避现实的倾向形成哲学，提出所谓“追求精神自由”的理论。他面对现实世界与个人的主观希望的矛盾，设想出许多所谓解决的办法。《逍遥游》说，大鹏飞翔，要靠大风和长翼的帮助；行千里的人，要带着三月之粮。这是一般生活的规律，这样的生活说不上自由。列子能轻妙地乘风飞行，并能达半月之久，比起一般人，总算自由了（可以不走路），但是他还要有风才行；没有风，列子也将失去“免于行”的自由，而且他所能去的地方仍然是有限的。[2]《逍遥游》认为，这些所谓自由，都是有条件（“有待”）的，不算真正的自由；真正的自由是“乘天地之正而御六气之辩（“变”），以游无穷者，彼且恶乎待哉”。《逍遥游》认为一切“有待”的自由都不能离开客观条件（“有待”）；可是任何条件都是对自由的限制；要求绝对的自由，又要绝对地离开条件限制，“后期庄学”把问题提得十分突出，并对这个问题给

① 《史记·老子韩非列传》。

② 据《庄子·逍遥游》意译。

了答案。

《逍遥游》认为一般人所以不自由，是由于他“有己”；受条件限制的是每个要求自由的“自己”。它说“至人无己，神人无功，圣人无名”，“至人”“神人”“圣人”是庄子认为理想的人格的不同的称谓，三者都是一种人。像这样的“圣人”，他不感到自己的存在（“无己”），自然也不会有所积极建树（“无功”），他可以不顾别人对自己的毁誉（“无名”），因而精神上是自由的。《大宗师》所描绘的“真人”是“其寝不梦，其觉无忧，其食不甘，其息深深。真人之息以踵，众人之息以喉”。“真人”还“不知说生，不知恶死。其出不欣，其人不距，翛然而往，翛然而来而已矣”。“真人”和一般人不一样，他不仅生活与众不同，更主要的是对待生活的态度与一般人不同。他对待生，也说不上特别高兴；对待死，也说不上特别不喜欢。自然地生下来，又自然地死去。“后期庄学”所描绘的这种“圣人”（或“真人”“至人”），现实世界里是不存在的，只能存在于虚构的精神世界里。在《德充符》，“后期庄学”故意把它歌颂的理想人物说成肢体残缺、形貌支离的怪人，但这些人物的精神状态又被描绘成完美无缺的典型，“德有所长，而形有所忘”。

“后期庄学”又分析了人们通常所感到的现实生活的不自由，不外生死寿夭、富贵贫贱、得失、毁誉这些客观原因。这些原因有的属于自然现象，有的是阶级社会的社会现象。“后期庄学”对自然界，采取了虚无主义的态度，以精神性的“道”代替物质性的“道”，陷入唯心主义；对社会现象，不敢抗议，不敢诅咒，而是一再宣扬无条件的精神解脱法。他们的原则是引导人们忘却那些不合理，心里就痛快了、自由了。但是它却倒转来，故意说成现实社会本来就适合于人们的生活，一切苦恼都是自寻出来的。关于死生的问题，《大宗师》说："死生命也，其有夜旦之常，天也。"《人间世》说："知其不可奈何而安之若命，德之至也。"把死生问题归结为命运的安排，就不会苦恼。关于得失的问题，《大宗师》说，有所藏即有所失，无所藏即无所失。"藏舟于壑，藏山于泽，谓之固矣，然而夜半有力者负之而走，昧者不知也"，最安全避免损失的办法是"藏天下于天下"，无所得，也就不会失了。关于毁誉的问题，《大宗师》认为"与其誉尧而非桀也，不如两忘而化其道"。用"忘"的办法对待毁誉，毁誉对自己就不发生干扰了。关于富贵贫贱的问题，《大宗师》也教人不要追究造成贫困的原因，如果处于贫困的地位，不但不是坏事，还应感激造物者，认为这是出于它的善意的关怀。《大宗师》记载子桑在贫困中，穷得吃不上饭，他却自己安慰自己说："吾思夫使我至此极者而弗得也。父母（按：把造化比作父母）岂欲吾贫哉？天无私覆，地无私载，天地岂私贫我哉？"使他陷于贫贱的是"命"。找到了仁慈的"命"，他心安理得了。

《大宗师》提出的精神解脱法，是"堕肢体，黜聪明，离形去知，同于大通，此谓坐忘"。"坐忘"是彻底的、无目的的"忘"，它把"坐忘"看作获得精神自由的总原则。"坐忘"就可以达到与天地万物浑然一体的神秘精神境界。陶醉在这样的神秘精神境界里，从思想上泯除了人与人之间、人与物之间的差别界限。

"后期庄学"追求所谓绝对的个人的自由，不是有所不为，而是无所谓"为"或"不为"。《大宗师》认为人们之所以应当忘了自己，因为本来就没有一个自己，它说：

> 夫大块载我以形，劳我以生，佚我以老，息我以死，故善吾生者乃所以善吾死也。

这就是说世界对每个人都是最合适的，如果有人以为不合适（不自由），那是他自己的认识不正确；认识方面之所以不正确，是由于他没有忘了“自己”。它认为所谓“自己”本来是不存在的。《大宗师》说：

> 今之大冶铸金，金踊跃曰：“我且必为镆铘。”大冶必以为不祥之金。今一犯人之形，而曰：“人耳！人耳！”夫造化者必以为不祥之人。今一以天地为大钫，以造化为大冶，恶乎往而不可哉！

表面看来，“后期庄学”力图论证“无己”，宣扬“坐忘”。实际上，它的“无己”，并不是真正的“无己”，而正是为了“己”；“坐忘”也不是真正忘了一切，而是为了在幻想中满足他们的精神自由。这正如它在认识中一再宣扬排除主观，甚至连什么“观”也不要，实际上正是为了引导人们走向主观主义的道路。

“后期庄学”的思想，是沿着老子的唯物主义哲学中的薄弱环节和错误的观点发展的必然结果。这种思想反映了奴隶主阶级在封建势力强大后，没有前途、失去信心的失败主义精神状态。他们认为，即使在极端恶劣的环境中和危险的人物相处，也要尽量设法保全自己。它说：

> 彼且为婴儿，亦与之为婴儿；彼且为无町畦，亦与之为无町畦；彼且为无崖，亦与之为无崖，达之入于无疵。[①]

这是说，随声附和，随大流，就可免于灾害。他像婴儿那样无知，自己也跟着学他那样无知；他不守规矩，你也跟着学他那样不守规矩；他随随便便，你也跟着学他那样随随便便。这里描绘出一个自私自利、不问是非的乡愿式的人物嘴脸。

① 《庄子·人间世》。

庄子探源之五*

——庄周的唯物主义哲学思想

庄周是先秦时代著名的哲学家。对传统和现实的激烈批判，追求个人自由的浪漫主义精神，哲学中的巨大矛盾和精辟见解，广阔的知识领域，汪洋恣肆、恢诡谲奇的文笔，使他成为中国历史上最有特色的哲人。然而长期以来庄子被人片面地、歪曲地理解了，受到不公正的评价。魏晋时代，玄学兴起，玄学家们纷纷为《庄子》做注，把庄子说成玄学的祖师。后来佛教盛行，和尚居士们又以佛解庄，把庄子描绘成释迦的同调。解放后有些人根据玄学化、佛学化的庄子形象，对庄子做出全面否定的评价，把庄子思想的精华连同糟粕一起抛掉。这样做对于发展科学的哲学史没有任何好处。我们应该以马克思主义为指导，根据事实说话，全面深入地分析庄子的思想，给以客观的、科学的评价，恢复庄子的本来面目。

* 选自任继愈主编：《中国哲学发展史（先秦）》，人民出版社，1983 年 10 月版。

一、关于《庄子》书

要正确评价庄子，从资料方面来说，首先就要确定哪些著作是属于庄子的。但在这个问题上，历来就有不同的看法，这是对庄子评价产生分歧的原因之一。

《庄子》书是研究庄子思想的资料，它和先秦其他诸子书一样，是庄子学派的著作总集。其中有的是庄子自己写的，有的是经弟子整理的庄子的讲话记录，有的是庄子后学的作品，还有的甚至是与庄子学派无关的其他学派的著作。因此对《庄子》书加以分析是必要的。

传世的《庄子》书有三十三篇，其中内篇七篇、外篇十五篇、杂篇十一篇。许多学者认为内篇是庄子所著，外、杂篇不是。我们认为这种说法靠不住。

有一种意见，认为内篇七篇思想一贯、风格一致，有典型的代表性，因此是庄了的著作。工大之可以作为这种意见的代表：

> 内篇虽参差旁引，而意皆连属；外篇则踳驳而不续。内篇虽洋溢无方，而指归则约；外篇则言穷意尽，徒为繁说而神理不挚。内篇虽极意形容，而自说自扫，无所粘滞；外篇则固执粗说，能死而不能活。内篇虽轻尧舜，抑孔子，而格外相求，不党邪以丑正；外篇则忿戾诅诽，徒为轻薄以快其喙鸣。内篇虽与《老子》相近，而别为一宗，以脱卸其矫激权诈之失；外

篇则但为《老子》作训诂，而不能探化理于玄微。故其可与内篇相发明者十之二三，而浅薄虚嚣之说杂出而厌观，盖非出一人之手，乃学庄者杂辑以成书。其间若《骈拇》《马蹄》《胠箧》《天道》《缮性》《至乐》诸篇，尤为悁劣。读者遇庄子之意于言象之外，则知凡此之不足存矣。[①]

王夫之看到内篇与外、杂篇思想倾向不一致，前者对儒墨态度比较缓和，离老子思想体系较远；后者对儒墨态度激烈，比较接近老子思想。虽然他站在儒家正统立场上，竭力扬内篇而抑外、杂篇，但看出分歧之所在，毕竟是他见识卓越之处。不过王夫之企图从内篇的“意义连属”“指归简约”“自说自扫”“无所粘滞”等方面，证明内篇为庄子所著，则是不能成立的。思想风格一致与庄子所著这是两个不同的概念，不能认为思想风格一致，必为庄子的著作。

又有一种意见，认为内篇文章好，除了庄子，别人作不出。焦竑的话有代表性：

内篇断非庄生不能作，外篇、杂篇则后人窜入者多。[②]

文章好就一定是庄子的吗？这和王夫之的思想方法犯了同样的错误，不足以证明他们的结论。在找到真实证据之前，不能说某文非某人作不出。

还有一种意见说，魏晋以来学者都主张内篇是庄子著作，这是

① 〔清〕王夫之：《庄子解》卷八。

② 〔明〕焦竑：《焦氏笔乘》。

传统看法。但这也不能作为内篇是庄子所作的证据。传统看法可能是对的，也可能是错的，不能盲从。要确定庄子的著作，必须找到一个可靠的支点，根据它来断定哪些是庄子著作，哪些不是。

有人认为《庄子·天下》篇关于庄子的一段论述，提供了一个支点，可据以确定庄子的著作。《天下》篇的这一段说：

> 死与生与，天地并与，神明往与！芒乎何之，忽乎何适，万物毕罗，莫足以归，古之道术有在于是者，庄周闻其风而悦之。……独与天地精神往来而不敖倪于万物，不谴是非，以与世俗处。

“独与天地精神往来”即追求绝对的精神自由，“不谴是非，以与世俗处”即坚持相对主义的认识论原则。用这个标准来衡量，认为《逍遥游》《齐物论》是庄子的代表作，内篇的其他各篇也大体上是庄子所作，而外、杂篇大体上不是。

《天下》篇虽然是《庄子》书中的最末一篇，但它既不是庄子或庄子学派的著作，也不是道家著作，它是在道家术语的掩盖下，全面阐述了儒家的观点。它说：

> 古之人其备乎！配神明，醇天地，育万物，和天下，泽及百姓，明于本数，系于末度，六通四辟，小大精粗，其运无乎不在。其明而在数度者，旧法世传之史，尚多有之。其在于《诗》《书》《礼》《乐》者，邹鲁之士搢绅先生，多能明之。《诗》以道志，《书》以道事，《礼》以道行，《乐》以道和，《易》以道阴阳，《春秋》以道名分。

这就是说，体现在儒家经典《诗》《书》《礼》《乐》《易》中的理论是最高最完美的理论。《天下》篇对儒家“六经”的评论，得到儒家正统派朱熹的高度称赞，朱熹说：

如说“《易》以道阴阳，《春秋》以道名分”等语，后来人如何下得？它直是似快刀利斧，劈截将去，字字有著落。[1]

又说：

若见不分晓，焉敢如此道？[2]

与此同时，《天下》篇对其他各家极力贬低：

天下大乱，贤圣不明，道德不一，天下多得一察焉以自好。譬如耳目鼻口，皆有所明，不能相通。犹百家众技也，皆有所长，时有所用。虽然，不该不遍，一曲之士也。判天地之美，析万物之理，察古人之全，寡能备于天地之美，称神明之容。是故内圣外王之道，暗而不明，郁而不发，天下之人各为其所欲焉以自为方。悲夫，百家往而不反，必不合矣！后世之学者，不幸不见天地之纯，古人之大体，道术将为天下裂。

诸子百家是天下大乱以后出现的东西。儒家以外的各家各派，不讲《诗》《书》《礼》《乐》《易》《春秋》六经，他们只了解真理的一个方面，因此每一家的理论都是不全面的，他们讲的道理不具有普遍性，各派学说破坏了天地之美，割裂了万物之理，“内圣外

① 《朱子语类》卷一二五。

② 同上。

王”之道竟被它们掩盖了、堵塞了，给了天下人为所欲为的口实。百家离真理越来越远，道术被弄得四分五裂，多么可悲！这完全是一派儒家的言论。

明确了《天下》篇的立场，就能正确理解它对各家所做的具体的介绍和评论了。老子对当时的社会和意识形态激烈地抨击过：“天之道损有余而补不足。人之道则不然，损不足以奉有余。”[①]这是抗议富人对穷人的剥削。“大道废，有仁义，智慧出，有大伪。六亲不和，有孝慈。国家昏乱，有忠臣。”认为儒家道德原则是乱世的产物。“绝圣弃智，民利百倍。绝仁弃义，民复孝慈。绝巧弃利，盗贼无有。”老子看来，不但剥削阶级的道德要否定，甚至连科学技术的进步也要一起抛弃。这些议论构成老子思想的重要方面，但是《天下》篇对此视而不见，只强调他的知雄守雌、知白守辱、“宽容于物，不削于人”的那个方面，把老子说成单纯地忍辱含垢、与世无争的人物。《天下》篇为什么要这样做呢？它站在儒家立场上，当然不愿意突出老子反儒的那一方面。按儒家本意，最好把老子全部否定，无奈做不到，只好肯定它所能容忍的东西，以显示它的公正无私。在《庄子》外篇中有不少攻击儒、墨的言论，《天下》篇只字未提。能够据此断定这些内容不是庄子的思想吗？当然不能。很明显，它在这里又一次运用了它对付老子的办法。隐去庄子的反儒思想，宣扬他不谴是非、“不敖倪于万物”，这是符合儒家利益的。

我们认为，在确定哪些篇章是庄子著作时，司马迁的记载应当

① 《老子》七十七章。

引起重视。《史记·老子韩非列传》说：

> 庄子……其学无所不窥，然其要本归于老子之言。故其著书十余万言，大抵率寓言也。作《渔父》《盗跖》《胠箧》，以诋訾孔子之徒，以明老子之术，《畏累虚》《亢桑子》之属，皆空语无事实。然善属书离辞，指事类情，用剽剥儒墨，虽当世宿学不能自解免也。

司马迁不仅指出庄子"明老子之术""诋訾孔子之徒"这个基本的思想倾向，而且明白点出他所读到《庄子》中的若干篇的篇名，列举了《渔父》等篇。司马迁有忠于史实的品质，有卓越的才识学问，他的记载应该是可信的。统观《庄子》全书，凡是"剽剥儒墨""明老子之术"的一些文字，多数集中在外、杂篇。可以说外、杂篇反映的基本思想是庄子的思想。

正如老子思想有激烈和消沉两个方面一样，庄子思想也有这两个方面。消沉的倾向在外、杂篇中也是有反映的。他主张"乘道德而浮游"，"与时俱化""以和为量"[①]，希望"游于世而不僻，顺人而不失己"[②]。在认识论上也有相对主义的思想。因此我们并不简单地否定《天下》篇的意见。不过，消极的东西在庄子那里是两种倾向中的一种，而且是并非主要的一种，但到"后期庄学"那里，消极思想则成为主要倾向，因而出现了内篇那样的著作。所以内篇不是庄周的著作，它是"后期庄学"的作品，它的唯心主义已形成了相当完备的体系，它是研究"后期庄学"的资料。

① 《庄子·山木》。

② 《庄子·外物》。

为什么不反过来，认为内篇是庄子著作，外、杂篇是“后期庄学”的著作呢？一个学派思想的发展，很有一点像流水，上游接近源头，下游远离源头。庄子思想是从老子那里继承来的，老子思想就好比是个源头，我们只能说庄子学派先具有外、杂篇所反映的思想，然后发展到内篇所反映的思想，绝不能反过来，说由内篇发展到外、杂篇的思想。

在先秦、两汉，编书的惯例是可以肯定为某子著作的作为内篇，不纯的、有怀疑的放在外篇。为什么庄子和“早期庄学”著作放在外、杂篇，“后期庄学”的著作反而放在内篇？《庄子》的编辑整理工作一直在进行着，传世《庄子》是魏晋时代郭象编定的。在古代，整理者可以根据己意对文章进行删削编排。《庄子》文章的篇数，先秦时为多少不详，汉刘向、刘歆定为五十二篇，魏晋时代郭象定为三十三篇，李颐定为三十篇，崔譔定为二十七篇，向秀定为二十六篇。文章的段落也经常被编纂者移动。《齐物论》“道未始有封”这段文字，在班固所见或所编《庄子》中是在外篇；《养生主》的“庖丁解牛”的寓言，在隋朝和尚吉藏所见《庄子》书中也在外篇，但在郭象本《庄子》中，它们一起收到内篇来了。在这种情况下，内、外篇之分也不是一成不变的。唐代陆德明在谈到各家编定的《庄子》时说：“内篇众家并同，自余或有外无杂。”[①]这是说各家都有内篇，但外、杂篇的设置便不同了，有的既有外篇也有杂篇，有的只有外篇。有人认为“内篇众家并同”是说各家内篇都如郭象本一样是《逍遥游》等七篇，这是不对的。

① 《经典释文·叙录》。

郭象是根据什么划分内篇和外、杂篇呢？根据他对庄子思想的理解。他认为庄子坚持相对主义和绝对的精神自由，因而把反映了这些思想的《逍遥游》等七篇定为内篇，为了把庄子思想说透，他甚至从外篇中拿出一些段落放到内篇中去。当然郭象这样理解庄子并非他的独创，乃是当时的一种思潮，既是玄学的思想，也是正统儒家的思想，所以他的本子同其他注家的本子不会有根本的不同，只能是大同而小异。

除非将来考古发掘找到《庄子》先秦原本，我们不应当怀疑司马迁所见到的《庄子》版本，而轻信郭象的《庄子》版本。从基本倾向看，以外、杂篇代表庄子思想，以内篇代表后期庄学思想是比较接近事实真相的。

二、庄子其人

现在知道的关于庄子的材料不多，主要根据《史记》和战国时期某些著作的零星记载以及《庄子》中散见的材料，其中不免有些寓言式的描写，不能看作真事，但从这里也反映出一个庄子的轮廓。

庄子名周，宋国蒙（今河南商丘）人（一说为山东曹县，此说不可信）。他和孟子同时，比孟子稍晚一些。据马叙伦、吕振羽、范文澜、闻一多等人考证，庄子生年为公元前369年、前355年、前328年、前375年，卒年为公元前286年、前275年、前286年、前295年。据此，庄子于公元前328年至前295年在世是没有问题的。庄子朋友不多，门徒有限。当时学术界的名人中只有惠施同他经常往来，进行辩论。朱熹说："庄子当时也无人宗之，他只在僻处自说。"[1]先秦诸子书中，只有荀子提到过庄子，说他"蔽于天而不知人"。

庄子曾做过蒙地方的漆园吏，大概没有干多久，后来便和战国时代其他思想家一样，从事于讲学、著述。他生活贫困，有时靠打草鞋过活，曾向监河侯借过米，见魏王的时候穿的是补了又补的粗布衣服，草鞋上的带子也是断了又接起来的。然而他坚决不去做官，对功名利禄表示高度的轻蔑。《史记·老子韩非列传》记载：

> 楚威王闻庄周贤，使使厚币迎之，许以为相。庄周笑谓楚使者曰："千金，重利；卿相，尊位也。子独不见郊祭之牺牛乎？养食之数岁，衣以文绣，以入大庙。当是之时，虽欲为孤豚，岂可得乎？子亟去，无污我。我宁游戏污渎之中自快，无为有国者所羁，终身不仕，以快吾志焉。"

《庄子》中的《秋水》《列御寇》两篇中，各有一个故事与这里的记述相似，可能这段文字是从那两个故事演化来的。《秋水》篇还有这样一个故事：

> 惠子相梁，庄子往见之。或谓惠子曰："庄子来，欲代子相。"于是惠子恐，搜于国中三日三夜。
>
> 庄子往见之，曰："南方有鸟，其名为鹓鶵，子知之乎？夫鹓鶵，发于南海而飞于北海，非梧桐不止，非练实不食，非醴泉不饮。于是鸱得腐鼠，鹓鶵过之，仰而视之曰：'吓！'今子欲以子之梁国而吓我邪？"

---

① 《朱子语类》卷一二五。

庄子以高洁的凤凰（鹓鶵）自况，在他看来，梁国的相位就像一只发臭的死老鼠，而死抱住梁相不放的惠施则是一只可厌的鸱鸟。

庄子是隐者，但他与后世把隐居终南山当作做官的捷径的隐者不同，并不是为了抬高身价，以便有朝一日飞黄腾达。他终身贫苦，隐而不仕，是因为反对当时封建等级宗法的社会，讨厌虚伪的仁义礼智的说教。有人用“酸葡萄”来解释庄子的情绪：因为当不上官，才拼命贬低做官。这是把一种思想的产生理解得过于简单了。吴敬梓著《儒林外史》讽刺科举制度，严复写《救亡决论》抨击八股文，如果用“酸葡萄”的理论来解释，说他们是因为自己没有取得功名而大发牢骚，那是多么肤浅！

其实老庄思想是有比较广泛的社会基础的。在封建化的过程中，与封建领主阶级、农奴阶级产生的同时，也出现了一批自耕农，他们是小私有者，又是小生产者。其中，有的是因为有军功，从奴隶、农奴上升来的；有的是逃亡的奴隶、农奴在离城市较远的荒僻地带开垦荒地，成为自耕农的；还有的是从奴隶主、封建领主阶级降下来的。这个下降，除了劳动者造反和他们内部互相倾轧以及战争等原因，还有一个正常的途径。我国奴隶社会和封建社会都是实行宗法制的，按照血统关系确定人们的政治、经济地位。奴隶主或封建领主，不论是天子、诸侯还是卿大夫，都要把私有财产、贵族地位留给自己的长子。所谓“君子之泽，五世而斩”，先世是贵族，几代以后，就逐渐失去了贵族特权和身份。所谓宗法，最重要的是确定长子对于余子的特殊地位，即长兄对于群弟的特殊地位，由长兄一人继承父业，使私有财产尽量集中，不致因为在兄弟之间平均分配而迅速分散。一个家族的人数在不断增长，为了达到上述目的，还需要不断地把余子抛出去，别立为宗，成立新的家族。因此，在宗法制度下，有所谓“百世不迁之宗”，即以始祖之后各代宗子（长子）为首的大宗；“五世则迁之宗”，即以高祖之后各代宗子为首的小宗。小宗“六世亲竭矣”，退出小宗的家族，另立新宗。

余子所分得的财产是有限的，余子的余子所得更为有限。春秋战国时期，有相当一批贵族的余子成为独立的小农，有一小片土地，自己参加劳动。他们有贵族的血统和文化教养，但是只有农民小生产者的政治经济地位。他们对奴隶制、封建制都已绝望，宗法制决定他们必然沉沦。他们从自己这个角度看社会，就见到人类文明给他招致的不幸，最重要的是保住自己的生命财产，保住勉强过得去的经济地位。他们中间不少人走上避世的道路，成了隐者。《论语》中记载了一些隐者，如长沮、桀溺、荷蓧丈人、楚狂接舆等人都是真人真事。《庄子》中有庚桑楚、南荣趎等隐者，这些人虽未必实有其人，而这些人的思想倾向则是真实的社会现象的反映。一方面，对传统和现实深深不满，使他们时时发出尖锐的批判和愤怒的抗议，另一方面，由于无力改变现实，看不到前途、出路，又使他们趋于消沉，无所作为，寻求精神的安慰。庄子和老子一样，也是从农民小生产者，特别是隐者阶层中，汲取政治和思想营养的。

庄子是楚人，丰富多彩的楚文化使庄子哲学极富特点。长江流域很古的时候就有发达的生产技术，马王堆出土文物说明，春秋战国时期已经具有了高度发展的绘画、雕刻、纺织以及医学科学技术。人们在改造自然的斗争中，思考着宇宙的生成、变化的许多问题。屈原的《天问》提出了那么多自然科学的问题，如：“日月安属，列星安陈？出自汤谷，次于蒙汜，自明及晦，所行几里？夜光何德，死则又育？”《天运》篇也表达了当时的庄子学派对宇宙运行、变化的关心和理解。《天下》篇载，南方倚人黄缭也曾探讨“天地所以不坠不陷，风雨雷霆之故”。这些都是提供给庄子的思想资料，帮助他进一步研究大自然。

王逸说，楚俗“信鬼而好祠”，这有它迷信的方面，但是同时也产生了许多美丽的神话。在《九歌》中，我们看到东皇太一、云中君、湘君、湘夫人、大司命、少司命、河伯、山鬼这些具有超人本领又有人的某些思想感情的鬼神。在《离骚》中，人似乎也具有某种神性，可以与神交通，可以上天下地，支配日月风雷。《楚辞》与富于现实主义精神的《诗经》不同，是绚丽多彩的，充满浪漫主义精神的。神话和楚辞又影响了庄子，丰富了他的想象力和创造力，使他写出极其生动的比喻和异趣横生的寓言。在《庄子》书中，我们可以看到人与鱼对话，河与海交谈，牧马童子游于六合之外……庄子吸取楚文化的养料，形成了自己的浪漫主义的风格。

三、社会历史观：民之常性与仁义礼智的对立

有着小块土地的个体农民一出现，便和封建领主处在尖锐的矛盾之中。封建领主向他们抽税征兵，用礼乐刑罚对他们进行严厉的统治。加上战争的破坏、商品经济的侵蚀、水旱灾荒的袭击、农民小生产者的地位岌岌可危。他们在苦难中撑持，迫切要求保住自己

的劳动条件，按自己的意愿生活下去。因此，在儒、墨、法等各家为了礼治、法治，亲亲、尚贤等问题争吵得不可开交的时候，农民小生产者的代表庄子大声疾呼，“圣知仁义礼乐”等等束缚人的东西全部不要，让人民群众按照他们的本性生活。

庄子继承和发展了老子的思想，把农民小生产者同等级、宗法、专制的封建制度的对立，概括为“民之常性”与仁义礼智的对立。这一对立实际上贯串在庄子的整个哲学中，造成了或影响了其他一系列矛盾、对立。虽然由于时代和阶级的局限，庄子不可能真正找到解决这些对立的方法，但是经过他的努力探索，提出了不少深刻的思想。

“民之常性”也就是人的自然本性。庄子认为，很久以前有一个“至德之世”，那时人民群众根本不知道有什么仁义礼乐，他们按照自己的本性自然而然地生活着：

> 彼民有常性，织而衣，耕而食，是谓同德；一而不党，命曰天放。①
>
> 夫至德之世，同与禽兽居，族与万物并。恶乎知君子小人哉？同乎无知，其德不离；同乎无欲，是谓素朴。素朴而民性得矣。②

从这里我们可以知道“民之常性”就是：第一，生存和温饱，人要有饭吃、有衣穿，没有挨饿受冻的痛苦。第二，劳动，不但人民是“织而衣，耕而食”的，而且领导人也不脱离劳动。《天地》篇描

① 《庄子·马蹄》。

② 同上。

写了大贵族伯成子高在田野耕作的情形。他美化了“至德之世”，认为劳动甚至是诗一样的精神享受。善卷对舜说：“余立于宇宙之中，冬日衣皮毛，夏日衣葛絺。春耕种，形足以劳动；秋收敛，身足以休食。日出而作，日入而息，逍遥于天地之间而心意自得。”[①] 第三，“一而不党”，不划分为利益集团，没有上下尊卑，更没有上对下的压迫统治。人民生活十分自由。第四，没有仁义礼智等精神枷锁的束缚，群众在道德上是同样美好的，没有君子、小人的区别。第五，无欲而素朴，不争名不逐利，安闲度日。“至德之世”“民结绳而用之。甘其食，美其服，乐其俗，安其居。邻国相望，鸡狗之音相闻，民至老死而不相往来”。

庄子所谓“民之常性”，归根到底不过是反映了农民小生产者的利益和要求。人民群众与奴隶制、封建制上层统治者的矛盾由来已久，但是只有这种农民小生产者出现之后，才可能以全人类的名义把他们的愿望、要求提炼为“民之常性”这一概念，使这一部分人的要求具有普遍性、合理性，它标志着宗法、等级专制制度下个人的觉醒，具有重大的认识价值。

仁义礼智曾经为奴隶制服务，稍经改造之后，又为封建制服务，它们是宗法、等级、专制的社会体制的观念的纽带。人们历来总是说，仁义礼智是天之所命，是至善的。然而庄子却说，仁义礼智破坏了人类的自然状态，不是什么善，而是罪恶的渊薮。这在当时，真所谓石破天惊。

庄子认为，仁义等等道德规范，对人类的生存完全是多余的，

---

① 《庄子·让王》。

就像多余的手指和连在一起的脚趾一样，是畸形的东西，极不正常。在“至德之世”，一切任其自然，人们是自由、幸福的。自从社会上出现了所谓“圣人”，情况不同了，他们提倡仁义，推行礼乐，给社会带来了不安和分化：

及至圣人，蹩躠为仁，踶跂为义，而天下始疑矣；澶漫为乐，摘僻为礼，而天下始分矣。故纯朴不残，孰为牺尊？白玉不毁，孰为珪璋？道德不废，安取仁义？性情不离，安用礼乐？五色不乱，孰为文采？五声不乱，孰应六律？夫残朴以为器，工匠之罪也；毁道德以为仁义，圣人之过也。①

人的性情是自然的、多样的，“圣人”却偏要人为地把它纳入一个固定僵化的规范里，这就好像多余的手指要砍掉、连着的脚趾要割开、凫的短腿要续长、鹤的长腿要截短一样，是违反人的本性的。

“圣人”提倡仁义，用爱和利加以鼓励，对行仁义的，就爱他，给他鼓励，其结果造成虚伪和攘夺。庄子说：

爱利出乎仁义，捐仁义者寡，利仁义者众。夫仁义之行，唯且无诚，且假乎禽贪者器。是以一人之断制利天下，譬之犹一覕也。②

行仁义便能得到爱、利，这样就会出现假仁假义的伪善现象，这就给贪婪者提供了达到目的的手段。因此推行仁义是以“圣人”一人的决断治天下，即使有利于天下，那也将是短时间的。

① 《庄子·马蹄》。

② 《庄子·徐无鬼》。

仁义礼智这些所谓“圣知之法”，是“圣人”治理天下的工具，同时也是窃国大盗统治国家的工具。庄子认为，齐国的例子是很能说明问题的：

> 昔者齐国，……阖四竟之内，所以立宗庙社稷，治邑屋州闾乡曲者，曷尝不法圣人哉？然而田成子一旦杀齐君而盗其国，所盗者岂独其国邪？并与其圣知之法而盗之，故田成子有乎盗贼之名，而身处尧舜之安。小国不敢非，大国不敢诛，十二世有齐国。[①]

仁义礼智既然成为窃国大盗的护身符，窃国大盗也就腼然成为仁义礼智的代表：“彼窃钩者诛，窃国者为诸侯，诸侯之门而仁义存焉。”[②]在另一个地方，庄子说：“诸侯之门，义士存焉。”[③]指出大盗窃国之后，便有所谓义士，为他出力，替他吹捧。

仁义不足以治天下，只能使人虚伪，制造争端。自从黄帝开始推行仁义以来，麻烦就出现了，推行到三王的时代，便使天下惊骇不安。后世君主利用仁义继续搞欺诈、奴役，使人民无法正常生活下去。庄子说当时的统治者：

> 匿为物而愚不识，大为难而罪不敢，重为任而罚不胜，远其途而诛不至。民知力竭，则以伪继之。日出多伪，士民安取不伪？夫力不足则伪，知不足则欺，财不足则盗。盗窃之行，

---

① 《庄子·胠箧》。

② 同上。

③ 《庄子·盗跖》。

于谁责而可乎？[1]

统治者隐匿事物真相而责怪不识者，把事情弄得很难而对不敢为者治罪，加重负担而罚担当不起来的人，路途定得很远而惩治不能按期走到的服徭役的人。他们“日出多伪”，人民也就不能不伪，同样用诈伪的手段对付他们，于是产生了盗。面对盗窃现象，应该怪罪谁呢？很清楚，不应是群众，应该是统治者们。

庄子认为，仁义礼智是“圣人”制造出来的一种畸形病态现象，贫富贵贱，欺诈争夺等阶级社会的一切罪恶现象又是推行仁义礼智的结果。这些看法当然属于唯心史观。但是庄子对当时社会的揭露是深刻的。庄子以齐国的田成子这个具体实例说明窃国大盗成了被公认的诸侯，那么衮衮诸侯哪一个不是窃国大盗？这就撕下了他们高贵、尊严的假面具，还他强盗的本来面目。仁义礼智既可为“圣人”利用，又可为大盗利用，原因就在于它本身正是统治压迫人民之道，社会上众暴寡、强凌弱、杀戮、攘夺等一切罪行都是在它的名义下干出来的。

民之常性和仁义礼智不可调和地对立着，前者是至善的，由于它曾经产生过一个人类的黄金时代；后者是伪善的，它制造了人间的一切灾难。结论应该是怎样的呢？庄子认为，要用民之常性彻底否定仁义礼智：

圣人生而大盗起。掊击圣人，纵舍盗贼，而天下始治矣。……故绝圣弃知，大盗乃止；擿玉毁珠，小盗不起；焚符

① 《庄子·则阳》。

破玺，而民朴鄙；掊斗折衡，而民不争；殚残天下之圣法，而民始可与论议。……毁绝钩绳而弃规矩，攦工倕之指，而天下始人有其巧矣。削曾史之行，钳杨墨之口，攘弃仁义，而天下之德始玄同矣。[①]

打倒了“圣人”，抛弃了“圣知之法”，大盗也就跟着不存在了，民众的欲望要求也就朴素、单纯了。否定了仁义之行，天下人的性情便可一致了。天下回到了“至德之世”，由大乱变为至治，也就是否定上对下的统治和管理。因此，他主张“无为而治”：

闻在宥天下，不闻治天下也。在之也者，恐天下之淫其性也；宥之也者，恐天下之迁其德也。天下不淫其性，不迁其德，有治天下者哉？[②]

“宥”是宽舒，“在”是自在。“在宥天下”，使人人不改其性、不变其德，那么天下根本用不着去治理。他又说：

故君子不得已而临莅天下，莫若无为。无为也，而后安其性命之情。[③]

“无为而治”是最好的治理，这样人人“安其性命之情”，天下永远太平。

阶级社会是在生产力有所发展但还没有高度发展的条件下形成

① 《庄子·胠箧》。

② 《庄子·在宥》。

③ 同上。

的。只有到了生产力高度发展，社会财产大量涌现，因而在社会规模上实行各取所需的时候，才能最终消灭阶级。在庄子时代，否定阶级社会是办不到的。而像庄子那样，企图通过取消文明的办法，如“擿玉毁珠”“掊斗折衡”“擢乱六律，铄绝竽瑟”“灭文章，散五采”等等，否定阶级社会中产生的一切文化，那就更加行不通。文明产生于阶级社会，但文明一旦产生，它就成为人类共同的精神财富和物质财富。文明是人类进步的实际成果，如果把文明，其中包括先进的生产力、科学技术、社会科学、文学艺术乃至语言文字一起抛掉，则是无出路的倒退行为。从阶级社会进到无阶级社会，是前进，不能倒退。只有大大发展在阶级社会中形成的文明果实，在这个基础上才有可能建设无阶级社会，否则是没有出路没有希望的。正如马克思和恩格斯所指出的，如果没有生产力的高度发展，“那就只会有贫穷的普遍化；而在极端贫困的情况下，就必须重新开始争取必需品的斗争，也就是说，全部陈腐的东西又要死灰复燃”①。庄子简单地否定文化，他根本不理解人类文化继承发展的现实。事实上自从人类有了文化，就逐步形成文化的人类，企图消灭文化，等于消灭人类，是办不到的。

在庄子时代，封建的生产关系是符合生产力发展水平的，社会前进的步伐基本上是正当的。从理论上说，在同一个生产关系之下，可以有不同的政治形式，有的可能控制得严酷一些，有的可能暂时松弛一些；可以是统一的大帝国，也可以是分散的小邦……人民群众在斗争中可以为自己争取较好一点的生存条件，但是庄子所

① 《德意志意识形态》,《马克思恩格斯选集》第一卷，人民出版社，1972 年 5 月版，第 39 页。

代表的处于分散状态的农民小生产者不可能看到这点。

庄子发现了矛盾，但是无力解决矛盾。他看不到前进的道路，只好向后看，他不懂辩证的否定，只会搞形而上学的否定，在抛弃污水的同时，抛弃了婴儿。这就是他社会历史观的悲剧，它对庄子思想的其他方面产生深刻的影响。

四、唯物主义的自然观

庄子讨厌当时的社会，于是把思想转向广阔的自然，转向整个世界的物质基础。他全身心地投入自然的怀抱，竭力发现和赞美原始物质和大自然的伟大、崇高、无限、完美，借以反衬人类社会的渺小、卑下、有限和残缺不全。

在自然中存在着无形与有形、无为与有为、无限与有限、绝对与相对等等的对立统一。庄子为了否定社会，竭力抬高无形、无限、无为、绝对的一面，而贬低有形、有限、有为和相对的一面。因此我们必须从两个方面评价他的自然哲学。一方面，他用无为的“道”否定了有意志的“天”、能福善祸淫的鬼神，建立了唯物主义观点。但是从另一方面看，他的唯物主义不像培根，而像霍布士。在培根那里，物质是“带着诗意的感性光辉对人的全身心发出微笑”[①]，而在霍布士那里，“唯物主义变得敌视人了。为了在自己

① 马克思、恩格斯：《神圣家族》，《马克思恩格斯全集》第二卷，人民出版社，1957年12月版，第163页。

的领域内克服敌视人的、毫无血肉的精神，唯物主义只好抑制自己的情欲，当一个禁欲主义者。它变成理智的东西，同时以无情的彻底性来发展理智的一切结论”[①]。这和庄子代表的阶级有密切联系。

（一）无形的“道”是世界的物质基础

人类自从有了哲学思维，就在探求客观世界的本质。然而在很长的时间里，人们总是用神话、用“上帝”意志解释世界。在中国，直到老子、庄子学派出现之后，这种情况才有了改变。

庄子认为，有一种人们感觉不到的无形的物质材料，是可感觉的万有的基础，也是宇宙的原始材料。他说：

> 泰初有无，无有无名；一之所起，有一而未形。物得以生，谓之德；未形者有分，且然无间，谓之命；留动而生物，物成生理，谓之形；形体保神，各有仪则，谓之性。[②]

庄子把世界的原始材料叫作“无”，是因为它无形。他认为世界之初存在着“无”，这便是原始的未分化的世界（“有一而未形”）。万物是从这个无形的原始材料产生出来的，从物得到它这角度说，叫作“德”；从它把自己的一部分赋予物这个角度说叫作“命”。有了“物”，便有了形体，有了“仪则”，从而进入“有”的世界。庄子又说：

> 夫昭昭生于冥冥，有伦生于无形，精神生于道，形本生于

① 马克思、恩格斯：《神圣家族》，《马克思恩格斯全集》第二卷，人民出版社，1957年12月版，第164页。

② 《庄子·天地》。

精，而万物以形相生。[①]

明显的东西产生于晦暗的东西，有形物产生于无形物。“道”产生精神，精神产生形体，有形物都是从有形物产生的。从这里可以看到，“道”也就是“无”，即原始材料，这里还是在讲万物从无形体的原始材料产生出来。此处一个明显的错误，是他把精神看作精细的物质。早期唯物主义哲学家，如宋钘、尹文等人，与《管子·内业》等篇都有这种见解，这是一个比较普遍的错误见解。

庄子的“道”或“无”是不是一种精神实体呢？不是。他说的“道”或“无”，其实就是“气”，他是为强调它的无形和贯通一切，才称之为“无”和“道”。他说：

是故天地者，形之大者也；阴阳者，气之大者也；道者为之公。[②]

所谓“道”，是天地阴阳之间共同的东西。他又说：

通天下一气耳[③]。

因此“道”就是“气”，构成万物的原始混沌材料。

万物从“道”生，灭亡之后又复归于“道”。庄子说：

合则成体，散则成始。[④]

---

① 《庄子·知北游》。

② 《庄子·则阳》。

③ 《庄子·知北游》。

④ 《庄子·达生》。

这是说“气”的聚合便构成物的形体，形体离散又回复到原始状态的“气”。因此，万物的生成、发展、灭亡，都是“气”运动的结果。

> 人之生，气之聚也，聚则为生，散则为死。[①]

这是说，人的生死即“气”的聚散。

> 邀于此（按：指“气”，亦即“道”）者，四肢强，思虑恂达，耳目聪明，其用心不劳，其应物无方。[②]

这是说人得到“气”便健康、聪明、能干。

> 天不得不高，地不得不广，日月不得不行，万物不得不昌，此其道与！[③]

这是说得到了“气”，则天高地广，日月运行，万物昌盛；失去了“气”便不高不广，不行不昌。因为任何事物都是“气”的某种凝聚形态，任何变化都是“气”的某种运动形态，所以庄子说：

> 万物一府，死生同状[④]
> 孰知有无死生之一守者，吾与之为友。[⑤]

庄子不承认“上帝”“鬼神”或某种精神实体主宰世界，直

---

① 《庄子·知北游》。
② 同上。
③ 同上。
④ 《庄子·天地》。
⑤ 《庄子·庚桑楚》。

接打击了西周以来的天命观和种种宗教迷信思想。然而他过分抬高了无形的“道”，贬低了眼前的感性世界，从而得出了“敌视人”的结论。拿“死”来说，它是复归于“道”的运动，当然是自然的，但是对于人来说，生和死具有根本不同的意义。但是庄子站在“道”的立场上，以“无情的彻底性”，推出生死一样，死是值得庆贺的结论。他说：

> 生者假借也，假之而生生者，尘垢也。[①]

生命不过暂时的存在，因而是无足轻重的。又说：

> 生也死之徒，死也生之始。……若死生为徒，吾又何患！[②]

生连着死，死接着生，是生是死，不值得在意。庄子甚至认为死是一种幸福：

> 死，无君于上，无臣于下；亦无四时之事，从然以天地为春秋，虽南面王乐，不能过也。[③]

所以当他妻子死的时候，他竟“鼓盆而歌”，认为妻子安然睡在天地这个大房子里，得到了宁静。

“道”为天地阴阳之始，不单是从实体上说的，其中也包含规律的意义，就是说“道”是天地阴阳运动的必由之路。庄子说：

① 《庄子·至乐》。

② 《庄子·知北游》。

③ 《庄子·至乐》。

道者，万物之所由也，庶物失之者死，得之者生，为事逆之则败，顺之则成。故道之所在，圣人尊之。[1]

万物所由之“道”，有一个基本的属性，就是“无为”。统一体或其代表对它的各个组成部分不是有意识地主宰，而是任其自然，这便是“无为”。如果“道”不具备“无为”的性质，也就不能成为万物之所由。庄子认为：

四时殊气，天不赐，故岁成；五官殊职，君不私，故国治；文武大人不赐，故德备；万物殊理，道不私，故无名。无名故无为，无为而无不为。[2]

天对四时，君对五官，都任其自然，因此岁成、国治。“道”是万物所由之公理，对万物各自之理，不强制划一，也是任其自然，使万物各得其所，因此是“无为而无不为”。“无为”之理从天地与万物的关系看，是十分明显的：

天无为以之清，地无为以之宁。故两无为相合，万物皆化生。芒乎芴乎，而无从出乎！芴乎芒乎，而无有象乎！万物职职，皆从无为殖。故曰天地无为也而无不为也。[3]

“芒芴”即“荒忽”，是对无形状态的描写。这里说，天地是“无为”的，天地之气的相交也是“无为”的，它们相交之后，万物便

① 《庄子·渔父》。

② 《庄子·则阳》。

③ 《庄子·至乐》。

从芒芴之中不假人为地产生出来了。这样，天地做到了“无为而无不为”。

庄子用“无为”的观点考察许多自然现象。在《天运》篇中，他提出了一系列自然科学的问题：

> 天其运乎？地其处乎？日月其争于所乎？孰主张是？孰维纲是？孰居无事推而行是？意者其有机缄而不得已邪？意者其运转而不能自止邪？云者为雨乎？雨者为云乎？孰隆施是？孰居无事淫乐而劝是？风起北方，一西一东，有上彷徨，孰嘘吸是？孰居无事而披拂是？敢问何故？

天是运转的吗？地是静止的吗？日月是相互争夺它们的位置吗？谁主宰和施行这些？谁为之树立纲维？谁以“无为”的方式推动这些事？我想是本身有机缄使它们不能自已，还是它们的运转根本无法停下来呢？答案已经包含在问题的提法中：没有什么主宰，完全是事物自己的自然运动。

《则阳》篇曾讨论“莫为”“或使”的问题。少知提出问题说，季真主张“莫为”，认为没有一个主宰者决定事物的状态；接子主张“或使”，认为可能有一个主宰者决定事物的状态，两者究竟谁对？大公调回答中有一句话说“或使则实，莫为则虚”。有人指出这是庄子要滑头，用两可的议论坚持他的唯心主义思想。其实这里讨论的是“道”是作为实体在支配万物，还是“道”根本不存在，因而也谈不上什么支配。庄子借大公调之口说：“或之使，莫之为，未免于物而终以为过。”“或使”“莫为”这两个提法本身就是不对的，因为它们还是把“道”当作拟人化的最高的主宰者来理解。物要么是感性的存在，要么不存在的，于是“道”也要么是感性的存在，要么不存在了。实际上，“道不可有，有不可无。道之为名，所假而行”[①]。庄子已经朦胧地看到“道”是共相，是一般。它不像具体事物那样的可感触地存在着，但它绝不是等于零的“空无”。在这个意义上可以说它不可有，又不可无。而“道”是借用来说明这个共相或一般的。庄子没有耍滑头，他是老老实实地探讨作为天地万物的共相、一般、本质、规律的“道”的特点。

应该指出的是，庄子的“道”有泛神论的色彩。庄子说：

> 夫道，渊乎其居也，谬乎其清也。金石不得，无以鸣。故金石有声，不考不鸣。[②]

金石有“道”，所以能鸣。但金石不是无事自鸣的，必须敲它才发声。这就像人心一样，可以有各种活动，但无事时它静而不动，“其心之出，有物采之”[③]，当外物来到面前，人心就会有所反应。庄子把事物的规律（“道”）与人心的认识作用相比附，无生命的金石同人一样有一种反应活动，这就错了。庄子认为，“道”“无所不在”[④]，不但天地日月中有“道”，即蝼蚁、梯稗、瓦甓、屎溺中都有“道”。由此可以推出，任何事物都是“道”的体现。古人不了解精神现象是跟大脑这种特殊的物质结构联系在一起的，因此只有高等动物才具有精神活动。低等动物有刺激感应性，无生物便

① 《庄子·则阳》。

② 《庄子·天地》。

③ 同上。

④ 《庄子·知北游》。

只有作用与反作用，这些与精神活动有本质区别，如果混为一谈，并且用最高的“道”加以解释，就是一种泛神主义倾向。泛神主义可以是唯物主义的一种特殊形式，但其中毕竟包含着唯物主义的不彻底性，可以走到唯心主义。

（二）无限的时间和空间

古代人由于活动范围狭小，限制了人们的眼界，他们认为世界是有限的。庄子根据战国时期科学、生产力的急剧发展，他力图探讨世界的无限性问题。依据不断增长的各国之间经济文化的频繁交往，地理、历史知识不断扩大，从来受传统中原文化束缚较少的楚国哲学家，深闳而肆的逻辑思维与形象思维萃于一身，使他可能提出前人所没有接触到的开创性的见解。他说：

> 彼其物无穷，而人皆以为有终；彼其物无测，而人皆以为有极。①

他要用无穷的思想驳斥有穷的观念。庄子认为，时间是无限的，“有长而无本剽者宙也”②。“宙”即古往今来的时间，“无本剽”即没有开端和结束。没有结束，这比较容易理解，但是没有开端不好理解。常识告诉人们，事情总有一个开端，数的序列总要从数字的1开始。到了19世纪，德国杜林还认为时间的无限只能在一个方向，而不能在两个方向。然而庄子天才地猜测到了这个问题。

时间有无开端的问题，实质上是世界有没有开端的问题，运动

① 《庄子·在宥》。

② 《庄子·庚桑楚》。

有没有开端的问题，这个问题的提出，就意味着人类认识世界的深化。从事物的运动变化看，情况怎样呢？庄子说：

吾观之本，其往无穷，吾求之末，其来无止。[1]

凡事都有其根本，而根本又有其根本，追寻过去，是无穷的。凡事也都有其结果，而结果又有其结果，追寻下去也将是无穷的。根本之前还有根本，“其往无穷”，这便决定了在事物发展变化的链条上是没有开端的。关于天地的开端，情形又如何呢？在《知北游》中有假托孔子和他弟子冉求的一段精彩的对话：

冉求问于仲尼曰：“未有天地可知邪？”仲尼曰：“可，古犹今也。”……仲尼曰：“……无古无今，无始无终。未有子孙而有子孙，可乎？”仲尼曰：“……有先天地生者物邪？物物者非物，物出不得先物也，犹其有物也。犹其有物也，无已。”

没有天地时是什么样子呢？答曰“古犹今也”，就是说在古时候世界也同今天一样存在着，它没有一个绝对的开始。冉求不懂，仲尼进一步解释：古今终始都是相对的，不是绝对的。古是对今说的，在古的当时，古也是今，并且还有它自己的古。始是对终说的，始也是被产生出来的，对于自己的始来说，始又是终。世界的发展是一个无限的系列，任何一环都是继往开来的，它既是“父”，又是“子”。如果有一个环节不是“子”，只是“父”，就是说承认世界有一个绝对的开端，是不合理的。这是要一个不是子孙的去生子孙，“未有子孙而有子孙，可乎”？当然不可。看冉求不甚理解，

① 《庄子·则阳》。

仲尼又说：是否有物产生在天地之先呢？没有。天地乃是万物的总和，认为有物产生在一切物之前是不对的，物之前还有物，物之前还有物，没有尽头。世界没有开端，时间也就没有开端。

关于世界有没有开始的回答，直接反映了唯物主义哲学与唯心主义哲学的分野。主张有开始的，必然是唯心主义，因为这种主张认为世界最初是零，是不存在，世界原来不是物质的，而是一无所有的。唯物主义者则认为世界是没有开始的，物质世界从来是客观存在着的，只是它的存在的表现形态有所不同罢了。庄子的观点应当说是属于唯物主义的。

关于空间的无限性，庄子也进行了认真的思考。在《秋水》篇里，他让海神教训了不知天地之大的河神：

> 天下之水，莫大于海，……而吾未尝以此自多者，自以比形于天地而受气于阴阳，吾在天地之间，犹小石小木之在大山也，方存乎见少，又奚以自多！计四海之在天地之间也，不似礨空之在大泽乎？计中国之在海内，不似稊米之在大仓乎？号物之数谓之万，人处一焉；人卒（按：俞樾曰："当为'大率'。"）九州，谷食之所生，舟车之所通，人处一焉；此其比万物也，不似豪末之在于马体乎？

人是万物之一，人处在九州的一小块土地上。九州即中国在四海之内，像一粒米处在大仓里一样。而四海在天地之间，像蚂蚁洞处在大湖里一样。庄子这里的比喻并不十分精确，大仓中的一粒米和仓中全部的米比较，虽差别很大，毕竟是有限的差别，而世界的广大，事物之间的悬殊则是无限的。庄子对这个问题在逻辑上不够周密，但他的思路是十分可贵的，思想的深度和广度都比前人有所进展，开拓了人们的视野。在人类认识史上应当给以充分的估价：

> 计人之所知，不若其所不知；其生之时，不若未生之时；以其至小求穷其至大之域，是故迷乱而不能自得也。由此观之，又何以知豪末之足以定至细之倪？又何以知天地之足以穷至大之域？[①]

人的知识有限、生命有限，而且又是很小的一种存在物，要人考查什么最大，肯定会产生迷乱。因此不能断定豪末最小，天地最大。

庄子研究时空的无限性，目的是站在无限的立场上，否定有限的人世间。《则阳》篇有一个寓言说，魏惠王与齐威王有矛盾，魏国有人主张刺死齐王，有人主张派兵伐齐，有人认为为了巩固王基不能伐齐。庄子认为，所有这些人都不合于“道”，因为他们都是从魏国的立场看问题，而不是从无限宇宙的立场看问题。魏王无所适从，这时有道之士戴晋人跑来开导他，说道：

> “有国于蜗之左角者曰触氏，有国于蜗之右角者曰蛮氏，时相与争地而战，伏尸数万，逐北旬有五日而后反。”
>
> 君曰：“噫！其虚言与？”
>
> 曰：“臣请为君实之。君以意在四方上下有穷乎？”
>
> 君曰：“无穷。”
>
> 曰：“知游心于无穷，而反在通达之国，若存若亡乎？”
>
> 君曰：“然。”

① 《庄子·秋水》。

曰："通达之中有魏，于魏中有梁，于梁中有王。王与蛮氏，有辩乎？"

君曰："无辩。"

上下四方，即空间是无穷的，从无穷来看有人迹的所谓"通达之国"，便显得若存若亡。魏和齐都是"通达国"之一。从无限的宇宙看他们，正像建立在蜗牛两角上的国家一样。因此不但它们之间的争斗毫无意义，连它们本身的存在也毫无意义。

在寓言中，魏惠王是被说服了，他认为戴晋人比"圣人"还高明。仅从认识的相对性来说，这个寓言有可取之处，但这里有它的片面性。从理论上说，承认无限并不意味着抹杀有限，"无限纯粹是由有限组成的"①。否定了有限，也就否定了无限。无限和有限是辩证的统一，这个统一中，"每一个在自身之中都是这种统一，每一个只是它自身的扬弃，在扬弃中，无论哪一个对另外一个而言都没有自在的存在和肯定的定在的优越性"②。无限由有限组成，因而无限包含有限；有限乃是对自身的超出，因而有限中包含无限。有限和无限这是并存相依的一对范畴，割裂两者的关系，抬高一个，贬低另一个都是不对的。

实际上，无限的宇宙分为许多层次。人类可以认识另外层次中的事物，大到银河系、总星系，小到基本粒子。但是这种认识并不改变人是地球上的生物、社会的成员这个事实。要解决人类社会的

① 恩格斯：《反杜林论》，人民出版社，1970年12月版，第48页。

② 黑格尔语。转引自列宁：《黑格尔〈逻辑学〉一书摘要》，《列宁全集》第五十五卷，第114—115页。

生产问题、政治问题，必须从切近的、直接有关的一件一件的重大的、具体的矛盾着手。站在无限的立场上藐视这一切，只能空话连篇，一事无成，那是软弱无力、逃避现实的表现。

（三）绝对的运动

世界的运动、变化，人类是早已感到了。但是在很长的时间里，哲学家们认为那是形态的变化，实质、内容是不变的。孔子说："殷因于夏礼，所损益，可知也。周因于殷礼，所损益，可知也。其或继周者，虽百世，可知也。"[①]这是说在社会生活中，时代虽变，旧时代的礼只要在形式上稍稍改变，就可以在新时代继续实行。与这种形而上学相反，老子认为世界在本质上是变动不居的，是向对立面转化的。庄子继承了老子的思想，特别强调世界的变动不居：

> 道无终始，物有死生，不恃其成；一虚一盈，不位乎其形。年不可举，时不可止；消息盈虚，终则有始。是所以语大义之方，论万物之理也。物之生也，若骤若驰，无动而不变，无时而不移。[②]

物总是有生有死，不能一成不变，正如月亮，一虚一满，不能停留在某种形态上。年不可举之使之停留，时不可止之不进，一切事物都处在生长消亡、终而复始的运动变化之中。这就是万物之理。一切存在物都像骏马在奔驰，无时无刻不在变动迁移。

庄子特别强调运动的绝对性，而不承认有相对静止。在《田

① 《论语·为政》

② 《庄子·秋水》。

子方》中有这样一个寓言，是颜渊和孔子讨论为什么颜渊追不上孔子的。颜渊说："你走我也走，你跑我也跑，为什么你飞快地跑在前边，我永远追不上你呢？"孔子说："日出于东方而人于西方，世界上万事万物都随着它变化、生死。我自从出生之后也在这变化的大流中，日夜不停地变动。""吾终身与汝交一臂而失之，可不哀与！女殆著乎吾所以著也。彼已尽矣，而女求之以为有，是求马于唐肆也。"意思是："我终身赞许你，手把着手，终于失落了。这恐怕是因为你总想在我曾经落脚的地方落脚，那个地方已经变化了，不再存在了，你认为它还存在，拚命寻找，这正像到马跑过的地方找马一样，是永远找不到的。"庄子是说一切皆变，而且变到这种程度，一个人所走过的路，别人永远不能再走。

庄子从运动的绝对性出发，批判了认为社会制度、仁义礼智等等永远不变的观点。他说：

> 仁义，先王之蘧庐也，止可一宿而不可久处，觏而多责。①

仁义是先王的旅馆，只可住一宿，不可多住，住久了就要出毛病，受责难。他又说：

> 故礼义法度者，应时而变者也。今取猨狙而衣以周公之服，彼必龁啮挽裂，尽去而后慊。观古今之异，犹猨狙之异乎周公也。②

礼义法度不是永远不变的，要根据时代的变化而变化。古今之不

---

① 《庄子·天运》。

② 同上。

同，正如猴子和周公的不同，不能强令一致。这个批判是对孔子主张周礼百世不变的形而上学思想的冲击，有很重要的理论意义。

但是庄子否定相对静止则是错误的。绝对运动与相对静止是相互联系相互依存的。没有相对静止，运动就没有衡量的依据，以最简单的机械运动为例，在一个系统中如不把某一点看作相对静止的，其他任何点的位置移动都无从考察。当然相对静止不是为了观察的方便假设的，它是客观的、真实的。任何事物的运动、发展总有相对稳定、相对平衡的状态，这就是相对静止。事物在相对静止阶段上为未来的质变准备条件。恩格斯说："物体相对静止的可能性，暂时的平衡状态的可能性，是物质分化的根本条件，因而也是生命的根本条件。"[①]不言而喻，也是社会存在的基本条件。庄子把存在着生命和社会的地球，描写得和太阳表面一样瞬息万变，他的目的还是为了贬低当时的社会，把它看作过眼云烟。

庄子曾经用运动变化的观点，思考生物界的发展问题：

> 种有几，得水则为㡭，得水土之际则为蛙蠙之衣，生于陵屯则为陵舄。……羊奚比乎不箰，久竹生青宁；青宁生程，程生马，马生人，人又反入于机。万物皆出于机，皆入于机。[②]

"种有几"是说物种中具有万物的朕兆，种在水中生成㡭（有人注为"续断"），在水土之间变为青苔（"蛙蠙之衣"），在陆上变为车前（"陵舄"）。经过一系列稀奇古怪的演变之后，终于生出了人类。人类还要回到"机"即运动着的天地阴阳中去。因为古人

① 恩格斯：《自然辩证法》，人民出版社，1971 年 8 月版，第 224 页。

② 《庄子·至乐》。

缺乏生物学的知识（包括生物分类学的知识），错误地把种属关系极远的生物，甚至动物和植物之间都看作互相产生的，这当然是错误的，与近代的生物进化论不可同日而语。但是他试图用一个发展的纽带把生物界统一、联系起来，并且猜测生物由水生到陆生的发展，在当时是难能可贵的。

庄子发展观的根本弱点是最终逃不脱循环论。古代社会进步缓慢，小生产落后的狭隘性不能产生科学的发展观。人们看到日之升落，月之圆缺，四时之嬗递，形成了循环的观念。庄子也不例外。他说：

> 万物皆种也，以不同形相禅，始卒若环，莫得其伦，是谓天均。天均者，天倪也。[1]

万物的发展如“种生马，马生人”那样，是不同事物的更迭。发展的起点与终点一样，“出于机”又“入于机”，因此整个进程是循环，找不到先后的次序。世界在不停地旋转，像陶工用的均（使陶器成型的旋转工具），所以叫作“天均”。它没有端倪可寻，是无倪之倪，所以叫作“天倪”。发展有这样的特点：在发展的高级阶段似乎重复着低级阶段的某些特点，新东西仿佛向旧东西复归。但是绝不能把发展归结为单纯地重复或循环。发展是无限的螺旋式上升的过程，其中包含着内容或本质的提高和进步。庄子不能摆脱循环论，看不到这个提高和进步，因而看不到人类社会的前途。这是他复古思想的认识论根源。

① 《庄子·寓言》。

五、认识论：反对独断与教条

庄子重视自然，认真考虑过自然科学问题，因此在认识论上有不少朴素的唯物主义的看法。他给认识下了一个很好的定义：

> 知者接也，知者谟也。[①]

这就是说，认识是对认识对象的接触，没有接触就不可能有所认识。但是这还不够，还要进行思考。他重视感觉，又不局限于感觉，这是很可贵的。

庄子认为，世界是可知的，认识者与认识对象不同，并不妨碍认识的进行。他跟惠施争论过人能否认识鱼的快乐这件事。

> 庄子曰："儵鱼出游从容，是鱼之乐也。"
>
> 惠子曰："子非鱼，安知鱼之乐？"
>
> 庄子曰："子非我，安知我不知鱼之乐？"
>
> 惠子曰："我非子，固不知子矣；子固非鱼也，子之不知鱼之乐，全矣。"
>
> 庄子曰："请循其本。子曰'汝安知鱼乐'云者，既已知吾知之而问我，我知之濠上也。"

这是《秋水》中又一个被人们广为传颂的寓言。有人说两人的辩论

① 《庄子·庚桑楚》。

中庄子错了。其实不然。惠施认为人不是鱼就不能认识鱼（包括“鱼之乐”），庄子认为人非鱼，但可以认识鱼。从根本上看，庄子是对的。问题是在他第二次发言时，援用惠施的不可知的理论反驳惠施，这便给了惠施以反击的口实：“你认为我不是你就不能认识你，那么同样的道理，你不是鱼，你就不能认识鱼之乐。”最后，庄子为了摆脱窘境，使用了诡辩术。他对惠施说：“你曾说‘汝安知鱼乐’，这就是说你已经知道我知鱼乐，只是不知道我在哪儿知道的（‘安知’）。那么我告诉你，我在濠水之上知道的。”其实那句话不能理解为惠子承认庄子知道鱼之乐，“安”字也不能解释为“哪里”。

庄子在认识论中用力最多的是反对儒、墨的真理观。儒、墨认为他们所拥护的仁义礼智或“尚贤”“尚同”等等，是绝对真理。这种理论一经“圣人”发现，就成为人类社会的永恒原则。这种绝对的真理观禁锢着人们的头脑，阻碍人们认识真理，发展真理。庄子反对这种看法。他从世界的永恒运动中，悟出认识是相对的这个理论，这是他反对儒、墨的独断、教条的思想武器。他说：

> 昔者尧、舜让而帝，之、哙让而绝；汤、武争而王，白公争而灭。由此观之，争让之礼，尧桀之行，贵贱有时，未可以为常也。[①]

情况是不断改变着的，不同时代有不同情况，企图把一种道理奉为绝对真理，应用于一切时代必然犯错误。这便是之、哙和白公绝灭的原因。庄子说：

---

① 《庄子·秋水》。

盖师是而无非，师治而无乱乎？是未明天地之理，万物之情者也。[1]

认为学了正确的理论就不会犯错误，学了治的办法就不会乱，这是根本不懂天地万物之理。时代在变，风俗在变，这便使是转化为非、治转化为乱。因此“帝王殊禅，三代殊继。差其时，逆其俗者，谓之篡夫；当其时，顺其俗者，谓之义之徒”[2]。五帝转让君位的办法不同，三代继承王位的方式不一，这里没有一成不变。正确或错误，全看是否合于时俗，合的是“义之徒”，不合的是“篡夫”。人不能抱着一个僵死的教条不放，必须根据时俗的变化决定去取。

此外，庄子还从人类认识的局限性方面，探讨了认识的相对性。前面已经提到，他说人活着的时间没有他不活着的时间长，人已知的东西不如他不知的东西多。在《则阳》篇中他具体指出：

万物有乎生而莫见其根，有乎出而莫见其门。人皆尊其知之所知，而莫知恃其知之所不知而后知，可不谓大疑乎！

他认为人对万物生之根、出之门，即如何从“气”中产生并复归于“气”都还根本不了解，单单认识了事物本身，知道的太少，不知道的太多了。人都看重已知的一点东西，不知在未知领域得到新知，是太糊涂了。正因为所知甚少，许多问题不能有定论。他说：

天有历数，地有人据，吾恶乎求之？莫知其所终，若之何其无命也？莫知其所始，若之何其有命也？有以相应也，若之

① 同上。

② 《庄子·秋水》。

何其无鬼邪？无以相应也，若之何其有鬼邪？[①]

天上的星历度数，地上人所依据的川原乡镇，极其复杂，我怎样认识它们呢？没有人知道一件事究竟如何结束，怎么能说没有命呢？也没有人知道一件事物怎样开始的，又怎么能说有命呢？一些事实说明，有某种怪现象与人的行为相应，怎么能说无鬼呢？另一些事实说明，并没有什么怪现象与人的行为相应，怎么能说有鬼呢？总之因为人的知识有限，不能解决命和鬼神的有无问题。尽管庄子不信这些，但他忠于自己的认识论，认为在这些问题上存疑为好。

承认真理是历史的、相对的自然是对的，但是必须看到相对真理中包含着客观的、绝对的、不以人们的意志为转移的内容。否定一成不变的绝对真理也是对的，但是必须承认存在着人们的认识逐步逼近的、由无数相对真理的总和构成的绝对真理。这就是说，相对和绝对的关系是辩证的、相互渗透的。然而庄子缺乏这种辩证法思想，他否定脱离相对的绝对，却走上另一个极端，鼓吹没有绝对的相对。

庄子所理解的运动是没有相对静止和循环的，由此认为真理也是变动不居和循环的，他把反映这种真理的言论叫作“卮言”。他说：

卮言日出，和以天倪，因以曼衍，所以穷年。不言则齐，齐与言不齐，言与齐不齐也，故曰无言。言无言，终身言，未尝言；终身不言，未尝不言。有自也而可，有自也而不可；有自也而然，有自也而不然。恶乎然？然于然。恶乎不然？不然于不然。恶乎可？可于可。恶乎不可？不可于不可。物固有所

① 《庄子·寓言》。

然，物固有所可，无物不然，无物不可。非卮言日出，和以天倪，孰得其久！[①]

日日发出“卮言”，跟世界的循环运动相和，跟人的无定见之心相顺，这是人终其天年的好办法。“卮言”究竟如何？它实际上是“无言”。一般地说，“不言”才能不破坏“道”的全面和完整，有“言”必然破坏它，因为“言”总有不全面之嫌。而“卮言”与一般的“言”不同，它是全面完整的。因为“卮言”的然否都是有根据的，该可的便可，该不可的便不可；该然的便然，该不然的便不然。特别是在称作“天倪”或“天均”的循环运动中，每个事物都轮到的时候，也有轮不到的时候，可以说无物不然、无物不可，也可以说无物而然、无物而可。“卮言”只要随着“天倪”不断地有所肯定和否定，它便是全面的和永久正确的。

事物在不停地循环运动，“卮言”便不停地循环地做着肯定或否定。这样“卮言”追求的是形式的循环，对内容便不关心了。在循环圈上的各点是要反复经过的，所以它们之间的关系只是当令与不当令而已，内容上的差别并不重要了，真的是“无物不然，无物不可”。在这种情形之下，相对真理中的绝对真理的颗粒是什么，相对真理所趋向的绝对真理又在哪里，都无所谓了。他的相对真理中失去了绝对，因而走上了相对主义。他说：

以差观之，因其所大而大之，则万物莫不大；因其所小而小之，则万物莫不小；知天地之为稊米也，知豪末之为丘山

① 《庄子·寓言》。

> 也，则差数睹矣。以功观之，因其所有而有之，则万物莫不有；因其所无而无之，则万物莫不无；知东西之相反而不可以相无，则功分定矣。以趣观之，因其所然而然之，则万物莫不然；因其所非而非之，则万物莫不非；知尧桀之自然而相非，则趣操睹矣。[①]

这就是说，事物的大小、有无、是非不决定于事物本身，而决定于观察者的观点。一件事物，可以说是大的，也可以说是小的；可以说是有，也可以说是无；可以说是是，也可以说是非。这是不折不扣的相对主义。庄子赞扬蘧伯玉“行年六十而六十化”，六十岁肯定的正是五十九岁否定的。不拘一说固然可取，但流弊所及，也可能是一个信奉相对主义的无原则随风倒的人物。

庄子认识论的另一个问题，是宣扬人类不通过思维、语言这个中介，直接与客体（“道”）合一。他认为人对“道”的认识，在于与“道”相合。他说：

> 尽有天，循有照，冥有枢，始有彼。

所谓“冥有枢”，就是说只有与“道”冥合，才能把握“道”的枢要。在他看来“言”和“意”是两种本质上不同的东西。他说：

> 世之所贵道者书也，书不过语，语有贵也。语之所贵者意也，意有所随。意之所随者，不可以言传也。[②]

① 《庄子·秋水》。

② 《庄子·天道》。

人的意念不能用语言来表达，所以在寓言中他让造车轮的工匠对齐桓公说："你所读的东西全是古人的糟粕。"如果说"言"和"意"还有关系的话，也仅仅是捕鱼工具筌与鱼的关系，捉兔工具蹄与兔的关系。"言"是得"意"的工具，得了"意"就要忘"言"，否则得不到"意"。

在庄子的时代，统治阶级用一切好听的言辞，美化自己卑鄙的行动。庄子把形式和内容、"言"和"意"区别开来，不是没有道理的。但是从整个人类认识史、语言史来看，"言"和"意"是一致的，尽管"言"的形式有主观性的一面，可是它的内容是客观的，对言行不一的揭露还是离不开"言"。语言是思维的直接现实，是思维最基本的存在方式。没有语言人就不能把基本的主要的认识活动进行下去。庄子主张忘"言"而直接与"道"合一，实际上是取消认识，走向神秘主义，非理性主义。《知北游》中有知求"道"的寓言，知为了了解"道"是什么，问了三个人：第一个是无为谓，他根本不知回答；第二个是狂屈，他想说，但忘了想说什么；第三个是黄帝，他向知做了一番解释。这三个人体"道"的情况如何？无为谓"真是也，以其不知也"；狂屈"似之也，以其忘之也"；黄帝"终不近也，以其知之也"。知道并能用语言表达"道"的恰恰离"道"最远；不知道、不会讲"道"的反而真是"道"。知乃不知，不知乃知，这是很荒谬的。

从这里，庄子又发展出一种先验论的思想："道"不能被理解，理解了也就不是"道"。那么"圣人"是怎样合于"道"的呢？全靠本性美好。他说：

> 圣人之爱人也，人与之名，不告则不知其爱人也。若知之，若不知之，若闻之，若不闻之，其爱人也终无已，人之安之亦无已，性也。①

“圣人”是爱人的，因而别人给他“圣人”之名。如果不告诉他有此名，不指出他的行为是爱人，他自己不知道自己在爱人。但是不管他知道还是不知道，他总是要爱人的，仅是他的本性决定的。人的本能之外的一切行为以及指导这些行为的思想，都是在后天的学习中得来的。庄子认为“圣人”的道德行为出自本性，生而能之，而且是无意识的，这不但是先验的，而且是神秘的。

六、人生哲学：从避世到游世的转变

隐者是避世的，他们希望不受国家政权、礼乐法制的控制、束缚，过着自然的闲适的生活。但是做到这一点是非常困难的，生活离不开社会，社会生活的各个方面都渗透着封建主义的礼乐刑政。特别是战国中期以后，王权在不断集中、加强，隐者们感到世外桃源的小天地已经越来越小，唯一的出路是在各种政治势力的夹缝里、在各种政治冲击力的死角里求得生存。这样他们的态度就由避世转为游世。这两种思想在庄子那里兼而有之，确切些说，庄子思想体现了由避世到游世的转变。

首先，庄子根据自己的社会观和自然观，对避世的生活态度

① 《庄子·则阳》。

做了论证。人生在世应该有什么样的生活目的？面对复杂的社会环境，人应该怎样行动？庄子认为，人活着就要过一种符合自己本性的恬静安适的生活，摆脱社会的束缚，摆脱在社会生活中形成的争名逐利的欲望的束缚，使自己得到自由。他说：

彼正正者不失其性命之情。①

这就是说最正常的生活，最正当的行为，就是符合人类自然本性的生活和行为。为了按自然本性生活，人必须摆脱仁义礼智的枷锁，庄子强调人要在主观上铲除追求仁义之名的欲望，不要用儒家道德规范约束自己。他说：

夫孝悌仁义，忠信贞廉，此皆自勉以役其德者也，不足多也。②

且夫待钩绳规矩而正者，是削其性者也；待绳约胶漆而固者，是侵其德者也；屈折礼乐，呴俞仁义，以慰天下之心者，此失其常然也。③

所有儒家的道德规范，对于人来说都是“削其性”“侵其德”的，它们使人求名之心得到满足，却破坏了人们的正常生活，因此是不值得赞扬、提倡的。人们修身的目的是为了出名。名显一世看起来似乎是好事，其实是坏事。孔子被围在陈、蔡之间，差一点断送了性命，庄子借大公任之口批评孔子，指出他“饰知以惊愚，修身以明

① 《庄子·骈拇》。

② 《庄子·天运》。

③ 《庄子·骈拇》。

污，昭昭乎若揭日月而行，故不免也”[①]。卖弄聪明吓唬愚民，洁身自好反衬别人的污秽，而且做得十分明显，这是遭难的原因。并且告诫孔子，只有“削迹捐势，不为功名”[②]，才能得到平安。

为了按自然本性生活，还必须摆脱富贵的引诱，去掉追求富贵之利的欲望。要生存和温饱，当然需要有一定的物质资料，如土地、房屋、粮食、牲畜等等。但是如果为了取得这些资料而伤害身体，那就是“以所用养害所养”[③]，颠倒了主次，为庄子所不取。他还说：

> 平为福，有余为害者，物莫不然，而财其甚者也。[④]

谋取的物质财富超过了生活的需要，就招来祸害。又指出富有乱、苦、疾、辱、忧、畏等六大害，一旦大难临头，有强盗来劫，那时想抛弃全部财产换取一天平安日子也不可能了。富既有害，贵又如何？庄子说：

> 夫贵者，夜以继日，思虑善否，其为刑也亦疏矣。[⑤]

贵者为了保住高位，日夜思虑怎么办有利、怎么办不利，这对身体毫无益处。因此，古代的隐者善卷、许由不愿做天子，黄帝要让位给他们，他们“计其患，虑其反，以为害于性，故辞而不受也”[⑥]。

---

① 《庄子·达生》。

② 《庄子·山木》。

③ 《庄子·让王》。

④ 《庄子·盗跖》。

⑤ 《庄子·至乐》。

⑥ 《庄子·盗跖》。

庄子还指出富贵对于人是偶然的东西，如果有，那是暂寄在这里的，“寄之，其来不可圉，其去不可止”[①]，“得失不在我”[②]，因此不必为富贵去来而悲喜，更不必钻营和追求。

根据自己的生活理想、生活态度，庄子提出了跟儒家根本不同的道德标准。他说：

> 且夫属其性乎仁义者，虽通如曾、史，非吾所谓臧也。……吾所谓臧者，非仁义之谓也，臧于其德而已矣。吾所谓臧者，非所谓仁义之谓也，任其性命之情而已矣。[③]

仁义之行并不是善，真正的善是“任其性命之情”，也就是按自然本性，自由自在地生活。从这个观点看，儒家所谓君子、小人，其实并没有什么根本区别：

> 彼其所殉仁义也，则俗谓之君子；其所殉货财也，则俗谓之小人。其殉一也，则有君子焉，有小人焉。若其残生损性，则盗跖亦伯夷已，又恶取君子小人于其间哉！[④]

君子和小人，前者追求仁义，后者追求货财，看起来不同，其实他们都不能“任其性命之情”，都为了身外之物摧残了自己的身体和生命，本质是一样的。

庄子的这套思想既是对等级、宗法、专制的社会体制的蔑视，

① 《庄子·缮性》。

② 《庄子·田子方》。

③ 《庄子·骈拇》。

④ 同上。

也是一种销蚀剂，在一定的历史条件下有进步意义。儒、墨、法各家尽管在一些问题上有不同意见，但都主张建立以君父为首的封建专制主义的统治体制。在他们看来，人不是单个的人，他是封建宗法社会的成员，是君臣、父子、兄弟、夫妇这个大网上的一个纽结；人生的目的不是个人幸福，而是为了这个封建宗法社会的存在，社会成员有天然生就的责任。庄子认为，人是单个的自然人，他对这个封建宗法社会团体没有义务，他追求的是个人的幸福。庄子的理想人物总是“天子不得臣，诸侯不得友”，处在共同体之外。从庄子思想中当然引申不出革命的集体主义和为真理而献身的精神，但是它毕竟冲击了等级、宗法、专制主义的封建体制，正因如此，它为当时和后来的王权所不容，为正统思想家所不喜。

在否定名利欲望和庸俗生活的同时，人们应该怎样建立符合自然本性的生活呢？庄子认为最重要的是求得心灵的虚静，提出他的“养神之道”：

> 故曰纯粹而不杂，静一而不变，淡而无为，动而以天行，此养神之道也。①

养神的结果是与神合而为一，并且与天合而为一。他说：

> 纯素之道，唯神是守，守而无失，与神为一，一之精通，合于天伦。②

达到这种境界，可以长生久视，游于天地之间。但是要达到虚静，

---

① 《庄子·刻意》。

② 同上。

条件是非常苛刻的。庄子在《庚桑楚》中要求，人们不仅要去掉贵、富、显、严、名、利六种欲望，而且要去掉容、动、色、理、气、意、恶、欲、喜、怒、哀、乐等情绪，甚至要去掉去、就、取、与、知、能（即知识）、能力和行动的意向。庄子用“形若槁骸，心若死灰”[①]来形容这种精神境界，行动时就像灌园老人一样，宁愿用瓦罐跑上跑下地打水，而决不用桔槔，据说有了桔槔这种“机事”，便会有不可测的“机心”，虚静的心境、古朴的生活将遭到破坏。

这种虚静要求消除人的感情、知识、能力、行动的意向，取消先进的物质文明哪怕是桔槔那种提水工具，因而是无论如何行不通的。

避世得不到自由，迫使隐者游世，就是不离开社会，但又不陷在社会的灾难之中。庄子对游世也做了理论的说明。他说：

> 唯至人乃能游于世而不僻，顺人而不失己。[②]

所谓“僻”即“淫僻”之行。他曾说：

> 夫适人之适而不自适其适，虽盗跖与伯夷，是同为淫僻也。[③]

可见庄子认为仁义或货财而残生损性都是“淫僻”之行。至人能游于世而不为仁义货财所动，能顺着别人而不丧失自己的根本主张。在另一个地方庄子又把游世称作“乘道德而浮游”，那情形是“无

① 《庄子·知北游》。

② 《庄子·外物》。

③ 《庄子·骈拇》。

誉无訾，一龙一蛇，与时俱化，而无肯专为；一上一下，以和为量，浮游乎万物之祖……”[①]这就是说，世人抱瓮而灌，我也不妨抱瓮而灌；世人用桔槔提水，我也不妨用桔槔提水，在这些方面无可无不可。这是一种与时敷衍的处世态度。

庄子认为，从精神状态看这便是“忘己”“无己”的境界。达到这种境界便可以与“天”为一，与“道”为一，能够物物而不物于物的妙用。他说：

> 无不知也，无不有也，淡然无极而众美从之。[②]

这是说忘了一切便有了一切，一切的美都汇集到自己这里来了。一个遭受社会力量无情打击的人，感到再也不能无视社会了，认为只有不对社会采取硬抗的办法，即顺着社会的风气才能得到自由。然而这个社会又是他所痛恨的，于是便想象自己与“天”或“道”合而为一，要找一个精神解脱的办法。

这些思想有精神胜利的成分，但不能完全归结为精神胜利。在客观必然性和人的主观愿望这两者的关系中，庄子看到只有使后者服从前者才能有自由。庄子《达生》篇有个很好的寓言，是说孔子向一位游泳术极高明的人求教。他问道：

> “请问，蹈水有道乎？”曰：“亡，吾无道。吾始乎故，长乎性，成乎命。与齐俱入，与汨偕出，从水之道而不为私焉。此吾所以蹈之也。”

---

① 《庄子·山木》。

② 《庄子·刻意》。

他完全顺着水之道，一点不存个人主观的因素，这就使他的游泳本领达到惊人地步。庄子看到自由不是对客观必然性的否定，而是对它的了解和适应，这在当时观察和处理个人和社会的关系的问题上，有它深刻的地方。但是他做过了头，以为遵循客观规律就是把个人主观能动性全部否定，甚至连人所要追求的生活目的也一齐摒弃。实际上人是为了达到一定目的而运用客观规律的，如果取消目的，完全随波逐流，也无所谓自由。庄子赞美忘己而自适的生活态度：

> 忘足，屦之适也；忘要（按：即“腰”），带之适也；知忘是非，心之适也；不内变，不外从，事会之适也。始乎适而未尝不适者，忘适之适也。

其实这样做是没有适，没有自由的。庄子产生这种思想，是农民小生产者在社会重压下的一种感受。

荀子认为，庄子“蔽于天而不知人”。这个评价是非常正确的。凡是存在自然和社会对立的地方，他都肯定自然，否定社会。在社会历史观方面，他肯定人的自然本性，反对仁义礼智等社会属性，甚至要取消人类的文明。在自然观方面，他抬高无形的“道”绝对、无限的地位，赞美自然，压低具体事物、相对有限的地位，贬斥社会生活和文化生活。在认识论中，他肯定符合“天均”的相对真理，反对人为的绝对真理。在人生哲学中，提出符合自然本性的生活理想和道德标准，反对殉仁义、财货的名利观念。这种思想在历史上是有进步意义的，与调和名教与自然的魏晋玄学家郭象之流在方向上根本相反，不可混为一谈。

论《齐物论》不代表庄周思想[①]

《庄子》是一部内容庞杂的“庄学丛书”。我曾在《庄子探源》中进行探索，并提出了初步的看法，认为《庄子》内篇出于秦汉之际。现在就《齐物论》一篇进一步论证这一看法。

习惯上，历代学者都认为《庄子》内篇思想一贯，应是庄周之作。近来也有人认为内篇虽未必全部是庄周著作，但《逍遥游》《齐物论》两篇可以代表庄周的思想。《逍遥游》与《齐物论》两篇中，《齐物论》更能代表庄周的思想，体现了“庄之所以为庄者”的特点。本文要说明《齐物论》远在庄子以后，绝不能代表庄周的思想。

《齐物论》通篇都是反对辩论的，它从相对主义观点引向不可知论，其论辩的主要锋芒是指向公孙龙学派的。

今存《公孙龙子》共有六篇，除《迹府》一篇为后人编纂，记载公孙龙的事迹，其余五篇（《白马论》《指物论》《通变论》《坚白论》《名实论》）可以认为都是公孙龙的思想。

《齐物论》反对公孙龙的学说，查有实据的有以下几个问题。

* 原载新建设编辑部编：《文史》第四辑，中华书局，1965 年 6 月版。

一、《齐物论》反对公孙龙的《指物论》

公孙龙在《指物论》中说：

> 物莫非指，而指非指。天下无指，物无可以谓物。非指者，天下无物，可谓指乎？指也者，天下之所无也；物也者，天下之所有也。……且指者天下之所兼。天下无指者，物不可谓无指也。……且夫指固自为非指，奚待于物而乃与为指？

“指”是事物的共相、概念。公孙龙认为一切事物都有与此事物相当的概念；而概念，并不是另外还有一个概念与它相当。世界上如果没有概念，即无法用来表示事物；如果天下没有“物”，也就没有概念了。概念是抽象的（“天下之所无”），事物是具体的（“天下之所有”）。概念是天下任何“物”所兼有的，天下虽然没有一个总的概念（“指”），但任何物都不能认为没有它的概念。概念自身即区别于非概念，它（“指”）不需要以具体事物为其存在的条件。公孙龙的学说是客观唯心主义的体系。他认为概念比“物”更根本，可以脱离“物”而单独存在。虽然他不承认有一个共同的“指”，但他承认万物各自有它们的“指”。

公孙龙的错误，在于割裂了概念与它代表的具体事物之间的关系，并使概念脱离具体事物，因而做出了唯心主义的结论。但是公孙龙力图把概念的意义明确、固定，而不是使它含混、游移，在中国逻辑史上还是有其积极贡献的。

《齐物论》与《指物论》处在相反的立场。《齐物论》反对

"物"与"指"的区别，教人以不区别代替区别，所以它说："以指喻指之非指，不若以非指喻指之非指也。"这是说，用"指"来说明"指"不是"指"，不如用"非指"来说明"指"不是"指"。《齐物论》对公孙龙的《指物论》进行了歪曲。《指物论》分明说概念（"指"）自为"非指"，不必待"物"而后为"指"。《齐物论》从相对主义观点抹杀事物之间有差别，并反对通过概念以认识事物。它认为不要任何概念取消认识，才可以达到一种不辨是非的神秘境界。

公孙龙的哲学在战国末期影响很大，这种学说与《齐物论》的作者的相对主义观点是对立的。"后期庄学"为了反对当时影响较大的《指物论》才提出《齐物论》的[①]。

二、《齐物论》反对公孙龙的《白马论》

《白马论》说：

① 对于《齐物论》这样的篇名，过去有过不同的解释，有人以为《齐物论》应解作"'齐'物论"，"齐"是动词，当时有许多关于"物"的议论，《齐物论》的作者，企图把各种"物论"的差别给以齐一，故名。也有人认为《齐物论》是"齐物"之"论"，把万物看作"齐一"的一种议论。通过与公孙龙的《指物论》的对比，我们也可以假设，它是针对《指物论》的反驳而提出的一篇反《指物论》的文章。《指物论》十分强调了"指"与"物"之不同，它强调"指"在认识中的重要地位；而《齐物论》旨在抹杀《指物论》对"物"与"指"的严格区别，《齐物论》未尝不可以说它"齐"公孙龙的《指物论》的。这只是一种假设，因为《齐物论》反对的不止《指物论》，它对公孙龙的每一个观点都抱着反对的态度。

马者所以命形也，白者所以命色也。命色者非命形也，故曰“白马非马”。

又说：

白马者，马与白也。马与白马也，故曰：“白马非马也。”

公孙龙开始区别了“白马”与“马”这两个概念所包括的范围有大小的不同，这一点是可取的。如果仅仅说“白马不就是（所有的）马”，这个说法是可以成立的。但是公孙龙由此更进一步论证他的“指”比“物”更根本的唯心主义观点，他为了说明离了白马、黄马、黑马之外，还有一个马的一般（“指”）。白马、马都是各个孤立的“指”，因而导致“白马不是马”的错误。公孙龙的“白马非马”，并不是一开始就陷入诡辩的，当他仅仅停留在区别白马与马的内涵的关系时，还有一些合理的因素，其失足处在于割裂了白马与马的联系，把差别强调得过了头。

《齐物论》从一开始，就采取了相对主义的手法，根本否认概念与事物之间有差别。它说：

以马喻马之非马，不若以非马喻马之非马也。天地一指也，万物一马也。

它不是面对问题提出解决，而是用取消问题的手法作为对问题的“解决”。它说，天地就是一个无所不包的总概念，又何必去分别物与物之间的差别；万物就都像“白马非马”的关系，它可以是马，也可以不是马。这种观点是对《白马论》的反驳，也是对《指物论》观点的反驳。

三、《齐物论》反对公孙龙的《坚白论》

公孙龙的《坚白论》是《指物论》观点的具体运用。它分析人们对坚白石的感觉时说：

> 视不得其所坚而得其所白者，无坚也。拊不得其所白而得其所坚者，无白也。

这是说，“坚”只是触到的感觉，“白”是看到的印象，两者的感受的来源不同。

> 得其白，得其坚，见与不见离，一一不相盈，故离。

这是说，“坚白”和“石”没有联系，“坚白”“自藏”，“藏”是“具有”的意思，“坚白”是自己独立具有的特性，“石”中不具有这些特性。“坚白”是可以脱离具体的事物而单独起作用的。这里，公孙龙提出了“坚白”的属性，并指出事物的属性有不同于具体的事物的方面，这是可以说的。但是，公孙龙从他的唯心主义观点出发，把“物”的属性与“物”完全割裂开来，因而走向诡辩论。

公孙龙通过割裂“坚白”与“石”的内在联系以宣传他的客观唯心主义。《齐物论》则极力反对区别所谓“坚白”。它说：

> 昭文之鼓琴也，师旷之枝策也，惠子之据梧也，三子之知，几乎皆其盛者也，故载之末年。唯其好之也，以异于彼；

其好之也，欲以明之。彼非所明而明之，故以坚白之昧终。而其子又以文之纶终。

这是说，昭文的弹琴，师旷掌握音乐的节奏，惠子倚着梧树讲论，他们各有所长，各有所好，他们各自想在自己所学的范围内把自己所好的知识弄明白。他们一定要把无法明白的弄明白，只能得到像坚白论那样的糊涂的结果①。

四、《齐物论》反对公孙龙的《通变论》和《名实论》

《齐物论》在几个问题上攻击公孙龙的明确概念的主张。《齐物论》一贯主张取消问题，模棱两可。

《通变论》反对两可之说：

曰："二有一乎？"曰："二无一。"
曰："二有右乎？"曰："二无右。"
曰："二有左乎？"曰："二无左。"
曰："右可谓二乎？"曰："不可。"
曰："左可谓二乎？"曰："不可。"
曰："左与右可谓二乎？"曰："可。"
曰："谓变非不变，可乎？"曰："可。"

① 刘武《庄子集解内篇补正》认为"坚白"是指惠施，并据《德充符》为证，以为不是指的公孙龙的《坚白论》。我认为惠施没有讲什么坚白论，这里的文句的语气是指的以上三子（昭文、师旷、惠施）得到了"坚白之昧"的结果。

> 曰："右有与，可谓变乎？"曰："可。"

上面问答是公孙龙自己提出，又自己回答的，对于这些问答的含义，学术界有不同的解释，这里不想多说，但有一点可以肯定，那就是公孙龙主张"可"或"不可"要明确，不能含混。这种明确的主张，也正是符合公孙龙的形而上学的思想方法的，公孙龙的《名实论》说：

> 故彼彼止于彼，此此止于此，可。彼此而彼且此，此彼而此且彼，不可。

这是说，把彼当作彼，并且肯定它就是彼；把此当作此，并肯定它就是此，这是可以的。把此当作彼，并认为彼就是此；把彼当作此，并认为此就是彼，这是不可以的。这里有初步的排中律的意思。其目的也是在讲概念要明确，不能说彼是彼，又不是彼；此是此，又不是此。公孙龙认为这是不允许的。

《齐物论》对于这种明确的态度很不同意，主张维持两可之说，它说：

> 可乎可，不可乎不可。道行之而成，物谓之而然。恶乎然？然于然。恶乎不然？不然于不然。物固有所然，物固有所可。无物不然，无物不可。

《齐物论》又说：

> 方生方死，方死方生；方可方不可，方不可方可。

这都是模棱两"可"的观点，它和公孙龙的《通变论》的观点是对立的。

公孙龙主张概念明确，反对有所谓“两明”。《通变论》说：

> 青白不相与，而相与不相胜，则两明也。……暴则君臣争而两明也。两明者昏不明，非正举也。非正举者，名实无当，骊色章焉，故曰两明也。两明而道丧，其无有以正焉。

《齐物论》针对这种观点，提出相反的意见，它说：

> 是亦彼也，彼亦是也。彼亦一是非，此亦一是非。果且有彼是乎哉？果且无彼是乎哉？彼是莫得其偶，谓之道枢。枢始得其环中，以应无穷。是亦一无穷，非亦一无穷也。故曰莫若[①]以明。

这是说不要分别是非，不要明确概念，不要把是非关系明确起来，它的结论是不能把是非搞清楚（“莫能以明”）。“环中”是环之中央。“环”是一个圆圈，在圆圈的弧线上，它说不上哪是起点，哪是终点，它（“环”）随处是起点，随处是终点，它没有对立面（“莫得其偶”）；既然没有对立面，当然也说不上什么是正面，什么是反面，《齐物论》由此引申，得出了无所谓是非的相对主义的结论。公孙龙说“两明而道丧”，结果会失去判断是非的标准（“其无有以正焉”）。《齐物论》却认为各是其是，无是无非，是“道”的枢要，不但不值得诧异，反而应当看作是符合“道”的原则的。

《齐物论》反对公孙龙的《名实论》，提出是非不可能有共同标准。公孙龙《名实论》明确主张判断是非，必须有客观标准：

---

① “能”“若”一声之转。

> 谓彼而彼，不唯乎彼，则彼谓不行。谓此而此，不唯乎此，则此谓不行。其以当，不当也；不当而当，乱也。

这是说必须区别彼此，此与彼有其客观标准。而《齐物论》则认为：

> 物无非彼，物无非是。自彼则不见，自知则知之。故曰彼出于是，是亦因彼。

又说：

> 是亦彼也，彼亦是也。彼亦一是非，此亦一是非，果且有彼是乎哉？果且无彼是乎哉？

《齐物论》说的“彼”和“是”相当于《名实论》所谓“彼”和“此”（“此”“是”意义相通），《齐物论》的“物无非彼，物无非是”的“彼”“是”对文。《齐物论》以无所谓“彼”“此”反对公孙龙的明确“彼”“此”。

五、公孙龙主张“正名”，而《齐物论》反对“正名”

《名实论》说：

> 夫名实，谓也。知此之非此也，知此之不在此也，则不谓也。知彼之非彼也，知彼之不在彼也，则不谓也。

这是说，实与名相当，如果确知此不是此，此不在此、它和名没有相当的地方，就不能肯定它的名。

公孙龙又说：

> 以其所正，正其所不正；以其所不正，疑其所正。其正者，正其所实也；正其所实者，正其名也。其名正，则唯乎其彼此焉。

这是说要有一个共同认为正确的标准，以作为衡量其“不正”的标准。《齐物论》则不承认有所谓判定是非的共同标准，它说，双方有不同的意见，进行辩论，是没有用处的，不论辩论的双方谁胜谁败，都无法断定它是正确还是不正确。它说：

> 既使我与若辩矣，……吾谁使正之？使同乎若者正之？既与若同矣，恶能正之？使同乎我者正之？既同乎我矣，恶能正之！使异乎我与若者正之？既异乎我与若矣，恶能正之！使同乎我与若者正之？既同乎我与若矣，恶能正之！然则我与若与人俱不能相知也，而待彼也邪？

这是说，谁也不能真正辨别是非。公孙龙怕的是“无有以正”而使得“道丧”，《齐物论》却认为恰恰由于规定了所谓是非的标准才使“道”有所丧，它宣扬一种“是亦一无穷，非亦一无穷”的相对主义观点，说“无物不然，无物不可”。

从以上的证据不难看出，《齐物论》是在反驳当时已有的公孙龙的逻辑思想。公孙龙只是直抒己见，没有和别人辩论的口气；《齐物论》是以公孙龙的学说作为箭靶子进行攻击的。这两种针锋相对的意见不出于同时，公孙龙学说应在前，《齐物论》应在后。

近人章炳麟曾说过，《齐物论》“指马”之义和“以马喻马之非马”，乃破公孙龙说。[①]

现在再看，庄周的时代是否即《齐物论》出现的时代。

公孙龙的生卒年已不可详考，但据先秦两汉记载[②]，他与邹衍同时。他的生年约为公元前310年（赵武灵王十六年），卒年约为公元前230年（赵王迁六年）。秦始皇统一六国时为公元前221年，他可能在秦统一六国前十年死的。和荀子、韩非、李斯、邹衍的活动时代大致相当。公孙龙比庄周的时代至少后五十年。公孙龙学说流行并得到平原君的重视时，庄周早已死了。死人不能著书立说，自不待言。那么，《齐物论》这一篇文章，既是反对公孙龙的，当然不能由战国中期的庄周负责。因此认为《齐物论》最足以代表庄周的思想的这种说法，至少在时间上有矛盾，看来是难于成立的。

坚持《齐物论》为庄子思想的人也许会说，古人的思想，总是他的后学代替他完成的，古人亲手著作的很少。我们要指出的是《齐物论》反驳了庄子死后的公孙龙，怎能记在庄周的名下呢？又怎能说《齐物论》可以作为庄周思想的标志（“庄之所以为庄者”）呢？

从上面的初步论证看来，《庄子探源》中所提出的《庄子》内篇乃晚出之作，为秦汉之际的思想，基本上还是可以聊备一说的一种意见。公孙龙约死于秦统一前十年，古代书籍传抄繁难，学术流

① 见章炳麟《齐物论释》。章氏指出《齐物论》是破公孙龙说，这一点是说对了。但是章氏以为《齐物论》为庄周思想。公孙龙在庄子以后，庄子如何破他尚不知道的公孙龙思想？这是章氏疏漏处。

② 《吕氏春秋·应言》篇及《审应》篇，《史记·平原君列传》及《孟子荀卿列传》，刘向《别录》。

布需要一定的时间，从公孙龙的学说的流行（如荀子所反对的）到《齐物论》对它全盘否定，总要经过一段时间。经过这一番周折，差不多就到了秦汉之际了。退一步说，即使它不迟至秦汉之际，它也不能早于荀子。它是“后期庄学”假托庄周名义的作品，和庄周本人无关。如在荀子之前，荀子这样博学的学者不会对它的相对主义轻轻放过，只讲庄子“蔽于天而不知人”，荀子对庄子尊重自然（“天”）的唯物主义立场是给以肯定的。

现在还有一个问题，即“坚白”同异之辩是不是从公孙龙开始的。如果在公孙龙以前早已流行着这种思想，反对“坚白”之说的《齐物论》仍然可以说是庄子本人的思想。

先秦出现“坚”和“白”的词句，《论语·阳货》篇有“不曰坚乎，磨而不磷；不曰白乎，涅而不缁”。孔子这里是说君子应当出淤泥而不染，和公孙龙所讲具有逻辑意义的“坚白”的意义不同，这就像孔子也讲过“正名”，但孔子的“正名”并不是讲的逻辑的问题一样。孔子讲的“坚”和“白”，和公孙龙讲的“坚”和“白”是两回事。

后于孔子的《墨子》中，凡是早期的记述墨翟思想的那些篇中，没有谈到“坚白”关系的话。《孟子》中有“白羽之白也犹白雪之白，白雪之白犹白玉之白欤”“异于白马之白也，无以异于白人之白也”[①]。在《孟子》中已讲到“白”这个概念和白的东西的关系，但是孟子还没有把“坚”“白”联系在一起，一并探讨。也就是说和庄周同时的孟子还没有提出过“坚白”关系的问题来。

---

① 《孟子·告子上》。

《孟子》中讲到“坚”的地方有两处，都是一般用法，如“坚甲利国”“兵革坚利”等，也和“坚白”问题不相干。

在《左传》《国语》中也没有发现不从逻辑角度论述“坚白”关系的记载。

“坚白”问题作为哲学问题被提出，不但不在春秋，也不在战国中期以前，而是在孟子、庄子死后约五十年的战国后期。

也有人举出《墨经》有“辩，争彼也，辩当，胜也”[①]“谓辩无胜，必不当，说在辩”[②]的话，认为这是反对《齐物论》的“辩无胜”的主张的。如果是这样，《齐物论》的时代要比《墨经》为早。关于这个问题，我在《庄子探源之二》一文中已有所说明，认为《墨经》不是反对《齐物论》的，而是反对一般辩者的，其理由不在这里重复了。

也许有人会怀疑：《庄子·天下》篇批判了许多流派，如果《齐物论》驳斥公孙龙的学说，为什么《天下》篇反倒没有批判公孙龙的话？这个问题，我在《庄子探源之二》一文中也有所说明，认为《天下》篇不出于庄子学派，它是秦汉之际（或汉初的儒家）的著作，它不是站在庄子学派的立场评论学术的，《天下》篇不能用来论证庄子的哲学思想。《天下》篇讲到墨子的后学“以坚白同异之辩相訾”，这是讲的后期墨家，也是《天下》篇时代较迟的一个证据。

在《庄子》书中讲到“坚白”关系的，除了《齐物论》和《天下》篇，还有《德充符》的“子以坚白鸣”，《骈拇》的“窜句游

① 《墨经·经上》。

② 《墨经·经下》。

心于坚白同异之间”，《胠箧》的“坚白解垢同异之变多”，《秋水》的“合同异，离坚白”，《天地》篇的“离坚白若悬寓”。上面这些篇都讲到“坚白”之辩，在时间上都应在公孙龙的学说流行之后。我从前曾假定《天地》《胠箧》等篇时间较早，现在看来，这两篇不能算作早期的庄周的著作。至于《德充符》《骈拇》《秋水》《天下》等篇本来就是“后期庄学”的著作，这里又得到了一次证明。即使把《天地》《胠箧》两篇除去，其余如《马蹄》《天运》《天道》《盗跖》等篇，仍可以说明庄周的思想是代表小私有者农民反剥削的思想的，仍然可以说明庄周的哲学思想是唯物主义、无神论的。只有“后期庄学”（如内篇）才是相对主义、唯心主义、神秘主义思想体系，我在《庄子探源》中的基本看法还是没有改变。通过对于《齐物论》的考察，更进一步证实了我在《庄子探源》中提出的《庄子》内篇出于秦汉之际的看法，给《庄子》内篇，至少《齐物论》，后出之说增加了一分论据。

最后的结论是《齐物论》是反对公孙龙的哲学思想的，所以《齐物论》不可能是庄周的思想，它是“后期庄学”的思想。

释《庄子·齐物论》篇的“以明”*

古人解庄者，多以为《庄子》的“以明”是一种思想方法。《庄子·齐物论》曾有三处出现“以明”字样。第一次是：

> 故有儒墨之是非，以是其所非而非其所是。欲是其所非而非其所是，则莫若以明。

郭象注说：

> 夫有是有非者，儒墨之所是也；无是无非者，儒墨之所非也。今欲是儒墨之所非，而非儒墨之所是者，乃欲明无是无非也。欲明无是无非，则莫若还以儒墨反复相明。反复相明，则所是者非是，而所非者非非矣。非非则无非，非是则无是。

《齐物论》第二次提到“以明”是：

> 彼亦一是非，此亦一是非，果且有彼是乎哉？果且无彼是乎哉？彼是莫得其偶，谓之道枢。枢始得其环中，以应无穷。是亦一无穷，非亦一无穷也。故曰莫若以明。

* 原载《文汇报》，1962年9月6日。

《齐物论》第三次提到“以明”是：

若是而可谓成乎？虽我无成，亦可谓成矣。若是而不可谓成乎？物与我无成也。是故滑疑之耀，圣人之所图也。为是不用而寓诸庸，此之谓以明。

郭注说：

物皆自用，则孰是孰非哉？故虽放荡之变，屈奇之异，曲而从之，寄之自用，则用虽万殊，历然自明。

《齐物论》还有一处，是：

其好之也，欲以明之。彼非所明而明之，故以坚白之昧终。

这里的“欲以明之”，与上文三处的“以明”不同，这是一般用法，可存而不论。

自从郭注后，许多注庄子者都是从正面的理解去解释。郭注以为庄子主张“莫若还以儒墨反复相明”。“反复相明”的结果，“用虽万殊，历然自明”。意思是说，用“反复相明”的办法，不失为一种办法，是可以把是非搞明确的。

宋人吕惠卿以《老子》解《庄子》，他解释：“明者，复命知常之谓。”这是用老子的“无知常曰明”的意义去解释。他又说：

因是因非，因非因是，更相为用而已。圣人不由而照之于天，则以明之谓也。[①]

① 《庄子义》。

吕注又说：

> 所以为是不用而寄诸万物之自功，此之谓以明。①

明人焦竑对这一段的解释是：

> 盖行乎是非无穷之涂，而其无是无非者自若，非照之以天者不能，所谓“莫若以明”也。②

吕、焦二氏都把“以明”作为一种认识方法，不过这种方法是任其自然、不加可否的方法。意思比郭象注较为接近《庄子》原意，但与《庄子》的原意还有不小距离。

王船山对《庄子》提到“以明”的这几段也做过解释。他说：

> 夫其所以的然争辨于是非者，自谓明也。斤斤然持而以之，而岂真明也哉？明与知相似，故昧者以知为明。……儒墨皆曰吾以明也。持其一曲之明，以是其所已知，而非其所未知。道恶乎而不隐邪？③

在第二个“莫若以明”这一段下，王船山解释说：

> 若彼无穷之化声，生彼此之是非，则唯持其一曲之明而已矣。一曲之明，亦非不明也。故小知大知，争炫其知。而照之以天者，无我无此，无耦无彼，固不屑以此为明也。④

---

① 《庄子义》。

② 《焦氏笔乘》。

③ 《庄子解》卷二。

④ 同上。

王船山的理解，不但超过了郭象对《庄子》原义的理解，也比吕、焦二氏更加接近《庄子》内篇的原义。他没有把“以明”作为一个词，而把以明解为“用其明”“以……为明”。

把“以明”当作哲学方法，可谓入人甚深，直到清末的严复评点《庄子》还说：

> 其次当知物论之本齐，美恶是非之无定，曰寓庸，曰以明，曰因是……①

这句话，旧注似乎没有把《庄子》的原义讲透，解释也似乎穿凿了些。其实这是一句普通的话，不是专门的哲学术语，说穿了，平常得很。

“若”“乃”两字声母相通。如《孟子·公孙丑》：“今言王若易然，则文王不足法与？”《管子·海王》：“一女必有一针一刀，若其事立；耕者必有一耒一耜一铫，若其事立；行服连轺輂者，必有一斤一锯一锥一凿，若其事立。”《尚书》称“王若曰”“周公若曰”“微子若曰”，“若曰”即“乃曰”。《尚书·秦誓》的“日月逾迈，若弗云来”，“若”字同“乃”字。

又“乃”字与“能”字也是同声母字，可互训。如《左传·襄公三十年》：“子产曰：‘岂为我徒，国之祸难，谁知所儆，或主强直，难乃不生，姑成吾所。’”杜预注：“言能强能直，则可弭难，今三家未能，伯有方争。”

《庄子》这里的“莫若以明”就是“莫能以明”。《庄子》用取消问题作为答案，以否认认识作为认识。照它的思想方法，他

① 《庄子评点》。

不可能主张双方“反复相明”（像郭象解释的那样），而是说儒、墨的争吵毫无意义，他们的是非根本不能搞清楚。照这样的理解，《齐物论》这一段可试译作：

> 所以有儒家和墨家的是和非，他们（儒家和墨家）都互相肯定对方所认为非的，并互相否认对方所认为是的。要想肯定对方所认为非的并否认对方所认为是的，就不能把问题搞清楚。

《齐物论》另一段可试译作：

> 彼有彼的是非，此有此的是非。果真有彼此的区别呢，还是没有彼此的区别呢？彼此之间没有它的对立面，这就叫作道枢。道枢的没有固定的对立面，就像圆环一样，从它任何一点都可以作为中央（或起点），没有对立面，也可以说有无穷的对立面。是也是无穷的，非也是无穷的。所以说不能把问题搞清楚。

照以上的理解，《齐物论》的第三次出现的“以明”的这一段的译文可试译作：

> 如果（像上面所说的昭氏鼓琴那样）可以算作完成，那么（不止万物都得到了完成，）连我在内也得到了完成；如果说（像上面所说的昭氏鼓琴那样）不算作完成，万物和我都不算作完成。因此，混乱的[①]不可信的小聪明[②]，是圣人所鄙弃的[③]。

---

① 滑：同“汩”，混乱。

② 耀：刺眼的光芒。《老子》说，有智慧的人，“光而不耀”，“耀”是聪明外露，不是真聪明。《庄子》取《老子》义。

③ 图：据闻一多校，“图”应是“鄙”字之误，古时“鄙”字作“图”。

因此，不用智慧正是[①]用了智慧，这才算搞清楚了问题。

《齐物论》认为人们的认识是极不可靠的，掌握了一些知识，必定遗漏了更多的知识，就像昭氏鼓琴那样，他演奏了欢乐的曲调，就遗漏了悲哀的、平静的、鼓舞斗志的以及表达各种感情的许多曲调，一个曲调的完成，同时正是全部曲调的亏欠。他们以为人类的认识也是一样，它说："道隐于小成。""道"被局部的认识所蒙蔽了。《齐物论》鄙弃人的认识能力，它认为用智慧，勉强去认识，反而不能取得认识（"莫若以明"）；如不去认识，反而能认识。这是一种彻底的不可知论。因此，"以明"不能理解为积极认识事物的方法，因为照庄子的体系，他反对做任何认识的努力。

先秦哲学家所用的基本概念，如"道""气""德""理""无""有""仁""义""形上""形下",《庄子》的"天倪""天钧""两行""环中""道枢"都是用的肯定的意义字。从语法方面来看，如果"以明"真是一个词，"莫若以明"这句话是不完整的，照郭象的解释，《齐物论》应该是"莫若'用'以明"，不应该说"莫若以明"。如果把"莫若以明"解释为"莫能以明"倒是平易合理，不必绕弯子，反而更能符合《庄子》的原义。

① 庸：即用。

郭象《庄子注》与庄子*

《庄子》这部书的真伪问题不属本文讨论范围。现在我们单就现存的《庄子》一书来论其思想。郭象《庄子注》是否完全出自郭象之手，也不属本文讨论范围，这里所说的只是现存的郭象注所代表的思想。

综观《庄子》一书的主旨，即在于阐明凡是天然的或自然的事物都是至美至善的，多一分人为即多一分罪恶。所以书中反复的阐述"天钧""天德""天倪"的意义。一切政治、文化、道德的制设都足为"至德"之累。一加人为，便与"天道"相违了。所以人应当承天、顺化，而不要"以人灭天"。天下之所以乱，人心之所以离，完全是一些自作聪明的"圣人"要"以人灭天"而做出的错谬的结果。

郭象的《庄子注》在中国哲学史上是与《庄子》一书同垂不朽的著作，但是郭注与《庄子》原文的意思并不尽相合，甚至相反。本文主旨即在于指出其间相反之处及相反之故。

庄子崇尚"天道"之自然而废弃人为的一切措施。所以他说：

---

* 原载《文讯》1946年第6卷第3期。

“牛马四足，是谓天；落马首，穿牛鼻，是谓人。故曰，无以人灭天，无以故灭命。”[①]郭注以为人为也是“天道”：

> 人之生也，可不服牛乘马乎？服牛乘马，可不穿落之乎？牛马不辞穿落者，天命之固当也。苟当乎天命，则虽寄之人事，而本在乎天也。[②]

庄子是反对人为典章制度，也反对人为的尊卑之序的，“至德之世，……上如标枝，民如野鹿”[③]。“上如标枝”即是对下没有统属的关系，虽在上而民不觉其在上；“民如野鹿”即是人与人之间自由的来来往往，没有组织的拘束。郭注却主张应当有组织，也应当有上下尊卑之分：

> 若夫任自然而居当，则贤愚袭情而贵贱履位，君臣上下莫匪尔极，而天下无患矣。[④]
>
> 臣妾之才而不安臣妾之任，则失矣。故知君臣、上下、手足、外内乃天理自然，岂真人之所为哉？[⑤]
>
> 明夫尊卑先后之序，固有物之所不能无也。[⑥]

庄子以为知识是违反自然的，教化是无所用的。最根本的道理

① 《庄子·秋水》。

② 《庄子注·秋水注》。

③ 《庄子·天地》。

④ 《庄子注·在宥注》。

⑤ 《庄子注·齐物论注》。

⑥ 《庄子注·天道注》。

是不可以教给人的，可以意得而不可以象求。凡是能够教人的知识都是驳杂肤浅的杂乱的知识，所以说：

> 绝圣弃智，大盗乃止；擿玉毁珠，小盗不起；焚符破玺，而民朴鄙；掊斗折衡，而民不争；殚残天下之圣法，而民始可与议论。[①]

这是说知识只能毁坏了人的淳朴的天性，“圣人”对于人有害而无利。何况“真正的知识”——“至道”，根本不可以教呢？

> 轮扁曰：“臣也以臣之事观之。斫轮，徐则甘而不固，疾则苦而不入。不徐不疾，得之于手而应于心，口不能言，有数存焉于其间。臣不能以喻臣之子，臣之子亦不能受之于臣，是以行年七十而老斫轮”。[②]

郭注却以为教育与知识有存在的必要：

> 言天下之物未必皆自成也，自然之理亦有须冶锻而为器者耳。[③]
>
> 天下若无明王则莫能自得，令之自得，实明王之功也。[④]

庄子以为人的本性并不含有仁义，“圣人”教人以仁义是多余的，而且是错的，不但无益而且伤生害性。

---

① 《庄子·胠箧》。

② 《庄子·天道》。

③ 《庄子注·大宗师注》。

④ 《庄子注·应帝王注》。

老聃曰："请问，仁义，人之性邪？"孔子曰："然。君子不仁则不成，不义则不生。仁义，真人之性也，又将奚为矣？"老聃曰："请问，何谓仁义？"孔子曰："中心物恺，兼爱无私，此仁义之情也。"老聃曰："意！几乎后言！夫兼爱不亦迂乎！无私焉，乃私也。……天地固有常矣，日月固有明矣，星辰固有列矣，……又何偈偈乎揭仁义，若击鼓而求亡子焉？"[①]

伯夷死名于首阳之下，盗跖死利于东陵之上，二人者，所死不同，其于残生伤性均也。奚必伯夷之是而盗跖之非乎？天下尽殉也，彼其所殉仁义也，则俗谓之君子。其所殉货财也，则俗谓之小人。其殉一也，则有君子焉，有小人焉；若其残生损性，则盗跖亦伯夷已，又恶取君子、小人于其间哉？[②]

仁义不但对个人是残生损性，而且对于社会也是一种纷纠的因素，所以"圣人"的教化有百害而无一利。

及至圣人屈折礼乐以匡天下之形，县跂仁义以慰天下之心，而民乃始踶跂好知，争归于利，不可止也。此亦圣人之过也。[③]

善人不得圣人之道不立，跖不得圣人之道不行。[④]

自三代以下者，天下何其嚣嚣也。且夫待钩绳规矩而正者，是削其性者也。待绳约胶漆而固者，是侵其德者也。屈折

① 《庄子·天道》。

② 《庄子·骈拇》。

③ 《庄子·马蹄》。

④ 《庄子·胠箧》。

礼乐，呴俞仁义，以慰天下之心者，此失其常然也。[①]

郭注并不以为仁义是要不得的，而且认为是必要的，仁义是人的本性，并不是人性的桎梏。其害处只是其流弊之所及，而非仁义自身：

夫仁义自是人之性情，但当任之耳。[②]

仁者兼爱之迹，义者成物之功。爱之非仁，仁迹行焉。成之非义，义功见焉。[③]

尧之弊，弊起于尧而衅成于禹。而况后世之无圣乎？[④]

夫与物无伤者，非为仁焉，而仁迹行焉；令万理皆当者，非为义也，而义功见焉。故当而无伤者，非仁义之招也。然而天下奔驰，弃我殉彼以失其常然。故乱心不出于丑而恒在美色，挠世不由于恶而恒由仁义。[⑤]

庄子以为天下不必要人来治，人越治天下，天下越乱。人根本不需要什么仁义礼乐，也不需要政治的约束。马生来是自由的，不是生来供人乘坐的，同样的道理，人生来是自由的，不是被人统治的，所以庄子说：

藐姑射之山有神人居焉。肌肤若冰雪，绰约若处子，不食

① 《庄子·骈拇》。

② 《庄子注·骈拇注》。

③ 《庄子注·大宗师注》。

④ 《庄子注·天地注》。

⑤ 《庄子注·骈拇注》。

> 五谷，吸风引露，乘云气御飞龙，而游乎四海之外。[①]

神人是超出尘世的，不溷于人为的是非得失之场，不食人间烟火，当然更不问人间的政治。就因为有了政治，有了“圣人”天下才乱的：

> 及至圣人，蹩躠为仁，踶跂为义，而天下始疑矣。澶漫为乐，摘僻为礼，而天下始分矣。[②]

郭注以为政治并不是要不得，天下也不是不需要人来治。只要治理得当，即是无为而治。他说：

> 夫神人即今所谓圣人也。夫圣人虽在庙堂之上，然其心无异于山林之中，世岂识之哉？徒见其戴黄屋，佩玉玺，便谓足以缨绂其心矣；见其历山川，同民事，便谓足以憔悴其神矣，岂知至至者之不亏哉？[③]
>
> 夫治之由乎不治，为之出乎无为也，取于尧而足，岂借之许由哉？若谓拱默乎山林之中而后得称无为者，此庄老之谈所以见弃于当涂者，自必于有为之域而不反者，斯之由也。[④]
>
> 夫善御者，将以尽其能也。尽能在于自任，而乃走作驰步，求其过能之用，故有不堪而多死焉。若乃任驽骥之力，适驰疾之分，虽则足迹接乎八荒之表，而众马之性全矣。而惑者闻任马之性，乃谓放而不乖。闻无为之风，遂云行不如卧，何

① 《庄子·逍遥游》。

② 《庄子·马蹄》。

③ 《庄子注·逍遥游注》。

④ 同上。

其往而不反哉？[①]

庄子的“无为”即是“无作无为”。尧、舜治天下已是多事，已是“有为”，何况汤武以下？而郭注以为“有为”“无为”只看他是否是率性而动，是否各适其分。率性适分即是“无为”：

> 所谓无为之业，非拱默而已；所谓尘垢之外，非伏于山林也。[②]
>
> 夫工人无为于刻木而有为于用斧，主上无为于亲事而有为于用臣。臣能亲事，主能用臣；斧能刻木而工能用斧，各当其能，则天理自然，非有为也。……故各司其任，则上下咸得，而无为之理至矣。[③]
>
> 虽汤武之事，苟顺天应人，未为不间也。[④]

庄子是主张混沌纯朴的。人为的仁义礼乐既是人性的桎梏，人为的典章文物也是人性的桎梏。人性中本来没有这些花样，这些都是与“天道”相违的。所以“众人重利，廉士重名，贤士尚志，圣人贵精”[⑤]。利与名与志，虽然有高下之分，其使人殉外丧性是一样的。最后的理想还是“圣人贵精”。精是精一不杂，完全摆脱人为的束缚而返其自然之真，也就是最朴素、最单纯的人生。朴素与单

---

① 《庄子注·马蹄注》。

② 《庄子注·大宗师注》。

③ 《庄子注·天道注》。

④ 《庄子注·天道注》。

⑤ 《庄子·刻意》。

纯是庄子所向往的，所以说“能体纯素谓之真人”[①]。郭注并不以为朴实无华为素，而以自然、不亏不杂为素：

苟以不亏为纯，则虽百行同举，万变参备，乃至纯也。苟以不杂为素，则虽龙章凤姿，倩乎有非常之观，乃至素也。若不能保其自然之质而杂乎外饰，则虽犬羊之鞹，庸得谓之纯素哉？[②]

庄子既不主张人为造作的一切措施，所以不主张“多事”，而主张“渊静”。郭象对于“渊静”的解释也与庄子不同：

渊者，静默之谓耳。夫永常无心，委顺外物，故虽流之与止，鲵桓之与龙跃，常渊然自若，未始失其静默也。夫至人用之则行，舍之则止，行止虽异而玄默一焉。[③]

庄子说“至人无亲”[④]，乃是说世界本来是温煦和美的。对此人有所亲，便是对彼人有所遗。宇宙本是谐和的、完整的，不可以为了对某人或某些人的亲爱而分割了宇宙的谐和的整体。“有成与亏，故昭氏之所以鼓琴也。无成与亏，此昭氏之所以不鼓琴也。”[⑤]“泉涸，鱼相与处于陆”，与其“相呴以湿，相濡以沫，不若相忘于江湖”[⑥]。“至人”无亲，正是教人相忘于江湖。郭注却有

---

① 《庄子·刻意》。

② 《庄子注·刻意注》。

③ 《庄子注·应帝王注》。

④ 《庄子·天运》。

⑤ 《庄子·齐物论》。

⑥ 《庄子·天运》。

亲亲而仁民、仁民而爱物、爱有差等的意思：

> 无亲者，非薄德之谓也。夫人之一体，非有亲也，而首自在上，足自处下，府脏居内，皮毛在外；外内上下，尊卑贵贱，于其体中各任其极，而未有亲爱于其间也。然至仁足矣。故五亲六族，贤愚远近，不失分于天下者，理自然也。又奚取于有亲哉？⑦

庄子所谓“天”，所谓“自然”，是与“人为”对立的，它不包括“人为”的一切。郭注所谓“天”及“自然”，是宇宙之大全。既是宇宙之大全，“人为”的一切当然也在内，“人为”也是“天”，也是“自然”：

> 夫天籁者，岂复别有一物哉？即众窍比竹之属，接乎有生之类，会而共成一天耳。……故天者，万物之总名也。莫适为天，谁主役物乎？故物各自生，而无所出焉，此天道也。⑧

由于上述，现在可以承认郭象的《庄子注》与《庄子》本旨是有一个相当的距离的。庄子的理想，其所谓“至德之世”，是完全各适其性的逍遥的生活，其理想的政治是“渊静无为”，其理想的社会是人人自治。顺乎天然的是好的，也是对的。《庄子》一书充满了一些达观、超脱的字句，而其骨子里对于现实的人生有极浓厚的消极悲观的成分。凡是悲观的哲学，一定对现实的人生宇宙有厌离之感，而企图摆脱它。所以悲观的哲学一定是出世的（佛教即悲

⑦ 《庄子注·天运注》。

⑧ 《庄子注·齐物论注》。

观的，佛学也是出世哲学）。

郭象的《庄子注》，其所以与《庄子》不同，即是因为他的哲学与庄子不同。他的哲学不是悲观的，他的人生宇宙观也不是出世的。郭象《庄子注》与庄子思想的不同，并不是枝节的差异，而是根本不同。从郭注中可以了解魏晋时代的哲学的精神，但不能据以解释庄子的学说。

现在，我们再进而讨论何以有上述的差异。

从历史上看，魏晋时期道家老庄之学虽然很盛，同时儒家的潜在力量经过两汉数百年经学的熏陶，早已深入人心。王弼精通老子之学乃世所共知。他有意无意之间还是承认孔子是唯一的“圣人”。曾有人问他，老子总谈“道”、说“无”，而孔子不谈这些，难道孔子见不及此吗？王弼说，正因为老子对“道”对“无”有所不足，所以总喜谈这些；孔子已自足，所以反不大谈这些了。在魏晋时期，政治上是纷乱而混浊的，而当时的读书人却仍保守儒家的传统习惯，都是崇孝弟之行、严家讳之禁、重礼教之防。至于阮籍、刘伶之流，打脱礼教，以为旷达，已是很特殊的人物了，所以别人对他们有点大惊小怪。即使这些旷达的人物，还是对于孝弟、忠信、家讳等仍是奉行唯谨，不敢逾越。这时凡是对于社会政治发生怀疑的人士，不入于佛即入于道；对于社会政治尚未完全绝望的人士，多半服膺儒家。郭象就是一方面崇尚老、庄之“无为”与“自然”，而一方面又服膺儒家之制作与名教。二者并不是冲突，而是互相为用。庄子云：

> 善人不得圣人之道不立，跖不得圣人之道不行。天下之善

人少而不善人多，则圣人之利天下也少而害天下也多。[1]

郭注云：

> 信哉斯言！斯言虽信，而犹不可亡圣者，犹天下之知未能都亡，故须圣道以镇之也。群知不亡而独亡于圣知，则天下之害又多于有圣矣。[2]

这不是说明“圣道”可用以镇天下吗？名教与自然当然没有冲突。

不但历史的看法是如此，再从哲学理论上来研究，“自然”与“名教”、“方内”与“方外”也是不冲突的。魏晋时代的哲学上所讨论的是“本末”“有无”的问题。所谓“本”，所谓“无”，即是寂然不动之体；所谓“末”，所谓“有”，即是感而遂通之用。“体”为一本，为宗极；“用”为流行，为变化。“体”为超乎象外，“用”则万象森然。所以，名教、礼法、典章、文物、制作，这都是属于“用”的一方面的。而“道体”乃是“寂然无为”“自然绝待”。郭注《庄子》即是不废“名教”而崇尚“自然”，不舍“方外”而游于“方内”。“名教”与“自然”，“方内”与“方外”，其相需相成，正如“本末”“体用”之不可离。“本末”“体用”不可偏废并无优劣存乎其间，原是一体之两方面。郭注云：

> 夫理有至极，外内相冥。未有极游外之致而不冥于内者也，未有能冥于内而不游于外者也。故圣人常游外以宏内，无

① 《庄子·胠箧》。

② 《庄子注·胠箧注》。

心以顺有。故虽终日挥形而神气无变，俯仰万机而淡然自若。夫见形而不及神者，天下之常累也。是故睹其与群物并行，则莫能谓之遗物而离人矣；睹其体化而应务，则莫能谓之坐忘而自得矣。岂直谓圣人不然哉？乃必谓至理之无此。是故庄子将明流统之所宗以释天下之可悟。若直就称仲尼之如此。或者将据所见以排之，故超圣人之内迹而寄方外于数子。宜忘其所寄以寻述作之大意。则夫游外宏内之道坦然自明，而庄子之书，故是涉俗盖世之谈矣。①

以方内为桎梏，明所贵在方外也。夫游外者依内，离人者合俗。故有天下者无以天下为也。是以遗物而后能入群，坐忘而后能应务。②

夫与内冥者，游于外也。独能游外以冥内，任万物之自然，使天性各足而帝王道成。③

综观上述各例，可知《庄子》原书是游于“方外”而遗弃“方内”的，是崇尚自然而菲薄名教的。不但今日我们看来觉得他太偏重自然而忽略了人为的价值，即是较庄子略后的荀子已批评庄子是“蔽于天而不知人”了。郭象的《庄子注》，诚然不能算为一部好的注释（注释是帮助了解原文的），因为他的宗旨与庄子根本不同，只是借庄子来发挥他自己的思想，但是不能说他不了解庄子。庄子理论上的罅漏，经过郭注而圆满无缺了。郭象的《庄子注》、

① 《庄子·大宗师》“彼游方之外者也，而丘游方之内者也”注。

② 《庄子注·大宗师注》。

③ 同上。

王弼的《老子注》与朱子的《四书集注》是中国哲学界三部永垂不朽的巨著，都可以给原著增辉。以这三部书来相比较，一般人的评价，均以为王注与朱注的价值似高于郭注《庄子》。考其原因，即以王弼的思想系统与老子相合，朱子的思想系统与孔孟相合，所以能够发挥尽致，如水乳之交融，和合无间；郭象的思想与庄子不尽同，他是借题发挥，并非代庄子立言，高妙诚然高妙，但有失《庄子》原旨，当作注疏来看，故其书之地位似较王注《老子》与朱注《四书》略逊。若但从郭注的本身来看，他的见识之高远、灵妙、精密，较诸《庄子》原著并无逊色且有过之。在哲学史的发展上来说，《庄子》以后应该有这样一部书以补《庄子》之所不足。

1946年3月3日于昆明潜斋

道教篇

道家与道教*

世界有三大宗教，即佛教、基督教、伊斯兰教；中国也有三大宗教，即佛教、道教、儒教。中国的佛教与世界三大宗教有交叉。

佛教与道教主张出世，宗教职业者、专一的信奉者要出家，不过世俗人的生活。儒教主张入世。儒教、道教是中国自己的土壤里生长起来的，具有中国特色；佛教为外来宗教，其生活习惯、服装、礼仪与儒、道不同。儒、释、道三教并称，并得到社会广泛认可，那是在隋唐时期。南北朝已有“三教”的说法，但不普遍。国家每逢重大节日，诏三教公开辩论，北周已开始，唐代成为制度。大文学家白居易有好几次在三教辩论中代表儒教发言，《白氏长庆集》还保留有他参加辩论的发言提纲。佛教的著作和教义比较明确，唯独对道教的意义的理解比较含混，道教内部和反对道教的人士也没有讲清楚。

先说道家。学术界长期流行一种见解，认为老子、庄子为道家，这是一种误解。春秋战国时期，只有老子学派、庄子学派。老子与庄子没有直接的传授关系。老子或庄子从未自称为“道家”，

* 原载《文史知识》1987 年第 5 期。《人民日报》1987 年 6 月 14 日第 8 版曾以原题摘登。曾收入《任继愈宗教论集》。

只在儒家自称为“儒”，墨家自称为“墨”。儒、墨两家各有自己一派的传承关系。孔子、子思、曾子、子夏、孟子、荀子均有传授关系，墨家有巨子相袭制度。儒、墨两家系统清楚，号称显学。汉代司马谈《论六家要旨》第一次提出“道家”名称。司马谈的道家反映了汉朝政治统一后，思想界趋向统一的思潮趋势。秦及汉初有许多学派反映统一的趋势，秦朝有《吕氏春秋》，汉初有《淮南子》，后来有董仲舒的哲学思想。汉初道家是吸收儒、墨、阴阳、名、法各家思想的长处而创立的新体系。老子、庄子都是阴阳、名、法出现以前的人，前人怎能吸收他们死后的人的思想？这个“道家”乃是黄老思想的一个分支，与先秦老子、庄子关系不大。

老子是哲学家，不是宗教家，也未创立宗教，与古印度的释迦牟尼一开始就是宗教家，创立佛教的情况不同。老子的著作是学术性的，不是宗教性的，也与佛教经典不同。老子被拉进道教，并奉为教主，那是很晚的事了。东汉末年，汉中张鲁信奉五斗米道，令信徒们念《老子》五千文。念《老子》的也只是巴蜀的五斗米道，影响地区仅限于汉中地区。中原广大地区的道教徒信奉《太平经》，这是一百多卷的大书，内容庞杂，没有多少老子的思想。

道教是中国本土的宗教，它形成于东汉末年，方术、巫术是它的前身。神仙方术信仰由来已久，古代巫、史、祝、卜是与神打交道的专家，他们处在国家的领导层。民间巫术用符水治病，借卜筮占吉凶。战国以后，神仙方士宣传不死之药可以长生，投合上层贵族要求长期享乐的欲望，得到他们的支持；广大群众缺医少药，方士们用符水治病，驱鬼祭神，在下层群众中也得到推广。早期道教还没有系统的理论。到了东汉末年，天下大乱，民生困苦，于是出现了《太平经》。此书成书时间约在东汉安帝、顺帝统治时期，此书为集体创作，书成于于吉、宫崇等人之手[①]。

关于老子如何被道教捧上教主的地位，现在还无法做出准确的说明。从时间推断，应在东汉时期。首先出现在宫廷和上层贵族阶层。光武帝儿子楚王刘英，“晚节喜黄老，学为浮屠斋戒祭祀”。明帝诏书也说“楚王诵黄老之微言，尚浮屠之仁祠”[②]。到桓帝时（在位时间是147—167年），延熹八年（165年）正月遣中常侍左悺赴苦县祠老子，十一月使中常侍管霸赴苦县祀老子，九年（166年）在濯龙宫祠老子。桓帝“好神，数祀浮屠老子。百姓稍有奉者，后遂转盛”[③]。这里透露老子被道教奉为神，与先秦的老子无甚关系，而是与西方的佛教与本土的黄老信仰搭伴，以教主的形象出现的。求神佛保佑，祈福延年，是少数上层贵族享有的奢侈品，然后再普及到下层社会，“后遂转盛”。

道教建立后，沿着两条路线传播。上层路线与历代朝廷、官方相配合，可以称为正统的官方道教。还有在社会下层广大群众中传播的道教，它与民间巫术、符咒结合得比较紧。农民起义也往往利用道教这个组织形式。黄巾起义就是第一次道教与农民运动相结合的例子。宋代的方腊、清末的义和团也大体归为这一类。

理论研究，典籍著作，教义发挥，与佛教之间长期互相争辩，也属于官方道教。从北宋开始编辑道教全集《道藏》，多达七千多卷。

---

① 见熊德基：《太平经的作者和思想及其与黄巾和天师道的关系》，《历史研究》1962年第24期。

② 《后汉书·光武十王列传》。

③ 《后汉书·西域传》。

官方道教与民间道教并不是绝对对立。如符咒、炼丹、气功等，民间与官方的道教都很重视。佛教到后期，大乘兴起，崇拜的偶像越来越多，引出了许多佛，不止释迦牟尼一位。道教到了南北朝时，老子已不占重要地位，老子这个形象也被塑造得更加神秘，演变成“太上老君”。道教的神也越来越多，有等级品位。道教的神与佛教不同处，还在于除了男神，还有许多女神，女神也不像庄子寓言中的藐姑射之山的不食人间烟火的女神，更多的神是结了婚的某某夫人。

历代反对道教的学者，对作为思想家的老、庄和作为宗教组织的说教不甚区别。唐朝的韩愈反对佛老，“佛”是宗教的佛，明显无误；“老”是太上老君，还是《道德经》作者老子，他没有讲清楚。宋代的大哲学家朱熹直接继承了韩愈的道统说，崇儒家，排佛老，佛、老并称“二氏”。朱熹驳斥佛教也指明是释迦氏之教，他驳斥的道教更多的情况下指的是老庄。这种长期的误解，连清代大思想家王夫之也未能避免。他批判“二氏”，涉及道教系统时，重点没有放在道教上，而是指向老庄哲学。老子哲学讲“无为”“清静”“抱一”，与道教的宗教修养有关，但老子的哲学思想体系与道教毕竟有所不同。“道家”“道教”长期混用，成为习惯，如近人陈垣先生搜集历史道教碑刻，汇编成集，名为《道家金石略》。陈先生是研究宗教史的专家，老庄哲学与东汉以后的道教，他是清楚的，他也把“道教”写作“道家”，可见积重难返。为了避免长期积累下来的观念含混，有必要把道家与道教严格区别开来。总括起来，有以下四点值得注意：

第一，先秦无道家，只有老子哲学、庄子哲学，以及与他们的哲学相应的老子学派、庄子学派。

第二，汉代的道家代表西汉时期融合各派的一种思潮，它以黄老“清静无为”思想为基础，包括儒、墨、阴阳、名、法各家的部分内容。

第三，学术界习惯把老庄学派称为道家，是后起的一种学派分类观念。东汉时期严君平《老子指归》开始有了以老庄为道家的倾向。魏晋玄学早期“老庄”联称，后期“庄老”联称。魏晋以后，以老庄为道家的分类法得到承认。这个“道家”不同于司马谈的道家，仍属于哲学。

第四，道教是宗教。它有团体、教派、教义、宗教规范仪式、宗教组织、固定数量的信徒、固定的教派传授系统、共同信奉的经典、固定的传布地区等。以上这些特点，使它区别于道家，与儒、佛并称为“三教”[①]。

以上四点是用来区别道家与道教的标志。

道教是中国土生土长的宗教，不像佛教那样有广泛的国际影响。但也不能说道教作为宗教的影响只限于中国，道教对日本影响就很大。日本的神道教与日本天皇及朝廷的制度，有不少道教的影子。最近日本道教研究专家指出：第一，日本天武十三年（685年），为行使中央集权，制定“八色之姓”，八姓中“真人”列为第一等级，“真人”为道教术语。“天皇”一词也源于道教。第二，象征天皇的两种神器——镜和剑都是道教的法器，用以照妖降魔，天皇传位时，以镜和剑授予新天皇。第三，天皇宫廷尚紫色，道教称上帝居紫微垣，天皇宫殿门称“紫门”。推古女帝即位第

① 三教中儒教算不算宗教，学术界有争论。我在1980年《中国社会科学》第1期有专文论述，这里不重复。

十一年（603年），圣德太子制定六色十二阶冠位；大化三年（647年）制定七色十三阶冠位，只有最高官位阶得用紫色。唐宋规定紫色为高级官员的服色，和尚、道士中有声誉、地位的得赐紫衣。唐文化习尚也影响到日本宫廷贵族。第四，祝天皇长寿的祝词。据《延喜式》载："谨请皇天上帝、三极大君、日月星辰、八方诸神、司命司籍、左东王父、右西王母、五方五常、四时四气，捧以银人，请除灾祸；捧以金刀，请延帝祚。祝曰：东至扶桑，西至虞渊，南至炎火，北至弱水，千城百国，均能精治，万岁，万岁，万岁！"这完全是抄自道教的祠祀词句。只有在中国方位才好说"东至扶桑"，日本即扶桑，不必称"东至"。第五，天皇拜四方仪式。据《江家次第》载，圆融天皇天延二年（974年）元旦拜四方仪式，天皇朝北遥拜北斗七星中的本命星，并念咒文曰："贼寇之中，过度我身；毒魔之中，过度我身；……魇魅之中，过度我身；万病除愈，所欲随心。急急如律令。"这咒文也是照抄道教的。第六，神道教。《日本书纪》在《孝德纪》中"惟神也者，随神道也""天皇信佛法，亦尊神道"，"佛法"与"神道"对置。从奈良到江户，把天皇家族的始祖天照皇大神当作国家神祭祀，立伊势神宫。日本是神国，天皇是神的子孙，是人间神。[①]

道教的宗教影响，除了日本，朝鲜及越南也有经过改变的道教信仰。近三十年学术界道教研究的风气遍布全世界。北美洲、澳大利亚、法国、意大利、联邦德国、英国都有研究道教的学者及研究组织，也出版了不少有价值的著作，日本学者的研究成绩尤为显著。

---

① 参见福永光司教授《日本文化与道教》。该文发表于1982年中日学术座谈会。《世界宗教研究》1982年期第2期有中文本。

《中国道教史》序*

中国三大宗教（儒、释、道）是中国传统文化的三大支柱。学术界对儒教经典研究得较多，对佛教经典研究得较少，对道教经典研究得就更少。造成这种状况的原因甚多，由来已久。按照封建正统观点，认为只有儒家的经史子集才有资格代表中国传统文化，佛教、道教典籍属于旁支，文化价值不大。这是长期流行的一种偏见。清朝编纂《四库全书》，这是中国封建社会最后一次文化丛书结集。共收书三千四百六十一种，七万九千三百零九卷。存目的有六千七百九十三种，九万三千五百五十一卷。两项共计一万余种。其中所收佛教典籍，属于《子部·释家类》，共十三部，三百一十二卷；所收道教典籍，归于《子部·道家类》，共收四十四部，四百三十卷。佛、道两家的典籍共计不到一千卷。

封建儒家学者们总认为佛、道两教的典籍价值不大。我们从中华民族传统文化的整体来看，佛、道两教与儒家传统文化同样重要，同样影响着中华民族的文化生活、家庭生活、社会生活以及政治生活。佛教、道教的影响，其深远程度当不在儒家经史四部之

* 据任继愈主编：《中国道教史》，上海人民出版社，1990年6月版。曾收入《任继愈宗教论集》。

下。三教交互融摄，构成唐宋以来中国近一千多年来的文化总体。不研究中国佛教就无从了解中国文化和中国历史，这一点已逐渐被学术界人士所承认；对道教研究的重要性，似乎没有像对佛教那样重视。事实表明，道教典籍中可供发掘的东西非常丰富，其重要性绝不下于佛教，甚至更重要。

道教生长在中国本土，约与佛教同时活跃在舞台上。但道教的命运不济，错过了大发展的机会，让佛教占先了一步。一步落后，步步落后，两千年来，一直没有能超过佛教。唐朝时道教可谓极盛，它得到皇帝的支持，受到特殊的恩宠，道教的信徒人数和天下道观的数量也只有佛教的二十分之一。

汉末、魏晋，天下大乱，老百姓走投无路，往往投靠宗教。那时中央政权对全国失去控制，正是宗教发展的良好时机。由于黄巾起义打过道教的旗帜，黄巾被打败，道教也受牵连，统治阶层对道教存有戒心，有很长时期对道教不敢信任。这时佛教接受了中国封建宗法思想，乘机宣传其三世因果报应轮回之说，扩大了地盘，在帝王、贵族支持下，招纳了大量的信徒。

南北朝时期，北朝道教经过寇谦之的改造，南朝道教经过葛洪、陆修静、陶弘景的改造，取得上层统治者的支持，才有了较大的发展。这中间已比佛教的发展落后了若干年，错过了大发展的时机。在道教典籍的搜集、整理方面，道教丛书的集结工作也比佛教落后了一步。道教有很多做法是从佛教那里学来的。佛教最早把自己的全集称为“一切经”，道教编辑道教的全集也称“一切经”。由于“一切经”这个名称被佛教占用在先，后出现的道教的“一切经”则称为“一切道经”，以区别佛教的“一切经”。唐玄宗时，曾令编纂《一切道经音义》，也就是当时的《道教大辞典》。唐武后时已出现过“道藏”一词，但未能通行。“道藏”一词正式确立，是在宋代佛教大藏经以后的事。

宗教的存在和发展要靠民众，为了更大的发展则须依靠政权上层的支持。东晋时期，佛教最有名的推动者道安也懂得“不依国主，则法事难立”。道教的发展、宣传也遵循这一个原则，既注意拉拢上层，也注意普及于下层。有上层的支持，经济来源有保证，为寺院经济创造条件；有下层群众的广泛信奉，才能壮大宗教的声势，才可以更加促进上层的重视。只有上层而下层信徒不足，则缺少存在的基础，难以发展；有下层群众而没有上层的支持，也不能长久[①]。佛教、道教在中国都有悠久的历史，历久不衰，除了社会的客观原因，与道教、佛教的主观努力也有极大的关系。他们宣传宗教，既要结交上层权贵，又要俘虏下层群众，针对不同信徒的需要，推行其宗教宣传内容。

道教开始拥有群众是从下层开始的，如东汉的黄巾（内地道教）、张鲁（巴蜀的道教）多以下层群众为对象。中国农村长期愚昧落后，缺医少药，以符水治病，驱妖捉鬼，祈福禳罪，与民间巫术、占卜、星相、图谶等迷信相结合，道教活动得以广泛蔓延，道教典籍中也保存了这一部分内容。

道教为了取得上层统治阶层的信赖和支持，也尽力满足他们的需要。地主阶级自南北朝以来，形成世袭的特权阶层，他们生活优裕，总希望长期活下去，即使不能永生，也想长寿。道教为了迎

① 隋唐时期的三阶教在下层流传颇广，后被政府取缔，终归消失。

合他们的精神生活和肉体生活的需求，向他们推销养生、服食、炼丹、房中等宗教内容。道教外丹教法在南北朝隋唐盛行不衰，即得力于上层贵族特权阶层的信奉和支持。炼丹要耗资财、费人力，穷人不敢问津，中产人家也办不到，只有特权阶层大贵族对此有兴趣。

道教和其他宗教一样，着重宣传神的启示，自称他们的典籍为神仙颁赐，他们制造文书以宣达神意，因而道教中颇多书法家。最有名的王羲之手写《黄庭经》与道士换鹅的故事流传甚广，王羲之是世代信奉天师道的道教徒。

道教宣传的重点和宣传内容都保留在道教的典籍里，从今天保存下来的道藏可以窥见道教发展变迁的各个侧面。从汉末到明清，社会思潮不断变化，与社会思潮相适应，佛、道、儒也在变化，三教之间又有互相影响、互相渗透的关系，这种互相融通、渗透的关系也表现在道教的典籍里。

综观道教发展的历史，可以分为四个段落（或称为发展时期）。

南北朝时期，道教得到当时帝王贵族统治者的支持，跻身社会上层，这是它的第一个发展时期。唐朝皇族与老子攀亲，自称李耳的后裔，政治上予以扶持，大力推行道教，这是第二个发展时期。北宋真宗开始，后来徽宗继续崇奉道教，用道教麻痹人民、陶醉自己，借以遮盖北方强邻压境造成的耻辱，这是道教发展的第三个时期。明代中叶，帝王迷信道教，妄图成仙，道教曾受到皇帝宠遇。皇帝纵容道士干预政治，参加政府内部的权力争夺，这是道教发展的第四个时期。

元朝初年，道教也曾受到皇帝的重视（如丘处机），但元朝统治者不专重某一种宗教，对基督教、伊斯兰教、汉地佛教、藏传佛教也都重用[①]，中间还有一次焚毁道经的劫难。

明中叶以后，国力衰竭，内忧外患，朝廷自顾不暇，对道教不能从财力上支持。清朝当权者及上层贵族起自关外，承袭萨满教传统，对道教不感兴趣，道教历代享受的特殊宠遇有所裁抑。道教发展在上层社会受阻，势力转入民间，转变成秘密宗教团体。这些民间宗教也有自己的经典，但不被政府承认，不能公开传播。日后如重新编辑道教全书（或称“新道藏”）时，流传于民间的这部分道教典籍应当收入。

道藏中所保存的若干思想资料在中国思想史上占有重要的地位。它与佛教一样，在这里都有所反映，各个时代的重要哲学思潮及其资料丰富了中国哲学史的内容。如魏晋以后，哲学界关心和讨论的中心问题是本体论，以本体论取代两汉的宇宙构成论。这一变化，说明中华民族理论思维的深入和提高。从本体论转入心性论，是中国哲学史发展的又一次提高。在隋唐时期，佛教各大宗派，如天台、华严、禅宗都各在自己学术领域里有所建树，佛教的心性论处在时代思潮的领先地位。道教的理论也适应了这一时代思潮。世人论道教内丹之学，多认为它由外丹发展而来，这种说法不为无据，但还不能算全面地说明问题。内丹说实际上是心性之学在道教理论上的表现，它适应时代思潮而生，不能简单地认定内丹说的兴起是由于外丹毒性强烈，服用者多暴死，才转向内丹的。内丹说在道教，佛性说在佛教，心性说在儒教，三教的说法有差异，而他们

① 道教为了装点自己，故意把元朝皇帝说成一个道教信奉者，正如印度佛教徒把阿育王说成佛教信奉者一样。阿育王除保护佛教，也保护其他宗教。

所探讨的实际上是同样的问题。以道教来看，《抱朴子》的“道”的理论已偏重本体论，但不纯熟。唐代司马承祯的坐忘学说则是典型的心性论。当时道教与佛教相呼应，各自从自己的立场阐发心性之学。佛教、道教倡导于前，儒教反而显得落后，后来韩愈、李翱等人也跟着探索这一领域，这种理论兴趣和思维水平到唐末、五代更加成熟，成为学术界的中心议题。宋代理学兴起心性论与治国平天下的封建政治学说相结合，形成理论完备的儒教体系，成为心性论的主力。佛、道二教没有能够继续发展，仍停留在原来的水平上，反而落后了。

金元时期出现的全真道及其相关的教派，它与以前及后来的许多道教流派不同，这些特异的道教的政治背景，前辈学者有很好的论述[①]。应当指出，金元时期的全真教把出家修仙与世俗的忠孝仁义相为表里，把道教社会化，实际上是儒教的一个支派。儒教在宋代形成后，成为中国封建社会后期的思想支柱的中心力量。南宋灭亡，儒教并未受到损伤，朱熹建立起来的儒教体系在元代几乎全部得到继承，政统转移，而道统赓续。皇帝换了姓氏，中华民族的传统文化反而凭借元朝强大武力推广到更边远的地区。儒教势力强大、体系完整，超过佛、道二教，其实它包含了佛教、道教的心性修养内容。

研究道教，不能离开佛教，也不能离开儒教。佛教与道教看起来长期有争论，事实上这两教基本上同兴衰、同荣辱、同命运。佛、道两教均受过政治压迫、迫害，佛教遭受的政治打击的次数比道教还要多些，原因在于他们的势力强大，达到与国争利的地步，

① 见陈垣先生《河北新道教考》等有关著作。

政府就出来干预。佛、道两教互相吸收，道教吸收佛教的东西更多于佛教吸收道教的。唐代为三教鼎立，唐中叶以后的总趋势为三教合一。宋以后儒教形成自己的庞大体系，以釜底抽薪的方式，从内部吸取佛、道二教的修炼方法，如静坐、养神、明心、见性等，这都是孔孟所未讲的新内容。儒教从佛、道二教那里补充了新内容。

中国的佛教早已中国化，佛、道两教相比较，道教更具有中国封建社会农民型的朴素意识，道教似不及佛教机巧。道教在佛教初传入时帮了佛教的忙，佛教势力壮大后却反戈相击。像《老子化胡经》这一段公案，先后聚讼达千年之久。老子化胡本属无稽之谈。佛、道两教争高下，道教没有倾全力从理论上争是非，而是采用农村乡里间争辈分的方法，编造事实，抬高老子。佛教初传入中国，为了便于立足，希望与中国名人拉上关系。佛教徒中不乏饱学之士，他们并不是看不出老子化胡说的荒谬，但他们忍让着，任凭《化胡经》广为流布，并不进行反驳。佛教显然是利用道教为自己开路[①]，可以认为双方互相利用，毕竟佛教利用道教的成分更多。等到佛教势力强大到足以自张一军时，则发动教徒，利用一切手段攻击《化胡经》。最后一次大辩论发生在元朝，假借元朝统治者的干预，连道藏的经版都销毁掉。当然，流传了千百年的《化胡经》，山陬海隅，所在多有，光靠一次行政禁令是毁不尽的。

道教研究室的多数同志，曾以集体力量，花了多年时间把道教

① 汤用彤先生说："汉世佛法初来，道教亦方萌芽，纷歧则势弱，相得则益彰。故佛道均借老子化胡之说，会通两方教理，遂至帝王列二氏而并祭，臣下亦合黄老、浮屠为一，固毫不可怪也。"见《汉魏两晋南北朝佛教史》，中华书局，1983 年 3 月版，第 43 页。

全集——道藏检阅了一遍，并撰成《道藏提要》一书，现已交中国社会科学出版社出版。对几千卷道教典籍的内容、时代、作者，提出了自己的看法。在这样扎实的基础上，我们写出这部《中国道教史》。有几分材料说几分话，我们不尚空谈，力图避免华而不实的学风。撰写人承担的篇章，基本上是他们研究的专题的一部分，对作者来说，比较驾轻就熟。各章节之间，看来是独立的专题，但各专题之间独立而不是孤立，我们照顾到其上下左右的联系，向读者提供中国道教发展的整体印象。

这部《中国道教史》是集体撰写的，文体作风难求划一，我们力求规范化一些；篇章之间难免略有交叉，我们力图安排得合理一些。学术研究有继承性，我们尽量利用前辈研究的成果，如刘师培、陈垣、陈寅恪、汤用彤、陈国符、王明诸先生的著作；日本学者吉冈义丰、大渊忍尔、福永光司等教授的成果，也给我们以重要参考帮助，这些都随文注明。

本书在上海人民出版社积极安排下得以早日问世，在这里表示感谢。

《中国道教史》分编序和结束语*

第一编　汉魏晋南北朝道教

在中国道教史上，东汉至魏晋南北朝是最初的重要发展阶段，即原始道教从民间兴起并逐步演变发展为成熟的官方正统宗教的时期。

东汉末年爆发的黄巾起义标志着秦汉时期中国封建专制国家大一统局面的结束。起义失败后，各地军阀豪强势力乘机割据混战，拉开了长期分裂战乱的序幕。此后经过魏、蜀、吴三国鼎立与西晋的短期统一，东晋十六国的动乱以及南北朝的分裂对峙，直到隋朝重新统一全国，中国封建社会先后经过了约四百年之久的分裂。在这段分裂时期，封建社会不仅在政治、经济制度上发生了许多重大的变革，而且在思想文化方面也出现了新的情况。儒家学说虽然仍是封建国家正统的思想意识形态，但是随着两汉经学的衰落，它在思想文化上的一统地位已相对削弱，而东汉以来开始形成的道教

* 据《中国道教史》初版。曾以《〈中国道教史〉小序和结束语》为题收入《任继愈宗教论集》。

与外来的佛教却在这一时期有了很大的发展，逐渐成长为封建官方上层建筑和意识形态的重要组成部分。这一新的变化，为隋唐时期儒、释、道三教鼎立局面的出现奠定了基本格局。

魏晋南北朝之前，道教在东汉中后期迅速从民间蓬勃兴起，形成了太平道、五斗米道等民间道教团体，这是道教发展的一个高潮。汉末黄巾起义因统治者的镇压而失败，汉中张鲁政权也因投降曹操而归于覆亡，使道教遭到沉重打击。进入魏晋后，统治阶级对民间的宗教活动严令禁止，遏制了早期民间道教组织迅速发展的势头。虽然五斗米道仍在民间传播，从西南一隅发展到全国各地，并逐渐渗透到上层统治阶级中间，成为当时道教的大宗，但是五斗米道在教义上却没有太大的发展，基本上还是"以鬼道教民"的民间宗教团体，并且在其内部还出现了组织散乱、科律废弛的现象，分化出许多互无统属的道派。从总体上看，民间道教的发展逐渐趋于衰落。

在民间道教的活动受到遏制的同时，适合魏晋门阀统治阶级利益的神仙道教却在兴起。汉末魏晋间，一大批神仙方术之士在社会上十分活跃，逐渐形成一些师徒相传的神仙道教团体。某些信奉五斗米道的门阀士族分子也在把民间道教引向士族神仙道教的发展轨道。两晋之际的著名道教学者葛洪便是这一派突出的代表。他在东晋初所撰的《抱朴子内篇》一书，对以往的神仙信仰和各种方术做了系统的整理和理论上的阐述，并对民间道教和某些"流俗道士"的活动猛烈抨击，这对道教从原始民间宗教向成熟的官方宗教的方向演变发展，在理论和实践上都有十分重要的意义。葛洪去世后，以晋哀帝兴宁二年（364年）丹阳士族杨羲、许谧等人制作《上清经》为开始的标志，从东晋十六国后期至南北朝时期，中国南北方都出现了由门阀士族道教徒（其代表人物有寇谦之、陆修静、陶弘景等人）发起的道教改革活动，道教的发展进入新的高潮。以重视经典科教与神仙养生之术为主要宗旨的道教新派别孳乳繁衍，成为道教发展的主流。而民间道教经门阀士族改造后，终于消融在南北朝新道教中。隋唐时期，道教、佛教的发展都进入鼎盛时代。南北朝以来形成的茅山派、楼观派是当时道教的正宗，三洞经典体现了道教最高的教义理论和修炼方术，而早期天师道的符箓禳禬之术，仅仅作为经典科教的一部分和道士入门的初级功课而保留下来。

总而言之，自东汉迄魏晋南北朝，道教的发展凡经三变：第一，东汉晚期为原始道教从民间崛起和形成的时代。第二，三国两晋之际，民间道教的发展转趋停滞，五斗米道组织发生分化，一部分逐渐与神仙道教合流而丧失其原始民间宗教的本色。第三，东晋以后，民间道教经过改造，进一步发展为以仙道为中心的成熟的官方化的新道教。当然，历史的递嬗演变并不像刀割斧截般地整齐绝断。上述三变，只是就这一时期道教发展总的趋势而言。道教经过这一系列的复杂变化，完成了从孕育产生到发展成熟的过程，为以后一千多年的进一步发展奠定了基础。

第二编　隋唐道教

南北朝时期，北朝的寇谦之和南朝的陆修静、陶弘景等先后对道教加以整顿和改革，道教逐渐由分散的原始状态进入相对统一的成熟阶段，由民间性质的宗教逐渐趋向上层，在一定程度上得到统治者的扶植和崇奉，逐步成为统治者所控制和利用的官方宗教，为隋唐道教进一步的发展和繁荣打下坚实的基础。

隋唐时期，尤其是唐代，是我国道教全面发展的繁荣时期之一。隋朝建国之初，隋文帝利用道教编造“受命之符”，为他篡夺北周政权制造舆论，故隋文帝对道教加以扶植和崇奉，使道教有所发展。因隋文帝幼时由尼姑养育，自称“我兴由佛法”，对佛教尤为重视，规定三教的序位是佛教为先，道教次之，儒教为末，佛、道行立的序位是佛先道后，故道教与佛教相比，其发展在隋代较为缓慢。道教对以后的影响较小。

在唐朝近三百年的统治中，道教始终得到扶植和崇奉，道教的地位处于儒教和佛教之上，居三教之首。道教教主老子不仅被尊为唐宗室的“圣祖”，而且先后被册封为“玄元皇帝”和“大圣祖高上金阙玄元天皇大帝”，事实上已成为道教的至高神和唐朝的护国神，道教也得到前所未有的尊崇。

唐朝崇奉道教主要是出于政治上的利用，信仰的因素倒是次要的。李唐皇朝利用老子姓李，攀附为同宗，尊老子为“圣祖”，自称是老子的“圣裔”，以利用老子在历史上的广泛影响来提高唐宗室的社会地位。它们神化老子、尊崇老子，并以老子降灵等名义散布宗教谶言，编造政治神话，制造皇权神授的舆论，以达到神化唐宗室的政治目的。唐初和唐玄宗时期，还利用《老子》的“清静无为”思想作为治国的理论依据之一，对唐初的繁荣和唐玄宗的“开元之治”都曾起过一定的积极作用。唐朝抬高道教地位，规定道教的序位在佛教之前，也是利用道教来抑制佛教势力发展的一种政治策略。唐朝是充分利用道教为政治服务的朝代之一。

唐代崇道以崇奉老子为核心，当时不仅老子被推到至高无上的尊位，而且《老子》一书亦被尊为“《道德真经》”，成为道教的首经。道家的庄子、列子等均被尊为“真人”，其著作被尊为“真经”。《老子》成为王公大臣和贡举人必读之书。唐玄宗亲自注疏《道德真经》，颁之全国，令士庶家家习读，使《老子》得以广泛的传播。由于唐朝的倡导，唐代研究老庄思想的风气很盛，王公大臣及儒生、道士等纷纷研究和注疏《老子》《庄子》。据不完全统计，隋唐时仅道士注疏笺解《老子》即近三十家，其他受老庄思想影响的理论著作也很多，如通玄先生的《道体论》、司马承祯的《坐忘论》等等。唐代佛教禅宗的形成和发展也受到老庄思想的影响。隋唐是对道教理论研究的兴盛时期，它建立了较为系统的理论体系，“重玄”哲学思想的形成，即是这一时期的产物。

隋唐对道籍的整理和研究亦较重视。隋朝设立玄都观，研究三教之学，整理道教教义，当时所编的《玄门大义》，体系已较完备。唐代对道籍继续加以收集和整理。唐玄宗于开元年间收集道书，编纂成藏，名《一切道经》，道籍成藏实始于唐。

道教仪法在南朝陆修静时已初具规模，唐代道士张万福、张承先和唐末五代的杜光庭等对道教科仪、经戒法箓传授等进行系统的整理和增删，使其更趋复杂和完备。唐以后的道教仪法，基本上以唐代仪法为准则。

隋唐道教炼养术有较快的发展，司马承祯的《服气精义论》《修真精义论》等均是当时著名的修炼理论，其他类似的著作还很多，这对推动炼养术的发展起了积极作用。由于唐代诸帝大都相信服用金丹可以长生延年，不惜投入大量财力物力，命道士制炼金丹，使金丹术得到进一步的发展。唐代太宗、宪宗、穆宗、敬宗、武宗、宣宗之死均与服用金丹有关，于此大致可见当时金丹术的兴旺。由于一些帝王服金丹而死，一些炼丹道士亦因而被杀，唐以后的帝王和道士大都吸取这一教训，这又促使金丹术由外丹向内丹的转变。

唐末五代，由于社会动乱，很多道教宫观被毁，道士星散，道教衰落。一些儒生和失意的王公官吏，为避乱而纷纷隐遁于山林，有些即与道教发生联系或成为道士。他们以避世保命为主，不求闻达于诸侯，修炼亦以内丹为主，促使了内丹术的迅速发展。唐末的吕洞宾、钟离权等即成为后来内丹派的祖师爷。

唐代道教的音乐、舞蹈、绘画、雕塑、文学、建筑等亦得到了全面的发展。唐玄宗时的《霓裳羽衣曲》《降真名仙之曲》《紫微送仙之曲》以及《紫微八卦舞》等，是在唐玄宗授意下创作，在太清宫祭献老子时所演奏，具有皇家宫廷的艺术水平。唐代一些帝王命画家绘画道教神像，如吴道子所画老子像的刻石仍流传于今，敦煌仍保存有唐代的道教壁画。唐代对道教绘画艺术做出了贡献。唐代以前，道观中的神仙塑像甚少。唐玄宗命全国各大宫观皆塑老子像，并在太清宫塑玄宗像立于老子之侧，自此道教宫观中供奉雕塑的神像逐渐盛行起来，促使道教雕塑艺术的发展。高宗、玄宗等亲作青词、表章供道士祭献和祈祷时用，一些大臣、文人亦竞相效尤，提高了道教文学的水平。自南朝道教宫观制度形成后，道教宫观逐渐增多，到唐代，道教宫观几遍及全国，有些宫观建筑规模宏大，极为富丽，如太清宫、太微宫、紫微宫等主要供奉老子的宫观，其规模可与皇家的殿堂相比拟，对以后道教宫观的建筑规模和建筑艺术都有直接的影响。由于唐代帝王，尤其是玄宗的倡导，使道教艺术得前所未有的发展并达到较高的水平。

唐代道教的兴衰，对以后道教的发展有着广泛的影响。唐代道教是道教发展史中的一个重要环节。

第三编　宋元道教

宋辽金元（960—1368年）四百余年间，道教进入了一个发展、变革的新阶段。

这一时期，各种社会矛盾相当尖锐，民族矛盾尤为突出，道教的兴盛、发达与贯穿这一时代始终的民族矛盾关系至深。

北宋王朝虽然结束了五代五十余年的动乱，使社会生产、文化得以发展、繁荣，但其国力远较汉、唐为羸弱，辽、西夏、金的侵扰，严重威胁着赵宋王朝的安全。为了乞助于道教神灵以解除心理上的不安全感，安定民心，缓和国内阶级矛盾，北宋历代帝王对道教皆相当崇奉，真宗、徽宗尤以崇道著称。真宗在与辽立“澶渊之盟”后，为粉饰太平、神化皇权，仿效李唐，制造了“大书”下降、“圣祖”降灵等道教神话。真宗还命王钦若、张君房等校刊、编辑道藏。徽宗以“教主道君皇帝”自居，宠任林灵素等符箓道士，通过行政命令强制推行神霄道教，一度崇道抑佛。辽国、西夏统治者，对境内道教亦采取保护政策。

金、南宋统治者吸取了宋徽宗崇道亡国的教训，对道教在长时期内皆无特别的崇奉，实行严格的管理。但这一时期，南北战事频仍，后期又加上蒙古的入侵，民族矛盾、阶级矛盾更为激化，阶级压迫、民族压迫的沉重苦难，促使民间的道教活动空前活跃。在女真族为统治主体的北方金国，兴起了太一教、大道教、全真教三派新道教，广泛流传于民间，呈蒸蒸日上之势，金朝于防范之外，不得不予以承认。到金贞祐南迁后的衰落时期，对新道教更多所利用。在南宋，也有净明道、金丹派南宗等新兴道派出现，民间的斋醮祈禳等道教活动十分盛行。

在蒙古贵族所建立的大元帝国，民族矛盾始终是最大的社会问题。元室为笼络人心，缓和民族、阶级矛盾，对各宗教都大加提倡，对道教各派皆扶植利用，道教各派首领和名道士封官赐爵，得“真人”等赐号者颇众。一批失意儒士和有民族气节的人士纷纷涌入道教，使道教呈现出十分鼎盛的局面。

宋元时代道教兴盛的表现之一是道派分化繁衍，新道派纷纷出现。这一时期，除传统的正一、上清、灵宝三大道派继续传衍，还出现了太一教、真大道、全真道、金丹派南宗、净明道、清微派、神霄派、东华派、天心派、武当派等新道派。从南宋末起，江南诸道派归正一派所统领。

宋元新道派在教义、教制等方面多带有革新传统道教的特色，反映了新兴庶族地主的宗教意识。正一、上清、灵宝三大旧派的教义教制也有所发展、革新。

这一时期道教各派教义的共同特点是顺应三教思想融合的时代思潮，盛倡三教同源一致，融摄佛、儒二家之学，使这一时期的道教学说带有融合三教的浓厚色彩。三教所共同探讨的心性问题成为这一时期道教哲学的中心课题，所谓“天下无二道，圣人无二心”，心性被看作三教共同之源。在宋代，道教受佛教禅宗影响最深，金丹派南宗、全真道皆以结合、融合道教内丹与禅宗之禅为其学说的特质，提倡明心见性、性命双修、其心性之说颇近于禅。至元代，道教哲学更多融会理学，元代新出现的净明忠孝道便是一个道教与儒学、理学融合的典型。

宋元时代的道教教义还以内丹术的盛行和内丹学的成熟为一大特点，专主内丹修炼的群众性教团全真道、南宗首次创立。全真道、南宗继承和发扬钟吕系内丹，沿内丹与禅双修的方向发展，形成在修炼次第上先性后命与先命后性两派。《悟真篇》《翠虚篇》《金丹大要》《中和集》等一批内丹学专著相继问世，内丹理论在传统道教内丹术、炼养术和宇宙论的基础上，融摄佛、儒之学及中医、天文学等知识臻于成熟化。道教内丹哲学对儒学影响甚深，是周敦颐、邵雍哲学思想的一大渊源。南宋理学大家朱熹热衷于内丹术。

这一时期盛行的内丹术还影响于诸家符箓道法，各符箓道派率皆融合内丹与符箓，倡“内道外法”“内丹外用”，以内丹修炼为施行符箓咒术之本，强调书符念咒时须正心诚意，以“一点灵光”即先天元神事之。道教符箓道法至此而成熟化、理论化。道教斋醮科仪也进一步完备，出现了卷帙浩繁的斋醮科仪全书《灵宝领教济度金书》等。

教义、教制充分成熟化的宋元道教为明清道教奠立了定制。

第四编　明清道教

明清两代（1368—1911年）五百多年，是道教从停滞走向衰落的阶段。在内部，教团的腐化；在外部，理学的强力排斥、民间宗教的争夺地盘、失去统治者的崇奉扶植等多种因素，促使道教渐趋衰落。道教的衰落，大体上与整个封建社会的衰落同步。

明清两朝封建统治者对道教的态度颇有不同。明代诸帝对道教皆相当尊崇敬奉，对道教教团管理严格。明太祖一再敕令，清整佛、道二教，他从顺应民俗、宣扬封建伦理纲常的目的出发，保护道教，命道士编成斋醮仪范，突出宣扬封建伦理的内容，定为玄门统一格式。明成祖崇奉真武神，利用真武显圣的神话为其政治目的服务，大修武当山道教宫观，建斋设醮，并派人多年寻访高道张三丰，表现出虔诚的神仙信仰。成祖以后的明室诸帝，对道教的信奉多局限于低层次，营事斋醮，迷信扶乩降仙、各种方术。明世宗朱厚熜，尤为宋徽宗以后唯一的崇道昏君，醉心于长生，宠任道士邵元节、陶仲文等，方士求宠成风，宫中斋醮无虚日，文人以青词为仕进之途。明毅宗（崇祯）一度崇道排佛。清朝贵族对道教本无信仰，入关后对已衰落了的道教无多重视，利用道士斋醮作法之事，比前代要少得多。从乾隆朝起，道教的政治地位日渐下降，被统治者看作名山胜景的点缀品，失去了影响政治的力量。乾隆以后，国家对道教的管制渐形松弛。

元代中叶以后，道教诸派渐归于正一、全真两大派。从明初起，正一天师成为全国道教的统领和代表人物，世袭官爵。正一、全真两派由于长期贵盛，宫观经济不断发达，使教团渐趋腐化。明清历代正一天师，无一以道法名世者，有些天师，如第四十六代张元吉等，贪淫暴恶，成为大恶霸地主。正一天师官爵的世袭颇为儒臣所反对。明代对全真道不大重视，该派在有明二百多年间较为沉寂，但在清初合宜的社会条件下，全真道龙门派经王常月等道士的公开传戒，一度出现中兴景象。

明清两代，道教教义、教制总的说来无大的发展。明代编定的一些斋醮科仪，如《道法会元》等，收入了多种符箓道法。第四十三代正一天师张宇初的《道门十规》适应明太祖整顿道教的需要，提出了振兴道教之策，欲图推广金元全真道风于整个道教界。王常月中兴龙门派也是力图复兴初期全真祖风，并适应封建统治者宣传纲常伦理的需要，强调持戒为本。这一阶段，道教内丹学尚呈发达景象，张三丰、陆西星、伍守阳、柳华阳、刘一明、闵小艮等人的内丹撰述，把内丹术进一步通俗化、明朗化，对内丹理论的阐发也有超越前人之处。这一时期的道教著作中，三教思想融合的色彩更为浓厚，尤多和会儒学、理学。

明清两代道教教义虽然无大发展，但道教思想却进一步通俗化，流传于广大社会，渗入社会文化的各个方面。被道士通俗化了的内丹术，超出仅在道教中传播的范围，作为一种炼养术，传向社会，在儒士中影响尤深。明儒王守仁、王畿、罗汝芳、林兆恩等皆热衷于道教内丹术。清初大思想家王夫之，对内丹术亦涉足甚深。一批道教劝善书，如《太上老君感应篇》《文昌帝君阴骘文》等，经官僚文士的倡导，作为一种宣传封建伦理的通俗读物，广泛流传于民间。扶乩降仙之风在道士、儒生中十分盛行，一批假扶鸾所造的道书，如《太乙金华宗旨》《吕祖三宝心灯》《天仙金丹心法》《吕祖东园语录》等纷纷出世，或阐述金丹，或宣扬“三纲五常”，皆具有三教融合的色彩。各种大大小小的道教神庙，如城隍庙、真武庙、吕祖庙、关帝庙等，林立于城镇乡村。道教的神仙信仰、金丹修炼说渗透于这一时代的大量通俗文学作品。各种民间宗教亦多吸收道教思想。至清末，道教虽已十分衰微，但其宗教思想作为一种传统信仰，在民间影响还是很深。

第五编　明清民间宗教与道教

中国的道教发展至明清时代日趋走向民间化和世俗化，从而生成形形色色的民间秘密宗教。而这些众多的民间宗教与土生土长的道教有着密不可分的关系，可以说，中国的许多民间宗教是道教的流衍或异端。

所谓民间宗教，相对正统宗教而言，它不为统治阶级所承认，只能在民间秘密流传，被当局称为“邪教”或“匪类”。民间宗教与正统宗教虽然有着本质的区别，但从宗教意义上讲，两者并没有隔着不可逾越的壕沟。世界上影响深远的正统宗教没有一个不是由民间宗教孕育产生的；而后起的一些民间教派，又往往是正统宗教的流衍和异端。这两者在组织、信仰、宗教仪式诸方面有着千丝万缕的联系。

道教在获得正统地位以前，也是一个在底层流传的民间教派，即民间道教。早在战国时代，道教的原始形态便出现了。当时楚人崇巫术、重淫祀，而燕、赵、齐、鲁则盛行着神仙方术。这两者都是汉代民间道教发端的源头。汉末，有大规模组织体系的道教出现了，求道鹤鸣山中的张陵及其家族创五斗米教，无疑受到了盛行南方巫风巫术的影响；而北方张角兄弟所创太平道教又受到神仙方术及流行于世的谶纬经学的启迪。这两派道教都为统治阶级所不容，遭受镇压。

民间道教从秘密流行到为封建当局公开承认历经二三百年。其间由于封建文人的改造润色，它有了一套较为完备的教阶制度与仪式规范，教义的内涵也发生了重要变化，遂为南北朝时期的部分统治者所喜闻乐道，从而跻身于封建统治思想三大支柱的行列。但依然有部分道教流派在民间蔓延，成为社会的动乱因素。当时以所谓教主李弘为旗帜的造反事件不胜枚举，而孙恩、卢循领导的起义也表现出道教某些教派对抗现行秩序的巨大力量。由此可见，在南北朝，道教仍然呈现着一种复杂的格局。

唐宋两朝，道教鼎盛一时，真正发挥了作为正统宗教的社会功能。但金元时代，封建社会走向下坡路，道教再次呈现出纷繁复杂的局面。金代，北方大乱，中原文化毁于一旦，儒家思想亦被弃之不顾，部分读书人出入佛老，寻求救世或避世良方。新型的道教教派——全真道应运而生。当时王重阳修道终南山，倡三教合一，主张炼养，成为此派开山祖。数十年间，全真派流传底层，直至1219年，其弟子丘处机为元太祖召见，全真道才从民间教派走上正统地位。元代中叶，这支道派在与佛教的争宠中骤然失势，除部分大观，信仰下移，再次走向民间，开了黄天教等民间教派之先河。与全真道同时问世的混元道不具备成为正统教派的条件，数百年间在底层发展，到明代演化成红阳教、混元教等教派。

明清时代，社会发生了急骤的转折，封建制度已经无可挽回地没落了。封建制度的衰落不仅表现在政治、经济、思想、文化诸领域，也突出地表现在宗教领域。清初莲宗居士周克复曾生动地描写过那一时代的宗教世界：

> 如近世白莲、无为、圆顿、涅槃、长生、受持等教，无非窃佛祖经纶绪余，创野狐之禅，播穷奇之恶，诳诸无识，贪财倡乱。始犹附佛而扬其波，继之角佛而标其帜。嗟！嗟！末运法弱魔强，释教至是而坏乱极矣。[①]

“末运法弱魔强”不仅表现了佛教历史命运的衰微，从某种意义上讲，道教更有甚者。佛、道两教衰落了，代之而起的是不可遏止的民间宗教运动的狂潮。明代成化、正德间，以罗祖教的兴起为转机，至明末，仅大的民间教派就出现了数十种之多。罗祖教、黄天教、三一教、红阳教、混元教、闻香教、西大乘教、龙天门教、圆顿教、收元教等等是其中较著者。这些教派脱离了佛、道两教的范畴，有各自的势力范围、教主、经书和教法，在宗教领域中形成了一种奇特的历史现象。这一运动在明末农民大革命中经历了短暂的沉寂，在清代以更加蓬勃的气势向前发展。从已发掘出的史料来看，整个清代至少出现过二百余种民间宗教和秘密结社。它们活动在西藏以外的广大地域，几乎无时不在、无处无之，构成了难以数计的地下秘密宗教王国，形成了对抗封建政权的异己力量，这是对专制统治的一种无声的对抗和离异。在清代新崛起的大教门有八卦教、一炷香教、青莲教、金丹教、黄崖教、刘门教、真空教等等。它们的兴起为民间宗教运动的发展起了推波助澜的作用。

道教衰落了，这仅仅是指作为正统宗教的道教的衰落。道教的影响不仅没有消失，反而以新的形式在民间宗教世界重新迸发出来。其中最突出的是道教修炼内丹的理论与实践。两宋以后，道

---

① 〔清〕周克复：《净土晨钟》卷九。

教外丹的理论与实践由于不能适应客观环境的需要，逐渐为历史淘汰，修炼内丹成为教内一时风尚。修炼内丹者无疑在对人身功能的探求上有不可磨灭的成就，但内丹家希望通过修炼，打破生与死的界限，寻求永生的门径，却是一种虚妄。而且它的神秘主义色彩、单传独授的组织形式，繁缛礼仪与深不可测的实践都使它无法扩大本教派的影响，并进一步导致各类异端思想和行动的出现。在民间宗教中，修炼内丹成为一种普遍的宗教内容，虽然师徒授受之际往往保留着宗教的某些神秘主义色彩，但道教那套单传密授的清规戒律却荡然无存了。道教修炼内丹的理论和实践在民间宗教这里被改头换面而且通俗化、普及化了。可以毫不夸张地讲，道教在明清时代对民间宗教的影响是首屈一指的。其中对黄天教、三一教、红阳教、混元教、圆顿教、八封教、一炷香教、金丹教等教派的影响尤为突出。修炼内丹成为这些教派宗教活动的重要内容。大批宝卷以讲解这方面内容为宗旨，从明初中叶以迄近代，数百年而不绝。

本编在述及道教与民间宗教关系时，不可能面面俱到，仅择其中两个教派——黄天教和红阳教作为典型，希望读者能从中体味到道教在封建社会末期的某些影响。

结束语　近代与当代道教

道教作为一种产生并适应于中国封建社会的宗教文化，经过漫长的发展历程，至清末，已随封建社会的末运而衰微不堪。近代，佛教还曾被作为传统文化中的异端，被一些改良主义者重新认识，因而一度呈现回光返照之象。而儒教和道教，作为封建文化的堡垒，受到了民主革命潮流的猛烈冲击。辛亥革命中，孙中山等民主革命家对儒教、道教的封建思想曾予以批判。而袁世凯等封建余孽则继续利用道教。袁世凯在短暂的称帝复辟期间，就曾封第六十二代正一天师张晓初为“正一嗣教大真人”。五四运动中，陈独秀、钱玄同、鲁迅等人对旧宗教、偶像崇拜，关帝、吕祖、九天玄女、瘟将军等的崇祀、迷信予以抨击，民主思想、马克思主义和科学知识的宣传，荡涤着腐朽的宗教、迷信观念。在革命队伍和知识界，道教的宗教观念迅速失去了地盘。道教教团长期以来赖以维持生存的宫观田产也受到冲击。1928年，国民党政府颁布神祠废存标准，决定废止的神祠庙宇中，如岳飞、关帝、土地神、灶神、太上老君、三官、天师、吕祖、五岳四御、龙王、城隍、文昌、送子娘娘等神庙皆属道教。尽管这一决定未能彻底实行，许多寺庙观庵还是被废除，改建为学校、机关、军营。在中国共产党领导的革命根据地，破除迷信也被作为宣传工作中的一项内容。

面临急剧的社会变革，道教界人士为维护本教，成立过一些道教徒的群众组织。如1912年北京白云观成立全真派的全国性教会组织中央道教会。同年，第六十二代正一天师张晓初在上海筹建正一派的全国性教会组织中华民国道教总会，但未能取得政府核准，仅成立了中华民国道教学会本部上海总机关部，稍有活动。在一些省市，如上海，还成立过地方性的道教组织中国道教总会、中华道教会等。道教学者陈撄宁先生（1880—1969年），创办中华仙学院，主编《仙学月报》《扬善半月刊》等道教学杂志。他从事道教研究数十年，精通内外丹炼养术，撰有《黄庭经讲义》《孙不二女丹诗注》《灵源大道歌白话解》等刊行。陈氏主张分清以炼养为主旨的传统“中华仙学”与道教的界限，继承发扬“中华仙学”传统，在道教界颇有影响。

中华人民共和国成立后，政府遵循马列主义宗教政策，在宪法中对公民个人的宗教信仰自由予以保护。土地改革运动中，对寺观多余的土地予以没收。1957年，全国性的道教徒群众组织中国道教协会在北京白云观成立，岳崇岱、陈撄宁递任第一届、第二届会长。该会宗旨为“团结全国道教徒，在人民政府领导下，继承和发扬道教的优良传统；积极参加国家的社会主义建设和保卫世界和平运动；协助政府贯彻宗教信仰自由政策”[①]。“文化大革命”的十年内乱中，道教和其他宗教一起受到冲击，中国道教协会停止活动，不少宫观和道教文物被破坏。自中共中央拨乱反正以来，宗教信仰自由的政策逐步落实，中国道教协会于1980年重新开始活动，各地道教宫观逐步恢复，道士们过着正常的宗教生活，并努力实现劳动自养。推动和开展道教研究工作，被列为中国道教协会的重要工作之一。该会主办的《中国道教》季刊已发行。

在台湾，道教在各宗教中影响最大。据《人民日报》1983年10月6日报道，目前台湾省属于道教的庙宇有四千一百五十八座，约占各教寺庙总数的五分之四。祀神与斋醮炼度尚盛行于民间，道士皆属正一派系，分“乌头司公”（属天师派）与“红头司公”（属闾山三奶派）二种，皆家居，多数不谙教义，亦无笃实信仰。有“道教居士会”“中华道教会”等道教徒的群众组织。

① 《道协会刊》1980年第1期。

在现代文明冲击下，道教的宗教观念，尤符箓道神仙崇拜的信仰，在社会生活中的影响日益缩小，道教继续衰落乃是社会发展所决定的必然趋势。但作为一种历史最长的社会意识形态，作为教义宗旨颇具独特性，可谓集中华民族传统宗教观念大成的中国本位宗教，道教在它长期生长、流传的土地上，大概不会于短时期内消亡。只要现代科学还不能解决完全征服疾病、死亡、自然灾害等问题，道教炼养长生及祈助于神仙征服自然的宗教观念就有其生存的基础，就会对一部分人具有吸引力。

道教文化是中国古代文化遗产中的重要组成部分，长期以来影响颇大，深深渗入于民族文化的诸多方面。道教文化中精华与糟粕混融，不乏值得批判地继承发扬者。近几十年来，道教的炼养术被加以科学的改造，运用于医疗与气功养生，证明有治病健身、延年益寿之效，其影响有日益扩大之势，与印度瑜伽术逐渐脱离宗教而传播的情况相仿佛。道教的宇宙论、本体论及对人体生命的解释，作为一种颇具启发性的古代思想资料，受到中外科学家的注意。道教与佛教等古代东方文明天人合一、追求与大自然和谐的思想，正在引起欧美人士的兴趣。对道教的全面研究，在国内外，日益发达，呈现出前所未有的兴旺景象。道教文化将来的命运，只会是扬弃，而不会是全盘摒弃。

道教经学是隋唐思想不可或缺的组成部分*

南北朝时期，道教发生了分化，有一部分领袖人物力图摆脱农民起义给上层统治阶级造成的印象，取得上层社会及中央政府的信任，结集了道教全集，约有一千余卷，称为“一切经”[①]。唐朝是道教在中国发展的第二次高峰。唐玄宗命道士史崇玄等搜集道书约二千卷，并编纂了《一切经音义》。玄宗后来又继续搜求道书，编辑总目曰《三洞琼纲》[②]，卷帙增到三千七百余卷。

佛教传播，开始即进入上层社会，与帝王、贵族交往，佛教徒的文化知识层次较高（当然也有众多文化水平不高的一般群众）。道教最初传播于农村，杂以民间巫术，以符水治病，信教群众以农民为主。张鲁道教起于巴蜀，黄老道教起于华北。道教典籍不可避免地带有阶级烙印。道教取得官方承认后，为了满足上层贵族需要，取得他们的信赖和支持，从治病发展到长寿、养生、服食、炼

---

* 本文为《中国哲学发展史（隋唐）·道教编》序。

① 这一名称与当时的佛教总集相同。因为佛教总集结集在先，道教为了使自己的典籍区别于佛教，改称《一切道经》。宋以后，有佛教雕版印刷的《大藏经》，道教称自己的总集为《道藏》，以示区别。

② “三洞”是道教典籍最早的分类，即洞神、洞玄、洞真三部。

丹、房中等方面的宗教内容。道教典籍以现代科学方法，按内容可划分为九大类[1]，除去宗教训练、宗教仪式、符箓等不计，其哲学思想多保存在“道经”和“道论”两大类项下，这也是本书中讲到的道教经学所包括的主要内容。道教经学与佛教经学一样，用注疏方式表达各自宗派的观点。除了明白标出著者真实姓名者，很多经典号称神仙颁赐。其中有真实姓名的，像关于《老子》《庄子》《列子》的多种注释，也是借题发挥，与原书的宗旨未必相合，有的甚至歪曲原意。但是，这些注疏却反映了当时某派的思想体系，则是无可怀疑的。道教经学也是唐朝宗教思想不可缺少的一面镜子。

① 《道藏提要》，中国社会科学出版社，1991 年 7 月版。

《道藏提要》序[*]

1978年，中国社会科学院正式成立，世界宗教研究所根据国家建设需要，制订社会科学发展规划，《道藏提要》是其中的一项。《道藏》卷帙浩繁[①]，内容芜杂，有珠玉，也有泥沙[②]。况且《道藏》有许多典籍撰者不明、时代不详，书上标明的撰者有真有假，难以分辨。在人力不足的情况下，仿《四库提要》体例编制《道藏提要》，困难很大。我们深知《道藏》这部道教典籍丛书是研究道教的主要资料库，如能早日把它整理出来，将有利于道教研究工作的开展。

自从新中国建立后，举国上下都在进行基本建设，文化学术的基本建设离不开资料的汇集与整理，而且资料工作必须先行。我国历代在开国之初，偃武修文，必先从事资料汇集整理工作。明初有《永乐大典》，清初编《古今图书集成》《四库全书》。法国资产阶级上升时期有百科全书派。只有资料充实、齐备，才有可能孕育新建国家的文化高潮。没有充足的资料为依据，谈论学术文化，势必流于空谈。

---

* 曾载《世界宗教研究》1989年第4期。曾收入《皓首学术随笔·任继愈卷》《任继愈宗教论集》。

① 共千余种，四千余卷。

② 《道藏》中涉及医学、化学，生物、体育、保健、天文、地理等内容，引起近代一些研究者的重视。

中国三大宗教（儒、佛，道）是中国传统文化的三大支柱。学术界对儒教典籍研究得较多，对佛教典籍研究得较少，对道教典籍研究得就更少。造成这种状况的原因甚多，由来已久。按照封建正统观点，认为只有儒家的经史子集才有资格代表中国传统文化，佛教、道教典籍属于旁支，文化价值不大。这是长期流行的一种偏见。清朝编纂《四库全书》是中国封建社会最后的一次文化丛书结集，共收书三千四百六十一种，七万九千三百零九卷，存目的有六千七百九十三种，九万三千五百五十一卷。两项共计一万余种。其中所收佛教典籍，属于《子部·释家类》，共十三部，三百一十二卷；所收道教典籍归于《子部·道家类》，共收四十四部，四百三十卷。何以收得这样少？《四库全书·道家类·总叙》说：

> 后世神怪之迹，多附于道家，道家亦自矜其异，如《神仙传》《道教灵验记》是也。要其本始，则主于清净自持，而济以坚忍之力，以柔制刚，以退为进。故申子、韩子流为刑名之学，而《阴符经》可通于兵。其后长生之说，与神仙家合为一，而服饵、导引入之，房中一家，近于神仙者亦入之。鸿宝有书，烧炼入之。张鲁立教，符箓入之。北魏寇谦之等，又以斋醮章咒入之。世所传述，大抵多后附之文，非其本旨，彼教自不能别，今亦无事于区分。然观其遗书，源流变迁之故。尚一一可稽也。

《四库全书》的编者把佛、道两教的典籍归类于子部，取消了佛教和道教与儒教平列的地位。孔孟之书归为经部，佛道之书归于子部。被选入《四库全书》的佛教典籍仅二十四种，不收经典。道教典籍收录较多于佛教，所收的都是与《老子》《庄子》《周易》注疏有关的典籍。对道教内外丹法、图箓、斋醮等具有道教特点的均未收，这是按照当时皇帝的指示办的：

> 释道外教，词曲末技，咸登简牍，不废搜罗。然二氏之书，必择其可资考证者，其经忏章咒，并凛遵谕旨，一字不收。[1]

《四库全书》的编辑原则并不是清朝首创的。《隋书》载王俭《七志》以道佛附见，合为七门。阮孝绪《七录》以佛录第六、道录第七。《隋志》则于四部之末附载道经、佛经总数。《唐志》以下，有经目而不详。

儒家学者总是怀有偏见，认为佛、道两教的典籍价值不大。我们从中华民族传统文化的整体来看，佛、道两教的文化与儒家传统文化同样重要，同样影响着中华民族的文化生活、家庭生活、社会生活以及政治生活。佛教、道教的影响，其深远程度当不在儒家经史子集之下。三教交互融摄，构成唐宋以来中国千余年的文化总体。不研究中国佛教就无从了解中国文化和中国历史，这一点已逐渐被学术界人士所承认，但对道教研究的重要性似乎还没有像对佛教那样重视。事实上道教典籍中可供发掘的东西非常丰富，人们已看到它在医药、保健、化学、音乐、艺术等方面的有价值的内容，深入发掘，当不止这些，像关于道教的哲学内容，研究得就很不够。道教典籍在中国文化宝库的地位绝不下于佛教，甚至更为重要。

三教（儒、佛、道）各有自己的典籍。佛教、道教经历了南北朝的大发展，典籍数量由少到多，急剧增加。这两教对于他们拥有的众多书籍还没有一个统一的名称，当时称为“众经”“一切经”。如僧人玄应、慧琳分别编纂了两部佛教名词检索的工具书，两书都命名为

① 《四库全书总目凡例》。

《一切经音义》。这里讲的“一切经”不包括中国汉唐时儒家的“六经”“五经”，它专指佛教经典。如果该书成于宋代，就可能叫作《大藏经音义》，现在编纂这样的书就叫作《佛教大辞典》了。

道教生长在中国本土，约与佛教同时活跃在舞台上。但道教的命运不济，错过大发展的时机，让佛教占先了一步。一步落后，步步落后，两千年间一直没有能超过佛教。唐朝道教得到皇室的支持，受到特殊的恩宠，可谓极盛。而道教信徒人数及天下道观的数量也只有佛教的二十分之一。

汉末魏晋天下大乱，老百姓在走投无路的情况下往往投靠宗教。由于黄巾起义打出道教旗帜，黄巾失败后，道教也受牵连，统治者对道教存有戒心，有很长时期对道教不敢信任。这时佛教接受了中国封建宗法思想，乘机宣传三世因果报应轮回之说，扩大了地盘，在帝王贵族支持下，招纳了大量信徒。

南北朝时期，北朝道教经过寇谦之的改造，南朝道教经过陶弘景的改造，都取得上层统治者的支持，才有了较大的发展。这中间已比佛教的发展落后了若干年，错过了大发展的时机。关于道教典籍的搜集整理方面，道教也落后于佛教一步。道教整理典籍的做法是从佛教那里学来的。佛教最先称自己的全集为《一切经》，道教编辑道教全集也称《一切经》。由于《一切经》这个名称被佛教占用在先，后来道教的《一切经》则称为《一切道经》，以区别佛教的《一切经》。唐玄宗时曾令编纂《一切道经音义》，等于当时的《道教大辞典》。唐武后时出现过“道藏”一词，但未能通行。“道藏”一词正式确立是在宋代佛教大藏经出现以后的事。

宗教的存在和发展要靠群众，为了更大地发展则须依靠政府当权者的支持。佛教名僧道安深刻懂得“不依国主，则法事难立”。道教的发展也离不开这一条经验。有上层支持，可得到充分的物资供应，为寺院建设创造经济条件；有下层广大群众信徒才能壮大宗教的声势，有了声势更能引起上层统治者的重视。只有上层而下层信徒不足，则缺少存在的基础，难以发展；有下层群众而没有上层支持，也不能长久[①]。佛教、道教在中国都有悠久的历史，历久不衰，除了社会的客观原因，与两教的主观努力也有极大的关系。他们推行宗教宣传，既要结交上层权贵，又要俘虏下层群众，针对不同信教者的需要推行宣传内容。

道教初创是从下层群众宣传开始的。东汉的黄巾是内地道教，张鲁是巴蜀的道教，都以农村群众为对象。中国农村长期愚昧落后，缺医少药，以符水治病、驱妖捉鬼、祈福禳罪，与民间巫术、占卜、星相图谶迷信行动相结合，成为道教传教活动的一部分内容。道教典籍中也保存了这一部分内容。

道教为了取得上层统治阶层的信赖和支持，也尽力满足他们的需要。地主阶级自南北朝始形成世袭特权阶层，即门阀士族。他们生活优裕，希望长远享受富贵，即使不能永生，也想长寿。道教为了迎合他们的身心各方面的需求，向他们推销养生、服食、炼丹、房中等宗教内容。道教外丹教法在南北朝隋唐盛行不衰，即得力于上层贵族特权阶层的信奉和支持。炼丹要耗资财，费人力，不仅穷人不敢问津，中产人家也无力试验。只有特权大贵族对此道有兴趣。这些内容在道教典籍中也有记载。

① 隋唐的三阶教在下层流传颇广，后被政府取缔。明清民间秘密宗教不能取得合法地位，活动也困难。

道教和其他宗教一样，着重宣传神的启示，自称他们的经典为神仙颁赐。他们善于制造文书以宣达神意。道教信徒中多有书法家，最有名的王羲之手写《黄庭经》向道士换鹅的故事流传甚广，王羲之是世代信奉天师道的道教徒。

道教宣传的重要内容在《道藏》中都能找到，从中可以窥见道教发展变迁的各个侧面。汉末到明清，社会思潮不断变化，与社会思潮相适应的佛教、道教、儒教也在变化。三教之间又有相互影响、相互渗透的关系。这种相互融通、渗透的关系在《道藏》中有表现。

综观道教的发展史，大致可分为四个段落，或称为四个发展时期。

南北朝时，道教得到帝王贵族的支持，跻身于社会上层，这是它发展的第一个时期。唐朝皇族与老子攀亲，自称李耳后裔，大力推行道教，这是第二个发展时期。北宋真宗、徽宗先后崇奉道教，用道教麻痹人民、陶醉自己，借以遮盖北方强邻压境造成的耻辱，这是道教发展的第三个时期。明中叶帝王迷信道教，妄图长生，道士受到宠遇，出入宫禁，干预朝政，以致参加政府上层的权力斗争，这是道教发展的第四个时期。

元朝初年，个别道士曾受到皇帝的重视，如丘处机①，但元朝统治者不专重某一种宗数，如佛教、藏传佛教也都受重视，中间还发生过一次焚毁道经的劫难。

与道教发展的这四个阶段相适应，道教典籍也经历了四次大规模的结集活动。

---

① 道教为了给自己的教派壮声势，有意把元朝皇帝说成道教信奉者的样子。正如印度佛教徒把阿育王说成佛教的信奉者一样。阿育王除了保护佛教，也保护其他宗教。

南朝道士陆修静撰《三洞经书目录》，这是当时编纂的道教全书目录。“三洞”是洞真部、洞玄部、洞神部。“四辅”是太玄部、太平部、太清部、正一部。

道教目录起于南北朝，经历隋唐宋元不断编集、补充，但基本未出陆修静最初创立的规模。按“三洞”“四辅”的分类原则一直沿袭到今天。

佛教经录有按大小乘流派分的，也有按经典内容分的。道教的典籍也有同样的情况。如道经的十二类，即按内容分为本文类、神符类、玉诀类、灵图类、谱录类、戒律类、威仪类、方法类、众术类、记传类、赞颂类、章表类。十二类的分类法跟佛教一样，是为了便于庋存、便于检索、便于图书管理的一种办法。道经数量日渐众多，遇到举行宗教活动，如斋醮仪式，同类的典籍放置一起，便于取用，也便于归类。

“四辅”这一名称最早见于南朝刘宋时期，应在道教风行、流派出现以后。《正一法文经图科戒品》认为：

> 《太清经》辅洞神部，金丹以下仙业；《太平经》辅洞玄部，甲乙十部以下真业；《太玄经》辅洞真部，五千文以下圣业；《正一法文》宗道德，崇三洞，遍陈三乘。

这种分类方法显然是根据道教流派自己的观点，模仿佛教判教方法的产物。佛教判教往往给其他流派以应有的地位，把自己信奉的流派放在最高、最重要的地位上。正一派自认为本派教理可以“宗道德，崇三洞，遍陈三乘①”，境界最高。

① 三乘：这里指仙业（洞神部）、真业（太平部）、圣业（太玄部），与佛教的“三乘”内容不同。

统观道书编辑的过程，可以看出随着历史的发展，道教典籍逐渐增多的趋势。第一阶段的道教典籍一千余卷。第二阶段的道教典籍，唐玄宗令道士史崇玄等搜集道书约二千卷，并编纂了《一切道经音义》。玄宗后来又继续搜求道书，编辑总目曰《三洞琼纲》，数量增至三千七百余卷[①]。道教发展的第三阶段在北宋，真宗时搜集道书总集名曰《宝文统录》，增至四千三百余卷。这时已采用佛教《开元释教录》的分类编目法，按《千字文》分帙编号。宋徽宗时，崇宁、大观年间，刊行雕版道藏[②]，道书增至五千四百余卷。金元时期，北方也有道藏雕版，旋成旋毁，没有保存下来。元世祖至元十八年（1281年），道藏经版全毁，经典也丧失殆尽。道教发展的第四阶段在明朝，英宗正统九年（1444年），雕版刊印，次年完成，名曰《正统道藏》，共五千三百余卷，较宋雕版《道藏》略少。万历三十五年（1607年）又续补一百八十卷，合计起来，比宋《道藏》略增。明以后，道教与佛教均被儒教排挤到不重要的地位。因佛教势力本来大于道教，在佛、道两教一齐衰败的情势下，道教的势力显得更弱一些。

明中叶以后，国力衰竭，内忧外患相仍，朝廷自顾不暇，对道教不能从财力上支持。清朝当权者及上层贵族起自关外，承袭萨满教传统，对道教不感兴趣，道教历代享有的特殊宠遇有所裁抑。道教的发展在上层社会受阻，势力转入民间，转变成秘密宗教团体。这些民间宗教也有自己的经典，但不被政府承认，不能公开传播。日后重新编辑道教全书（或称“新道藏”）时，流传于民间的这部

① 后又有五千卷、七千卷，九千卷之说，于史无征，均不可信。

② 佛藏雕版刊印，始于北宋开宝年间，世称《开宝藏》。道藏踵佛藏之后，也是从北宋开始雕版刊印的，只是比《开宝藏》迟了百余年。

分道教典籍应当收入。

道藏中所保存的若干思想资料在中国思想史上占有重要的地位。它与佛教一样，各个时代的重要哲学思潮，在这里都有所反映。这些资料丰富了中国哲学史的内容。如魏晋以后，哲学界关心和讨论的中心问题是本体论。以本体论取代两汉的宇宙构成论。这一变化，说明中华民族理论思维的深入和提高。从本体论转入心性论的讨论，是中华民族理论思维的又一次提高。隋唐时期，佛教各大宗派，如天台、华严、禅宗等都各在自己学术领域里有所建树，佛教的心性论处在时代思潮的领先地位。道教的理论也适应这一时代思潮。世人论道教内丹之学，多认为它由外丹发展而来，这种说法不为无据，但还不能算全面地说明了问题。内丹说实际上是心性之学在道教理论上的表现，它适应时代思潮而生，不能简单地认为内丹说的兴起是由于外丹毒性强烈，服用者多暴死，才转向内丹的。内丹说在道教，佛性说在佛教，心性说在儒教，这三教的说法有差异，三教探讨的问题的实质没有两样，都属于心性论。道教的《抱朴子》的“道”的理论已偏重本体论，但不纯熟。唐代司马承祯的“坐忘”学说则是典型的心性论。当时道教与佛教相呼应，各自从自己的立场阐发心性之学。佛教、道教倡导于前，儒教反而显得落后，后来韩愈、李翱等人也跟着探索这一领域。这种理论兴趣和思维到唐末、五代更加成熟，成为学术界的中心议题。宋代理学兴起，心性论与治国平天下的封建政治学说相结合，形成理论完备的儒教体系，成为心性论的主力。佛、道二教没有继续发展，仍停留在原来的水平上，反而落后了。

金、元时期出现的全真道及其相关的教派，与以前的及后来的许多道教流派不同。这些特异的道教的政治背景，前辈学者已有很好的论述[①]。应当指出，金、元时期的全真教把出家修仙与世俗的忠孝仁义相为表里，把道教社会化，实际上是儒教的一个支派。儒教在宋代形成后，成为中国封建社会后期的思想支柱。南宋灭亡，儒教并未受到损伤。朱熹建立起来的儒教体系几乎全部在元代得到继承。政统虽然转移而道统赓续。皇帝换了姓氏，中华民族的传统文化反而凭借元朝强大武力推广到更边远的地区[②]。儒教势力强大、体系完整，超过佛、道二教。其实，它已包含了佛、道两教有关心性修养的内容。

研究道教不能离开佛教，也不能离开儒教。佛教与道教看起来长期有争论，事实上这两教基本上同兴衰、同荣辱、同命运。佛、道两教都受过政治压迫和迫害，佛教所遭受的政治打击的次数比道教还要多些[③]，原因在于佛教势力强大到与国争利的地步，政府就出来干预。佛、道两教互相吸收，道教吸收佛教的东西更多于佛教吸收道教的东西。唐代三教鼎立，唐中叶以后的总趋势为三教合一。宋以后，儒教形成自己的庞大体系，以釜底抽薪的方式，吸取佛、道两教的修炼方法，如静坐、养神、明心、见性等，这些都是孔、孟不曾讲过的。

中国的佛教早已中国化，佛、道两教相比较，道教似不及佛教机巧。试举聚讼千载的《老子化胡经》为例。老子化胡本属无稽之谈，佛教徒中不乏有识之士，并非看不出此说的荒谬，但他们任凭《化胡经》广为流布，并不进行反驳。佛教显然是利用道家为自己

---

① 见陈垣先生《河北新道教考》等有关著作。

② 云南省各县的孔庙是元朝建立的。

③ 佛教所谓“三武之祸”。

开路[1]，虽可以认为双方互相利用，毕竟佛教利用道教的成分更多。等到佛教势力强大到足以自张一军时，则发动教徒利用一切手段攻击《化胡经》。有关这个问题最后一次大辩论发生在元朝，假借元朝统治者的干预，连道藏的经版都销毁了。当然，流传了千百年的《化胡经》，山陬海隅，所在多有，光靠一次行政禁令是毁不尽的。

我们编写的《道藏提要》，仿《四库全书》提要体例，介绍道藏每一部书的时代、作者、内容，并附有目录索引、道书撰人编者的简介，力求成为一部较完整适用的工具书。我们尽量利用前人研究成果。中国学者如刘师培、陈垣、陈寅恪、汤用彤、陈国符、王明、陈撄宁、翁独健诸先生的有关著作，日本学者吉冈义丰、大渊忍尔、福永光司等教授的有关著作，都用来作为参考、借鉴。

道教典籍多自称降自天宫，具体作者难以确定。我们除了采用传统考订、训诂方法，如从文字、音韵、版本目录等方面寻求证据，还充分利用佛、道二教相互影响，相互渗透的关系，与佛教发展的情况对比，利用中国哲学发展思潮的总趋势来判断某一作品的时代，划出大范围作为标志。我们根据时代思潮的特征，人类认识史的一般规律，结合中国佛教、儒教不同时代所讨论的中心问题多方衡量，力求把一些难以确定年代的典籍给它找出比较接近实际的时代断限。

我们力求对祖国文化建设有所贡献。我们的时代要求这一代人从资料整理开始，为下一时期文化高潮的到来准备条件，做些铺路奠基的工作。如果能起一点铺路奠基的作用，乃是我们编写者共同的心愿。

---

① 汤用彤先生说："汉世佛法东来，道教亦方萌芽，纷歧则势弱，相得则益彰。故佛道均借老子化胡之说，会通两方教理，遂至帝王列二氏而并祭，臣下亦合黄老浮屠为一，固毫不可怪也。"见《汉魏两晋南北朝佛教史》，中华书局，1983年3月版，第43页。

《道藏提要》第三次修订本序*

《道藏提要》出版以来，经历了十三个年头。这十三年间，出版了一些关于道教的专著及论文。有些专著涉及道教著作的考订，探索学术界的新成果、新看法也影响这部《道藏提要》某些论断，比如关于太极图的传承关系的研究就是一例。

我们编辑这部《提要》时，人手既少，条件也差，记得开始启动时，青年人还没有几个能插上手。戴景素先生不顾年高体弱，积极参加，写作提要时，因为书桌面积小，书多摊不开，以床代桌，坐在小马扎上工作。后来招了几名研究道教的研究生，结合他们的研究方向，分别承担了《道藏提要》部分编纂任务。他们一开始接触专业，就从阅读原著入手。在有经验的导师示范带领下，逐字逐句地阅读原著。导师规定他们安心读原著，不能“略观大意”，必须把原著逐字逐句读懂，才能动笔。为了帮助青年学者克服阅读古代汉语的障碍，我们为他们开设了古汉语翻译实习课程，帮助他们渡过阅读关，提高了阅读古籍的能力。这些幕后准备是我们培养青年学者提高专业水平的手段的一部分，实践证明，行之有效。当年

* 据《皓首学术随笔 · 任继愈卷》。曾收入《任继愈宗教论集》。

的青年研究生，现在都成为这一学科的专业骨干，也开始带徒弟，有的成为独立作战的这一学术领域的统帅人才。

《道藏提要》起步艰难，“文化大革命”以后，学界研究秩序尚未完全建立起来，因为可供凭借的材料不多。但也有其有利的条件，我们这些编辑人员，依靠我国多学科宗教研究所，这个研究所有儒、佛、道、原始宗教、宗教学原理等研究室，国外资料比较齐全。遇到有关内丹的典籍可以参照儒教、佛教的心性论，遇到讲三教报应的典籍与同时代的佛教典籍翻译传入的内容相对照，从而做出判断，不会与史实相去过远。我们还充分利用史讳学、民族学、考古学、儒教、佛教诸教典籍相比勘，力求少判断失误。

近十年来亲眼看到青年学者茁壮成长，人才辈出，我由衷地感到高兴。高兴之余，也看到潜伏的学术病象。特别是近年来，我们学术界受到商品经济的影响，热心著书的多了，刻苦读书的少了，攻读艰深古籍原著的就更少了。有的作者急于成名，公然剽窃他人成果，攘为己有。猎取享浮名的虽是个别学界败类，受实祸的却是中华民族群体。

这部《道藏提要》第三次重订出版，说明社会需要它，认为它是一部可信的工具书。我们可以向读者保证的是资料可信、立论有据。能为后来者提供继续前进的平台，作为编纂者，就心满意足了。

《中国的道教》日译本序*

世界有三大宗教（基督教、佛教、伊斯兰教）影响着世界广大地区的群众。中国也有三大宗教，即儒教、佛教、道教，这三大宗教构成中国传统文化的三大支柱。它们影响着中国人民的社会生活、政治生活、文化生活和家庭生活。

佛教、道教、儒教在隋唐时期（6—8世纪）三教并重，三教的势力呈鼎立状态。宋元以后，儒教得到朝廷大力提倡，同时吸收佛教和道教的心性论内容，逐渐占有强固地位；佛、道两教退居次要地位，与儒教配合，起着协助教化、安定人心的作用，都得到政府的支持与保护。

中国历史上佛、道二教在某些特别情况下曾分别遭到过打击与限制，风浪过后，又恢复正常活动，照旧得到保护，三教的传播从未中断过。

佛教传入中国，先在宫廷及上层贵族中传播。译经者和他们的助手不乏文人学者。道教开始流行于民间，基本信徒多属下层农民群众，一般说来，道教信徒的文化知识水平比佛教的低一些，著名的学者相对来说比佛教的少一些。由于道教起自民间，它吸收了当时流行

* 曾发表于《世界宗教研究》1995年第2期。

于民间的符水治病、巫术、占卜、星相、图谶等内容。佛教导源于上层社会，后来也普及到下层；道教导源于下层社会，后也推广到上层。由于导源不同，二教典籍中很自然地反映出它们的原始烙印。

儒、佛、道是中国传统文化的组成部分，研究中国文化和历史，则必须了解中国的三教。儒教在宋元以后占据重要地位，人们不会忽视它的存在和作用。佛、道二教的研究相对来说力量较弱。佛、道二教相比，中国学术界对佛教研究起步较早，从事研究的人数较多；道教研究起步较迟，人数也较少于佛教。近二十年来，中国学术界对道教研究逐渐关注起来，专业研究机构、专门著作、专题研究逐渐增多，道教研究的专家、青年学者也逐渐成长起来，金正耀博士是其中的一位。

道教有千余年的历史，典籍浩繁，典籍中除了有关教义、教派、历史文献，还有一部分内外丹法的学问。要求研究者除了宗教、历史知识，还要有化学、医学、生理等自然科学训练。这是道教研究不同于儒、佛二教的地方。

金正耀博士是中国研究道教的青年学者，他具有研究道教的双重基础（宗教学与自然科学），他写这部小书，用深入浅出的手法向读者介绍了道教的概况，在国内受到读者欢迎。

这本新书译成日文，与日本读者见面，是一件好事。中日两国是友好邻邦，儒、佛、道三教对日本人士并不生疏，这三教的典籍由汉文译为日文、由日文译成汉文的难以数计。这表明中日文化交流的宏伟事业，两国学者各自做出了贡献。日译本《中国的道教》的出版，在两国文化流中又新建了一座桥梁。借此机会，向翻译者日本大正大学宫泽正顺、清水浩子、伊藤丈等三位先生和平河出版社表示感谢。祝愿中日人民世代友好，文化交流繁荣昌盛！

金正耀《道教与科学》序*

儒、佛、道三教是中华民族传统文化的三大思想体系，也是中华民族千余年来赖以维持统一、安定的主要思想支柱，号称“三教”。

儒教是维护封建宗法制度的主力军，成为历代统治者重视的思想体系，自不待言。佛教传入中土后，立刻与中国的封建宗法制度相结合，形成中国式的佛教，影响也很广泛。道教产生在中国本土，宣传救世福音，大可以治国，小可以治身①，它反映了中国封建制度下小农经济的宗教观，有广泛的社会基础。

佛教比道教先得到政府上层贵族的支持，先占领信仰阵地。因道教开始时曾与农民起义有牵连，农民起义被打败，道教一度遭到政府的限制②，它的发展不如佛教顺利。道教为争生存、求发展，不断吸取佛教传教的成功经验，注意拉拢上层，取得统治阶层的支

---

* 据《念旧企新：任继愈自述》。金正耀：《道教与科学》，中国社会科学出版社1991年7月、台湾晓园出版社1993年版。

① 道教早期经典《太平经》即宣传治身、治国相一致的理论。

② 《三国志·魏志》卷八引《典略》：“东方有黄巾，汉中有张修。……角为太平道，修为五斗米道。”

持，南北朝以后，也逐渐成为官方宗教。南方东晋葛洪以后，刘宋时期有陆修静，萧梁时期有陶弘景；北方有北魏时期的寇谦之。他们建立道教组织，整理道教典籍[1]，取得帝王贵族的信任，争取群众信奉，造成与儒、佛分庭抗礼的鼎足形势。南北朝后期，朝野上下都承认，中国有“三教”的存在。

晋道安是佛教的重要领袖，他总结出一条传教经验：“不依国主，则法事难立。”[2]这条经验同样适用其他宗教。没有政府的支持，宗教难得立足，更说不上发展。道教在南北朝时期十分重视争取上层贵族的支持。道教的基本说教为治国、养生。治国只能间接发挥辅助作用（直接发挥作用的有儒教），而养生正是道教的专长，这一点比佛教更有吸引力。

道教养生在于祛病延年。上层贵族不但要养生，还要长生，因为他们生活优裕、豪侈，企求永远延续下去。秦始皇、汉武帝都是英明的皇帝，却甘心多次上当受骗，以图侥幸于万一，一心想当神仙。南北朝以后，科学水平超过秦汉时期，祛病延年的药物也较前丰富。道士们通过他们的宗教实践，的确也给当时科学、医学提供了不少有益的经验。

应当指出，即使真理，走过了头也会陷于荒谬。长寿是用保健、防疫、祛病等科学措施换来的。长寿总有一个限度，如果企望把长寿变成永远不死，势必把科学引向荒谬。正如节约能源，使之有效利用，是科学；如果企图不用能源凭空产生能量，就是反科学的妄想。

---

① 道教典籍有的编写，有的从佛教移植。

② 《高僧传》卷五。

近半个世纪以来，道教研究引起了国内外学术界的重视，这是可喜的现象。道教研究的重要性，不待多说，研究的途径和目的却不尽相同。有的希图探索中国古代的科技史，有的要考察中国古代的宗教历史，也有的重点研究道教的文化、艺术、音乐等等。

道教不只有独特的理论，还有独特的宗教实践，如炼丹、服气等。有的知识可从文献取得，有的知识须从实际操作入手。国内外有不少道教研究者做出了很有价值的贡献，特别在道教的思想、历史方面成绩较多，但对道教的实际操作方面的研究还不多。也有人对道教实际操作方面有贡献（如中国化学史方面不少有成就的专家），但对道教的理论注意不够。也有人对道教有某种偏执的爱好，也会造成一种偏见，不易做出客观的评价。这类困难是从事其他宗教研究所不曾遇到的（当然，研究其他宗教又有另外的困难）。

金正耀同志早年曾从事中国科技史的研究，他运用同位素质谱技术研究商代青铜矿料来源，得到了国际同行的重视。取得硕士学位后，他又从事道教理论、历史的研究，取得博士学位。在当前既通晓道教炼丹操作，又通晓道教理论的中青年学者中，像金正耀同志这样在自然科学和历史社会科学两方面均受过严格基础训练的还不多见。

金正耀同志研究道教并不迷信，他力图用历史唯物主义的观点和方法来观察它、剖析它。一个人的头脑里宗教和科学两种思想体系有时并存，在特定情况下，矛盾对立的体系完全可以和平共处。一种庞大复杂的思想体系（如道教）也有类似的情况。尚未暴露矛盾的体系往往被忽略，认为它本来和谐、统一，而不去深入剖析。

金正耀同志的博士论文论述了道教的起源、发展，并能从道教的历史发展中揭示其与科学的关系，如实地区别宗教与科学的界限，在当前一些道教研究专著中，这是比较深刻的一部。说它比较深刻，并不是完美无缺，有的见解还不够成熟。因为它提出了新的东西，尽管不够成熟，也值得提倡、肯定。所以，我很高兴向读书界推荐它。

重印《道藏辑要》的意义*

习惯的看法，认为儒家的经、史、子、集体现了传统文化，佛教、道教的著作是宗教和迷信，文化价值不大。这是一种误解。

封建正统观点，如《四库全书》的编纂指导思想，认为佛、道两教不是文化正宗。实际上，从唐宋以来，儒、佛、道三教长期交融，相互渗透，佛、道两教的著作不只是宗教的古籍，它已成为中国传统文化的一部分。研究中国历史、中国文化，不了解佛教就无从着手，这一观点已逐渐为学术界所接受。对道教著作的重要性，现在社会上似乎尚未引起足够的重视，至少没有像对佛教著作那样重视。

事实表明，道教著作中的可供汲取的东西非常丰富，它的重要性，比起佛教著作，至少不差，甚至可以说比佛教更重要。

道教著作，其所以没有引起国内社会上的普遍重视，至少有两个原因：一是国内学术界对道教研究工作刚刚开展；再一个原因是资料缺乏，道教的书不易找到。道教的专集是《道藏》，共有五千多卷。这部书国内解放前影印过五百部，后来台湾省据影印本不断

* 原载《人民日报》1986年7月4日第5版。

影印，还印有缩印本，海内外的大图书馆多采用这种影印本。《道藏辑要》可以说是《道藏》的续编，这部书由巴蜀书社据原木刻版印刷出版。《道藏辑要》的出版，给海内外研究《道藏》的人士提供了资料，对中国精神文明建设做出了贡献。我作为一个道教史研究者，对这部书的出版感到高兴。

要重视道经研究*

——《阴符经素书释义》序

终南山自古为尘世仙源，汉魏以降，高人逸士多出其间。游其地者，喜其泉石之美，乐其林壑之幽。昔年访楼观台，缘识任法融道长，接谈之余，见其气歙神凝，抱朴涵冲，积学深厚，世人罕能测其量。近得其手著《阴符经素书释义》，行将付梓，远道邀为之序。此书以道教内丹之学，阐阴符之旨，备一家之言。

尝谓《道藏》典籍，文约义丰。《道德经》五千言，或以用兵，或以治国，或以养生，或以炼神，或以体天道、参造化。见仁见智，各有攸宜；所见不同，所取各异。《阴符经素书》亦颇类此，善学者端在所取而已。

古语云："道不同不相为谋。"余与佛道诸教本不同道，然深维小德川流，大德敦化，道并行而不悖。题此短序，以待来哲。

1991年11月于北京

* 据《竹影集》。原为《〈阴符经素书释义〉序》，曾载《中国道教》1992年第3期。收入《竹影集》时改为《要重视道经研究》，收入《任继愈宗教论集》时加副标题。

《道教图册》序*

中华古国，肇端虞夏。商周秦汉，继武发皇。此后三教并兴，人文彪炳。释教校练空有，儒门协和政教。道教远承巫咸，根植民间，宜此风土，适我民情，故能历经劫难，累世不替。上起朝廷，下及百姓，举凡大醮享祭典礼，婚丧宴集习俗，多受道教浸润。二泉映月，仙乐民情互通；太极拳术，养神练形并举。清静无为，民困缓解以复纾；南华逍遥，文采汪洋而恣肆。历代京师首善之区、通都万家之邑，远至名山大川，灵峰幽谷，多有宫观道院，错落其间。构建制作，其术多方，城市多壮丽，山野尚嵯峨。其壮丽者，甍接琼辉，栋飞虹彩，夺天工之巧，呈班输之奇。其嵯峨者，依山借势，清新浑朴，白云素月流天，暮钟松涛共响，涉足其间，足以绝尘嚣、息劳形。道俗临此，每为心折。道教为中国传统文化之精神支柱，已为人所共识。

本卷所收道教文物景观，上下千年，纵横万里。南至罗浮丹

---

* 据《竹影集》。曾以《〈中国道教风貌〉序》发表于《中国道教》2000 年第 1 期，以《道教为中国传统文化之精神支柱 —— 大型画册〈中国道教风貌〉序》为题发表于《中国宗教》2002 年第 2 期。曾收入《皓首学术随笔·任继愈卷》《任继愈宗教论集》等。文中“道教为中国传统文化之精神支柱，已为人所共识”一句为杂志编者擅加。

井，北及紫塞雁门；东极蓬莱，心仪三山；西逾崆峒，遥觇王母。宝顶石窟，三教并尊；贵溪建府，正一绎世。茅山览胜，想华阳之遗风；汉中访古，忆斗米之义舍。君平研易，市隐成都；徐福求仙，扬帆海上。三洞四辅，建道藏之规模；云中诵诫，获帝王之尊崇。岱宗出巡，重睹汉官威仪；楼观讲经，独标道德悬解。遗产丰厚，更仆难罄。

值此国家新运之世，纂此图册，以赞明时。不必求备，务期存真。谨致弁言，襄此盛举。

《老子绎读》前言*

研究老子的文献资料，全国解放后，长沙马王堆发现了帛书《老子》甲、乙本，湖北荆门发现了战国楚墓竹简《老子》，为研究提供了新的材料，可以解决过去某些争论的问题，如《老子》成书年代等。但影响中国文化的并不是帛书和竹简本《老子》，而是长期广泛流行的河上公本和王弼本。因此，本书的译文依据还是王弼本。

《道德经》是老子的代表作，是先秦诸子传统文化的主要经典之一。另一部经典是《论语》。这两部著作，影响了中国两千多年。老子、孔子的思想传播影响到全世界。这里只谈《道德经》。

关于老子这个人学术界有不同看法：老子生卒年及活动范围；老子的这部书是否老子所著；《道德经》讲的是什么。

先谈老子其人。老子与孔子同时，略早。《史记》记载，孔子曾问礼于老聃。估计老聃比孔子大十到二十岁，孔子比释迦牟尼大十岁。“五四”时期也有人根据思想内容推测，认为老子时代晚于孔子，还有人说老子比庄子还迟。也有人从世系上推算老子的八代孙与孔子十二代孙同时，断定老子晚于孔子。

从思想内容来推算时代，有时会出现不同的结果，过硬的根据

* 据任继愈：《老子绎读》，北京图书馆出版社，2006年12月版。

还是文献、实物。自从湖北荆门出土战国楚墓竹简《老子》，老子的时代已有了比较明朗的轮廓。我在四十多年前所提出的观点有了更有力的实证的支持。老子应是春秋时代的人。

老子对中华文化的贡献在哪些方面?

一

哲学上，提出天道观。这是春秋时代的热门话题。先秦诸子及其著作中，没有不讲到“天”的。春秋时代的老子、孔子、墨子，到战国时代的庄子、荀子、韩非，都讲到“天”及“天道”。各家从不同的角度来提出问题和解释，得出不同的结论，创立了不同的学派。只有老子的《道德经》把“道”作为最高范畴，集中阐发。提高到中国哲学史的重要地位，老子是第一人。

老子的天道观，有以下特点：

“天”是“无为”的、“自然”的，没有意志。开始对“天神上帝”的崇高地位提出了怀疑。

“天道”是循环的。老子是周朝的史官，与古代天文、占星术有关，“大曰逝，逝曰远，远曰反”。从天象运行规律得到启发，“天道”在变化，不是静止的。

他提出这种思想有它的社会背景。当时周王朝对全国失去控制，失去政治中心（天下大乱），贵族世袭制度没落，出了富而不贵的新兴阶级。社会上下尊卑、贵贱的旧秩序遭到挑战，君臣、父子关系已打乱，新秩序尚未形成。对“上帝”不那么迷信了，“上帝”的崇高地位动摇了。这种变化影响到每一个成员，敏感的知识界学术界更有深切感受。

老子的《道德经》这部哲学著作讲了些什么？

哲学不同于其他科学，哲学不负责解决一个一个的局部具体问题。哲学的全局观点是从老子开始的，后来不断发展丰富，才有今天的哲学。

“道”——混沌的，是朴素的。

“道”——自然的，本来就存在。

“道”——构成万物的原始材料。

“道”——无形象，肉眼看不见，感官不可触摸。

“道”——事物的规律。人、物、自然、社会都离不开“道”。

“道”是老子第一次提出的新概念，表达起来有困难，它不好描述，它是“无名”“朴”“无象”“无形”“无状之状”“无物之象”。

“道”是精神性的还是物质性的，老子本身没有深说。老子的认识已经是处在当时中国古代人类认识的最前沿。后人可以用现代人的认识来解释老子，代替老子做进一步的阐发。当年老子自己没讲清楚的问题，后代研究者注释者替老子讲得再清楚，也不能认为是老子的思想。

老子的哲学使人从宗教、神学中初步摆脱出来，在当时是了不起的贡献。

二

老子另一个贡献是第一个提出了“无”的概念，这是中国哲学史第一座里程碑。这个问题，过去的研究者讲得不够，这里要多说几句。

人类认识外界的过程，总是由外向内，由具体到抽象。近半个世纪以来，儿童心理学专门研究儿童认识外界的过程及其发展轨迹。经过观察、实验、比较，得出大致可靠、比较接近儿童思维成长的实际状况。一个民族思维成长的过程，与儿童成长的过程、与儿童的心理发展的过程大体相似，至少可以从中得到相关的昭示。

儿童认识外部世界总是先从身边周围的事物开始，由近及远。先认识母亲及其家人，然后扩大到身外的食物、玩具，再扩大到鸟兽、草木、鱼虫等目力所及更大的范围。如高山大河、天空、气象、风雷等外界虽在视听范围之内，并不能引起儿童足够的关注。日月星辰先被认识，日月星辰所依附的更大的太空则较迟才会引起注意。朱熹（中国宋代的大哲学家）两三岁时，他父亲抱着他指天空说："天！"朱熹问其父："天之上有何物？"这被视作特异儿童的表现，所以古人对这种事特别记上一笔。古今中外千千万万儿童，很少关心"天之上有何物"的。

近代中外儿童教育家还发现，小学生春游虽然喜欢爬山涉水，但不懂得欣赏山水风景，不关心朝晖夕照之美。人类认识过程总是由具体事物开始，由微细到宏大。儿童学习数字计算，先计算一个一个的实物，然后形成"1""2"等数的概念，先认识自然的实数。据中外数学史上的记载，"零"的概念形成较迟。因为"零"没有形象，也找不到与"零"相当的实体对象可供对照。

我们回顾中华民族的认识史，与儿童的认识成长过程居然有惊人的相似之处。

人类认识从有形开始，由具体到抽象，才形成了“有”的概念，西方谓之“存在”。“存在”的原始意义本来是“在这里”，是给你看得见的东西，是具体的“有”。“有”有大小、形象、颜色等，“有”有软硬、轻重、香臭等性质，“有”能得到也可能失去，各种“有”都可见闻、可感知、可推得结果，这都属于人类认识的幼年期。

人类生活实践、社会实践的不断深化，从“有”认识到“有”的对立面“没有”。“没有”是生活中经常遇到的现实。原始人打猎捕鱼，可能“有”，也可能“没有”，两者出现的频率都很高。把“没有”抽象到概念的高度，作为认识的客体对待，达到这个认识水平，只有具有先进文化的民族才有这种可能。“没有”在未曾上升到概念时，只是一次性的客观描述，人类千百万年早已重复了无数次。老子提出了“无”，是一次飞跃。

“无”这个概念具有“有”所不具备的“实际存在”，总称为“无”。“无”并非空无一物，它与“有”都具有总括万有的品格。老子称之为“无状之状，无物之象”。它不同于“有”，所以“视而不见”“听之不闻”“搏之不得”，“此三者不可致诘，故混同为一”。对这个负概念给以特殊的名称，有时称之为“无”；因为它具有规律性，也称为“道”。“无”也是“道”，“道”也是“无”。

老子的“无”不是停留在描述性的“没有”的阶段，“无”并不是存在于消极面的，而有它实际多样性肯定的含义，有现实作用，有可以预测的后果，在日常生活、政治生活中一刻也离不开它。“无”的发现，为人类认识史上开了新生面，非同寻常。楚墓竹简书写的“无”，同一部竹简上，前部简作“亡”，后部简作

“无”。这个书写的改变并非偶然。因为“亡”含义为“没有”，后起的“无”字则表示哲学抽象概念的出现。

《老子》一书，经过历代传人的补充完善，它从各个方面提醒人们重视“无”的地位和作用。不但要认识“无”，而且从“无”的原则来指导政治生活、日常生活及社会生活。

把“无”的原则用到政治生活，概括为治国原则：

取天下常以无事。

我无为，而民自化；我好静，而民自正；我无事，而民自富；我无欲，而民自朴。

为无为，事无事，味无味。

圣人处无为之事，行不言之教。

道常无为。

吾是以知无为之有益。

不言之教，无为之政，天下希及之。

日常生活认识“无”的功用：

三十辐，共一毂，当其无，有车之用。埏埴以为器，当其无，有器之用。凿户牖以为室，当其无，有室之用。故有之以为利，无之以为用。

善行无辙迹；善言无瑕谪；善数不用筹策；善闭无关楗而不可开；善结无绳约而不可解。

政治生活也离不开“无”的指导：

生而不有，为而不恃，长而不宰。

爱民治国，能无知乎？

明白四达，能无为乎？

老子由“无”衍生出一系列否定概念的积极含义：

绝圣弃智，民利百倍；绝仁弃义，民复孝慈；绝巧弃利，盗贼无有。……见素抱朴，少私寡欲。

处理人际关系，要遵循“无”的原则，以退让、收敛为原则：

不自见，故明；不自是，故彰；不自伐，故有功；不自矜，故能长。夫唯不争，故天下莫能与之争。

老子思想深刻可贵处在于从纷乱多样的现象中概括出“无”这一负概念，把负概念给予积极肯定的内容。老子的“无为”不是无所为，而是用“无”的原则去“为”，所以能做到有若无、实若虚，以退为进、以守为攻，以屈为伸、以弱为强，以不争为争，从而丰富了中国古代辩证法思想，建立了中国古代“贵柔”的辩证法体系，与儒家《易传》尚刚健为体的辩证法体系并列。儒、道两家这两大体系优势互补、和而不同，丰富了中华民族辩证法文化宝库。

人类认识总是从旧的认识的基础上提出新见解。新见解对旧知识来说是进步。还应指出，死守此新见解不变，往往妨碍更新见解的出现。《荀子·天论》指出：“老子有见于诎，无见于伸。”老子发现了“无”的价值，把它提高到应有的地位，是老子的贡献。如果把“无”的作用无限夸大，超过极限会走向荒谬。比如老子指出建房屋供人使用的地方是墙壁中间的空虚部分，房屋的实用价值在于它的空间部分。如果把墙壁、梁柱、砖、木看成无足轻重，毫无使用价值，这所屋子就建不成，成了无墙无柱的一片开阔地，房子也就不存在了。

总之，老子发现、提出了“无”是一大贡献，功不可没。他的“贵无”是肯定生活而不是消极避世，不是怀疑论。战国末期，出现了黄老学派，讲治道、重刑名，在战国后期民生凋敝的时期起了安定社会、恢复生产的效用，形成黄老“无为”思想。汉初实行了几十年，“文景之治”，古称盛世。“无为”思想对恢复生产、安定社会、医治战争创伤效益至为明显。黄老派不同于老子，讲“无为”之外同时讲“刑名”，刑名之学是法家思想。司马迁把老子与法家并列，撰写老子与韩非同传，遭到后人的批评，认为分类不当，但也事出有因，二者确有内在的联系。

三

> 人之生也柔弱，其死也坚强。万物草木之生也柔脆，其死也枯槁。故坚强者死之徒，柔弱者生之徒。是以兵强则灭，木强则折。强大处下，柔弱处上。
>
> 上善若水。水善利万物而不争，处众人之所恶，故几于道。居善地，心善渊，言善信，与善仁，正善治，事善能，动善时。夫唯不争，故无尤。

老子认为水最接近“道”。他列举生活中与水的品格相近或相似的多种现象做比喻。居住要像水那样安于卑下，存心要像水那样深沉，交友要像水那样相亲，说话要像水那样真诚，为政要像水那样有条有理，办事要像水那样无所不能，行为要像水那样待机而动。正因为他能像水那样与物无争，才不犯过失。水向人们启示柔弱胜刚强的道理：

> 天下莫柔弱于水，而攻坚强者莫之能胜。其无以易之。弱之胜强，柔之胜刚，天下莫不知，莫能行。是以圣人云："受国之垢，是谓社稷主；受国不祥，是为天下王。"正言若反。

天下没有比水更柔弱的东西。而攻击坚强的力量没有能胜过它的，因为它的力量无可取代。弱之所以能胜强，柔之所以能胜刚，天下没有人不懂，就是没有人能照着做。因此，"圣人"说："承受全国的误解，才算得上国家的主宰；承担全国的灾殃，才能担当国家的君王。"正话像是反话。

"道"的功能表现在柔弱，其运行规律是向反的方向运动，贵柔弱的辩证法是弱势群体的辩证哲学。

老子"贵柔"原则指导用兵，则后发制人；用于作战，则以逸待劳；对强大敌人，则避实就虚。这种深刻的辩证法充分体现了我国古代农民求生存的经验总结。老子取的例子也多来自农业生产实践，经常以草木、农作物做比喻，特别是南方水稻产区的农民经验。把水的种种品格予以抽象，提高到哲学思维的高度。指出水的品格，性格趋下，说它弱，它最弱；说它强，它又最强，冲决堤坝，冲倒大树，洪水夹带泥石流的巨大破坏力，可以带来灾难性破坏。

我国共产党领导的红军发明游击战，用劣势兵力战胜强敌，逐渐壮大。后来大规模的抗日敌后战争、抗美援朝战争都曾继续发挥以弱胜强的战略思想，仍可看到老子的柔弱辩证法的影响。这种军事辩证法思想在八路军、新四军以及后来的人民解放军中得到普遍推行。高明的理论在文化不高的士兵中容易理解和运用，主要在于我们当年的士兵是穿上军装的农民，一听就懂，一学就会。

四

老子《道德经》是一部讲伦理道德的著作吗？我们说基本上不是，这是一部空前的哲学著作，而不是伦理学著作。它是从生活实践为切入点，引导人们进入高度抽象思维境界，告诉人们天道变化、万物发展变化的总道理。老子的“道”是天地万物普遍遵循的总原则，而不是教人做一个循规蹈矩的顺民。老子也讲到治理国家的问题，那就是“无为而治”的方针政策，要点是不扰民，与民休息，减轻人民负担。民之难治，“以其上食税之多”。老子指出用刑罚治国，不是好办法，“民不畏死，奈何以死惧之”。他希望百姓都能做到“甘其食，美其服，安其居，乐其俗。邻国相望，鸡犬之声相闻，民至老死不相往来”。他描绘出的农村百姓过的是一种宁静、自给自足、安适的田园生活。从这里也可以看出老子反映我国古代小农生活的理想画卷。

老子说的“小国寡民”不是主张回到原始公社社会，他说的“国”不是现代的“国家”。春秋战国时，“国”指城镇居民区。孟子说齐国一个乞讨为生的人，早上出门，“遍国中无与语者”，这显然不是指齐国全境的国。老子讲到“圣人治天下”的“天下”，才是后来人们理解的国家。“小国寡民”是说基层单位要小。古人的“天下”不是今天的“世界”或“全球”的概念。

老子的《道德经》把治天下看作头等大事，伦理学放在第二位，所以说：

> 失道而后德，失德而后仁，失仁而后义，失义而后礼。夫礼者，忠信之薄，而乱之首。

这是说，失去了“道”而后才有“德”，失去了“德”而后才有“仁”，失去了“仁”而后才有“礼”。“礼”这个东西，它是忠信的缺失，是大乱的祸首。

老子反对“仁”，认为“仁”并不是最高境界，这一点恰恰与孔子相反。他说：“天地不仁，以万物为刍狗；圣人不仁，以百姓为刍狗。”天地无所谓仁慈，听任万物自生自灭；“圣人”无所谓仁慈，听任百姓自生自灭。又说“大道废，有仁义”，“绝仁弃义，民复孝慈”。

“生而不有，为而不恃，长而不宰。”治国的良方就是让百姓自由自在地在此生活，君主不干涉。所以《老子》不是一部讲道德、说仁义，有关伦理修养的书，而是讲世界观的书。所以他说“大道废，有仁义”，仁义不是最高追求的目标。

老子说：

> 太上，下知有之；其次，亲而誉之；其次，畏之；其次，侮之。……功成事遂，百姓皆谓：“我自然。”

意思是说，高明的统治者，人们仅仅知道他的存在；其次的统治者，人们亲近他、称赞他；更次的统治者，人们畏惧他；最次的统治者，人们轻蔑他。

老子思想是中华文化的瑰宝。中华高度文明起源春秋战国时期，这个时期正是全人类发现了自我，运用高度抽象思维，走向高度文明的时期。西方的古希腊文化出现了苏格拉底、柏拉图、亚里士多德；古印度次大陆出现了释迦牟尼，创立了佛教；中国出现了老子和孔子。欧洲、印度和中国三支文化是在相互隔绝的状态下各自成长起来的。东方西方的前进的步伐不约而同，历史证明文化起源的多元化这一事实。宣扬文化源头只能出自西方的言论不是出于无知，就是别有用心，因为这不符合事实。

《老子》文约而义丰，有很多精到的见解，值得很好钻研。

有五千年文明的中国，流传广泛的哲学流派不少，号称“百家”，其实只有两家，一个是儒家，一个是道家。儒家受到朝廷的重视，后来成为指导人们政治生活的国家宗教（儒教），孔子被尊为儒教的教主，皇帝到孔庙也要参拜。另一流派的老子，它的社会基础是农民。道家成为在野派的主流。老子后来也被道教推奉为教主，或称为“太上老君”。老子一派以广大小自耕农为其社会基础。

自秦汉到今天，二千来年，中国一直是一个多民族的统一大国。这个多民族的统一大国必须把千千万万农民的生活安排妥当。农民平时老实、驯服，听从政府的支配，为国家负担租税及劳役。一旦逼得活不下去时，也会揭竿而起，把王朝推翻，成为改朝换代的主力军。汉朝、明朝、洪秀全都是农民起义直接当上皇帝。东汉、唐朝、清朝是利用农民起义打倒前朝后，乘机当上皇帝、建立新王朝的。总之维持一个统一大国，既要保持中央政府的有效统治，又要安抚个体小农的生计。中央政府及农民的关系调整得适当，就会出现历史上所谓的“太平盛世”。

因此了解中国的文化、历史、经济、政治，离不开孔、老两家。

直到建国后五十多年的今天，仍然要用全力来解决“三农”问题。“三农”问题解决不好，社会的基础就不牢固，中国建设现代化就难以实现。

迄今为止，老子所提出的为政不要过多的干扰、乱出点子，让农民自然生生发育，在稳定中进步，仍值得借鉴。喜欢多出主意，老百姓不欢迎，社会主义建设就会受阻。

老子提出“无为”、少生事、不要自高自大、柔弱谦下的处事处人的方式，仍有参考借鉴之处。

老子用诗的语言表达深邃的思想，善于正话反说，善于用浅显比喻说明深奥的道理。老子文风有诗意，文体也常用诗的语言。《老子》在全世界有多种语言的译本，每一种语言又有多种译本。从1956年第一次译成现代汉语出版以来，已出版不下十几种译本。这几十年间，我自己仍然不断修改研究，现在这个译本是我九十岁时的修订本。如果再过几年学有长进，也许还要再行修订。

我们以一个穷国，取得现代科学和军事的成就。在外国靠资本的原始积累。资本原始积累，外国靠掠夺殖民地，从对外战争中勒索赔款。前者如英、法等国，后者如沙俄、日本。我们走向现代化靠的是自己的积累，出自广大农民无偿的奉献，出钱出力，甚至付出生命。

有名的英雄可爱可敬，是学习的榜样。还有更多的默默奉献者也是英雄，他们就是几亿农民，值得永远纪念。

反映农民呼声最早、最系统的是《老子》。

“生也有涯，学无止境”，这是我的座右铭。《老子》译文不断修改，是我对待生活的态度。学无止境，永远不知足。

《老子绎读》后记[*]

1956年，我接受为东欧保加利亚到北大读书的留学生讲授中国的老子哲学的任务。首先要有适当的教材。当时北大图书馆的外文译本有英译本十来种。我看了，都不大满意，有的把原文理解错了，有的不知所云。于是只好自己先把它译成现代汉语。外文译本也都是译成现代外语的。

在讲义的基础上，修改、参照历代注释，整理出版，称为《老子今译》。最先由古籍出版社出版。

后来，在中国哲学史教学中，发现老子哲学的重要性，非同寻常，对《老子今译》有所修订，在上海古籍出版社出版了《老子新译》。这时在湖南长沙发现了帛书《老子》甲、乙本。文字上有所差异，有助于理解《老子》。

又过了几年，四川巴蜀书社约我主编一套“哲学古籍全译”，计划从先秦到明清，选出一系列的重要典籍译为现代汉语（可惜由于各种原因，这套书未能全部完成）。我又把《老子》重译了一次，书名为《老子全译》。

* 据任继愈 :《老子绎读》，国家图书馆出版社，2006年12月版。

马王堆帛书本体现了汉初《老子》书的面貌。后来湖北荆门楚墓出土竹简本《老子》甲、乙、丙本，写成约在公元前300年，它体现了战国时期的《老子》面貌。我决定对《老子》做第四次翻译。

凡是翻译，必然加进译者的解释或阐发，古文今译，中外文互译，译文经常比原文的字数要多出四分之一到三分之一。

“绎”，有“阐发、注解、引申”的含义，每一次关于《老子》的翻译都伴着我的理解和阐释，因此，这第四次译《老子》称《老子绎读》。

每一个民族都有自己的文化，各民族文化都丰富了人类文化宝库。但不是每一个民族都有自己的哲学，没有文字的民族产生不了哲学。地球上人类存在了二百万年，有哲学才不过三千年。

现在有世界影响的哲学思想共有三个原型体系，一个在欧洲，两个在亚洲（印度次大陆和中国大陆）。三个哲学原型体系，分别滋生出众多的哲学体系和流派。

西汉版本的《老子》和战国时期的《老子》，字句以至段落与今流行本有差别。这些差别是研究老子必须关注的。比如《老子》的“大器晚成”，马王堆本作“免成”。按《老子》原义及上下文“大音希声，大象无形”联系起来看，应“免成”更符合《老子》原义。魏晋时期王弼所注《老子》按“大器晚成”做注，“大器晚成”已在社会上流行了一千多年。

曹雪芹的《红楼梦》，生前只写完了前八十回。高鹗后续四十回，即今天流行的一百二十回的世界名著。这一悲剧结构的小说震惊了中国文坛，也震惊了世界文坛。有些研究者专家们指出后四十回文学修养和语言文字运用比前八十回逊色得多。红学家的研究成果斐然，有目共睹。《红楼梦》之所以成为文学史的丰碑，并不是只靠前八十回，而是通行的一百二十回本。

《老子》的研究，也有类似的情况。

我的译本不是根据古本、善本，而是以社会流行广、影响大的王弼本为底本。战国时期的《老子》、汉初的《老子》的基本思想已定型、成熟。因为中国传统文化的经典著作并不是那些善本、古本等稀见的版本，而是通行本。

哲学包罗万象，哲学的理论是高度抽象思维的精神产品，好像与现实生活不那么密切。但是越是高度抽象的哲学，它的根基越深深地扎在中华大地的泥土之中。

研究老子哲学不能脱离中华大地，离不了中国的十三亿人民，也离不开全世界六十亿人民共存的现实世界。

为了适于不同读者的需要，书中《老子》原文和注释采用繁体汉字，每章的内容提要和译文则采用简体汉字。

作者

2006年7月